AF826227

Der Reichs-Strafprozeß.

Ein Lehrbuch

von

Dr. Ernst Heinrich Rosenfeld,
o. ö. Professor an der Westfälischen Wilhelms-Universität zu Münster i. W.

Vierte und fünfte, vollständig durchgearbeitete Auflage.

Berlin 1912.
J. Guttentag, Verlagsbuchhandlung
G. m. b. H.

Druk der Königl. Universitätsdruckerei H. Stürtz A. G., Würzburg.

Vorwort zur vierten und fünften Auflage.

Da unserer alten Strafprozeßordnung die Lebensfrist noch einmal unverhofft verlängert worden ist, so trat an Verfasser und Verleger die Aufgabe in dringender Gestalt heran, wiederum eine Neuauflage des Lehrbuchs auf der Basis des geltenden Rechts zu veranstalten. Ich habe mich dabei nicht nur bemüht, die Darstellung in den Beziehungen zu Judikatur und Literatur auf dem Laufenden zu erhalten und die Nachweise aus der Rechtsprechung erheblich zu erweitern, sondern bin auch daran gegangen, einen Teil der von mir empfundenen Mängel des Systems abzustellen. Eine veränderte Auffassung des Begriffs der „Prozeßhandlungen" veranlaßte die Versetzung der bisherigen §§ 33—37 an ihre jetzige Stelle als §§ 47—51. Auch durch eine Erweiterung des § 83 sind manche Zusammenhänge jetzt wohl besser gewahrt worden. Die beiden ersten Paragraphen der historischen Einleitung haben Ergänzung und, wie ich hoffe, Vertiefung erfahren.

Gern danke ich an dieser Stelle den bisherigen Freunden des Buches und den Kollegen, die mich auf Mängel, Lücken und Irrtümer aufmerksam zu machen die Güte hatten. Ich bitte, dieses Wohlwollen auch weiterhin zu bewahren.

Münster, im Juni 1912.

Ernst Heinrich Rosenfeld.

Inhaltsverzeichnis.

Erstes Buch. Einleitung.

Erster Abschnitt. Historische Einleitung.

Zweiter Abschnitt. Dogmatische Einleitung.

Zweites Buch. Allgemeiner Teil.

Erster Abschnitt. Das Gericht.

Zweiter Abschnitt. Die Parteien.

Dritter Abschnitt. Die Handlungen des Strafprozesses.

Drittes Buch. Besonderer Teil.

Erster Abschnitt. Das typische Regelverfahren.

Zweiter Abschnitt. Abweichendes Verfahren.

Errata.

S. 42, Z. 10 lies EG. 4 statt EG.
S. 153, Z. 1 lies 198 III statt 198 II.
S. 163, III Z. 3 lies 68 statt 78.
S. 180, Überschrift, lies „Viertes“ Kapitel.
S. 182 in § 59 Z. 8 lies 95 I statt 95 II.
S. 219 in § 79 Z. 4 lies 116 II statt 227 II.
S. 235[12] füge hinzu: RMilG **9**, 229.
S. 254[6] füge hinzu: Glaser I 391 f.
S. 255[9] zu GVG. 183 füge hinzu: Harburger Bayr. Ztschr. RPflege **8** 151 und die überwiegende Meinung nehmen hier sofortige Beschwerde an.
S. 301[20] Z. 3 v. u. lies E. 09 statt E. 02.

Regelmäßige Abkürzungen.

A. = Artikel
a. A. = am Anfang
AAnw. = Amtsanwalt
a. E. = am Ende
AG. = Amtsgericht
AG. = Ausführungsgesetz
a. M. = anderer Meinung
a. O. = angegebenen Ortes
AR. = Amtsrichter
Arch. **49** 1 = (Goltdammers) Archiv für Strafrecht, Band 49 Seite 1
B.-B. = Bennecke-Beling Lehrb. des StPR.
Ber. = Berufung
Beschl. = Beschluß
BGB. = Bürgerliches Gesetzbuch
Bl. = Blatt
E 09 = Entwurf 1909
EBeschl. = Eröffnungsbeschluß
EG. = Einführungsgesetz
Entsch. = Entscheidung
G. = Gesetz
Ger. = Gericht
GerS. **77** 1 = Gerichtssaal, Band 77 Seite 1
GewO. = Gewerbeordnung
GKG. = Gerichtskostengesetz
GS. = Gesetzsammlung
GVG. = Gerichtsverfassungsgesetz
HGB. = Handelsgesetzbuch
HGO. = Halsgerichtsordnung
hM. = herrschende Meinung
HVerf. = Hauptverfahren
HVerh. = Hauptverhandlung
J., Inst. = Instanz
KG. = Kammergericht.
LG. = Landgericht
Lb. = (dieses) Lehrbuch
L.-H. = Löwe-Hollweg, Kommentar zur StPO.
MilStGO. = Militärstrafgerichtsordnung
N. = Note
Odg. = Ordnung
OLG. = Oberlandesgericht
ORAnw. = Oberreichsanwalt
PGO. = Peinliche Gerichtsordnung
RAnw. = Rechtsanwalt
Rev. = Revision
RG. = Reichsgericht
RG. **1** 1 = RG., Entscheidungen in Strafsachen Band 1 Seite 1
RGBl. = Reichsgesetzblatt
RGes. = Reichsgesetz
RM. = Rechtsmittel
RGZ. **1** 1 = RG. Entscheidungen in Zivilsachen Band 1 Seite 1.
RMilG. = Reichsmilitärgericht
RVerf. = Reichsverfassung
S. = Satz, Seite
SchG. = Schöffengericht
SchwG. = Schwurgericht
St., Str. = Strafe
StAnw. = Staatsanwalt, Staatsanwaltschaft
StBef. = Strafbefehl
v. St-Fl. = v. Stengel-Fleischmann, Wörterbuch des Staats- und Verwaltungsrechts, 2. Aufl., 1910 ff.
StK. = Strafkammer
StPO. 266 IV = Strafprozeßordnung § 266 Absatz 4
StPR. = Strafprozeßrecht
UH. = Untersuchungshaft
UR. = Untersuchungsrichter
u. U. = unter Umständen
Übertr. = Übertretung
v. = voce (verbo)
Verbr. = Verbrechen
Verf. = Verfahren
Verg. = Vergehen
Verw. = Verwaltung
Vfg. = Verfügung
VU. = Voruntersuchung
WA. = Wiederaufnahme
WE. = Wiedereinsetzung
z. = zu
Z. = Ziffer
ZPO. = Zivilprozeßordnung
Ztsch. **15** 1 = (v. Liszt und v. Lilienthal) Zeitschrift für die gesamte Strafrechtswissenschaft Band 15 Seite 1.
ZtschSav. = Zeitschrift der Savigny-Stiftung für Rechtsgeschichte, Neue Folge (je nachdem romanistische oder germanistische Abteilung)
ZwVerf. = Zwischenverfahren

— s. auch noch die Literaturangaben S. 27. —

Erstes Buch. Einleitung.

Erster Abschnitt. Historische Einleitung.

Erstes Kapitel.

Zur Geschichte des Strafprozesses.

Kries §§ 4—7. Birkm. §§ 114—120. Glaser Handb., Bd. I §§ 6—16. B.-B. § 154. Ullm. § 8. Bind. §§ 4—10.

§ 1.

Der römische Strafprozeß.

Mommsen Röm. Strafrecht, 1899 (in diesem § zitiert Mo; dazu Hitzig Schweizer Ztsch. f. Strafr. **13**, 182 ff., bes. 192—209).

I. Das römische Recht kennt zwei Arten des Einschreitens gegen das Verbrechen: eine administrative, bei der ein Magistrat aus eigner Initiative oder auf einfache Anzeige in eine Ermittelungstätigkeit eintritt und eine Strafe verhängt (Kognitionalverfahren, coërcitio) und eine gerichtliche, bei der auf förmliche Anklage ein mit den Vorermittelungen nicht befaßt gewesenes und unparteiisches Gericht entscheidet (judicatio). Nur das Vorgehen der zweiten Art ist durch Rechtssätze geregelt und kann als ein Prozeß im eigentlichen Sinn bezeichnet werden. Dagegen ist die coërcitio als die „legalisierte Formlosigkeit" einer inneren Entwickelung nicht fähig und kann nicht den Gegenstand geschichtlicher Betrachtung bilden.

II. Sehen wir von dem sagenhaften Anklageprozeß der Königszeit ab, so ist während der Republik die Volksversammlung das ordentliche Strafgericht. Soweit die Provokationsgesetze den Magistrat binden, können nur die Zenturiatkomitien (Mo. 168) über den verbrecherischen Bürger entscheiden, insbesondere ihn zur Todesstrafe oder anderer als gleichstehend erachteter (kapitaler) Strafe „kondemnieren". Als Ankläger erscheint der Duovir perduellionis oder der Quaestor parricidii, der zu drei verschiedenen Malen je vor einer ungeordneten concio das Anklagematerial vorträgt (anquisitio, Mo. 165) und mit einer judicatio, einem Urteilsvorschlag, schließt, dem sich der Angeklagte in freier

Verfügung über den Prozeß unterwerfen kann. Nur wenn er provoziert, bedarf es des komitialen Richterspruches[1]. Die Schwerfälligkeit dieses Verfahrens und die Mitwirkung des souveränen Volkes macht es häufig zu einem Werkzeug politischer Zwecke. Ihm nachgebildet sind der tribunizische und ädilizische Multprozeß.

III. Die klassische Zeit des römischen Strafprozesses ist die Periode der Geschworenengerichte (quaestiones, auch qu. perpetuae oder publicae). Zuerst wurden sie für die Klagen der Provinzialen gegen die römischen Statthalter wegen Erpressungen und sonstiger unrechtmäßiger Bereicherungen (repetundae) eingeführt: es wurde für diesen internationalen Zivilprozeß (Mo. 201 [1]) durch die Lex Calpurnia (149 a. C.)[2] ein senatorisches Rekuperatorengericht geschaffen, dessen Richterliste für den Einzelfall aus einem ständigen Ausschuß gewonnen wurde. Zum Strafprozeß wurde dieses Verfahren erst in der Gracchenzeit durch die Lex Acilia (123/122 a. C.)[3], die doppelten Ersatz der Bereicherungssummen, und durch die Lex Servilia (111 a. C.), die Infamie verhängte. Einen allgemeinen Charakter erhielt dieser Strafprozeß durch die sullanische Gesetzgebung. Doch beziehen sich die Leges Corneliae (de sicariis, repetundarum, falsi, iniuriarum etc.) stets auf eine einzelne Verbrechensgruppe und setzen für diese je ein besonderes Verfahren und eine ausschließliche Quaestio ein[4]. Zum ordentlichen und gleichförmigen Strafprozeß wird das Geschworenenverfahren durch die Lex Julia judiciorum publicorum des Kaisers Augustus. Die Mitwirkung ausgeloster und beeideter Richter[5] bildet die Signatur des

---

[1] Mo. 167 faßt das Volksgericht als Gnadeninstanz.

[2] Hitzig Die Herkunft des Schwurger. im röm. StrProz. Eine Hypothese. Zürich 1909 (Festschr. f. Leipz.) nimmt gegen Mo. 186, 190, 708 an, daß erst die L. Acilia das Geschwornengericht unter magistrat. Vorsitz eingeführt habe und daß das Vorbild in Einrichtungen des griech. Fremdenproz. zu suchen sei; s. dens. ZtschSav. **28**, 211; ebd. O. Eger **31**, 470. Jene Verwandtschaft ist in einzelnen Zügen unbestreitbar, aber nicht stark genug, um die Mommsensche Herleitung zu erschüttern.

[3] Die L. Acilia führt außerdem statt der Legis actio sacramento die nominis delatio ein und schafft einen besonderen praetor de repetundis. Daß dieser auch über die Schuldfrage mitstimmt, wird gegen Mo. 208 [3, 4] mit Hitzig Herkunft S. 10 f., zu leugnen sein.

[4] Über andere Verbrechen kann die betreffende Quaestio nicht aburteilen. Eine Anklagenverbindung ist daher unzulässig. — Es gab seit Sulla 7, später mindestens 11 solcher Spezialgerichtshöfe.

[5] In sehr wechselnder Zahl: 32, 50, 51, 74. Auch Art und Augenblick der Konstituierung sind verschieden. Mo. 218, 394.

römischen Strafprozesses bis zum Untergang des Ordo exercendorum publicorum und damit auch der Quästionen[6].

IV. Kennzeichnende Eigentümlichkeiten dieses Strafprozesses sind: Popularanklage, weitgehende Zulassung des Dispositionsprinzipes und grundsätzliche Anerkennung der freien Beweiswürdigung. Jeder Beliebige aus dem Volke kann als Ankläger auftreten, sofern nicht ein besonderer Unfähigkeitsgrund vorliegt. Er muß aber durch nominis subscriptio die Verantwortlichkeit für die erhobene Beschuldigung übernehmen und setzt sich eventueller Bestrafung wegen Kalumnia aus. Dem reus ist es in der Regel möglich, den Prozeß zu beenden, wenn er ins exilium geht, da alsdann das Verfahren aus Gründen des internationalen Rechts meist nicht fortgesetzt werden kann. Ein Recht des Angeklagten auf freiwilliges Exil besteht indessen nicht: er kann sowohl von der Stadt, in die er sich geflüchtet hat, ausgeliefert, wie auch vorher in Untersuchungshaft genommen werden (Mo. 326). Ebenso kann der Ankläger durch Fallenlassen der erhobenen Anschuldigung den Prozeß beendigen[7], und zwar, wenn er der Verletzte ist, unbedingt. In der öffentlichen Verhandlung erfolgen in der Regel zunächst beiderseits die Parteivorträge[8] und dann nach Heroldsruf die Beweisaufnahme, über deren Ergebnis mit „absolvo" oder „condemno" abgestimmt wird, falls nicht die Geschworenen sich zum Zeichen des „non liquet" der Stimme enthalten. Der magistratische oder quasi-magistratische Vorsitzende (quaesitor, judex quaestionis) verkündet das Ergebnis mit den Worten: „fecisse non videtur" oder „fecisse videtur" oder — wenn Vertagung (ampliatio bezw. comperendinatio) geboten ist — „amplius". Ein Ausspruch über die Strafe findet nicht statt, da diese absolut bestimmt ist (Mo. 446).

V. Die spätere Kaiserzeit hat an diesen Grundzügen des Verfahrens nichts Wesentliches geändert. Nur urteilt an Stelle der Geschworenen-

[6] Ungefähr 204 p. C.: Brief des Kaisers Septimius Severus an den Praefectus urbi Fabius Cilo: D. 48, 19, 8, 5. 48, 22, 6, 1. 1, 12, 1 pr. (Hitzig Ztsch. Schweiz. Strafr. **13**, 209 [1]). Schon Marcus Aurelius scheint den SchwG. die Kapitalprozesse entzogen zu haben. Nach Alexander Severus sind sie nicht mehr nachweisbar. Mo. 193—195, 219—221.

[7] Wenn er nicht der Verletzte ist oder keine abolitio privata erwirkt hat, so stellt solches Fallenlassen allerdings das Delikt der tergiversatio dar. Auch kann der Prozeß durch Handhabung der coërcitio ersetzt, d. h. ohne Ankläger wieder aufgenommen werden.

[8] Die zur Orientierung bestimmten Einleitungsvorträge werden mißbräuchlich zur Hauptsache. Da das Fehlen einer Deduktionsverhandlung die Bildung einer festen Überzeugung bei den judices erschwert, so greift man häufig zur ampliatio mit Wiederholung der Beweisaufnahme, Mo. 427, 433.

bank der früher nur präsidierende kaiserliche Beamte selbst, und zwar unter Ausspruch der Strafe. Die Öffentlichkeit wird beschränkt. Die Verhandlungen werden protokolliert, insbesondere um eine Grundlage für die der älteren Zeit unbekannte höhere Instanz (Berufung an den Kaiser) zu gewinnen. An den Beweis beginnt man bestimmte Anforderungen zu stellen, ohne daß jedoch die freie Würdigung aufgegeben wird. Hervorzuheben ist, da sie späterer Zeit vorbildlich wurde, die Anwendung der Tortur (quaestio). Von jeher war die Folterung der Sklaven Regel (Mo. 412, 416): als Zeugen wie als Beschuldigte machten sie ihre Aussage auf dem eculeus. Von hier aus bürgerte sich zuerst schon unter Tiberius bei dem crimen majestatis, dann allgemein auch die Folterung Freier ein, — und zwar keineswegs nur der Beschuldigten[9]. Doch ist das Geständnis nicht schlechthin beweisend[10].

Auch in dieser Periode verlangt der ordentliche Prozeß stets das Auftreten eines Anklägers, der an die Durchführung seiner Aufgabe durch die nachkonstantinische Androhung der Talionsstrafe noch stärker gebunden wird. Jedoch wird seine freie Verfügung über Stoff und Mittel des Prozesses zugunsten der richterlichen Macht eingeschränkt. Insbesondere kann er auf die Anwendung der Tortur durch seine Anträge nicht einwirken.

VI. Neben dem Anklageprozeß steht das Kognitionalverfahren, und in einer Reihe von Fällen ist der Magistrat zu dessen Anwendung verpflichtet. Praktisch überwiegt indessen die accusatio auch in der späteren Kaiserzeit. Der Ankläger ist nicht immer ein Privater; auch das Verfahren auf Bericht (elogium) unterer Polizeibeamten fällt unter den akkusatorischen Typus. — Zum Kognitionenverfahren gehört auch 1. der Strafprozeß vor dem Statthalter, dessen Strafgewalt, sofern ihm nicht das Schwertrecht (jus gladii, merum imperium) verliehen ist, der Ergänzung durch die hauptstädtische oder kaiserliche Rechtspflege

---

[9] Mo. 405 ff.; D. 48, 8, 10, 1 (unterschiedslos im Majestätsprozeß). Marcus Aurelius und Verus scheiden die von Folterung befreiten Personen höheren und die niederen Standes, C. 9, 41, 11 pr. Doch wird bei Majestätsverbr., Magie und Fälschung ohne Standesunterschied gefoltert.

[10] D. 48, 18, 1, 23 (Ulpian). Quaestioni fidem non semper nec tamen numquam habendam, constitutionibus declaratur. Etenim res est fragilis et periculosa et quae veritatem fallat. Nam plerique patientia .... ita tormenta contemnunt (!), ut exprimi eis veritas nullo modo possit. Alii tanta sunt impatientia (!!), ut quodvis mentiri quam pati tormenta velint. Vgl. auch D. 48, 18, 1, 17. (Severus).

bedarf; ferner 2. der konsularisch-senatorische Strafprozeß[11], seit Diokletian verschwunden, und das auch später noch belegte kriegsstandrechtliche Verfahren vor dem Senat mit Erklärung zum Landesfeind; 3. die aus der Erstreckung der tribunizischen Gewalt nach der Schlacht bei Aktium erwachsene persönliche Gerichtsbarkeit des Kaisers oder seines Consilium sowie 4. die eigentlich nur delegierte Jurisdiktion des praefectus praetorio und des praefectus urbi (s. N. 6). — Die diokletianischen Beamtengerichte (Mo. 280 ff.) bringen nur Gleichförmigkeit und Bürokratisierung der Ordnung, sowie Dezentralisation der Appellationen und z. T. Schaffung einer dritten Instanz.

VII. Die Hauptmasse der Vergehungen gegen Rechtsgüter des Einzelnen werden daneben zu allen Zeiten als delicta privata, aus denen nichtstaatliche Strafansprüche, Deliktsobligationen erwachsen, durch den Verletzten im Zivilprozeß verfolgt. Die Kaiserzeit knüpft an viele dieser Tatbestände auch öffentliche Strafen und hebt so aus den delicta privata eine Reihe von crimina extraordinaria hervor. Die Verfolgung geschieht im ordentlichen Strafprozeß, wobei jedoch nur der Verletzte zur Erhebung der Anklage berechtigt ist. Den Abschluß der Entwickelung bildet ein in allen Fällen der delicta privata dem Verletzten zustehendes Wahlrecht zwischen actio und accusatio. Endlich führen auch manche Vergehungen gegen Interessen der Gesamtheit, die den Charakter polizeilichen Unrechts tragen, zu einem Zivilprozeß auf eine Geldstrafe, die in die Tasche des Klägers fließt. Es sind dies die sog. actiones populares.

§ 2.

Das ältere deutsche Strafverfahren.

Lehrbücher von Brunner, von Schröder (5. Aufl. 1907). Brunner Grundzüge (5. Aufl. 1912). (Mommsen) Zum ältesten Strafrecht der Kulturvölker, 1905: Germanisch (Brunner S. 53, Röthe S. 63). Ernst Mayer Deutsche und franz. Verfass.-Gesch. v. 9. bis 14. Jahrh., 1898. Joh. Hoops Realle̲x. d. germ. Altertumskunde, bish. 2 Lief. 1911, 12. Artt. Anklage, Beweis (Hübner, Lehmann) v. Kries Beweis im StrProz. des Mittelalters, 1878, Planck Deutsches Ger.-Verf. im Mittelalter, 2 Bde, 1879. — Franklin Reichshofgericht im MA., 1867, 69; Bd. II: Verfassung, Verfahren. Osenbrüggen Studien zur deutschen und schweiz. Rechtsgesch., 1868, bes. nr. XII, XIV, XV, XXIV. Bennecke Zur Ge-

[11] Mo. 251: „Das magistratisch-komitiale Strafverf. der Republik ist von Augustus wieder ins Leben gerufen worden unter Erstreckung auf alle Reichsangehörigen und Ersetzung der komitialen Bindung der Magistratur durch Bindung der Konsuln an die Majorität des als konsularisches Consilium fungierenden Reichssenats."

schichte des deutsch. StrProz.: StrVerf. nach holl. und flandr. Rechten des 12. u. 13. Jahrh., 1886. v. Zallinger Verf. gegen die landschädlichen Leute in Süddeutschland, 1895. Knapp Das alte Nürnb. KrimVerf. bis z. Einf. der Karol., 1892 (Ztsch. **12**, 200). Ders. Zenten des Hochstifts Würzburg, 1907, 2 Bde. Scheel Das alte Bamb. Strafr., 1903.

I. Der germanische Rechtsgang[1] ist ursprünglich für Zivil- und Strafsachen einheitlich. Stets ist Unrecht seine Voraussetzung, und stets klagt der Verletzte. Er fordert und erlangt zugleich die Bestrafung des Widersachers und etwaigen Ersatz oder Rückgabe von Sachen. Die Strafe besteht vor allem in einer den Verletzten bereichernden Zahlung, der Buße (compositio, emenda), die bei Tötungen Wergeld heißt. Sie ist so hoch, daß sie vielfach den ökonomischen Ruin des Übeltäters bedeutet haben wird. Ihre Verhängung heißt eine Aussöhnung, eine Sühne, weil der Verletzte sich durch sie seine Rache abkaufen[2] läßt und im Gefühl der Demütigung des Gegners seine Genugtuung findet. Ob Fehdegang, ob Rechtsgang, steht, soweit die Verletzung Blut oder Ehre berührt, lange Zeit rechtlich und noch länger faktisch im Belieben des Verletzten[3]. Das Gericht ist eine freiwillig von ihm angerufene Sühneinstanz. Für seine Vermittelungstätigkeit und als „Gegenleistung für die mit der gerichtlichen Friedewirkung ausgesprochene Aufhebung der Fehde“ (Schröder 83) erhebt das Gericht einen bestimmten Satz: ein Anteil der Strafsumme fließt der Gesamtheit zu (fredus, Friedens-

---

[1] Für die älteste Periode werden hier wesentlich die fränkischen Zustände unter vorzugsweiser Berücksichtigung der Lex Salica wiederzugeben gesucht. — Nicht besonders berücksichtigt ist die Mitwirkung der Sippe bei Fehde und Wergeld auf der Aktiv- wie auf der Passivseite. Ferner ist festzuhalten, daß Fehdesachen nur die sog. „schlichten Friedensbrüche“ sind. Die schweren Friedensbrüche oder Achtsachen führen zur Friedlosigkeit und ihren Abspaltungen. Das Vorgehen in Achtsachen ist wesentlich exekutiver Natur.

[2] Daher vielfach, bes. bei Nordgermanen, sog. Gleichheitseid des Täters. Bei Südgermanen cf. His ZtschSav. N. F., **27**, 331; His Strafr. der Friesen im MA., 1901, S. 215. Demütigungszeremonien ebenda, vgl. auch His Totschlagsühne und Mannschaft (Festg. f. Güterbock), 1910.

[3] Das ganze Mittelalter ist erfüllt vom Kampf gegen die Fehde, die zuerst Friedrichs II. Mainzer Reichslandfriede 1235 (**cap.** 8, 9, lat. Fassung **cap.** 5, 6) auf den Fall der **justitia denegata** beschränkt. Damit ist also, in Einklang mit der im MA. gesteigerten Fehdeübung, ein subsidiäres Fehderecht anerkannt. Über den Wandel gegenüber der ält. germ. Anschauung v. Wächter Beiträge z. deutsch. Gesch., 1845, S. 39 ff., 248 ff., 253 ff.; v. Zallinger Mitt. d. Inst. f. österr. GeschForsch., Ergänz.Bd. 4 (1893) S. 448 ff. Ein unbedingtes Fehdeverbot spricht erst der Ewige Landfriede 1495 (§§ 1—3) aus. Aber auch noch die Carolina 1532 (**art.** 129) und der Westfälische Friede 1648 (**J. P. O. art. XVII** § 7) haben Anlaß, sich gegen die Fehde zu wenden.

geld). Dieser fiskalische Gesichtspunkt erweckt das staatliche Interesse am Prozeß[4], und um seinetwillen sichert sich der Staat mehr und mehr eine Einflußnahme auf den Prozeß.

II. Der Fortschritt vom Volksrecht zum Königsrecht (Amtsrecht) macht sich auch im Rechtsgang bemerkbar. Der Verletzte ist nach Volksrecht ungebundener Alleinherrscher im Prozeß, dessen Betrieb vollständig in seiner Hand liegt. Er zwingt durch die rechtsförmliche Mahnung (mannitio) den Beklagten zum Erscheinen, zur Antwort auf den Klagvortrag, die Urteiler zum Urteil, und wiederum den Gegner zum Urteilserfüllungsgelöbnis. Doch setzt dieser Zwang streng formale Erfordernisse voraus, ohne die Sachfälligkeit eintritt (Gefahr im Rechtsgang). Im Königsrecht fällt dieser Zwang in die Hand des Richters (Grafen und Centenars): dieser lädt (bannitio, auch für den Kläger bindend), gebietet dem Beklagten (dem hierdurch Einredenmöglichkeit erwächst) zu antworten und fragt die Urteiler um das Urteil. Im ganzen findet eine Abschwächung des Formalismus und eine Wendung zum Grundsatz materieller Wahrheit statt.

III. Der Richter hat nur die Prozeßleitung und z. T. die Vollstreckung (besorgt durch missi comitis, tribunus, Schultheiß); die Urteilsfällung geschieht durch rechtskundige Volksgenossen als Urteiler (Rachineburgen, scabini, Schöffen). Das Urteil ist bei Bekenntnis bloß Endurteil; sonst in Achtsachen zunächst nur Beweisurteil, dem später Endurteil folgt; in der Regel alternatives, sog. zweizüngiges Urteil (iuret aut componat; iuret aut faciat quod lex est). Es bestimmt Beweisrolle und -thema. Die Parteien verpflichten sich vertraglich, ihm nachzukommen (Beweiswette, adchramire, stabôn). Wer angelobten Beweis nicht führt, wird sachfällig (iectivus). Das Urteil kann, ehe der von einem Urteiler gefundene Urteilsvorschlag die Folge der Mehrheit erlangt oder ehe die Gemeinde (der Umstand) das Vollwort erteilt oder ehe der Richter es verkündet, von jedem Dinggenossen gescholten, angefochten werden: ursprünglich Vorwurf der Rechtsbeugung, später zum Rechtsmittel ausgestaltet. Schon in karolingischer Zeit wird die Schelte an das Königsgericht gebracht.

IV. Beweismittel sind der Eid als Eineid oder mit Eideshelfern, deren Zahl von 1 bis 72 wechselt, und das Gottesurteil[5], d. h.

---

[4]) Namentlich kennzeichnend L. Sal. 53: Auch wenn die Parteien über den Beweis paktieren, der Beklagte vom Kesselfang sich loskauft, sucht sich der Staat seinen fredus zu wahren.

[5]) Die Auffassung des Gottesurt. als Beweismittel ist bestritten, vgl. Schröder 88[19]. v. Amira (in Pauls Grundriß d. germ. Philol.) 2. Aufl. S. 168. Kon-

Zweikampf und sog. einseitiges Ordal (bei den Salfranken vor allem Kesselfang, judicium aquae ferventis s. calidae, aëneum, hineum)[6]. In einer Reihe von Fällen ist das Gottesurteil Verstärkung des Eides, bei manchen Klagen wird der Reinigungseid nicht zugelassen[7]. Gegen Unfreie wird auch Folter angewendet. Für die Beweisrolle gilt als Regel, daß der Beklagte „näher zum Beweise" ist[8]. Der Beweis ist ein Recht und nicht eine Last.

V. Das Verfahren auf handhafte Tat trägt zum Teil anderen Charakter. Wer mit der Spur der Tat, mag es ein schwerer oder ein schlichter Friedensbruch sein, in der Hand betroffen wird, darf von jedermann gebunden und vor den Richter geführt werden. Der Bindende hat nur durch die auf sein Gerüfte herbeigeeilten Schreimannen zu beweisen, daß die ligatio rechtmäßig war. Der Richter verhängt von Amts wegen und ohne Urteil der Gerichtsgemeinde bei allen Ver-

---

sequenzen der Gegenmeinung: 1. Leugnung des indogerm. Charakters, Einbürgerung erst durch Vermittl. des Christentums, aus dem Orient; 2. Trennung des eins. Ordals vom Zweikampf, der überhaupt nicht in den Prozeß gehört, und dessen Urauffassung noch im heutigen Duell fortlebt; 3. Lösung des Zusammenhangs zwischen dem Verschwinden der einseitigen Ordalien und dem Auftauchen der Folter.

[6] Die Kirche bekämpft den Zweikampf zugunsten des Kesselfangs, für den sie liturgische Rituale schafft, bestehend aus: **adjuratio hominis, exorcismus, benedictio** und conjuratio. — Der Zweikampf erhielt sich im franz. Recht sehr allgemein. Erst 1306 wurde er auf Kapitalsachen beschränkt und trat, als subsidiär, hinter Zeugen und andere Beweismittel. Coulin Gerichtl. Zweik. im altfranz. Proz. I 1906. Ders., Verfall des offiz. u. Entsteh. des priv. Zweik. in Frankr., 1909 (Gierke Unters. Nr. 99). Ders., Arch. **55**, 134.

[7] Ordal- oder zweikampfbedürftige Klagen, etwa wegen Meineids, Giftmischerei, Zauberei; wegen Brandstiftung gegen einen Römer, desgl. wegen räuberischen Angriffs; vielleicht allgemein Klagen mit verstärktem Voreid: das **provocare ad calidam.**

[8] Andere Beweismittel spielen — bis auf den Augenschein, die „leibliche Beweisung" — im Strafverf. kaum eine Rolle: 1. Zeugen, kommen vor a) als zugezogene Zeugen (**testes tracti**) zur Konstatierung eines Geschäftsabschlusses oder der Offenkundigkeit eines Vorganges; b) als Gemeindezeugnis — volksrechtlich unerzwingbar; die Befragung von Nachbarn und Gemeindegenossen (**inquisitio**, s. N. 11) ist ein Vorrecht des Königsgerichts oder erfolgt sonst auf königliche Anordnung oder Ermächtigung; c) Gerichtszeugnis, unscheltbar, ebenfalls Vorrecht des Königsgerichts; d) Zeugnis auf Grund zufälliger Wahrnehmung, — im salischen Recht, und zwar StrProz., nur 3 vereinzelte Fälle. 2. Urkunden, a) als Königsurkunden bei Todesstrafe unanfechtbar, b) als Privaturkunden mit verschieden gestaltetem Scheltungsverfahren. Brunner II §§ 105, 107, 121.

brechen die Todesstrafe, Ladung, rechtsförmliche Klage, Reinigungseid finden nicht statt[9].

VI. Ein Einschreiten von Amts wegen gegen Verbrecher findet sich in ersten Ansätzen schon in merowingischer Zeit, etwa wenn Raub und Diebstahl überhandgenommen haben und zur Landplage geworden sind: die notorischen Missetäter (homines criminosi) werden auf das Zeugnis von 5 oder 7 unbescholtenen Männern in summarischem Verfahren gehängt[10]. An derartige Vorstufen schloß sich, durch Karl d. Gr. angeordnet, das fränkische Rügeverfahren an. Die glaubwürdigsten und angesehensten Männer eines Bezirkes wurden eidlich verpflichtet (juratores), bestimmte Verbrechen zu rügen, oder auch schlechtweg: auf die Fragen des Richters die Wahrheit zu sagen. Diese Befragung heißt inquisitio[11] und bezieht sich vor allem auf Raub und Diebstahl, Waldfrevel und Amtsmißbrauch, gelegentlich auch auf Unzucht und Zauberei. Die bezichtigten Missetäter (famosi, clamodici) müssen sich entweder reinigen (wobei der gerichtliche Zweikampf mangels eines Klägers ausgeschlossen ist) oder Bestrafung von Amts wegen dulden. Die Fragegewalt hat zunächst nur der König und der von ihm Bevollmächtigte; später ist sie mehrfach Vorrecht des Landesherrn. Das Rügeverfahren war beim Volke unbeliebt und wurde in fränkischer Zeit außer in den kirchlichen Sendgerichten keine ständige Einrichtung. Dagegen gelangte es später zu ausgedehnter Wirksamkeit[12], so in Öster-

---

[9] Eine Abart des Verf. auf h. T. ist die „Klage gegen den toten Mann" (Scherer 1909). Da sie den Zweck der Sicherung des Klägers, der etwa in Notwehr gehandelt hat, gegen die Totschlagsklage der Verwandten des Toten verfolgt, so erscheint sie als eine strafprozessuale Feststellungsklage. Doch kommen auch andere Gestaltungen vor (judicium duplex in Skandinavien; Bestrafung des Toten ebenda, aber auch in Schwaben und Böhmen). — Das Gegenstück, die Klage mit dem toten Mann oder mit der toten Hand (Brunner Ztsch.-Sav. **31**, 235) hat ihr Besonderes nur in der Beweisführung. Vgl. Frauenstädt Blutrache und Totschlagsühne, 1881, S. 97 f., N.; C. C. Bamb. art. 230 bis 233, 249.

[10] Decr. Childeberti II (595): Quomodo sine lege involavit (gestohlen hat), sine lege moriatur. — Erstes Auftauchen des Übersagens oder Ubersiebnens.

[11] Inquisitio ist also Befragung von Amts wegen. Es ist aber auseinanderzuhalten 1. die inquisitio als Beweismittel im Zivilprozeß (Zeugnis der Gemeindegenossen), Brunner II 524; 2. die im Text erwähnte Rügejury (Brunner II 489), aus der sich im engl. Strafverf. die große oder Anklagejury entwickelt. Aus der andern inquisitio ist die englische Beweis-, später Urteilsjury (kleine Jury) hervorgegangen.

[12] Siegel Das pflichtmäßige Rügen auf den Jahrdingen, Wiener Sitzungsber. (1891), Bd. 125.

reich (Landfrage, Geräune), Bayern (Rügung bis 1346), Nordfrankreich, Flandern, Holland (coye vérité, stille Wahrheit; franche, commune vérité), Friesland (wroginge) und im sächsischen Rechtsgebiet[13], auch in Norditalien[14].

VII. Das Mittelalter steigert wiederum den Formalismus und die Gefahr im Rechtsgang. Auch das Beweisverfahren behält seinen formalen Charakter. Der Zeugenbeweis gewinnt jedoch weiteren Boden[15], und der Inquisitionsbeweis kommt auch außerhalb des Königsgerichts vor. Die Ordalien sind seit 1215 von der Kirche verboten, halten sich aber bis zum Ausgang des MA.[16] — Die peinliche Klage wird regelrecht mit Gerüfte erhoben. Sofern weder handhafte Tat (Sachs. Sp. II, 35) noch kampfliche Ansprache vorliegt, kann der Beklagte sich mit Eidhelfern reinigen. Gegen Abwesende gewinnt das Achtverfahren besondere praktische Bedeutung[17]. Wer auf mehrmalige Ladung nicht erscheint, wird verfestet. Wird er in der Folge ergriffen, so geht das Urteil wie bei handhafter Tat ihm stets an den Hals. Lösung und Schelte gibt es nicht. Die Verfestung wird weiter zur Reichsacht und zur Oberacht mit Friedlosigkeit. — In einigen Städten finden sich Fälle des Anklagezwangs für den Verletzten; auch kommt Klageerhebung durch den Richter oder einen besonders bestellten Ankläger vor. Diese amtliche Klage ist subsidiär und präjudiziert dem privaten Klagberechtigten nicht.

VIII. Eigenartigen Charakter trägt die Veme in Westfalen, wo die karolingische Gerichtsverfassung sich länger erhielt. Die Bannleihe für die Freigrafen ging erst 1382/1422 vom König auf den Kölner Erzbischof als den Herzog von Westfalen über. Neben offenen Dingen

[13] Nach Sachs.Sp. I 2, § 4 rügt der bûrmeister auf dem Ding des gôgreve und auf dem Vogtding, vgl. III, 86. 91.

[14] Zur Tätigkeit der Bauersprachen (Dorfgemeindeger.) in Feldrügesachen, Polizeivergehen und niederen Freveln s. Schröder 621. — Mit Ende des Mittelalters verschwindet das Rügeverfahren im wesentlichen. Die letzten Reste erhalten sich für Mark- und Feldfrevel an einigen Orten im Kurhessischen, Darmstädtischen, Hennebergschen und der Wetterau bis ins 18. Jahrhundert, in einigen anhaltischen Dörfern bis 1879. — Im Zusammenhang mit dem Rügeverf. steht auch die Entwickelung in der Normandie nebst England und Sizilien; Lb. § 3 I, § 5 I.

[15] Das sächs. Recht verhält sich ablehnender. — Die Schreimannen bei handh. Tat verwandeln sich aus Eidhelfern in Tatzeugen. Die notorische Tat wird ähnlich der handhaften gerichtet. Gerichtszeugnis gibt es auch außerhalb des Königsgerichtes.

[16] z. B. Klagspiegel bei Rod. Stintzing Geschichte der popul. Lit. des röm.-kan. Rechts. 1867, S. 404.

[17] Hugo Meyer, StrVerf. geg. Abwesende, 1869, bes. S. 48—90.

stehen heimliche, zu denen nur die „Wissenden“ geladen werden. Überhaupt gewinnen diese Gerichte einen geheimbundhaften Charakter. Seit ca. 1400 sind die Stillgerichte allgemein, das offene Ding wird verdrängt. Soweit nicht handhafte Tat vorliegt, knüpft das Verfahren an das karolingische Rügeverfahren an. Die Freischöffen nehmen Anzeigen von Privaten entgegen und sind allein zur Rüge berechtigt. Wer in „vemwrogigen“ Sachen trotz Ladung ausbleibt, verfällt der Vervemung, die Oberachtwirkung beansprucht. Im Beweise ist Zweikampf und Gottesurteil ausgeschlossen. Eideshelfer können nur Freischöffen sein. Man überbietet sich gegenseitig bis zu 21 Eideshelfern. — Die ungeheuren Mißbräuche und Anmaßungen der Vemgerichte riefen seit Ende des 14. Jahrh. eine allgemeine Abwehr hervor, und um 1500 ist ihre Blüte geknickt[18].

IX. Die Arten des Offizialprozesses, namentlich das Rügeverfahren, tragen einen exzeptionellen und subsidiären Charakter: sie weichen dem gewöhnlichen Verfahren, sobald der Verletzte als Kläger auftritt. Das steht z. T. anders in einigen der praktisch hochbedeutsamen Prozeßformen, mit denen man in Süddeutschland gegen schädliche (landschädliche) Leute einschritt.[19] Hier beginnt auch der Anklageprozeß ein inquisitorisches Wesen anzunehmen, und auch in anderer Hinsicht wird dieses Verfahren für die gemeinrechtliche Entwickelung vorbildlich[20]. Insbesondere hat sich als eine Fortbildung des Verfahrens um handhafte Tat das Übersiebnen des ergriffenen, aber nicht handhaften Verbrechers herausgebildet. Nach älteren süddeutschen Quellen kommt

[18] Schröder[5] 588 ff. Lindner Die Veme, 1888, S. 529 ff., 566 ff., 591 ff., 300 f., 473 f., 477 ff., 519 ff., 618 ff. — Einer der letzten Fälle ist die Hinrichtung des Kerstian Kerkerink wegen Ehebruchs (1582 zu Münster, an der Dingstiege, Lindner S. 26, 605).

[19] Der Ausdruck homo terrae nocivus, terrae damnosus (zuerst 1231 in Heinrichs VII. Statutum in favorem principum, nr. 16) soll nach v. Zallinger den Gewohnheitsverbrecher, besonders das städtische Gaunertum und die Raubritter, bezeichnen. Diese Auffassung und die Annahme, daß eine besondere Schädlichkündigung derselben Leute stattgefunden habe (Schröder 796, Brunner Grundz.[4] 172) läßt sich nicht mehr halten. Sie ist widerlegt durch Knapp Zenten II, 464 ff. (dazu Rietschel ZtschSav. **29**, 400), Knapp Das Übersiebnen, 1910 und K. O. Müller Zur Gesch. des peinl. Proz. in Schwaben im spät. MA., 1910 (zu den beiden letzten vgl. die eingehende und kritische Besprechung von Planitz ZtschSav. **32**, 529). Vgl. jetzt auch Brunner Grungz.[5] 183.

[20] So in der Trennung eines vorbereitenden Ermittelungsverfahrens von einer akkusatorisch ausgestalteten Schlußverhandlung, in dem Grundsatz der Heimlichkeit während der schließlich allein wichtigen Vorermittelungen, in der bis zum Übermaß steigenden Anwendung der Folter.

dies nur bei gewissen Delikten vor, hat sich dann aber vielfach zum ordentlichen Prozeß gegen schädliche Leute, d. h. gegen todeswürdige Verbrecher entwickelt. Jeder, der sich durch seine Tat aus dem gemeinen Frieden gesetzt und sein Leben verwirkt hat, kann auch noch lange nach der Verübung aufgegriffen und übersiebnet werden. So entsteht ein neues Verfahren gegen den gefangenen Verbrecher, bei dem der Kläger nur nachzuweisen hat, daß der Festgenommene durch eine Missetat friedlos geworden und die Festnahme somit rechtmäßig ist. Es ist eine Klage mit Gerüfte. Wahrscheinlich dringt von hier aus auch das Offizialprinzip in den Strafprozeß ein. Vor diesem Verfahren muß die Klage mit förmlicher Ladung stark zurücktreten: sie wird vornehmlich als Abwesenheitsverfahren sich gehalten haben [21].

X. Die Urteilsschelte fungiert im späteren MA. durchaus als Rechtsmittel und geht von allen ordentlichen Gerichten prinzipiell an das Reichshofgericht bezw. an das seit 1415 auftauchende königliche Kammergericht. Daneben stehen infolge der Exemtion der meisten Reichsstände territoriale Obergerichte, sowie städtische Oberhöfe. Ferner geht ein Rechtszug von den Niedergerichten (Gogerichten) an die Landgerichte (Grafengerichte) [22]. Wirkt auch die Schelte sachlich wie eine Berufung, so ist sie doch in Form, Legitimation, Zeitpunkt, innerem Wesen, Wiederholbarkeit von der römischen appellatio ganz verschieden.

§ 3.

Rezeption und Karolina.

I. Kanonisches Recht.

Biener Beiträge zur Geschichte des Inquis.-Proz., 1827. Hinschius System des kath. Kirchenrechts, Bd. IV—VI. Rich. Schmidt Herkunft des Inquis.-Proz. 1902 (Festschrift der Universität Freiburg).

Das Verfahren auf accusatio, seit der Merowingerzeit mehr und mehr germanisiert, gilt in der Kirche als modus procedendi ordinarius. Daneben entwickeln sich unter dem Einfluß fränkischer Anschauungen Arten des Offizialprozesses; von Amts wegen wird, außer auf Rüge in den bischöflichen Sendgerichten, eingeschritten: per notorium (rein

[21] Planitz a. O. betont wohl mit Recht, daß in der Befugnis zur Aufgreifung die besondere Bedeutung des Übersiebnungsprozesses liegt, und daß deshalb v. Zallingers entwickelungsgeschichtliches Motiv, die Bekämpfung des Gewohnheitsverbrechertums, auch fernerhin beizubehalten sei. Denn das Bedürfnis, sich über die persönliche Freiheit hinwegzusetzen, wird gegenüber den professionellen Verbrechern am stärksten hervorgetreten sein.

[22] Franklin II 204 ff. Schröder 559, 566, 614, 695, 794.

exekutives Vorgehen, ähnlich wie bei handhafter Tat), per denuntiationem (evangelicam, nach Matth. 18, 17), per infamiam (Untersuchung des bösen Leumunds), per exceptionem (führt nicht zur Strafe). Innocenz III. führt nach dem Vorbild der Normannenkönige in Sizilien [1] Reformen ein, die dem Einschreiten ex officio einen generellen und einheitlichen Charakter geben und durch das 4. later. Konzil 1215 bestätigt werden. Zum Reinigungseid wird erst geschritten, wenn die vom Richter vorzunehmende inquisitio nicht zur Gewißheit führt. Andernfalls erfolgt Verurteilung zu geringerer, als der ordentlichen Strafe (poena extraordinaria). Dem Beschuldigten werden die Anklagepunkte (capitula), die Namen der Zeugen und ihre Aussagen mitgeteilt; die Verteidigung ist frei. Abweichungen gelten im Ketzerprozeß (inquisitio haereticae pravitatis) [2].

II. Die italienische Praxis.

Brunnenmeister Quellen der Bambergensis, 1879. Kohler Studien II—VI. Allard Justice criminelle au 16 ième siècle, 1868. Kantorowicz Gandinus, I 1907. E. Mayer Ital.Verfass.-Gesch. v. d. Gothenzeit bis z. Zunftherrsch. 2 Bd. 1909.

Die Doktrin der Kanonisten (Tancredus † 1234, Durantis † 1296) wird von den Legisten (Roffredus † 1250, Rolandus de Romanciis † 1284, Albertus Gandinus † 1290, Jacobus de Belvisio † 1335, Bartolus † 1357, Baldus † 1400, Angelus Aretinus † 1450, Clarus † 1575) aufgenommen und fortentwickelt. Bei ihrer Einführung in die Praxis der Territorien trifft sie mit den germanischen Ansätzen zu einem Offizialverfahren zusammen. Die Stadtrechte (Como, Mailand, Bergamo, Padua) weisen ein inquisitorisches Einschreiten, etwa wegen Münz-, Urkundenfälschung, Landfriedensbruch, z. T. auch unter Verwendung der Folter (zuerst wohl Bologna 1250) auf. Der kirchliche Inquisitionsprozeß stellt nur eine der verschiedenen partikulären Ausgestaltungen der gleichen Rechtsgedanken dar [3]. Unter Verdrängung sowohl des römischen Akkusationsprozesses, an dessen theoretischer Alleinherrschaft die Glosse noch festhielt, wie des germanischen, der dem

[1] Diesen Nachweis hat R. Schmidt erbracht. Die Constitutiones Regni Siculi (1231, Friedrich II.) sind nicht Nachahmung, sondern ihrem auf Rüdiger II. und Wilhelm zurückgehenden Inhalt nach Vorbild des kanonischen Verfahrens. Bedenken hiergegen v. Voltelini ZtschSav. 25, 348. Zechbauer Das MA.liche Strafr. Siziliens, 1908.

[2] Die Namen der Denunzianten und der Zeugen werden nicht mitgeteilt, ihre Aussagen nur in verstümmelter Gestalt; im Anschluß an die Vorschriften des römischen Rechtes über das crimen laesae majestatis wird die Tortur angewendet.

[3] Maßgebend R. Schmidt Herkunft, sub VI.

erstarkenden öffentlichen Interesse[4] an der Verfolgung der Verbrechen nicht gerecht werden konnte, wird der Inquisitionsprozeß gemeines italienisches Recht. Als Weiterbildungen sind hervorzuheben: 1. Die inquisitio wird einheitlich, das Einschreiten auf denuntiatio und notorium wird darunter einbezogen. 2. Das Inquisitionsverfahren ist bei allen Verbrechern anwendbar. 3. Der Reinigungseid ist im wesentlichen durch die Folter verdrängt. 4. Die indicia (Verdachtsgründe) werden klassifiziert, je nachdem sie zur Folter ausreichen oder nicht. 5. Der Satz, daß die inquisitio nur zu außerordentlicher Strafe führen kann, wird beseitigt. 6. Man unterscheidet inquisitio generalis (praeparatoria), in welcher dem noch nicht auf eine bestimmte Person konzentrierten Verdacht nachgegangen wird, und inquisitio specialis (in certam personam), die mit dem decretum ad inquirendum und Haftanordnung beginnt, eidliches Zeugenverhör und sonstige eigentliche Beweisaufnahme befaßt und mit der Aburteilung endet. 7. Die Freisprechung braucht keine endgültige zu sein; es ist absolutio ab instantia, einstweilige Lossprechung, möglich: vorläufige Einstellung des Verfahrens, das jederzeit wieder in Gang gesetzt werden kann. 8. Daneben gibt es auch Fälle der poena extraordinaria. 9. Die Folter darf unter Umständen wiederholt werden. Bei der Rezeption in Deutschland[5] sind von diesen Sätzen die Hauptpunkte 1—5; die Sätze 6—9 sind erst später teilweise aufgenommen worden. Der italienische Prozeß dringt zuerst ein in der Wormser Reformation (1498) und den Halsgerichtsordnungen für Tirol (1499) und Radolfzell (1506), von denen die letzte einen öffentlichen Ankläger kennt. Das einheimische Recht wird beiseite gelassen, der Akkusationsprozeß ist ersichtlich ohne praktische Bedeutung, die Tortur ist gestattet. Als wichtiges Vehikel der Rezeption dienen auch die Darstellungen durch die Halbgelehrten; vor allem ist hervorzuheben der zweite Traktat des Klagspiegels (verfaßt etwa 1425, zuerst gedruckt etwa 1470, herausgegeben 1516 von Sebastian Brant), der sich auf Roffredus und Gandinus stützt und scharf gegen die Gottesurteile auftritt.

III. Die Karolina.

Stintzing Gesch. der dtsch. RWiss. I 607 ff. Zöpfl Das alte Bamb. Recht als Quelle d. Carolina, 1839. Güterbock Entstehungsgeschichte der Carolina, 1876. Brunnenmeister Quellen der Bambergensis, 1879. Güterbock Zur

---

[4] Seit dem 14. Jahrh. wirkt mehrfach ein Fiskal als öffentlicher Ankläger mit.

[5] Stintzing Popul. Literatur des röm.-kan. Rechts, 1867. Stölzel Entwickelung des gelehrten Richtertums, 1872. v. Below Ursachen der Rezeption, 1905.

Redaktion der Bambergensis, 1910. Kohler und Scheel Die Karol. und ihre Vorgängerinnen: Bd. I. Die PGO. Karls V. (nach neu entdeckter Handschr.); Bd. II. Die Bamb. HGO. (mit 22 Abbildungen); Bd. III. Die Bamb. HGO. in niederdeutscher Übersetzung. Halle 1900, 1902, 1904. Scheel Joh. Frhr. zu Schwarzenberg, 1905. Schötensack Strafpr. der Car., 1904.

Johann Freiherr zu Schwarzenberg und Hohenlandsberg (1463 bis 1528), ein als Patriot, als volkstümlicher Schriftsteller und als Anhänger der Reformation hervorragender Mann, erfaßte zuerst die gesetzgeberische Aufgabe seiner Zeit. Er gab[6] dem Bistum Bamberg, woselbst er Vorsitzender des Hofgerichts war, 1507 die Bambergische HGO. (CCB., Constitutio Criminalis Bambergensis; mater Carolinae), ein Gesetz- und Lehrbuch, das die süddeutsche Praxis mit der italienischen Doktrin, wie sie aus der populären Literatur und aus der Wormser Reformation ersichtlich war, zu einem organischen, als gemeines Recht[7] zu betrachtenden Ganzen verschmolz. Die CCB. diente der Peinlichen oder Halsgerichtsordnung Karl V. (PGO., HGO., CCC. = Constitutio Criminalis Carolina) zum Vorbild[8]. Dieses hochbedeutsame Werk der Reichsgesetzgebung hatte zufolge der sog. salvatorischen Klausel („doch

[6] Er brauchte und benutzte den Rat Rechtsverständiger, da er selbst kein Latein verstand. Es ist nicht alles in der CCB. aus einem Guß und manches auch aus fremder Feder, wie Güterbock Red. der Bamb., zeigt. Besonders wichtig ist, daß das „Annehmen der Übeltäter von Amtswegen" erst später eingesetzt ist: das Klagen von Amts wegen wird als Art des Akkusations-, nicht des Inquisitionsprozesses konstruiert.

[7] Dieser Tendenz verdankt die CCB. ihre weite Verbreitung: niederdeutsche Übersetzung von Hermann Barkhusen, Rostock 1510, Einführung in Anspach und Bayreuth 1516 als Brandenburgische HGO. (soror Carolinae).

[8] Entwürfe: I. Worms 1521; II. Nürnberg 1524; III. Speyer 1529; IV. Augsburg 1530. Abschluß Regensburg 1532. Die Druckausg. von Ivo Scheffer, Mainz, Hornung 1533 (sog. Princeps) ist recht fehlerhaft. Daher haben Kohler-Scheel jene Kölner Hdschr. zugrunde gelegt, die angebl. bei den Schlußverhandlungen auf dem Reichstag zu Regensburg vorgelegen hat und mithin die endgültige Fassung, so wie sie in den RTAkten eines einzelnen Reichsstandes sich befand, wiedergibt. Der Wert des Manuskr. ist sehr heftig bestritten worden; vgl. zu dieser Karolinenkontroverse einerseits Binding Grundr. des Strafr., 7. Aufl., S. 32. Arth. Hering Die im hist. Arch. der Stadt Köln aufgefund. Kar.-Hdsch. R 1, Diss., Lpz. 1904. Schreuer ZtschSav. **26**, 341. Engelmann GerS. **68**, 76, andrerseits Scheel DLitZtg. 05, 494. Kohler Arch. **49**, 66. **50**, 59. **51**, 152. **53**, 121; dazu über kleinere neue Funde berichtend **56**, 12. **57**, 273. **59**, 65. Nachdem jetzt feststeht, daß der Reichsstand, in dessen Akten das Manuskr. war, nicht der Kurfürst von Köln (so Arch. **50**, 60), sondern „bekanntlich" die Reichsstadt Köln (Arch. **56**, 12) gewesen ist und deren Anteilnahme an dem Gesetzgebungswerk auch klarer hervortritt, scheint es gewagt, noch länger zu bestreiten, daß die Hdschr. R 1 auch wirklich in Regensburg gewesen ist.

wollen wir durch dise gnedige erinnerung Churfürsten, fürsten und stenden von jren alten wolherbrachten rechtmessigen und billichen gebreuchen nichts benomen haben")[9] im wesentlichen nur die Bedeutung subsidiären gemeinen Rechts[10]. Um auf die Anwendung der Kaiserlichen Rechte einigermaßen rechnen zu können, ist die Scheidung zwischen Richter und Urteiler aufgegeben und wird vielfach Ratsuchen (Aktenversendung an Obergerichte oder Juristenfakultäten zur Zwischenentscheidung über die Peinliche Frage oder zur Endentscheidung) angeordnet. Im Verfahren gelten die Grundsätze der Schriftlichkeit und der Heimlichkeit. Auf Antrag wird allerdings ein öffentlicher „endlicher Rechttag" abgehalten: in Wirklichkeit nur ein Publikationstermin. Die PGO. geht äußerlich von dem Regelfalle des Akkusationsprozesses aus, aber innerlich nimmt der Prozeß keine Rücksicht auf den privaten Ankläger, sondern betrachtet ihn als lästig und sucht ihm das Auftreten zu verleiden[11]. Ziel des Verfahrens ist die „Erfahrung der Wahrheit oder Gerechtigkeit", sein Betrieb liegt in der Hand des Richters. Was die Beweislehre angeht, so erfolgt Verurteilung 1. auf eigen Bekennen oder 2. auf Beweisung durch zwei oder drei klassische Zeugen (Art. 65 ff.; ohne Tortur auch bei Leugnen, Art. 69). Auf bloße Indizien wird nicht verurteilt (Art. 22), wohl aber gefoltert, falls die „Anzeygungen" gehörig bewiesen und „genugsam" sind (Art. 23—44), doch ergeht vorher besondere Aufforderung (Art. 47), Entlastungsbeweise und Einwendungen gegen die Tortur vorzubringen. Gesteht der Gefolterte nicht, so wird er freigesprochen. Gesteht er, so erfolgt eine Prüfung der Glaubwürdigkeit des Bekenntnisses: bejahenden Falles ergeht Verurteilung zur ordentlichen Strafe. Im Falle der Verneinung oder bei Widerruf darf die Peinliche Frage wiederholt werden (Art. 55). Rechtsmittel im eigentlichen Sinne gibt es nicht[12].

---

[9] Fassung nach Güterbock Entsteh.Gesch., S. 193. In den Drucken „an", nicht „von".

[10] Zwingendes Recht enthält die CCC., sofern sie etwas als Mißbrauch bezeichnet (Art. 218), und in einigen anderen Punkten, so hinsichtlich der Verwendung der Marter oder Peinlichen Frage (Art. 61).

[11] Eingehender Rosenfeld Nebenklage, 1900, S. 37 ff. Äußerlich ist allerdings die Entscheidung noch nicht zugunsten des „fremdländischen Inquisitionsprozesses" getroffen, Schötensack S. 95 ff.

[12] Der Speyerer Entw. 1529, Art. 226 wollte die in Zivilsachen in der Rezeption befindliche röm. Appellatio für Strafsachen direkt verbieten. In Augsburg strich man das Verbot, Güterbock Entsteh.Gesch., S. 146. Kohler-Scheel I, S. 115. Gleichwohl blieb durch das Schweigen in Verbindung mit der inneren Struktur des Carolinaprozesses die Rezeption unterbunden; Lb. 18 N. 7.

§ 4.

Der gemeine Inquisitionsprozeß bis ins 19. Jahrhundert.

Stintzing Gesch. d. dtsch. RWiss. I 630 ff., II 55 ff. Hälschner Gesch. des brandenb.-preuß. Strafr., 1855. Stobbe Gesch. der dtsch. Rechtsquellen II 253 ff. Riezler Hexenproz. in Bayern, 1896. Hanssen Zauberwahn, Inquis. und Hexenproz. im MA. u. die Entsteh. der großen Hexenverfolgung, 1900. Ortloff Der fiskalische StrProz., 1859. Böhlau Der mecklenb. Crim.-Proz., 1867.

I. Im 16. und 17. Jahrhundert setzt sich bei dem unglaublichen Tiefstand der Doktrin, die, unfähig, das nationale Gesetzeswerk zu erfassen, völlig von Italien abhängt, die Rezeption des italienischen Prozesses fort (s. S. 14 Z. 6—9), so daß also auch jetzt erst die Lossprechung von der Instanz aufkommt[1]. Maßgebend für ganz Deutschland werden die bedeutenderen Leistungen Sachsens auf legislativem und wissenschaftlichem Gebiete, so die Sächsischen Konstitutionen (1572) des Kurfürsten August und vor allem die Practica Nova (Imperalis Saxonica rerum criminalium, 1635), das Hauptwerk von Benedikt Carpzow (1595—1666).

II. Die Carpzowsche Beweislehre unterscheidet leichtere und schwerere Verbrechen. Bei ersteren findet keine Tortur statt: liegen dringende Indizien (violenta, urgentia ac certa in tantum ut vix negari possit crimen) vor, so tritt poena extraordinaria ein; für geringere Indizien wird am Reinigungseid festgehalten[2]. Bei schwereren Verbrechen wird unterschieden, ob genugsame Indizien vorliegen oder nicht. Reichen sie nicht aus, so wird der Reinigungseid auferlegt, dessen Leistung zu einstweiliger Lossprechung und dessen Weigerung zur Tortur führt. Zu dieser wird sofort geschritten, wenn die Indizien ausreichen. Wird in der Tortur ein Geständnis abgelegt und nachher freiwillig wiederholt, so ergeht Verurteilung zur ordentlichen Strafe; wird es dagegen nachher widerrufen, so darf zweimal, bei crimina atrocissima dreimal gefoltert werden. Wird kein Geständnis abgelegt, oder ist sonst die Tortur erschöpft, so wird der Beschuldigte einstweilen losgesprochen, beim Auftauchen neuer Indizien mit poena extraordinaria belegt. Aller Regeln ledig ist das Verfahren wegen delicta excepta, also namentlich der Hexenprozeß.

III. Die letzten wichtigen Kodifikationen des Inquisitionsprozesses sind die Gesetzbücher von Österreich (1803), Preußen (1805), Bayern (1813). Inzwischen sind beträchtliche Änderungen im Verfahren ein-

[1] so auch Schötensack 85 ff. (bestritten).

[2] Wird er geschworen — Freisprechung; wird er nicht geschworen — Verurteilung zu außerordentlicher Strafe.

getreten. 1. Der Unterschied zwischen General- und Spezialinquisition, die Zäsur im Verfahren, ist untergegangen: man verlegt das Verhör des Beschuldigten als summaria inquisitio in den ersten Teil und gestattet auch die Verhaftung vor vollständig festgestelltem Tatbestand (Preuß. § 206). 2. Der wichtigste Schritt und fast der einzige Fortschritt ist die Aufhebung der Folter: in Preußen 1754 und 1756[3], in Österreich 1776 (in der CC. Theresiana 1768 noch beibehalten), in Bayern 1806 (im Codex juris Bavarici 1751 noch beibehalten[4]). 3. Gleichwohl galt weiter der Satz: confessio regina probationum; die Überführung ist die Aufgabe des Inquirenten, die er durch Konfrontationen, Überraschungen, Lügen und Vexationen aller Art zu erreichen sucht. Der Angeklagte, dem eine „Defension" nicht überall gestattet wird, ist zu wahrheitsgemäßen Aussagen verpflichtet und wird durch sog. Lügenstrafen (besonders körperliche Züchtigung) dazu angehalten[5]. 4. Die Zulässigkeit der poena ordinaria, auf bloßen Indizienbeweis hin, wird von der Doktrin verneint, von den österreichischen und bayerischen Gesetzen[6] bejaht; mit Ausnahme der Todesstrafe. 5. Es werden Rechtsmittel zugelassen, nämlich neben der durch Carpzow in Aufnahme gebrachten „weiteren Verteidigung" (remedium ulterioris defensionis, in Verbindung mit Aktenversendung) die durch einen letzten Rezeptionsakt im Anfang des 19. Jahrhunderts wieder in die gemeinrechtliche Doktrin eingedrungene Appellation[7].

IV. Das bleibende Verdienst des Inquisitionsprozesses ist die Erkenntnis, daß die Verfolgung der Verbrechen Staatssache ist; wir haben

---

[3] Die Verordnung vom 3. Juni 1740 ließ die Tortur noch zu bei crimen laesae majestatis, Landesverräterei, großen Mordtaten, wo viele Menschen ums Leben gebracht, oder viele Delinquenten, deren Konnexion herauszubringen nötig, komplizieret sind. — Letzter vereinzelter Anwendungsfall 1752.

[4] In Württemberg 1806, Thüringen 1817—1819, Hannover 1822, Gotha 1828; in Baden gänzlich 1831 (Neues Arch. d. Crim.R. **12**, 650). In Schwyz ist 1821 noch in scheußlichster Weise, in Zug noch 1869 gefoltert worden; v. Grebel Aufheb. des Geständn.Zwanges i. d. Schweiz, 1900, S. 50 ff., 57.

[5] Preuß. §§ 292—297. Bayern Art. 192: vor Anwendung einer Ungehorsamsstrafe dem Inquisiten deutlich und umständlich vorzuhalten, daß die Züchtigung ihn nicht darum treffe, um ein Geständnis seiner Schuld zu erpressen (!).

[6] In Preußen in Verordnungen Friedrichs anfangs bejaht, später bezweifelt; Crim.-Odg. 1805 §§ 405, 409, 413 kennt für diesen Fall nur außerordentliche Strafe.

[7] Daneben restitutio in integrum und querela nullitatis insanabilis, insbesondere wenn das Urteil contra jus in thesi clarum verstößt. Dann liegt gewissermaßen Rechtsweigerung vor. Daher gelten die privilegia de non appellardo nicht für die Nullitätsklage. (R. Kammerger.Odg. 1555, II 28, § 5.)

die Anschauung, daß aus dem Verbrechen dem Staat ein öffentlichrechtlicher Strafanspruch erwächst, als unverlierbaren Bestandteil in unser Rechtsbewußtsein aufgenommen. Doch überwiegen die Übelstände jenes Verfahrens; es war schwerfällig und von unendlicher Dauer, die Klassifikation der Indizien war unlöslich, dem erkennenden Gericht fehlte jede unmittelbare Anschauung, die Lage des unschuldig Inhaftierten war fast hoffnungslos, die poena extraordinaria und die absolutio ab instantia liefen den einfachsten Grundsätzen der Gerechtigkeit zuwider. Es kann daher nicht Wunder nehmen, daß die liberale Bewegung um die Mitte des 19. Jahrhunderts aufs lebhafteste nach Reformen im Strafprozeß verlangte. Sie lassen sich unter die Schlagworte bringen: Öffentlichkeit, Mündlichkeit, Anklageprozeß, Geschworenengerichte. Man wendete dabei die Blicke vor allem auf das Vorbild Frankreichs und nahm mit der Reform eine Rezeption unmittelbar des französischen und mittelbar des englischen Strafprozesses vor. Aus dem letzteren interessiert uns daher das Geschworenengericht, aus dem ersteren auch die Figur des Staatsanwalt, die Voruntersuchung und die „Trichotomie".

§ 5.

Der reformierte deutsche Strafprozeß.

I. Das englische Recht.

Für das Verständnis der Entwickelung ist grundlegend Brunner Entstehung der Schwurgerichte, 1872. — Glaser Anklage, Wahrspruch und Rechtsmittel im englischen Schwurgerichtsverfahren, 1866. James Fitzjames Stephen History of the Criminal Law of England, 3 Bde., 1883 (bes. Bd. 1). Blackstone, Commentaries on the laws of England, Bd. 4. Stephen-Jenks New Commentaries on the laws of England 14. ed., 1903. Bd. 4, Kap. 10 bis 22. Kenny Outlines of Criminal Law (Buch III, IV) 1904. Kenny Cases (Teil III) 1903. Harris Principles (Buch III, IV) 10. ed., 1904. Archbold Pleading, Evidence and Practice. 23. Ed., 1905. — Weidlich Engl. StrProzPrax. und deutsche StrProzRef., 1906. Mendelssohn Bartholdy Imperium des Richters, 1908. Ders., Engl. Ger.Wesen in Court of Criminal Appeal (dazu Beling Ztsch. **30**, 957). Hartmann StrafrPflege in Amerika, 1906. Gerland Die engl. Ger.-Verfass., systemat. Darstell., 1910.

Die fränkische inquisitio in ihren beiden Gestalten (oben S. 9 N. 11) — als Anklagejury (Rügegeschworene) in Strafsachen, und als Beweisjury in Zivilsachen — blieb in dem 912 abgetretenen Gebiete Neustriens unter der Herrschaft der Normannen erhalten und ging mit diesen (wie nach Sizilien) auch 1066 nach England hinüber. Seit dem 12. Jahrhundert kommt die Beweisjury auch im Anklageprozeß in Strafsachen vor, sofern der Beschuldigte sich, um das Gottesurteil zu vermeiden, auf das Zeugnis seiner Gemeindegenossen beruft (se ponit super patriam) und gegen Gebühr ein dies Beweismittel zulassendes Breve des Herzogs oder Königs erwirbt[1]. Diese jurata ist nur Unschuldbeweis, Beweis für den Beschuldigten.

A. Der englische Strafprozeß wird eröffnet entweder durch Anklage (appellare, appeal = kampfliche Ansprache, 1819 aufgehoben)[2] oder durch Rüge (rectare, indictare, indictamentum, indictment, praesentamentum). Die Rügejury antwortet in der Stärke von 12 Geschworenen für jede Hundertschaft uno ore auf die Frage des justitiarius itinerans oder des vicecomes. Seit dem 14. Jahrhundert tritt anfangs daneben, später unter Verschwinden der Hundertschaftsjury die Grafschaftsjury von 24 (jetzt 23) Geschwornen auf (grand enquest, grand jury). An diese Große Jury wendet sich der Anzeiger (prosecutor) anfangs formlos, seit dem 15. Jahrhundert mit einer Anklageschrift (bill of indictment), die er im Namen der Krone[3] einreicht. Wird diese als „true bill" befunden, so gilt sie als Rüge (indictment) durch die jurata[4]. In dieser nach Beweisaufnahme[5] ergehenden Entscheidung liegt die Überweisung zur richterlichen Untersuchung (commitment for trial).

B. Die Beweisjury wird zur Urteilsjury, die heute in allen Strafsachen ihr Verdikt abgibt[6]. Sie wird zunächst von den Anm. 1 erwähnten Rekognitionsfällen als ordentliches Beweismittel des Angeklagten herübergenommen; das Breve wird seit 1215 (Magna Charta) gratis erteilt und ist seit 1221 überhaupt nicht mehr nötig. Seit Auf-

[1] In einigen Zivilsachen wird die inquisitio (enquête, recognitio) zu einem ordentlichen Beweismittel (Mitte des 12. Jahrh.). Dies geschieht durch Satzung (assisa) Heinrichs II. Danach heißt in England die inquisitio selbst assisa. Seit dem 14. Jahrhundert wird ferner in England Einstimmigkeit der 12 Geschwornen verlangt. In beiden folgt die Strafjury allmählich nach.

[2] Anlaß war der Fall Abraham Thornton vgl. Neuer Pitaval, Bd. 21, S. 321–356.

[3] Daher heißt die Strafsache Crown Case, z. B. Rex (Regina) versus Shawe, R. v. Rogers; der Belastungszeuge Witness of the Crown.

[4] Nur Belastungsmaterial wird der Grand Jury vorgelegt.

[5] Aus eigener Wissenschaft rügt z. T. die Coroner's Jury (Leichenschau).

[6] Außer den leichteren, in denen ein abgekürztes Verfahren vor einem Friedens- oder Polizeirichter Platz greift: offences punishable upon summary conviction (Gegens. indictable offences). Die Jury tritt ferner nicht in Funktion, wenn der Angeklagte sich sogleich schuldig bekennt (plea of guilty, Kenny 467). Beim Wahrspruch ist die Jury an die Belehrung (charge) des Richters gebunden, namentlich in Rücksicht der Beweisregeln (law of evidence).

hebung der Gottesurteile (1219) ist die Beweisjury einziges Reinigungsmittel: man muß aber leugnen und sich auf sie berufen[7]. Die Geschworenen antworten aus eigener Wissenschaft, die Nichtwissenden werden eventuell ausgeschieden[8]. Da ihre eigene Information jedoch meist nicht ausreicht, so findet seit 1530 auch Beweisaufnahme (evidence) vor ihnen statt und wird so zur Regel, daß seit 1650 kein Geschworener seine außergerichtliche Information berücksichtigen oder den Mitgeschwornen sein Wissen zur Sache mitteilen darf. Da seitdem der Wahrspruch stets nur auf Grund der evidence stattfindet, so ist nunmehr die Beweisjury zur Urteilsjury geworden. Die Aufnahme des Ent- wie Belastungsbeweises wird obligatorisch, im Geschworneneide wird der geänderten Aufgabe Rechnung getragen, und 1825 fällt die letzte Reminiszenz an die Beweismittelnatur: das Erfordernis der Nachbarschaft mit dem Angeklagten.

II. Das französische Recht.

Esmein Hist. de la procéd. crim. en France, 1882. Garraud Traité théorique et pratique d'instr. crim. et de procéd. pén. I, 1907. Garraud Précis, [10]1908. Rivière, Hélie, Pont Code d'instr. crim. et C. p. annotés, 1903.

A. Dasjenige Institut, wodurch Frankreich für den modernen Strafprozeß vorbildlich geworden, ist die Staatsanwaltschaft. Schon im 14. Jahrhundert trat ein Mandatar, procureur du roi, zur Wahrung des fiskalischen Interesses an Geldstrafen und Konfiskationen im Strafprozeß auf. Er wurde zum Beamten, als ihm die Prozeßführung für Private verboten wurde. Die so entstandene und seit 1553 bei jedem

[7] Wer leugnet, aber nicht auf die jurea sich beruft, wird verurteilt; wer gesteht, desgl. Schweigen ist unerlaubt und wird seit 1274 mit der peine forte et dure bestraft. Das judgment hierauf lautete nach Blackstone (IV ch. 25): „that the prisoner be remanded to the prison from whence he came; and put into a low dark chamber; and there be laid on his back, on the bare floor, naked, unless where decency forbids; that there be placed upon his body as great a weight of iron as he could bear, and more; that he have no sustenance, save only, on the first day, three morsels of the worst bread; and on the second day, three draughts of standing water, that should be nearest to the prison door; and in this situation this should be alternately his daily diet, till he died or till he answered." Nicht zu antworten, hatte oft einen Sinn, weil Kinder verurteilter Verbrecher ihres Erbes verlustig gehen konnten. Das zu-Tode-Pressen war wohl erst seit 1406 gebräuchlich. Aufgehoben ist die peine forte et dure erst 1771. Sie war auch nach Nordamerika übernommen worden.

[8] Die 12 Männer der kleinen (petty) Jury müssen auch heute übereinstimmen; ebenso 12 von den 23 der Grand Jury.

Gericht bestehende Behörde heißt ministère public. Ihre Aufgaben sind seit Ludwig XII. (1498): Entgegennahme von Denunziationen; Mitwirkung bei der Untersuchung; Stellung von Anträgen hinsichtlich der Strafe; Vollstreckung des Strafurteils; Aufsicht über den Geschäftsgang der Justizbehörden einschließlich der Richter. Auch heute ist das ministère public streng monokratisch (un et indivisible) und hat außer zivilprozessualen (Gutachten über Nichtigkeitsbeschwerden) und den eigentlichen strafprozessualen noch administrative, beaufsichtigende Funktionen (im Gegensatz zu GVG. 152 S. 2). Sein oberster Beruf ist, über die Wahrung der Gesetze in der Rechtspflege zu wachen.

B. Auch in Frankreich mußten die fränkischen Institute dem italienischen Inquisitionsprozeß weichen und seit Ludwigs XIV. Ordonnance criminelle (1670) war dies heimliche schriftliche Verfahren das ordinarische. Die Revolutionszeit brachte Wandel. Die Geschwornengerichte, schon von Montesquieu empfohlen, wurden durch die Konstituierende Nationalversammlung nach englischem Muster übernommen (1791), sowohl Anklage- wie Urteilsjury. Da sie bald in argen Mißkredit gerieten, wurde im Code d'instruction criminelle (Nov./Dez. 1808) nur die letztere beibehalten, auch sie nur dank dem persönlichen Eingreifen Napoleons.

C Dem Code ist eigentümlich die Dreiteilung der Verbrechen und der Strafgerichte: crimes — cours d'assises; délits — tribunaux correctionels; contraventions — tribunaux de simple police (juge de paix). Nur bei den leichtesten Strafsachen geschieht die Klageerhebung durch citation directe vor das erkennende Gericht, sonst erfolgt Voruntersuchung vor dem juge d'instruction, 1897 kontradiktorisch gestaltet. Der Beschuldigte heißt prévenu. Der Abschluß erfolgt durch Verweisung (renvoi) vor das Zuchtpolizeigericht, oder bei Schwurgerichtssachen als mise en accusation durch die chambre d'accusation. Der Beschuldigte heißt jetzt accusé. Für die Hauptverhandlung gilt: die Anklageschrift wird verlesen, der Präsident leitet die Verhöre, auch bei Geständnis ergeht die Beweisaufnahme und Wahrspruch (déclaration), auf die débats folgt ein nicht bindendes résumé des Präsidenten (erst seit 1881 ohne Beweiswürdigung); die Geschwornen urteilen „souverän" nur nach ihrer intime conviction über die Schuldfrage und über circonstances atténuantes; Stimmenmehrheit entscheidet.

III. Das moderne deutsche Recht.

Geib Reform des deutschen Rechtslebens, 1848. Köstlin Wendepunkt des deutschen Strafverfahrens, 1849. J. W. Planck Systematische Darstellung des deutschen Strafverfahrens auf Grundlage der neueren StPOrdnungen, 1857. Zachariä Handbuch des deutschen StrProzesses, 2 Bde., 1861, 1868.

In Mecklenburg, Schaumburg und Lippe behielt es beim Inquisitionsprozeß sein Bewenden, während im übrigen Deutschland die Reformbestrebungen Boden gewannen, teilweise schon vor 1848: Württemberg 1843, Baden 1845[9], Preußen 1846 (nur für das Kammergericht und das Kriminalgericht Berlin)[10] — größtenteils erst nach der Frankfurter Nationalversammlung, welche die Reformgedanken unter die „Grundrechte des deutschen Volkes" aufgenommen hatte. Dabei schloß man sich oft eng an das französische Muster an (Kurhessen 1848, Bayern 1848, Preußen Verordn. 3. Januar 1849, Österreich 1850), vielfach unter gleichzeitiger angeblicher Wiederbelebung der deutschen Schöffeneinrichtung (Oldenburg 1857, Hannover 1859, Kurhessen 1863, Baden 1864, Preußen, neue Provinzen 1867, Württemberg 1868, Sachsen 1868, Hamburg 1869, Bremen 1863 und 1870). Weder Geschworne noch Schöffen kannten Altenburg (1854) und Lübeck (1862). Dem englischen Vorbild sind näher getreten Braunschweig (1849) und besonders Österreich, das zwar 1853 die Schwurgerichte wieder abgeschafft und eine Rückwendung zum Inquisitionsprozeß genommen hatte, dann aber durch Julius Glaser die treffliche akkusatorisch ausgestaltete StPO. vom 23. Mai 1873 erhalten hat. In den Typus der reformierten StPOrdnungen reiht sich auch die Reichs StPO. ein. Die Übertragung auf das Reich hat als neues lediglich die Gemeinsamkeit gebracht, der Grundcharakter aber ist der gleiche geblieben.

Zweites Kapitel.

Quellen und Literatur des Reichsstrafprozesses.

§ 6.

Entstehungsgeschichte der Reichs-Strafprozeßordnung.

Kries § 7 III. Birkm. § 6. Bind. § 11. Hahn Materialien zu den RJustizgesetzen 2. Aufl., (Stegemann) 1885 f, Bd. III, 1. 2.

I. Durch Art. 4, Ziff. 13 der Verfassung des Norddeutschen Bundes und der Reichsverfassung wurde die Kompetenz des Bundes bzw. Reiches

[9] Nicht in Kraft getreten.

[10] Nur in Preußen freie Beweiswürdigung.

für die Gesetzgebung über das gerichtliche Verfahren begründet. Auf Aufforderung des Reichstags und des Bundesrats ersuchte der Bundeskanzler unterm 12. Juli 1869 den preußischen Justizminister um Vorlegung eines Strafprozeßentwurfes. Der Entwurf I (ausgearbeitet vom Geh. Oberjustizrat Dr. Friedberg, Präsidenten der preußischen Justizprüfungskommission, unter Beihilfe des Appellationsrates Löwe) erschien im Januar 1873 (383 §§, Motive, Anlagen über Berufung, Wiederaufnahme, Untersuchungshaft, Privatklage, Geschwornengericht, englische Voruntersuchung). Er weist bereits die ²/₃-Mehrheit bei Verurteilungen, die Haftverschonung gegen Sicherheit, den Ausschluß des Kontumazialverfahrens auf, außerdem schließt er die Berufung gegen Strafurteile völlig aus und will bei allen Antragsdelikten subsidiäre Privatklage zulassen. — Eine Kommission von 11 angesehenen Juristen (darunter 1 Theoretiker: Zachariä-Göttingen) beriet laut Bundesratsbeschluß vom 13. März 1873 diesen Entwurf I in drei Lesungen (17. April bis 3. Juli). Das Ergebnis war der Entwurf II (395 §§, wenig abweichende Motive, keine Anlagen). Er kennt eine notwendige Voruntersuchung, aber nur in Reichsgerichtssachen. Die gleiche Kommission beriet mit Rücksicht auf die Strömung zugunsten der Schwurgerichte, der sich die Reichsregierung nicht verschließen wollte, und mit Rücksicht auf einige durch den Justizausschuß des Bundesrats erfolgte Abänderungen den Entwurf II nochmals durch und gelangte so 1874 zum Entwurf III (425 §§, EG. 12 §§, Motive[1], Anlagen wie bei Entw. I), welcher dem Reichstag zusammen mit Entw. II zum GVG.[2] am 29. Okt. 1874 vorgelegt wurde.

II. Im Reichstag wurden die Entwürfe in der ersten Lesung (Nov. 1874) an eine Kommission gewiesen (gewöhnlich Reichs-Justizkommission genannt, 28 Mitglieder, Vorsitzender Miquél, 175 Sitzungen, vom 26. Jan. 1875 bis 3. Juli 1876), welche starke Umgestaltungen vornahm[3] und diese fast durchweg auch nach erfolgter Stellungnahme

[1] Deren Vertretung vor dem Reichstag die verbündeten Regierungen ausdrücklich abgelehnt haben.

[2] Der Entw. zum GVG. war auf Grund der gleichen Anregung ausgearbeitet. Entw. I 1873 (173 §§, Motive, Nachtrag 1874, sowie Denkschrift über die Schöffengerichte) zeichnete sich durch die Aufstellung von kleinen, mittleren und großen Schöffengerichten aus (ie Richter und Laien: 1 + 2, 3 + 4, 3 + 6). Die Umarbeitung zu Entw. II (166 §§, EG. 14 §§, Motive), erfolgte mit Rücksicht auf die Wiederaufnahme des Schwurgerichts.

[3] Bewilligung der mildernden Umstände durch die Geschw., Berufung bei SchGUrteilen, Abschaffung der subsidiären Privatklage, obligatorische VU in SchwGSachen, ausnahmsweises Kontumazialverfahren.

des Bundesrats aufrecht erhielt. Der Reichstag trat in der 2. Lesung (17. Nov. bis 2. Dez. 1876) im wesentlichen seiner Kommission bei. Darauf bezeichnete ein Schreiben des Reichskanzlers eine Reihe von Differenzpunkten und erklärte die gefaßten Beschlüsse für den Bundesrat für unannehmbar[4]. Einen Augenblick drohte das nationale Werk zu scheitern, doch führte ein Antrag Miquél und Gen. den sog. Kompromiß herbei. Eine den Regierungen genehme Fassung wurde auf Grund dieses Antrags in der 3. Lesung (18. bis 21. Dez. 1876) angenommen. Nach Zustimmung des Bundesrats erfolgte die Publikation des GVG. nebst EG. (204 + 22 §§) am 27. Jan. 1877, die der StPO. nebst EG. (506 + 12 §§) am 1. Febr. 1877. In Kraft getreten sind sie mit den übrigen Reichsjustizgesetzen am 1. Okt. 1879.

III. Beide Gesetze haben inzwischen Abänderungen erfahren: das GVG., soviel den StProz. angeht, zu § 137 (G. v. 17. März 1886), zu §§ 173 ff., 195 (G. v. 5. April 1888), zu § 27 f., (G. v. 5. Juni 1905, sog. Lex Hagemann — Erweiterung der Zuständigkeit der SchG.); nicht abändernd aber ergänzend verhält sich zu GVG. Tit. 13 das G. v. 9. Juni 1895 über den Beistand bei Einziehung von Abgaben und Vollstreckung von Vermögensstrafen. Die StPO. ist geändert durch G. v. 13. Juni 1902 (§ 7 II betr. den sog. ambulanten Gerichtsstand der Presse) und ergänzt durch G. v. 20. Mai 1898 über Entschädigung der im Wiederaufnahmeverfahren freigesprochenen Personen und G. v. 14. Juli 1904 über Entschädigung unschuldig Verhafteter. GVG. und StPO. sind gleichzeitig modifiziert durch das EG. BGB. Art. 33, 35 und G. v. 17. Mai 1898 (RGBl. S. 252), in Kraft getreten am 1. Jan. 1900. Auf Grund des „Ermächtigungsgesetzes" v. 17. Mai 1898 ist der Text des GVG. durch den Reichskanzler neu publiziert, nicht dagegen der der StPO.

IV. Eine durchgreifende Umarbeitung der StPO. war bereits in Angriff genommen. Auf den Entw. des Reichsjustizamts vom Sept. 1908 folgte der Entw. des Bundesrats vom März 1909[5]. Die erste

---

[4] So folgende Beschlüsse: daß Tatort des Preßdelikts der Erscheinungsort sein solle; daß der eröffnende Richter nicht in der HauptVerh. mitsitzen solle; daß Verleger, Redakteur, Drucker und Hilfspersonal bei Preßdelikten das Zeugnis weigern dürften; daß jeder vom StAnw. zurückgewiesene Denunziant das OLG. anrufen dürfe; daß sich der Verteidiger mit dem Beschuldigten unbeschränkt unterreden dürfte; daß die Rechtsbelehrung protokollarisch festgelegt werden solle; daß die notwendigen Auslagen des Freigesprochenen von der Staatskasse zu tragen seien.

[5] Aus der massenhaften Literatur zum Entw. und seinen Vorarbeiten sei erwähnt: Protokolle der (vom RJustizA. 1903 eingesetzten) Kommission für die Reform des StProz., 2 Bde., 1905. Aschrott, Reform des StProz., Kritische

Beratung im Reichstag geschah im Jan. 1910, die Kommissionsberatung wurde vom März 1910 ab in 2 Lesungen durchgeführt. Die zweite Beratung im Plenum wurde im Febr. 1911 abgebrochen und weder im Herbst 1911 vom alten, noch im Jahr 1912 vom neuen Reichstag ist das Werk wieder in Angriff genommen worden. So ist eine neue StPO. erst zusammen mit einem neuen StGB. zu erwarten[6].

§ 7.

Die Quellen des geltenden StPRechts.

Kries § 8 I. Birkm. §§ 9, 11. B.-B. §§ 6, 7. Ullm. § 10. Bind. §§ 13, 14.

I. Mit GVG. und StPO. und EG. dazu gehört zunächst zu einem Ganzen zusammen die ZPO., auf welche StPO. §§ 37, 325 S. 2, § 419 I, III, § 495 hinweisen, jetzt natürlich in der neuen Fassung vom 17. Mai 1898, so daß hierdurch mittelbar eine Änderung des StPRechts herbeigeführt ist.

II. Gleichzeitig mit dem GVG. und der StPO. traten am 1. Okt. 1879 noch folgende Gesetze in Kraft, die ebenfalls eine Reihe strafprozessual wichtiger Bestimmungen enthalten: RAnwO. vom 1. Juli 1878; GKG., jetzt Fassung v. 20. Mai 1898; in gleicher Fassung die drei Gebührenordnungen (für GerVollzieher, für Zeugen und Sachv., für RAnwälte); das G. über den Sitz des RGer. v. 11. April 1877.

III. Das vor dem 1. Oktober 1879 geltende Reichsstrafprozeßrecht[1] ist in Kraft geblieben: EG. 5 I, 7. Es kommt hier namentlich das StGB. in Betracht, vor allem wegen der Strafvollstreckung, da es an einem Reichsvollzugsgesetz fehlt, dann auch in folgenden Materien: Antrag, objektives Verfahren, Vermögensbeschlagnahme, Buße[2]; ferner das Preßgesetz (§§ 23–29), das Postgesetz und mehrere Steuergesetze. Außer den Reichsgesetzen im engern Sinne gehören aber auch hierher

---

Besprechungen der von der Kommission gemachten Vorschläge. Auf Veranlassung der JKV. herausg. 1906. Adickes, Aschrott, v. Lilienthal, v. Liszt, Beiträge zur Reform des StProz., 1908 f. 2 Bde. Über Stellungnahme der JKV.: Delaquis Ztsch. **29**, 435. Änderungsvorschläge des Berliner Anwaltvereins, 09. Kritiken: v. Lilienthal Ztsch. **29**, 1, 185, 414, 549, 737. Ötker GerS. **68**, 81. Binding GerS. **74**, 1. v. Hippel in Mittermaier-Liepmann, SchwGer. u. SchGerichte II, 1. Heinemann Zur Ref. der StPO., Stuttg. 09. Übersicht über die gesamte Lit. zum Entw. Hegler Ztsch. **33**, 115, 230, 545, 700.

[6] Der Entw. wird im Lehrbuch als „E 09" fortlaufend mitberücksichtigt.

[1] Gerichtsverfassungsrecht aus früherer Zeit ist aufgehoben.

[2] Es gehören her StGB. §§ 4–9, 13, 15, 16 II, III, 17 IV, 18 II, 22–26, 28 IV, 30, 37, 40–42, 55, 56, 57 II, 60, 61–65, 69, 70–72, 93, 138 III, 140 III, 152, 164 II, 188, 190, 191, 194–198, 231, 233, 238, 247 I, 335, 362 I.

die Zollvereinsgesetze (Vereins-Zoll-G. v. 1. Juli 1869), die Staatsverträge (Konsular-, Auslieferungs-, Handels-, Schiffahrt- und Freundschaftsverträge), endlich etwaiges Reichsgewohnheitsrecht.

IV. Alle späteren Gesetze, die strafprozessuale Bestimmungen enthalten, zählen ebenfalls hierher[3], und zwar gilt hier der Grundsatz: lex posterior derogat priori Hervorgehoben seien das G. über die Konsulargerichtsbarkeit v. 7. Apr. 1900, das Schutzgebietsgesetz v. 2. Juli 1899 und die MilStGO. v. 1. Dez. 1898 (in Kraft seit 1. Okt. 1900: dazu G. über den bayr. Senat v. 9. März 1899).

V. Schließlich gehört das Landesrecht hierher, sofern es reichsrechtlich geduldet ist (Lehrb. § 11 II), insbesondere in den Funktionen der Ausführung und Ergänzung[4].

§ 8.

Literatur des StPRechts.

Birkm. §§ 13, 14. B.-B. § 155. Ullm. § 14. Bind. § 12.

I. Textausgaben: Hellweg-Kohlrausch (Berlin, Guttentag [16]1912), Staudinger (München, Beck [3]1911), Dalke [12]1910, Daude [7]1908, Olshausen [2]1905.

II. Kommentare von John (Erlangen, 1884—89, 2½ Bde., nur bis § 275). Löwe-Hellweg [12]1907, Stenglein [3]1898, Mamroth 1900.

III. Hand- und Lehrbücher: v. Holtzendorff (2 Bde., 1879); Glaser (2 Bde., 1883, 1885, unvollendet; als III. Bd. erschien:) Ötker Verf. vor den Schw. und SchG., 1907; v. Kries 1892; Bennecke 1888—95, 2. Aufl. Bennecke-Beling (1900); Ullmann (1893), Birkmeyer (1898). Kürzere Darstellungen: Stenglein (1887), v. Lilienthal (1904, in Birkmeyers Enzyklopädie, 2. Aufl.), Beling (v. Holtzendorff-Kohlers Enzyklopädie, 1903), Grundriß von Binding (5. Aufl., 1904)[1].

IV. Ferner dienen der Einführung in die Praxis Lucas Anleitung zur strafrechtl. Praxis I [2]1905, sowie die Aktenstücke für Lehrzwecke von Rich. Schmidt [3]1904, v. Hippel [2]1905. Fälle: Beling [3]1905. v. Rohland 1904.

V. Zum MilStrVerf.: Kommentare Koppmann 1900/01, Pechwell 1899, Stenglein 1901, Schlager 1904 (in Hue de Grais Handb. III 2), Handausg. Herz-Ernst [4]1907, Romen-Rissom 1910 Darstellungen: v. Lilienthal in Birkm. Enzykl. [2]1904, Weiffenbach in v. Holtzend.-Kohler 1903. Weiffenbach Einführung [3]1904. M. E. Mayer Disz.- u. Beschwerderecht für Heer u. Marine 1910 (Göschen) Komm. der Disz. Str.- u. der Beschwerdeordn. von Dietz, Fielitz, und Dietz. Für die nied. Gerichtsb.: Weiffenbach-Wolf 1901.

---

[3] S. ihre Aufzählung bei Birkmeyer S. 45 ff.

[4] Zusammenstellung b. Birkmeyer, Beilage, und Bind. § 15. Beling Württ. Proz.Ges.Gebg. 1903.

[1] Regelmäßig zitiert werden Kries, Birkm., B.-B. (= Bennecke-Beling), Ullm., Bind. (= Binding, Grundriß), Ötk. (= Glaser, Handb., Bd. III), L.-H. (= Löwe-Hellweg) 13. Aufl. in Vorbereitung (bearb. von Rosenberg).

v. Schwarzkoppen ²1900. Ferner: Rehm Ztsch. **19**, 416. Gerland GerSaal **69**, 194. Weigel ZuständGrenzen 1092.

VI. Zeitschriften und Entscheidungen. Es kommen die gleichen in Betracht, wie für das materielle Strafrecht (vgl. v. Liszt, Lehrb. des Strafr. ¹⁸1910 § 11 V, VI). Als wichtig seien genannt: (Goltdammers) Archiv für Strafrecht (jetzt von Kohler herausgeg.), seit 1853, bisher 59 Bde. Gerichtssaal (jetzt von Ötker und Finger herausgeg.), seit 1849, Bd. 79 laufend. Zeitschrift für die gesamte Strafrechtswissenschaft (herausgeg. von v. Liszt und v. Lilienthal) seit 1881, Bd. 33 laufend. Österreichische Ztsch. f. Strafr. (herausgeg. von Löffler), Bd. 3 laufend. In vielem Praktischen von Bedeutung: Groß Archiv für Kriminalanthropologie und Kriminalistik, Bd. 46 laufend. Aschaffenburg Monatsschrift für Kriminalpsychologie und Strafrechtsreform, Bd. 9 laufend. Ärztl. Sachverst. Zeitg., 18. Jahrg. 1912. Mehr für Zivilprozeß: Juristische Wochenschrift, Organ des deutschen Anwaltsvereins, 41. Jahrg. laufend. Seufferts Blätter für Rechtsanwendung, Bd. 77 laufend. — Entscheidungen des Reichsgerichts in Strafsachen, Bd. 45 laufend; desgl. in Zivilsachen, bisher 77 Bde. Entscheidungen des Reichsmilitärgerichts, bisher 15 Bde. — Sörgel-Krause Jahrb. d. Strafr. u. Strafpr., bisher 6 Jahrg. Warneyers Jahrb. der Entsch., B. Strafr. u. StrProz. (bearb. Braun u. Rosenmüller), bisher 5 Jahrg.

Zweiter Abschnitt. Dogmatische Einleitung.

Erstes Kapitel.

Grundbegriffe des Strafprozesses.

§ 9.

Begriff des Strafprozesses.

Kries §§ 1, 2. Birkm. §§ 1, 3, 10, 52. B.-B. §§ 1—3, 36. Ullm. § 1. Bind. § 1. Wach Handb. des ZivProzRechts, 1885. §§ 1, 3, 4, 46. Bierling Kritik der jurist. Grundbegriffe II 245 ff. und Ztsch. **10**, 251 ff., bes. 299 ff. J. Kohler Prozeß als Rechtsverhältnis, 1889. H. Meyer Parteien im StrProz., 1889. Süß Stellung der Part. im mod. StrProz., 1898. J. Goldschmidt Materielles Justizrecht (RSchutzanspr. u. Strafr.), 1905.

I. Begriff eines Prozesses.

Der Strafprozeß ist ein Prozeß, in dem es sich um die Verhängung von Strafe handelt. Er hat also die allgemeinen Begriffsmerkmale jedes Prozesses und die besonderen Eigentümlichkeiten seines Gegenstandes. Ein Prozeß im Rechtssinn ist der äußeren Seite nach ein Inbegriff von Handlungen, der inneren Seite nach ein Rechtsverhältnis[1], und zwar ein sich stufenweise fortentwickelndes Rechtsverhältnis. Derartige Rechtsverhältnisse, deren Inhalt nicht ein für allemale eindeutig festgelegt und konstant ist, sondern nach irgendwelchen tatsächlichen Umständen variiert, gibt es vielfältige, aber sie bieten nicht immer vermöge dieser Eigenschaft ein juristisches Interesse. Man denke etwa an ein Kontokorrentverhältnis, die Liquidation einer Handelsgesellschaft, die Vormundschaft. Der Prozeß als Rechtsverhältnis erhält sein eigenartiges Gepräge durch das Ziel, auf das hin er sich stufenweise fortentwickelt. Dieses Ziel ist kein der bloßen Tatsachenwelt angehörendes Ergebnis, wie die Drucklegung eines Buches, der Bau eines Hauses, sondern es ist die Feststellung eines behaupteten rechtlichen Anspruchs[2]. Es wird demnach vorausgesetzt jemand, der diesen Anspruch behauptet (Kläger), und jemand, gegen den er ihn zu haben behauptet und der ihn bestreitet (Beklagter). Wenigstens ist solches Bestreiten der Regelfall, und auf diesen sind die Normen des Prozeßrechts zunächst zugeschnitten. Weiter aber wird außer den beiden Parteien ein „unparteiischer" Dritter vorausgesetzt, der unbefangene Richter, dem die Tätigkeit der Feststellung (Konstatierung, Deklarierung) des behaupteten und bestrittenen Anspruchs zur Aufgabe fällt. Diese Entscheidung bildet das Ende des Prozesses, wie die vor dem unbefangenen Dritten aufgestellte Behauptung des Anspruchs (die Klagerhebung) seinen Anfang bildet. Das rechtlich geregelte Verhalten der drei genannten Personen, die Handlungen der Parteien und die Tätigkeit des Richters, bildet den äußeren Tatbestand des Prozesses.

Da hiernach der Prozeß sich als ein Rechtsverhältnis darstellt, welches die Feststellung eines andern Rechtsverhältnisses zum Zweck hat, so folgt für die Natur des Prozeßverhältnisses, daß es nur eine sekundäre Art von Rechtsverhältnis sein kann. Es ist von dem behaupteten primären Rechtsverhältnis, um dessen Konstatierung es sich handelt — mit anderen Worten: von dem zugrunde liegenden materiell-rechtlichen Anspruch — in seinem Bestande, seiner Anknüpfung an bestimmte Subjekte, seinem Fortgang und Inhalt abhängig und abgeleitet. Der

---

[1] Das soll nach Beling, B.-B. 283 N. 8 ein innerer Widerspruch sein; vgl. aber dens. in v. Holtzend.-Kohlers Enzykl. II 359 § 21.

[2] Streng genommen, ist dies allerdings zu eng. Wir werden sogleich sehen, daß das Ziel auch im StrProz. nicht bloß Feststellung ist. Vollends werden durch den Textausdruck nicht erschöpft die Typen des Zivilprozesses. Will man umfassender sein, so muß man sagen: das Ziel des Prozesses ist der Akt der Rechtsschutzgewährung.

Prozeß ist ein deriviertes Rechtsverhältnis, zu dessen Verständnis die Kenntnis des materiellen Rechts notwendig ist.

Die Rechtsregeln, nach denen sich die Prozeßhandlungen vollziehen, knüpfen an diese Handlungen (als an juristische Tatsachen) bestimmte Rechtsbeziehungen zwischen den handelnden Personen (als juristische Wirkungen) an. Da diese aus dem Gesamt-Rechtsverhältnis des Prozesses abfließenden Rechtsbeziehungen sowohl zwischen den Parteien untereinander, als auch zwischen der einzelnen Partei und dem Richter entstehen, so bezeichnet man den Prozeß auch als ein dreiseitiges Rechtsverhältnis, womit aber für die sachliche Erklärung nichts weiter gewonnen ist.

II. Das Charakteristikum des Strafprozesses.

Im Strafprozeß kommt in specie die Feststellung eines staatlichen Strafanspruchs in Frage. Es handelt sich hier also nicht um Hab und Gut des Einzelnen, sondern um Interessen der Gesamtheit als solcher. Privatstrafen und private Strafansprüche gibt es nicht mehr, und gäbe es sie, so würden sie doch nicht im Strafprozeß zu erledigen sein. Es handelt sich ferner nur um den dem Staat erwachsenden Anspruch auf Strafe, nicht um irgendwelche andere Ansprüche[3], die indessen häufig miterledigt werden (Haftbarkeit für Geldstrafen, polizeiliche Maßnahmen und sogar zivilrechtliche Fragen).

---

[3] Zur Abgrenzung: I. Ansprüche auf Disziplinarstrafen gehören nicht hierher. a) Sie dienen dem dienstherrlichen Interesse des Staates (oder eines andern öffentlich-rechtlichen Gemeinwesens), v. Rheinbaben „Disziplin" in v. St.-Fl. I 572. Laband[5] I § 48, S. 484 ff. Abw. Seuffert StrGesGebung der Gegenw., 1894, I 67. Das Strafurteil kann das Dienstinteresse bereits erschöpfen (ne bis in idem) oder sonst res judicata darstellen; v. Bar Handb. 1882, I 356. Wachinger Vgl. Darst. d. dtsch. u. ausl. Strafr., Bes. Tl. **9**, 195, 202, 204, 218, 222 ff. Hubrich GerS. **75**, 53. Bestritten ist die aushilfsweise Anwendbarkeit der StPO. im DiszStrVerf., namentlich bei Rechtshilfe. Bejahend ständig das RG, doch gelten z. B. Verhaftung, Festnahme, Vorführung nicht, Laband[5] I 491[1]. — b) In einander über greifen Disz.- und eig. Strafe und Verf. im Militärrecht, EG. MilStGB. (1872) § 3 II. MilStGO. (1898) §§ 157, 251, 290 II. EG. MilStGO. § 18 I, S. 2. Über die Grenzen: RMilG. **1**, 265. **4**, 107. **12**, 67. **13**, 212. **14**, 57, 184. **15**, 73. M. E. Mayer, DJurZtg. **15**, 851. Gerland GerS. **69**, 205. — c) Ganz zu trennen sind die pädagogischen Disz.-Str., auch die gegen Studierende, v. Bar a. O. 353, 357. — II. Recht vieldeutig ist die Ordnungsstrafe: a) Bald ist sie ihrem Wesen nach wirkliche Strafe: es gilt für sie im allgemeinen der gewöhnliche Strafprozeß, so für die in den Zoll- und Steuerges. vorgesehene, RG. **22**, 90. Vielfach ist aber für ihre Verhängung ein eigentümliches Verf. angeordnet, so bei den Ordnungsstrafen wegen Sitzungspolizeidelikte und

In Zusammenhang mit dem Gegenstand des Strafprozesses steht eine weitere nicht zu verkennende Besonderheit desselben. Sein Zweck erschöpft sich nämlich nicht in der bloßen Konstatierung eines Anspruchs, in der Entfaltung einer rein deklaratorischen Tätigkeit des Gerichts, sondern es wird durch die gleichfalls dem Richter zufallende Strafzumessungsaufgabe erst der Inhalt des staatlichen Strafanspruchs bestimmt. In dieser Inhaltgebung liegt eine konstitutive oder rechtsgestaltende Tätigkeit.

Hier steht der Strafprozeß in engster Verbindung mit dem materiellen Strafrecht. Denn die eben bezeichnete Aufgabe des Verfahrens ist eine Folge der relativ bestimmten Strafdrohungen[4], welche heutzutage das Strafrecht beherrschen und insbesondere auf germanischem

gegen Schöffen, Vertrauensmänner, Geschworene, Konkursverwalter: GVG. 178 bis 180, 56, 96. KO., 84. Ebenfalls hergehörig, obschon die Bezeichnung nicht gebraucht ist, sind die Strafen wegen Ungehorsams gegen Ladung und wegen Zeugnis- oder Gutachtenweigerung: StPO. 50, 59 I, 77. ZPO. 380, 390, 409. MilStGO. 186, 203, 213 usw. Öfters wird sogar doppelte Bestrafung zugelassen: GVG. 179. StGB. 138 (dreifache in GVG. 180). Ein ganz abweichend gestalteter Strafprozeß ist endlich auch das Verfahren nach ZPO. 890, da es sich um die Verhängung einer eigentlichen Strafe handelt, RGZ. **36**, 417. — b) Bald ist sie die niederste Gruppe der Disz.-Str., z. B. RBeamtG. § 73 f. — c) Bald ist sie eine Exekutivstrafe; so bes. die „Anhaltungen" durch OrdnStr. von seiten des Register-, Vormundsch.- usw. Richters, z. B. BGB. 78, 1837. FGG. 33, 83, 132 ff. HGB. 14, 37, 319. — III. Die Exekutivstrafe geht nicht auf Ahndung eines in der Vergangenheit liegenden unrechten Verhaltens, sondern auf Erzwingung eines bestimmten künftigen Verhaltens aus. Sie dient **a**) als zivilproz. Vollstreckungsmittel, ZPO. 888; b) als prozess. Hülfsmittel zur Beweiserlangung, StPO. 69 II, 95 II; c) als rechtspolizeil. Zwangsmittel, s. II c, RAnwO. 58 II; d) vor allem als verwaltungsrechtl. Beugemittel, Isaac Ztsch. **21**, 265. Anschütz VerwArch. **1** 389. Hofacker VerwArch. **14**, 447. O. Mayer VerwRecht I 328, 334. Fleiner Institut d. VerwR., S. 180 ff., 184 ff., 186[2]. Die Zwangsstr. kann beliebig wiederholt werden; ne bis in idem gilt hier nicht; sie kann neben einer Kriminal-, Disz.- oder Ordnungsstr. (II a, b) stehen, z. B. StPO. 69. PersStandG. § 68. Steuergesetze v. 15. 7. 09, betr. Branntw. § 134, Braust. § 50, Tab. § 49 II, Zündw. § 34, Leuchtm. § 30 usw. Die Höhe richtet sich nicht nach dem Verschulden; es gilt nicht EG. StGB. 5; die Beitreibung erfolgt wie die von Abgaben; ist die zu erzwingende Leistung nicht mehr möglich oder schon erbracht, so entfällt die Zwangsstr. — IV. Höchst zweifelhaft ist die Natur der Ministerstrafen wegen Verfassungsverletzung. Vgl. Preuß. Verf. Art. 61 Pistorius Staatsgerichtshöfe und Min.-Verantwortl., 1891 (echte Strafe, aber nicht kriminelle, sondern „staatsrechtliche"). Richtiger L.-H. N. 12 e zu GVG. 13. Dagegen Pistorius 149 ff., Konsequenzen 156 ff.

[4] Wegen der historischen Zusammenhänge gehört der Strafprozeß in die staatliche Funktion der Rechtsprechung, nicht in die der Verwaltung. Begrifflich bedeutet die letztere die Verwirklichung des Zweckmäßigen innerhalb der Schranken des Gesetzes. Hierunter fällt eigentlich auch die Strafzumessung.

Rechtsboden eine oft außerordentliche Spannweite besitzen. Höchstens wo absolut bestimmte Strafen angedroht sind — Todesstrafe und multiplikative Steuerstrafen — würde jene Aufgabe wegfallen. Indessen auch dann würde immer noch der Strafprozeß sich dadurch von dem Typus anderer Prozesse entfernen, daß es zur Konstatierung auch des ganz eindeutig bestimmten Strafanspruchs des geregelten Verfahrens vor dem unparteiischen Dritten notwendig bedarf. Der Staat kann niemals außergerichtliche Befriedigung seines Anspruchs suchen; es geht nicht an, daß er wie ein anderer Gläubiger freiwillige Unterwerfung seines Schuldners[5] durch mehr oder minder sanften Druck zu erreichen strebt: seine Übermacht würde zu groß sein. Vielmehr muß er stets den unparteiischen Beurteiler anrufen. In diesem Grundzug tritt scharf hervor, daß der Staat wirklich Partei ist[6].

[5] Ausnahme das sog. Submissionsverfahren (Unterwerfung) bei Gefällsdelikten, dessen reichsrechtliche Zulässigkeit fast unbestritten ist. Vgl. RG. **14**, 293, **26**, 319, **28**, 180. SalzstG. § 14 III. RPostG. § 34. L.-H., N. 2b vor § 459. Preuß. VerwStrVerfG. v. 26. 7. 1897 § 20 f. v. Bitter Handwörterb. d. preuß. Verwaltung II² (1911) S. 982 (ZollstrVerf., 2b, b, 3d). O. Mayer VerwR. I 468, ArchÖffR. **3**, 1. Fleiner Instit. des VerwR. (1911) S. 177 f. Beling v. St.-Fl. II 318. Die genehmigte Unterwerfungsverhandlung gehört zu den „Verwaltungsverträgen"; daß sie einem vollstreckb. Strafbescheid gleichstehe (ne bis in idem), muß geleugnet werden. Nach VerZollG. 142 IV tritt jedoch Rückfallsbegründung ein. — Löbe [Lit. zu § 38] 212. Dronke Ztsch. **26**, 639.

[6] Nicht beirren kann, daß er vor eignen Organen Recht nimmt; das tut er auch im Zivilprozesse. Das Vorhandensein von Parteien im StrP. läßt sich nur leugnen, wenn man die Strafprozedur überhaupt nicht als Prozeß, sondern als ein andersartiges Gebilde auffaßt, für das es an einem Oberbegriffe fehlt; und wenn man ferner die Existenz derjenigen subjektiven öffentlichen Rechte, welche dem Staat aus begangenen Verbrechen erwachsen, in Abrede stellt. Die historische Betrachtung zeigt, daß der StrP. von jeher Prozeß und sogar die Wurzel alles Prozesses ist. Nur hat sich auf aktiver Seite allmählich ein anderes Subjekt eingeschoben: an Stelle des Verletzten der Staat. Damit bleibt der Prozeß aber, was er war: Mittel zum Zweck der Bewährung subjektiver Rechte. Es liegt kein Grund vor, von dieser historisch wohlbegründeten, wenn auch während der Periode des Inquisitionsprozesses getrübten, Auffassung abzugehen. Denn daß jene Trübung nicht vorgehalten hat, zeigt die heutige Stellung des Angeklagten. Er ist Partei, oder, was dasselbe sagt, es wird ihm ein Rechtsschutzanspruch zugebilligt. Dies ist ein besonderes subjektives öffentliches Recht, kraft dessen der Träger der öffentlichen Gewalt als solcher dem Rechtsunterworfenen zu einer bestimmten Leistung verpflichtet ist. Jellinek Syst. der subj. öff. Rechte, 2. Aufl., S. 124. Laband ⁴III 349 f. Fleiner Instit., S. 149 f. — Zivilprozessualisten: Wach Handb. (1885) I 19. Stein Komm. vor § 253 ZPO. III. Hellwig, Lehrb. I 146. — Konsequenz: ergibt sich, daß seine Überführung nicht möglich ist, so tritt nicht einfach ein stillschweigendes Ruhenlassen des Prozesses ein, sondern Freisprechung; die absolutio ab instantia ist beseitigt. — Vgl. RMilG. **13**, 103.

Gleichartige Erscheinungen finden sich übrigens auch auf anderen Rechtsgebieten. So ist gerichtliche Konstatierung unentbehrlich, außergerichtliches Paktieren ausgeschlossen, und das Urteil hat rechtsgestaltende Funktion z. B. auch im Ehescheidungsprozeß.

Ein weiteres Ziel, die Realisierung des Anspruches, hat der Strafprozeß nicht — wenigstens nicht als Erkenntnisverfahren. Hier erschöpft er sich mit der Erreichung des typischen Prozeßzweckes. Mit der maßgeblichen Feststellung und inhaltlichen Ausgestaltung des behaupteten Anspruches ist der Rechtsstreit zu Ende. Die Strafvollstreckung wird daher in diesem Lehrbuch nur als Anhang behandelt. Die StPO. beschäftigt sich allerdings auch mit diesem Stadium, aber die allgemeinen Bestimmungen (Buch 1) sind hierauf nicht zugeschnitten; so gelten hier nicht die Regeln über Ausschließung und Ablehnung eines Richters oder Gerichtsschreibers[7].

Der Strafprozeß kann auch gleichzeitig andern Zwecken dienen, als dem besprochenen. Es können von der Strafe verschiedene, staatliche Ansprüche aus dem Verbrechen entspringen, wie das in einigen Fällen der Einziehung zutrifft. Ist hier zugleich das sog. objektive Verfahren statthaft (StPO. 477, StGB. 152, 42, 41 II), so ist dieses möglicherweise nur seiner äußeren Erscheinung nach Strafprozeß. Es kann sich auch um Ansprüche im Grunde zivilrechtlicher Natur handeln, wie bei der in jedem Strafprozeß auftauchenden Kostenfrage und bei der Buße. In allen diesen Richtungen liegt aber, das muß betont werden, ein Strafprozeß im eigentlichen Sinne nicht vor, und die später zu erörternden Grundprinzipien dürfen hier nur insoweit Anwendung finden, als sie entweder allgemeine Grundlagen des Prozeßrechts überhaupt sind, oder als eine Trennung der Verhandlung über jenes aliud von der Verhandlung über den Strafanspruch unmöglich ist.

III. Terminologisches.

Strafprozeß im erörterten Sinne ist also ein durch rechtlich geregelte Handlungen erzeugtes, sich stufenweise fortentwickelndes Rechtsverhältnis, dessen Ziel die Feststellung der Existenz und die Ausgestaltung des Inhalts eines staatlichen Strafanspruchs ist. Daneben bezeichnet Strafprozeß auch den Inbegriff der besagten Handlungen, insbesondere in einem konkreten Fall, also den einzelnen Straffall als solchen. — Partei ist einerseits als Kläger oder Ankläger der Staat,

[7] „Jede Lage des Verfahrens“ im Sinne von StPO. 6, 137, 435 umfaßt die Strafvollstreckung nicht.

andrerseits der angebliche Verbrecher, der *Beschuldigte*. Der Staat als juristische Person kann nur durch Organe handeln; derjenige Vertreter des Staates, der solche Vertretung von Amts wegen berufsmäßig ausübt, heißt im heutigen StrProzeß *Staatsanwalt*. — Insofern die Handlungen der Parteien und des Gerichts verursachend auf die Fortentwickelung des Rechtsverhältnisses einwirken und insbesondere von dieser Tendenz getragen sind, redet man von *Prozeßbetrieb*. — Die Stufen, die das Prozeßverhältnis in seiner Entwickelung durchläuft, bezeichnet man als *Prozeßstadien* („Lage des Verfahrens"). Die eigentliche Erörterung und Entscheidung des Falles ist von der voraufgehenden Auffsuchung, Sammlung und Sichtung des Materials zu trennen. Jene stellt das *Hauptverfahren*, diese das Ermittelungsverfahren, oder mit dem terminus technicus des Gesetzes das *Vorverfahren* dar. Je nachdem ob der maßgebende Leiter des Ermittelungsverfahrens der Staatsanwalt oder der Richter ist, heißt es *vorbereitendes Verfahren* oder *Voruntersuchung*. Letztere wird mit dem Hauptverfahren unter den terminus technicus *Untersuchung* zusammengefaßt. Das Verhältnis stellt sich also schematisch so[8]:

Untersuchung.
(2 + 3)

1) vorbereitendes Verfahren — 2) Voruntersuchung — 3) Hauptverfahren.

(1 + 2)
Vorverfahren.

Der Antrag auf einen der beiden richterlichen Akte „Eröffnung der Voruntersuchung" oder „Eröffnung des Hauptverfahrens" heißt *Klagerhebung* (StPO. 168).

In den einzelnen Stadien führt der Beschuldigte verschiedene Namen (StPO. 155), in 1 *Beschuldigter*, von der „*Klagerhebung*" an: *Angeschuldigter*, in 3 *Angeklagter*[9].

§ 10.

Die enzyklopädische Stellung des Strafprozesses.

Kries § 3. Birkm. § 5. B.-B. § 3. Ullm. §§ 2, 3. Bind. § 2.

Der Strafprozeß ist Teil des *öffentlichen Rechtes* 1. wegen seiner Beziehung zum materiellen Strafrecht, das selbst öffentliches Recht ist, 2. wegen seines Charakters als Prozeßrecht; denn durch die

[8] Danach richtet sich die Interpretation z. B. folgender Paragraphen: 12 Abs. 1, 65 II, III, 66, 142, 144, 149, III, 154.

[9] Von Wichtigkeit für die Auslegung z. B. der §§ 4, 8, 13 II, 81, 112, 133, 149 I, II, 325. Es kann also die Unterbringung in eine Irrenanstalt (81), die

Schaffung der Rechtspflege erfüllt der Staat eine seiner wichtigsten Aufgaben, die in das Gebiet der Justizhoheit fällt. Hieraus ergeben sich die dem Strafprozeß nächstverwandten Disziplinen.

I. Zunächst verwandt ist das materielle Strafrecht, mit dessen kleinsten Einzelheiten die Aufgaben und Institutionen des Strafprozesses oft in enger Verbindung stehen — vermöge seiner Natur als eines derivierten Rechtsverhältnisses. Diese Verbindung ist insofern noch enger als die des Zivilprozesses mit dem Zivilrecht, weil es für das Strafrecht im subjektiven Sinne keine andere Durchsetzungsmöglichkeit gibt als den Prozeß. Für eine gedeihliche Entwickelung der Rechtspflege ist deshalb die gemeinsame Regelung beider Gebiete das Empfehlenswerteste.

Beide Gebiete sind in der Reichsgesetzgebung keineswegs immer mit bewußter und genügender Schärfe geschieden. Solche Grenzziehung ist indes gerade wegen der engen Verwandtschaft um so notwendiger. Das Kriterium ist in folgendem zu suchen. Ist es bei einem Umstand zweifelhaft, ob er dem materiellen oder dem Prozeßrecht angehört, so ist darauf zu sehen, ob mit dem Wegfall des betreffenden Umstandes die Existenz oder aber nur die Durchsetzung des Strafanspruches in Frage steht. Im ersten Falle liegt eine Bedingung des Strafanspruchs vor, die wir dann, wenn sie von der Schuld nicht erfaßt zu sein braucht, als objektive Bedingung der Strafbarkeit bezeichnen. Im zweiten Fall dagegen handelt es sich um eine Bedingung der Strafverfolgung (Strafprozeßvoraussetzung, Strafklagebedingung), ohne deren Vorhandensein der Prozeß nicht weiter gehen kann, sondern zum Stillstand gelangen muß. Beispielsweise gehören die Sätze über Verjährung, auch Verfolgungsverjährung, und über Zurechnungsunfähigkeit, auch wegen Strafunmündigkeit, desgleichen die über Begnadigung dem materiellen Recht an[1], dagegen die über Antrag[2], Er-

---

Vermögensbeschlagnahme zur Sicherung der Exekution (325) nicht während des vorbereitenden Verfahrens erfolgen. — E 09, 108 wollte als neuen umfassendsten Ausdruck „Verdächtiger" wählen. „Beschuldigter" sollte dann denjenigen Verdächtigen bedeuten, der entweder a) als solcher schon richterlich vernommen, oder gegen den b) ein Vorführungs- oder c) ein Haftbefehl erlassen ist.

[1] Hierher auch die deutsche Staatsangehörigkeit des Täters, nicht bloß in den Fällen StGB. 87 ff., sondern auch, wenn die Straftat im Ausland begangen ist, StGB. 4, Z. 2 und Z. 3. Gegen einen Ausländer erwächst in solchen Fällen überhaupt kein deutscher Strafanspruch (höchstens vom System der „Weltrechtspflege" aus, v. Liszt Lehrb., 18. Aufl., S. 107). Unr. RG. **42**, 332, richt. **44**, 219.

[2] StPO. 127 III, 130, vgl. MilStGO. 182, 234, sind der deutlichste Beweis dafür, daß hier eine Bedingung des staatlichen Strafrechts nicht mangelt. So auch

mächtigung, Abolition dem Prozeßrecht. Sehr zweifelhaft ist es, wohin die Rechtsvermutungen zu zählen sind. Sofern sie, wie es die Regel ist, Sätze über die Verteilung der Beweislast sind oder versteckte Beweisregeln enthalten, gehören sie logisch in das Prozeßrecht hinein. Aber die Reichsgesetzgebung geht stillschweigend von der entgegengesetzten theoretischen Auffassung aus, und das hat die praktische Konsequenz, daß das Landesrecht auf dem ihm überlassenen Gebiete Rechtsvermutungen aufstellen darf.

Die Wichtigkeit der begrifflichen Auseinanderhaltung ergibt sich aus den praktischen Folgen. In erster Linie steht nach allgemeinen Grundsätzen, die mit zwingender Logik in jeder Art von Prozeß gelten, daß der Mangel einer Strafanspruchsbedingung zur definitiven Klagabweisung unter Verbrauch des Klagrechts führen muß (also mit der Folge, daß eine Neuanstrengung des Prozesses ausgeschlossen ist); — daß dagegen mangels einer Prozeßvoraussetzung der konkrete Prozeß nicht weiter gehen kann; daß die Klage zwar nicht zu einem Siege zu führen vermag, sondern zurückgewiesen wird, jedoch nur „angebrachtermaßen", also mit der Möglichkeit einer Wiederanstellung nach Behebung des Mangels. Der erstere Mangel *führt* zu einer Sachentscheidung, der *letztere* hindert eine solche. Der prozeßtechnische Ausdruck für die Verneinung des staatlichen Strafanspruchs ist die *Freisprechung*; für das Dahingestelltlassen der Sachentscheidung die *Einstellung des Verfahrens* (Lehrb. § 85, I.)[3].

---

klar und scharf OLG. Breslau, Arch. **56**, 99. Logisch unhaltbar die Annahme einer Doppelnatur, so aber L.-H. § 380 N. 2b. RMilG. **5**, 87; desgl. bez. des Grundsatzes ne bis in idem L.-H. und RG. **25**, 27. **35**, 370. **43**, 61, 1 9, dageg. ebenf. Breslau a. O. *Beling* [Lit. zu § 91], S. 90. Ähnlich bei Verjährung **41**, 167, bei der aber doch nach **45**, 159 die materiellrechtl. Seite insofern den Ausschlag gibt, als das RevGer. an tatsächliche Feststellungen der Vorinstanz gebunden ist.

[3] Auch andere praktische Konsequenzen der erörterten Trennung ergeben sich in reicher Fülle: Die Grundsätze für die Geltung des Landesrechts sind andere auf materiellrechtlichem (EG. StGB. 2), andere auf prozessualem Gebiet (EG. StPO. 6). Zur Anwendung milderen ausländischen Rechts (StGB. 4 a. E.) kann der Richter nur gelangen, wenn der einschlägige Satz dem materiellen, nicht dem Prozeßrecht angehört. Nur materiellrechtliche Verstöße eröffnen die Revision gegen Urteile der Berufungsstrafkammern (StPO. 380). Nur hinsichtlich prozessualer Verstöße findet eine Tatsachenprüfung beim RG. und überhaupt Revisionsgericht statt (StPO. 392), z. B. bez. der StrAntrStellung **38**, 39. Die Formerfordernisse der Revisionsanträge, die Grundsätze der Abstimmung, der Urteilsbegründung sind andere in dem einen und dem andern Fall. Nur wenn ein Urt. wegen materiellrechtlicher Fehler aufgehoben wird, kann eine Revisionserstreckung (StPO. 397) vorkommen. Die Geschwornenmitwirkung ist bei Entscheidung prozessualer Fragen ausgeschlossen usw.

II. Eine gewisse Verwandtschaft hat der Strafprozeß ferner mit dem Zivilprozeß. In beiden handelt es sich um Feststellung eines Anspruchs. Die Sätze, welche diesem Zweck dienen, werden daher notwendig vielfach gemeinsam sein. Aber es ist nicht zu übersehen, daß diese Normen mutatis mutandis ebenso für alle andern Prozeßarten[4] zu gelten haben. Die Verschiedenheit ihres Gegenstandes trennt Strafprozeß und Zivilprozeß viel weiter voneinander, als der gemeinsame Zug, daß beide „Prozesse" sind, sie einander nahe bringt. Man wird stets zu unterscheiden haben, ob es sich um Züge speziell des Zivilprozesses handelt, oder um die allgemeinen Grundlinien jedes gerichtlichen und administrativen Verfahrens. Nur in letzterer Beziehung, nicht wegen irgendwelcher inneren Ähnlichkeit herrscht Verwandtschaft zwischen Straf- und Zivilprozeß, — also nur, weil sie beide species des gleichen genus sind. Wenn demnach auch die StPO. mehrfach auf die ZPO. verweist, so muß doch die angebliche Befugnis, „bei Auslegung der StPO. überhaupt die Analogie der ZPO. zur Lösung von Zweifeln heranzuziehen" (Birkm. S. 15), mit Entschiedenheit zurückgewiesen werden.

III. Entfernter sind die Beziehungen zur Justizverwaltung, der indessen die Organisation der Strafvollstreckung zum großen Teil überlassen ist, und zum Polizeirecht, das wegen der Stellung der Kriminalpolizei zur Staatsanwaltschaft (GVG. 153, StPO. 157, 161) wichtig ist.

§ 11.

Arten des Strafprozesses.

Kries §§ 8, 9. Birkm. §§ 4, 12. B.-B. § 7. Ullm. § 11. Bind. § 16. Laband [4]III 370 ff., 385, 387 ff., IV 45.

I. Gerichtlicher und administrativer Strafprozeß. Nach GVG. 13 können zur Feststellung des staatlichen Strafanspruchs entweder Gerichte berufen sein oder aber Verwaltungsbehörden. (Verwaltungsgerichte kommen in dieser Tätigkeit nicht vor.) Das Reichsrecht kennt mehrere Fälle dieses sog. Verwaltungsstrafverfahrens[1]. Ein

---

[4] Verwaltungsstreitverfahren, landesrechtliches und reichsrechtliches Rekursverfahren, Agrarprozeß, Kompetenzkonflikt, Verfahren vor Disziplinarkammern, Ehrengerichten, Prisengerichten ꝛc.

[1] PostG. v. 28. Okt. 1871 §§ 34—46; Trägerin des Verfahrens ist die Oberpostdirektion, Submission möglich, doppelte Anfechtung des Bescheides nach StPO. § 460 oder im Rekurswege. Seemannsordnung § 122 ff.: Untersuchung und Entscheidung durch das Seemannsamt. RG. **39**, 130. KanalG. vom 20. Juni 1899 §§ 10—14: Strafbescheid des Kanalamts. — Andrerseits kommt ausdrücklicher

Verwaltungsakt hat dann die Natur eines richterlichen Spruches, und zwar bei Unterbleiben einer Remonstration endgültig[2]. Aber sowohl auf dem von der Reichsgesetzgebung selbst geregelten Gebiete, wie durch die Grenzen, die sie der Landesgesetzgebung gezogen hat, steht in jedem administrativem Strafprozeß dem Beschuldigten das Recht zu, den Straffall vor die Gerichte zu bringen. Die alsdann folgende Art des gerichtlichen Verfahrens sowie die Überleitung aus dem administrativen in den gerichtlichen Prozeß ist vom Reich zwingend geregelt. Somit hat das Verwaltungsstrafverfahren nur die Bedeutung eines Vorprozesses, der dem eigentlichen Prozesse voraufgeht; nur mit Zustimmung des Beschuldigten kann es ihn auch ersetzen. — Der gerichtliche Strafprozeß zerfällt wiederum (GVG. 13) in das Verfahren vor ordentlichen Gerichten und vor Sondergerichten. Reichsrechtlich zugelassene Sondergerichte s. II A. Reichsrechtlich bestellte Sondergerichte sind die Konsulargerichte, Kolonialgerichte, Militärgerichte, Marinegerichte. Das Verfahren vor den ordentlichen Gerichten ist entweder das Regelverfahren oder es sind irreguläre, eigentümliche, besondere Verfahrensarten, insbesondere summarische Prozesse. Das Regelverfahren ist endlich in der StPO. zunächst an dem typischen Fall des Strafkammerverfahrens dargestellt, so daß die übrigen Möglichkeiten (vor SchG., AR., SchwG. und RG.) als vom Typus abweichend erscheinen.

II. Gemeiner und partikulärer Strafprozeß. Die Regel ist nach EG. StPO. 6 I die unbedingte Aufhebung des gegenwärtigen und das unbedingte Verbot des künftigen Landesstrafprozeßrechts. Hiervon gibt es indessen eine größere Zahl von Ausnahmen, die wir in folgende Kategorien ordnen können:

A. Sofern das Landesrecht nach reichsrechtlicher Erlaubnis Sondergerichte einrichtet — reichsrechtlich zugelassene Sondergerichte —, kann es vor ihnen ein besonderes Verfahren nach eigenem Gutdünken anordnen. Strafrechtlich kommen in Betracht:

1. Rheinschiffahrtsgerichte[3] (Akte vom 17. Okt. 1868, 18. Sept.

Ausschluß des VerwStrVerf. für die Frage der „Haftung Dritter", Lb. § 33, II 2, S. 102 ff., vor, indem z. B. Zuckersteuerg. v. 27. 5. 96 § 58 III, Schaumweinsteuerg. v. 9. 5. 02 § 20, Zigarettensteuerg. v. 3. 6. 06 § 21 richterliches Erkenntnis bzw. Urteil verlangen.

[2] Fleiner Institutionen des VerwRechts, 1911, S. 13, 157, 181, 181[3], 238.

[3] Seuffert in Wörterb. VerwR., 1. Aufl., 2. Ergänz.-Bd., 1893. Mallinckrodt Die rechtl. Grundlagen der Schiffahrtspolizei auf der preuß. Rheinstrecke, 1911. O. Gerlach Elbschiffahrt, in v. St.-Fl. [2]I 708.

1895, Prß. GS. 1898, S. 265[4], prß. G. vom 8. 3. 79 und 26. 7. 96, GS. 1897, S. 387)[4].

2. Elbzollgerichte (Akte vom 23. Juni 1831 und 13. April 1844, preuß. G. vom 9. März 1879)[5].

3. Strafgerichte für Mitglieder souveräner Häuser, d. h. der landesherrlichen Familien, der Fürstlichen Familie Hohenzollern, des vormaligen Hannoverschen Königshauses, des vormaligen Kurhessischen, des vormaligen Herzoglich Nassauischen und des vormaligen Herzoglich Holsteinischen Fürstenhauses: EG. GVG. 5; hier gehen die Hausgesetze dem Landesrecht vor[6].

4. Austräge für Standesherren (nur Familienhäupter): EG. GVG. 7, hier geht das Landesrecht den Hausgesetzen voran (Preußen: Instr. v. 30. Mai 1820 § 17. G. v. 10. Juni 1854. V. v. 12. Nov. 1855)[7].

5. Kriegsgerichte und Standrechte (letzteres der bayrische Ausdruck): GVG. 16, Ausnahmegerichte im Fall lokaler Verhängung des Kriegs-(Belagerungs-)zustandes (RVerf. Art. 68)[8].

B. Auch vor den ordentlichen Gerichten kann ein abweichendes Verfahren von den Landesgesetzen angeordnet werden: 1. sofern es sich um Sachen handelt, die eigentlich vor Sondergerichte gehören, aber

---

[4] Durch diese Änderungen sind erst polizeiliche Strafverfügungen in diesen Sachen statthaft geworden.

[5] Vgl. zu 1 und 2: GVG. 14 Z. 1. Preuß. G. vom 26. Juli 1897. Betroffen sind Schiffahrtspolizei- und Strompolizeidelikte — zu 2 nur, wenn sie von den Schiffs- und Floßführern, deren Dienstleuten, Passagieren und Schiffsziehern begangen werden —, außerdem zu 2: Exzesse der zur Bemannung der Stromfahrzeuge oder zum Schiffszug gehörigen Personen gegeneinander und gegen die in Ausübung ihres Amtes begriffenen Schiffahrtspolizeibeamten (sofern diese Exzesse keine Verbrechen darstellen). — Beteiligt sind an 1: Elsaß-Lothringen, Baden, Bayern, Hessen, Preußen; an 2: Sachsen, Preußen, Anhalt, Mecklenburg-Schwerin, Hamburg. — Vgl. N. 9.

[6] Hinsichtlich der vier letzten Familien eine Neuerung, entsprechend EG. BGB. Art. 57 II (Welfenklausel); dazu RGes. v. 25. März 1904. Die Landesherren selbst kommen nicht in Frage, da sie strafrechtlich exemt sind, v. Liszt Lehrbuch, § 24 I. — Das Sondergericht in Preußen wird vom König bestimmt, falls er überhaupt ein StrVerf. anordnen will, Heimberger DJurZtg. **14**, 1483. Preuß. KrimOdg. 1805 § 251.

[7] Aufzählung aller Familien im Gebiet des deutschen Bundes in den Verzeichnissen zur KabO. v. 21. 2. 32 (GS. S. 129); KabO. v. 15. 9. 46 (GS. S. 517).

[8] Da außerhalb Bayerns nur der Kaiser den Kriegszustand erklärt, und dies auf Grund des Reichsrechts mit reichsrechtlichen Wirkungen geschieht, so sind die „Kriegsgerichte" als reichsrechtlich bestellte, die bayrischen „Standrechte" als reichsrechtlich zugelassene Sondergerichte anzusehen. Vgl. zu dem vielfältig wichtigen Unterschied Laband [4] III 360 f.

von der Landesgesetzgebung den ordentlichen Gerichten übertragen worden sind[9] (EG. GVG. 3 I, EG. StPO. 3 II); 2. in Feldrügesachen (EG. StPO. 3 III, preuß. Feld- und ForstpolizeiG. vom 1. April 1880, §§ 53—61); 3. in Forstrügesachen[10] (dieselben Stellen und preuß. ForstdiebstahlsG. v. 15. April 1878, §§ 19—36).

C. Für den administrativen Vorprozeß (oben I), jedoch nur innerhalb der engen reichsrechtlichen Grenzen, gilt Landesrecht (EG. StPO. 6 II Z. 3): 1. für das Verfahren der Polizeibehörden wegen Übertretungen (preuß. G. v. 23. April 1883); 2. für das Verfahren der Verwaltungsbehörden, insbesondere Steuerbehörden, wegen Gefällsdelikte (preuß. G. über das Verwaltungsstrafverfahren v. 26. Juli 1897).

D. Aus staatsrechtlichen Gründen sind durch EG. StPO. 6 II Z. 1 die Bestimmungen über die Strafverfolgung von Abgeordneten während der Sitzungsperiode aufrecht erhalten (preuß. Verfassung Art. 84 Abs. 2—4).

E. Endlich gilt in weitem Umfange Landesstrafprozeßrecht von subsidiärer Natur kraft ausdrücklicher oder stillschweigender Verweisung im Reichsrecht, welches in vielen Beziehungen „fragmentarischen Charakter" trägt. Hierher gehören vor allem Ausführungsbestimmungen[11].

III. Ordentlicher und außerordentlicher Strafprozeß. In der Regel meint man mit ordentlichem StrP. das reichsrechtliche Regelverfahren vor ordentlichen Gerichten, mag es im übrigen das typische vor der Strafkammer sein oder nicht. Alles andere ist dann außerordentlicher StrP. also a) jedes landesrechtliche Strafverfahren; b) jedes administrative Strafverfahren; c) jedes Verfahren vor Sondergerichten; d) jedes vom Regelverfahren abweichende.

§ 12.

Das Geltungsgebiet der Strafprozeßsätze.

Kries §§ 9—12. Birkm. §§ 7, 8. B.-B. §§ 7—9. Ullm. § 12. Bind. §§ 17, 18. v. Bar Lehrb. des internat. Priv.- u. Str.-Rechts, 1892. Beling Strafrechtl. Bedeutung der Exterritorialität, 1896. Zu IV: Laband III S. 368 ff.

I. Das sachliche Geltungsgebiet ergibt sich aus Lehrb. § 9 N. 3, § 11 I, II.

[9] In Preußen sind Elbzollgerichte die 35 Amtsgerichte, deren Sprengel die Elbe berührt. II. Inst. ist je das übergeordnete LG.; Rheinschiffahrtsgerichte sind 27 Amtsgerichte, II. Inst. ist das OLG. Köln oder elektiv eine internationale Behörde, die Zentralkommission zu Mainz. v. Traut Die ZentrKomm. f. d. RhSchiff. u. ihre RSprechung 1832—1901, Frankf. 1902. — Die Elbzollg. haben in Preußen, Sachsen und Anhalt 2, in Mecklenburg und Hamburg 3 Instanzen.

[10] Vaillant Forstrügeverfahren, 08.

[11] Vgl. StPE. 39, 64, 420 I, 453, 483 III. — GVG. 34 II, 69 III.

II. Das zeitliche Geltungsgebiet. Das Prozeßrecht findet von dem Tage an, wo es in Kraft tritt, nicht nur auf anhängig werdende, sondern auch auf schwebende Sachen Anwendung (EG. 8—12). Hiernach war am 1. Januar 1900 sogleich in schwebenden Strafprozessen das neue Recht zu beachten in der Behandlung von Mitgliedern des hannöverschen Königshauses (EG. StPO. 4 S. 2, StPO. 71), wegen der örtlichen Zuständigkeit für Exterritoriale (StPO. 11 I S. 2), wegen der Verwandtschaft[1].

III. Das örtliche Geltungsgebiet wird gebildet: A. durch das Reich einschl. Helgoland. Hier gilt das Territorialprinzip in dem Sinne, daß in Strafsachen (oder Teilen solcher) auf deutschem Gebiete nur nach deutschen Rechtsnormen zu verfahren ist. Auch wenn der Prozeß im Ausland schwebt, hat der requirierte deutsche Richter, abgesehen von besonderen Staatsverträgen, niemals die Pflicht, ausländische Prozeßsätze zu beachten, wohl aber hat er insoweit das Recht dazu, als inländisches Prozeßrecht ihm nicht bindend, wie etwa die Beeidigungsverbote StPO. 56, entgegensteht. Mit Rücksicht auf die comitas gentium wird er also z. B. eine im deutschen Recht nicht vorgeschriebene Notifikation an Prozeßinteressenten erlassen, falls die ausländische Behörde darum ersucht. — B. nicht dagegen durch die Konsulargerichtsbezirke[2] und die Schutzgebiete[3]. Sie sind nur Gebiete teilweise gemeinsamen Rechts, so auch in strafprozessualer Hinsicht. Aber „Inland" sind sie deshalb nicht. Übrigens gilt hier das Personalitätsprinzip: Ausländer sind unsern deutschen StrPNormen nur unterworfen, falls sie Schutzgenossen sind.

IV. Das persönliche Geltungsgebiet umspannt alle im Inland sich aufhaltenden Personen, mögen sie als Beschuldigte, Zeugen, Sachverständige, Einziehungsbetroffene u. dgl. in Betracht kommen, weiter aber auch alle im Auslande sich aufhaltenden Beschuldigten, jedoch mit der Maßgabe, daß Akte der Gerichtsgewalt nur im Inland

[1] Der uneheliche Vater ist seit 1. Jan. 1900 nach BGB. 1589 II, StPO. 51 Z. 3 nicht mehr zur Zeugnisweigerung in einer Strafsache gegen sein uneheliches Kind berechtigt. Er kann jetzt auch Richter über sein Kind sein (StPO. 22 Z. 3).

[2] Jurisdiktionskonsuln in der Türkei (nebst Ägypten, Samos, Kreta), Abessinien, Marokko, Persien, Siam, China, Japan hinsichtl. Korea; nicht mehr in Bosnien, Cypern, Anam, Tonkin, Tunis, Madagaskar, Samoa, Sansibar und auf den Tongainseln; fast restlos außer Übung gesetzt in Bulgarien, Serbien, Rumänien.

[3] Über deren Stellung jetzt sehr ausführlich (zu StGB. 140) RG. **44**, 403. KG. Arch. **59**, 168. — Sehr klar Giese Geltung der Reichsverf. in den Kolonien, 1911 (Bonner Festgabe für P. Krüger).

vorgenommen werden dürfen[4]. Exemtionen bestehen 1. für die deutschen Landesherren und Regenten, 2. für Exterritoriale (GVG. 18—21). Für Konsuln gilt stets Unverletzlichkeit des Konsulararchivs. Eximiert sind häufig Zeugen, die einer Vorladung ins Ausland gefolgt sind, sowie ausgelieferte Beschuldigte hinsichtlich anderer früherer Straftaten, kraft spezieller Bestimmung in den Auslieferungsverträgen[5]. Die Hausgesetze bestimmen, wieweit die Mitglieder landesherrlicher und gleichgestellter Familien von der Herrschaft der Strafprozeßsätze befreit sind; in jedem Fall steht ihre Zeugenvernehmung unter Ausnahmevorschriften (EG. StPO. 71). Eine beschränkte und zeitweilige Exemtion genießen endlich die Reichstagsabgeordneten nach RVerf. Art. 31[6].

Zweites Kapitel.

Die Grundsätze des Strafprozesses.

§ 13.

Das Wesen der sog. Strafprozeßprinzipien.

Birkm. § 15. Bind. § 62.

Prinzipien des Strafprozesses sind solche die Tätigkeit des Gerichts und der Parteien, insbesondere aber die Stellung des Gerichts zu dem vorgebrachten Prozeßstoff und die Gewinnung der Entscheidung beherrschenden und leitenden Grundsätze, welche die allgemeinen Zwecke des Strafprozesses fördern sollen. Wir können drei Prinzipien unterscheiden, die der Strafprozeß mit anderen modernen Verfahrensarten teilt, und drei weitere, die ihm mehr oder minder eigentümlich sind. Jene können wir bezeichnen als Prinzip der Öffentlichkeit —, der Mündlichkeit —, der Unmittelbarkeit; diese als Offizialprinzip —, Prinzip der materiellen Wahrheit — und Prinzip der Laienbeteiligung am Richteramt.

---

[4] Dagegen ist, wer sich im Ausland befindet, niemals verpflichtet, einer Vorladung als Zeuge oder Sachverständiger nachzukommen. Wohl aber kann auch er von einer (inländischen) Beschlagnahme oder Durchsuchung betroffen werden. StPO. 40, 203, 318 ff., 325 ff.

[5] v. Liszt Völkerrecht, 6. Aufl., 1910, § 8 III, 6; § 13 II, III; § 14 V, VI; Konsuln § 15 III, 4b, c; Agenten und Kommissarien § 12 II, 3b.

[6] Selbstverständlich ist, daß Personenklassen, die unter eine Sondergerichtsbarkeit fallen, insoweit von der ordentlichen Gerichtsbarkeit eximiert sind, so die Standesherren und die Militärpersonen. Für letztere vgl. auch StPO. 48, 50, 69, 72, 98, 105.

Man muß sich indessen wohl vor der Betrachtung hüten, als wenn diese Prinzipien mit dem Begriff und Gegenstand des Strafprozesses in enger und unlöslicher Verbindung stünden, so daß sie aus jenem obersten Gesichtspunkt mit begrifflicher Notwendigkeit abflössen, und daß ein Strafprozeß, der sie nicht kennte, seinem Wesen untreu würde. Vielmehr kann ein Strafprozeß sehr wohl aller der genannten Prinzipien entraten oder sie in ihr Gegenteil verkehren. Nur der Zweifel würde dann entstehen, ob ein solcher Strafprozeß einen guten und brauchbaren Weg zu dem angestrebten Ziel darstellt. Die Zweckmäßigkeit steht also bei diesen Prinzipien in Frage. Es handelt sich bei ihnen nicht um logische, sondern um rechtspolitische Erwägungen. Daraus folgt, daß die nächsten Paragraphen nicht ein Gebäude begrifflicher Konsequenzen aufzuführen haben, sondern daß ihr Gegenstand die positivrechtliche Anerkennung und Ausgestaltung jener Grundsätze ist.

§ 14.

Die Öffentlichkeit.

Kries § 36. Birkm. § 82. B.-B. § 71. Ullm. § 7. Bind. § 65.

Öffentlichkeit des Prozesses bedeutet die Zugänglichkeit der Gerichtsverhandlungen für jedermann aus dem Volke ohne Unterschied und Auswahl. Gegensätze dazu sind: 1. die Zulassung nur bestimmter ausgewählter Personen als Repräsentanten des Publikums — sog. mittelbare Öffentlichkeit[1]; 2. die Zulassung nur der sachlich interessierten Personen — sog. Parteienöffentlichkeit (StPO. 167, 191); 3. der Ausschluß aller Personen mit Ausnahme der direkt betroffenen und der amtlich tätigen — Heimlichkeit des Verfahrens. Während der gemeine Inquisitionsprozeß diesen letzteren Standpunkt einnahm, war das Verlangen nach Öffentlichkeit an die Spitze der 1848er Reformforderungen gestellt und ist in der RStPO. und jetzt auch der MilStGO. zum Siege gelangt. Die maßgebenden Regeln finden sich GVG. 170, 173—176 und G. v. 5. April 1888.

A. Die Regel der Öffentlichkeit ist in GVG. 170 für die „Verhandlung vor dem erkennenden Gericht" ausgesprochen. Sie gilt demnach nicht für die Akte der Polizei und der Staatsanwaltschaft; sie gilt nicht für Vorverfahren, Zwischenverfahren, antizipierte Hauptverhandlung, Beschwerdeverfahren. Dagegen gilt sie für die Haupt-

[1] So die norwegischen Retsvidnere, Gerichtszeugen bei den Verhandlungen der Voruntersuchung vor dem Verhörsrichter. Ein Beispiel in unserm Recht bietet StPO. 486 II mit seinen 12 Gemeindezeugen bei einer Hinrichtung.

verhandlung — und zwar bei Vermeidung der Nichtigkeit[2] des Verfahrens (StPO. 377 Z. 6, 369 II). Während dieser muß also die freie Zugänglichkeit für jedermann hergestellt sein[3], selbst wenn niemand zum Zuhören kommt[4].

B. Der Ausschluß der Öffentlichkeit während der Hauptverhandlung oder eines Teiles derselben[5] ist nicht unmöglich, aber nach Grund und Form genau geregelt. Er ist niemals zwingend vorgeschrieben (doch vgl. D), sondern stets vom Ermessen des Gerichts abhängig. Daher ist allerdings unrichtiger Ausschluß[6], nicht aber unrichtiger Nicht-Ausschluß Revisionsgrund. 1. Nur drei Gründe des Ausschlusses sind statthaft: a) Gefährdung der Staatssicherheit; b) Gefährdung der sonstigen öffentlichen Ordnung; c) Gefährdung der Sittlichkeit[7]. Soll während der Verkündung der Urteilsgründe die Öffentlichkeit ausgeschlossen werden, so kommen nur die Gründe a und c, nicht b in Betracht. 2. Die Form ist Verhandlung[8] über den Ausschluß (d. h. Anhörung der Beteiligten ist unerläßlich) und Gerichtsbeschluß. Letzterer muß ausdrücklich einen der drei Gründe

---

[2] Nichtigkeit ist in dem Sinne gemeint, daß in der Revisionsinstanz ohne sachliches Eingehen Verf. nebst Urt. kassiert wird, StPO. 377[6]. MilStGO. 400[6]; und daß in der Berufungsinstanz dies wenigstens geschehen kann, StPO. 369 II. MilStGO. 395 II. Diese Nichtigkeit ist heilbar; sie saniert durch Ablauf der RMFrist.

[3] Saal eines Offizierskasinos? RMilG. **14**, 261.

[4] RG. **23**, 218; jetzt dahin modifiziert, daß unverschuldete Nichtöffentlichkeit, insbes. Verschulden des Türdieners, nicht schaden soll: RG. **43**, 189; JurWochSchr. **40**, 247. RMilG. **13**, 81, 86.

[5] Jeder Teil steht dem Ganzen gleich, bis auf die Verkündung des Urteils, die eine besondere Behandlung erfährt. Grenzen eines Teilausschlusses, RG. **43**, 367 (bedenkl.). Arch. **59**, 139.

[6] Der Verstoß kann durch öffentliche Wiederholung des zu Unrecht heimlich Verhandelten saniert werden, RG. **35**, 354.

[7] c fällt nicht unter b. Die „Räumung des Zuhörerraumes" wegen Beifalls- oder Mißfallensäußerungen kann unter b fallen: RG. **30**, 244; natürlich kann sie niemals vom Vorsitzenden allein verfügt werden. — Die MilStGO. 283 kennt noch zwei weitere Ausschlußgründe: Gefährdung militärdienstlicher Interessen und Gefährdung der Disziplin. — E 09 (GVG. 172) schlug in Beleidigungssachen auf Antrag fakultativen Ausschluß vor.

[8] RG. **1**, 50, **10**, 92, **18**, 138, **20**, 21, 52, **35**, 216. RMilG. **13**, 267. Diese Verhandlung ist nach älterer Gesetzesfassung und nach MilStGO. 285 stets nichtöffentlich, nach neuester Fassung in der Regel öffentlich; doch kann die Öffentlichkeit ausgeschlossen werden und zwar ohne alle Formalitäten nach freiem Belieben des Gerichts. Sie muß ausgeschlossen werden, wenn ein Beteiligter es beantragt; es bedarf dann keines Beschlusses, nur des Befehls des Vorsitzenden an den Gerichtsdiener. Vgl. GVG. 175 a. A. Auch hier gilt aber GVG. 176 II: RG. **33**, 311.

angeben (RG. 25, 248) und muß öffentlich verkündet werden. Für den Ausschluß während Verkündung der Urteilsgründe bedarf es besonderer Verhandlung (RG. 35, 103, RMilG. 15, 198, — nach E 09 [GVG. 175] entbehrlich) und besonderen Beschlusses[9]. Ist Heimlichkeit der Hauptverhandlung beschlossen, so bestehen verschiedene Schweigeverpflichtungen; — abgesehen von den amtlichen. Im Falle b besteht keine Schweigepflicht. Im Falle c besteht ein teilweises gesetzliches Schweigegebot, nämlich für öffentliche ärgerliche Mitteilungen (StGB. 184b: Geldstrafe bis 300 M. oder Gef. bis 6 Mon.). Im Falle a besteht stets ein gesetzliches Schweigegebot für die Presse und kann außerdem ein gerichtlicher Schweigebeschluß[10] ergehen (Strafe der Zuwiderhandlung: Geldstr. bis 1000 M. oder Gef. bis 6 Mon.).

C. Einzelne Personen können aus öffentlichen Sitzungen ausgeschlossen oder zu nicht öffentlichen zugelassen werden. Ersteres gilt fakultativ[11] für a) Unerwachsene, b) Ehrverlustige, c) Personen, die in einer der Würde des Gerichts nicht entsprechenden Weise erscheinen, d) Ungehorsame (GVG. 178). Letzteres gilt a) obligatorisch für Dienstaufsichtsbeamte, b) fakultativ für alle übrigen Personen, doch bedarf es eines Gerichtsbeschlusses[12].

D. Unbedingt nicht-öffentliche Akte sind 1. Beratung und Abstimmung des Gerichts; 2. Beratung und Abstimmung der Geschworenen. Zu 1 dürfen auf Erlaubnis des Vorsitzenden die „bei demselben Gericht zu ihrer juristischen Ausbildung beschäftigten Personen"[13] nach GVG. 195 Zutritt erhalten; zu 2 niemand: StPO. 303. Nichtbeachtung dieser Vorschriften ist Revisionsgrund.

---

[9] RG. **20**, 383, **43**, 300 — mit eingehender Darstellung der Vorgeschichte der Bestimmung. RMilG. **15**, 290.

[10] Im Protokoll zu beurkunden. Von allen „Betroffenen", also auch einem etwa überstimmten Richter, mittels nicht suspensiver Beschwerde anfechtbar. StPO. 346 II GVG. 175 II. G. v. 5. April 1888, Art II, III.

[11] Nach MilStGO. 288 auch für weibliche Personen und nach MilStGO. 287 obligatorisch für die mit dem Angeklagten ranggleichen oder rangniederen Militärpersonen.

[12] Würde ein GerBeschl. auf Ausschluß der Öffentl. nicht ausgeführt, so ergäbe sich daraus kein unbedingter Revisionsgrund. RG. **3**, 295. RMilG **13**, 95 (97). Es schadet also nichts, wenn der Vorsitzende trotz des Beschl. jedermann eintreten läßt. Würden dagegen nur einzelne Personen mit Auswahl durch Konnivenz des Vorsitzenden ohne GerBeschl. in die nichtöffentliche Sitzung hineingelassen, so könnte diese nicht mehr als geheime angesehen werden. Sie wäre alsdann als eine öffentliche zu betrachten, in welcher jedoch die freie Zugänglichkeit für jedermann nicht hergestellt ist. Es würde also ein Revisionsgrund vorliegen.

[13] Daher nicht preußische Assessoren, RG. **25**, 237. Wohl aber nach RG. **26**, 42 u. U. hessische Assessoren! Nach E 09 (GVG. 195) überhaupt unbesoldete Assessoren.

Unbedingt öffentliche Akte sind bei Vermeidung der Nichtigkeit des Verfahrens: 1. Verkündung des Beschlusses, daß nicht öffentlich verhandelt werden soll; 2. Verkündung des Urteilstenors; 3. Verkündung des Beschlusses, daß die Urteilsgründe nichtöffentlich verkündet werden sollen; 4. Bildung der Geschwornenbank; 5. Beeidigung der Geschworenen. Vgl. GVG. 174, 175 I. StPO. 281, 288 II.

§ 15.

Die Mündlichkeit.

Kries § 35. Birkm. §§ 80, 81. B.-B. § 70 II. Ullm. § 6. Bind. §§ 63, 64.

Der Grundsatz der Mündlichkeit fordert, daß der Verkehr zwischen Parteien und Gericht sich in freier Rede und Gegenrede abspiele und daß der Richter nur den mündlich vorgetragenen Prozeßstoff bei seiner Entscheidung zugrunde lege. (Gegenteil: quod non est in actis, non est in mundo). Der Wert der Mündlichkeit liegt erstens darin, daß die Nötigung zur mündlichen Erklärung unbefangenere, frischere Aussagen hervorruft und dadurch ein wahrheitsgetreueres Bild verschafft, und sodann darin, daß das mündliche Verfahren sich schneller abspielt, also Arbeitszeit und Personal gespart wird[1].

Der Grundsatz gilt in vollem Umfang lediglich für die Hauptverhandlung, ist aber nirgends, wie in ZPO. 128, zusammenfassend ausgesprochen; seine Verletzung ist daher nicht ohne weiteres revisibel. Wohl aber sind für jeden einzelnen Schritt in der Hauptverhandlung die Vorschriften so gefaßt, daß die Notwendigkeit mündlichen Vorgehens in die Augen fällt. Der Einfluß der Mündlichkeit zeigt sich äußerlich vor allem darin, daß unser Prozeß ein Verfahren in Terminen, nicht in Fristen ist; innerlich in erster Linie darin, daß nur das gesprochene Wort vom Gericht als Grundlage seiner Entscheidung verwertet werden darf. Die Gründe des Urteils dürfen sich nur auf mündlich Vorgebrachtes stützen (StPO. 260, 264. RG. **2**, 76), sie müssen aber auch alles mündlich Vorgebrachte berücksichtigen (StPO. 263, 266 II). Ein Zuwiderhandeln in diesen Punkten bewirkt stets Nichtigkeit, da das Urteil ja notwendig hierauf beruht. Die Verwertung des Akteninhalts[2], des privaten Wissens der Richter und der

---

[1] Wenigstens meist. Fast schon eine Überspannung ist es, wenn Überreichung eines Schriftstücks durch einen Zeugen statt Aussage für unbedingt verboten erklärt wird, RG. **38**, 330.

[2] RG. **40**, 54; bedenklich **40**, 51: Geschw. unterrichten sich über die von ihnen nicht gehörte Zeugenaussage aus der Zeitung!

Gerichts-Notorietät, d. h. der amtskundigen (nicht aber der allgemeinkundigen) Tatsachen ist somit ausgeschlossen.

Mit dem Grundsatz hängt ferner zusammen, daß nur ausnahmsweise gegen einen nicht Anwesenden verhandelt werden darf, und daß zur Erzielung der mündlichen Verständigung bestimmte Regeln über die Gerichtssprache und die Verwendung von Dolmetschern (Lb. § 54 VII) aufgestellt sind[3].

Außerhalb der Hauptverhandlung und auch innerhalb derselben, soweit es sich nicht um Urteilsgrundlagen handelt, gilt die Mündlichkeit nicht unbedingt. Ein Gutachten kann im Vorverfahren schriftlich erstattet werden; ausgebliebene Personen können sich schriftlich entschuldigen usw. Überhaupt ist die Schriftlichkeit neben der beherrschenden Mündlichkeit unentbehrlich[4]. In jedem Prozeß werden schriftliche Akten angelegt, teils zur Beurkundung der Vorgänge durch Protokoll, teils zur festen Umgrenzung dessen, was Gegenstand der Verhandlung und Entscheidung sein soll (Anklageschrift, Eröffnungsbeschluß, Urteilsgründe, Rechtsmittelschriften).

§ 16.

Die Unmittelbarkeit.

Kries § 47 VII. Birkm. § 80 I. II. 2. B.-B. § 70 I. III. Ullm. § 6 II. S. Maas Grundsatz der Unmittelbarkeit, 1907.

Das Prinzip der Unmittelbarkeit bedeutet, daß das Gericht bei der Sammlung des Materials für die Entscheidung möglichst nur seiner eigenen sinnlichen Wahrnehmung folgen soll. Vor allem soll sich die Beweisaufnahme grundsätzlich vor dem zur Urteilsfällung berufenen Gericht abspielen. Jede Vermittelung der Eindrücke hierbei stellt deren objektive Richtigkeit sofort und meist ernstlich in Frage. Mit der Mündlichkeit fällt die Unmittelbarkeit keineswegs zusammen, wenn auch jene unentbehrliche Voraussetzung ist. Es ist denkbar, daß in einem mündlichen Verfahren auf die Unmittelbarkeit der Eindrücke, die der Richter bekommt, gar kein Gewicht gelegt wird.

Der Grundsatz ist ebensowenig wie der der Mündlichkeit ausdrücklich in der StPO. ausgesprochen (vgl. dagegen ZPO. 355), liegt aber

---

[3] GVG. 186—193. Der Dolmetscher hat auf strafprozessualem Gebiet die Stellung eines Sachverständigen, RG. **25**, 354. Die deutsche Gerichtssprache gilt auch für die schriftlichen Eingaben.

[4] u. U. dient die Schriftlichkeit zur Aushilfe, wo die Mündlichkeit wegen tatsächlicher Hindernisse nicht angewendet werden kann, StPO. 63 II, 258 II; vgl. RG. **38**, 323 (bedenklich), **42**, 56 (Ermittlung ausländischen Rechts).

den Vorschriften über die Beweisaufnahme überall zugrunde, und ist sogar mit größerer Strenge festgehalten als im Zivilprozeß, wo § 355 II dem Prinzip die Spitze abbricht. Jede Abweichung ist verklausuliert und von Formalien abhängig gemacht[1].

Der Grundsatz verlangt einerseits, daß die Beweise vor den Richter kommen, d. h. daß der Zeuge, der Sachverständige persönlich erscheint, daß die Urkunde vorgelesen, das Augenscheinsobjekt vorgelegt wird[2]. Und er verlangt andererseits, daß der Richter unter dem frischen Eindruck der Beweisaufnahme urteile. Der Richter muß also ununterbrochen anwesend sein (StPO. 225)[3], die Verhandlung muß möglichst ohne Unterbrechung vor sich gehen (StPO. 228) und das Urteil sich tunlichst sogleich daran schließen (StPO. 267)[4].

Dagegen verlangt der Grundsatz nicht, daß nur bestimmte Beweismittel, insbesondere von Zeugen nur testes de visu, berücksichtigt werden. Die von v. Kries erhobene Forderung, daß Zeugen vom Hörensagen (testes de auditu) ausgeschlossen bleiben sollen, hat theoretisch an StPO. 249 keine Stütze, da diese Stelle davon, was Thema des Beweises sein darf, nicht handelt[5]. Sie ist auch der tatsächlichen Handhabung der Rechtspflege unbekannt[6].

Im übrigen gilt das Prinzip der Unmittelbarkeit nur für die HVerh. I. Instanz in vollem Umfang[7]. In der Berufungsinstanz ist

[1] Nicht mit Unrecht bezeichnet deshalb RG. **12**, 105 die Unmittelbarkeit als „den" Fundamentalgrundsatz des Strafverfahrens, vgl. **25**, 354.

[2] und zwar in der HVerh.; nicht außerhalb derselben, etwa im Beratungszimmer, RG. **17**, 287; nicht in einem früheren Stadium des Prozesses: eventuell ist dann Wiederholung der Beweisaufnahme geboten.

[3] Auch geistig: er darf nicht schlafen, was allerdings RG. **22**, 107 den Geschworenen gestattet. Zuzugeben ist, daß Zerstreutheit und Unaufmerksamkeit praktisch nicht zu fassen sind. Aber ein direktes Schlafen ist davon unterscheidbar, hier dreht es sich nicht mehr um ein „Maß von Aufmerksamkeit". Auch liegt Verletzung des Eides StPO. 288 III und Strafbarkeit nach GVG. 96, 56 vor. Einverstanden Mittermaier MonSchr. **2**, 13; dageg. Geyer 822.

[4] Beling nennt diese Seite der Unmittelbarkeit das „Konzentrationsprinzip."

[5] § 249 sagt nur wie, nicht wann Zeugen- und Sachverständigenbeweis zu erheben sei. Der § setzt voraus, daß darüber, welche Tatsachen zum Gegenstand des Beweises gemacht werden sollen — ob Vorgänge oder Erzählungen über Vorgänge — anderweite Bestimmungen getroffen sind.

[6] RG. **2**, 160; **36**, 57; RMilG. **11**, 185; vgl. B.-B. 252, N. 15; L.-H. § 86 N. 4. Praktisch wird der Grundsatz **Hearsay is no evidence** in England durchgeführt, allerdings mit wichtigen Ausnahmen, bes. für **dying declarations**. Kenny **Outlines** 363—373, 388—390. **Cases** 494 ff. **De lege ferenda** dafür Kulischer GrünhZtsch. **34**, 169.

[7] Hier unverzichtbar, RG. **40**, 54.

es bereits stark erschüttert (StPO. 366)[8]. Für die Revisionsinstanz gilt es überhaupt nicht[9].

§ 17.

Akkusatorisches und inqusitorisches Verfahren. Offizialprinzip.

Birkm. §§ 27—29. § 16 I. B.-B. §§ 62, 68, 69. Ullm. § 5. Glaser I § 4. Beling Informativprozesse (Gießener Festschrift) 1907.

Wie die historische Entwickelung uns zeigt, haben zwei ganz verschiedene Arten des Vorgehens, um einen Verbrecher der verdienten Strafe zuzuführen, im Laufe der Geschichte einander abgelöst. Wir reden mit Bezug auf diese beiden Typen, deren Bezeichnung und Charakterisierung bei den verschiedenen Schriftstellern keineswegs einheitlich ist, von Akkusations- und Inquisitionsprozeß (nicht -prinzip oder -maxime) und können zwei Punkte als charakteristisch herausschälen. Einerseits ist es ein unentbehrlicher **Wesenszug** des Akkusationsprozesses, daß in ihm zwei sich gegenüberstehende Parteien und ein unbefangener Dritter vorhanden sind, während sich im Inquisitionsprozeß alle Rollen — Verfolgung, Verteidigung, Entscheidung — in einer Hand vereinigen. Andererseits ist daneben als **Begleiterscheinung** je eine eigentümliche Tendenz hervorzuheben: der Akkusationsprozeß zeigt stets das Bestreben, das freie Belieben und Schalten der Parteien für den Prozeß maßgebend sein zu lassen; der Inquisitionsprozeß dringt in der Erkenntnis, daß staatliche Interessen in Frage stehen, auf ein Vorgehen rein aus öffentlich-rechtlichen Gesichtspunkten, von Amts wegen hin.

In dieser letzteren Tendenz lag die Kraft des Inquisitionsprozesses; in dem genannten Wesenszug dagegen das Gewinnende des Akkusationsprozesses. Er vermied die große Gefahr, die dem Inquisitionsprozeß fortwährend drohte und an der er innerlich krankte, — nämlich die richterliche Unparteilichkeit einzubüßen. Denn je überzeugter der Inquirent von der hohen Bedeutung seines Amtes war, je ernster er den Schutz der Rechtsordnung als eine sittliche Pflicht des Staates

[8] Immerhin doch nicht in dem Grade, daß das Gericht eine Zeugenaussage benutzen dürfte, deren Inhalt ihm nur aus den Urteilsgründen erster Instanz bekannt ist, RMilG. **14**, 16.

[9] Daher kann das RG. für die ihm obliegenden tatsächlichen Feststellungen (fast ausschließlich solche prozessualer Tatsachen) von schriftlichen Berichten, dienstlichen Äußerungen von Beamten u. dgl. uneingeschränkten Gebrauch machen; vgl. z. B. die Feststellung des illegalen Verfahrens in RG. **17**, 287. Der Grundsatz der Mündlichkeit gilt aber auch hier; jene Berichte und sonstigen Schriftstücke müssen in der Revisionsverhandlung mündlich vorgebracht werden.

auffaßte, um so weniger konnte er objektiv sein, um so leichter lenkte Voreingenommenheit gegen den Beschuldigten alle seine Schritte.

Das Resultat der neueren Entwickelung ist: wir haben den Anklageprozeß aufgenommen, aber zugleich den wertvollen Kern des inquisitorischen Verfahrens gewahrt. Nicht länger muten wir dem Richter die menschenunmögliche Vereinigung dreier divergenter Tätigkeiten zu, sondern wir haben die Aufgabe der Verfolgung und die der Entscheidung auf zwei Personen verteilt; — aber diese beiden Personen lassen wir von Amts wegen, ex officio, tätig werden.

Es wird vielfach behauptet, unser Strafprozeß sei lediglich der äußeren Erscheinung nach akkusatorisch, er habe zwar eine akkusatorische Form, aber kein akkusatorisches Prinzip[1]. Im Grunde ist der Streit nur terminologischer Natur. Was darf man im Prozesse „Prinzip" nennen? Es wird zu bedenken sein, daß unser heutiges Strafverfahren nur durch seinen Charakter als Akkusationsprozeß die Natur eines Rechtsstreites bekommt[2]; daß es lediglich hierdurch aus der Sphäre einer rein verwaltungsrechtlichen Tätigkeit der betreffenden Staatsbeamten, eines Vorgehens nach Zweckmäßigkeit herausgehoben wird; daß nur im Akkusationsprozeß die Auffassung zu ihrer verdienten Geltung gelangt, daß das staatliche Strafrecht ein von bestimmten, administrativer Willkür entrückten, Voraussetzungen abhängiges subjektives öffentliches Recht sei. Deshalb muß es doch als bedenklich erscheinen, wenn man einem derartigen beherrschenden organisatorischen Gesichtspunkt den Namen eines Prinzips versagen will.

Der Reichsstrafprozeß hat den Anklagegrundsatz, wie wir ihn nennen dürfen, mit unverbrüchlicher Strenge — strenger als die sämtlichen sonstigen „Prinzipien" — überall festgehalten, wo es auf eine Scheidung beider Aufgaben, der Verfolgung und der Entscheidung ankommt.

Mit dem Anklagegrundsatz hängt es zusammen, daß die Parteien, weil sie die Träger der sich bekämpfenden materiellen Interessen sind, Anträge stellen und Vorträge halten dürfen, und daß das Gericht ihnen nicht einfach Schweigen gebieten darf (Grundsatz des richterlichen Gehörs, und zwar eines für beide Teile gleichmäßigen: Grundsatz der Waffengleichheit). Dagegen ist keine Ableitung aus dem Anklagegrundsatz und darf daher nicht mit ihm verwechselt werden die

[1] Das ist eigentlich sogar seit dem feinen und lehrreichen Aufsatz von Heinze, Dispositions- und Offizialprinzip, Verhandlungsform und Untersuchungsform, insbes. im StrP., 1876, Arch. **24**, 265, herrschende Meinung geworden.

[2] Dem geben auch die Motive z. Entwurf III (1874) S. 86, Ausdruck.

sog. Verhandlungs- oder Dispositionsmaxime, d. h. die Bindung des Gerichts durch die Anträge und Vorträge der Parteien, wie im Zivilprozeß.

Die Verfolgungstätigkeit geht auf Grund amtlicher Berufspflicht vor sich. Die hieran sich schließenden Erscheinungen, insofern sie die Stellung der Prozeßsubjekte zueinander maßgebend bestimmen, fassen wir unter dem Namen Offizialprinzip zusammen. Wir haben den Anklagegrundsatz nicht schlechthin adoptiert, nicht das ist charakteristisch für den Reichsstrafprozeß, daß immer Anklage erhoben werden muß, sondern daß sie grundsätzlich von Staats wegen erhoben wird; daß ein staatliches Organ, der Staatsanwalt, grundsätzlich die Alleinberechtigung dazu hat. (Grundsatz der Staatsanklage.) Und dazu tritt, daß der Staatsanwalt zur Klagerhebung (Legalitätsprinzip) und zur Klagdurchführung amtlich verpflichtet ist. Mit letzterem Punkte steht im Zusammenhang, was als Amtspflicht dem Gericht auferlegt ist. Auch dieses bearbeitet seine Aufgabe ex officio. Das bedeutet zweierlei: nach der positiven Seite, daß das Gericht bei seiner Tätigkeit lediglich die objektive Gerechtigkeit seiner Entscheidung im Auge zu behalten hat (Grundsatz der materiellen Wahrheit); nach der negativen Seite, daß es sich von Wünschen, Erklärungen und Verfügungen der Parteien unbeirrt zu halten hat. Diese Seite ist von der Verpflichtung zur Klagdurchführung nicht zu trennen: der Staatsanwalt kann so wenig wie der Beschuldigte den Prozeßgegenstand nach seinem Willen modeln. Wir sprechen hier (mit Heinze) vom Immutabilitätsprinzip.

§ 18.

Der Grundsatz der Staatsanklage.

Kries §§ 39. Birkm. § 29. Ullm. § 53. Glaser Handb. I § 20. B.-B. §§ 36, 111.

Hierin liegt, wie gesagt, zweierlei: 1. daß in jeder Strafsache eine Anklage erhoben werden muß; 2. daß diese Klagerhebung von Staats wegen geschieht, Offizialverfolgung ist.

Der erstere Gedanke, das eigentliche akkusatorische Prinzip, ist in StPO. 151, 153 I ausgesprochen. Es gilt, soweit eine richterliche Entscheidungstätigkeit in Frage kommt, ausnahmslos. Wo es an einer — wenigstens mündlichen — Klage fehlt, oder wo der Klagerhebungsakt der Rechtswirksamkeit ermangelt, muß das Verfahren eingestellt werden. Zu einem Sachurteil darf es nicht kommen. Jede Sachentscheidung, auch in der Form des Strafbefehls (StPO. 447), ist nichtig[1]. Nur ein Unterfall ist das Hinausgehen über den Rahmen der Klage, indem außer der bezichtigten Tat noch eine andere zum Gegenstand der sachlichen Aburteilung gemacht wird[2]. Die Aburteilung muß ferner in ihrer ganzen Ausdehnung auf einen Verfolgungsentschluß eines Klaglegitimierten zurückgehen[3]. Das Klagerfordernis ist auch für andere im Strafurteil zu erledigende Ansprüche, z. B. auf Buße, unentbehrlich.

Im vorbereitenden Verfahren tritt der akkusatorische Gedanke mehr zurück, immerhin besteht auch hier in jedem Augenblick die Möglichkeit, den unparteiischen Richter anzurufen[4], und auch hier ist der Richter seiner spezifischen Aufgabe nicht überhoben: zu prüfen, ob der Anlaß, um dessentwillen er in Bewegung gesetzt wird, wirklich eine Straftat im Sinne des Gesetzes ist. Sollte das Requisitionsschreiben gar keinen Anhalt dafür bieten, daß es sich wirklich um ein Vorgehen in Strafsachen handelt, so würde die Mitwirkung abzulehnen sein. Keine Durchbrechung des Anklagegrundsatzes liegt auch in den Fällen, wo der Richter ausnahmsweise als Notstaatsanwalt fungiert. Denn die regelmäßige Voraussetzung ist „Gefahr im Verzuge", und der Richter hat nur den ersten Schritt zu tun, alles weitere aber der ordnungsmäßig hierfür bestellten Staatsanwaltschaft zu überlassen (StPO. 163, 125, 189).

Der zweite Gedanke, daß das staatliche Strafrecht von Staats wegen geltend gemacht wird, hat in StPO. 152 I seinen gesetzlichen Ausdruck gefunden. Er läßt sich negativ dahin formulieren, daß niemand außer der Staatsanwaltschaft zur Erhebung der Strafklage berufen ist; daß die Staatsanwaltschaft ein Anklagemonopol besitzt. Von diesem Monopol bilden die Antrags- und Ermächtigungsdelikte (StGB. 99, 101, 197) nicht geradezu eine Ausnahme, denn die staats-

---

[1] Lb. § 93. Ebenso B.-B. 294^{28}, 295^{32}, 385^{24}. Ähnliche Lagerungen Friedländer Ztsch. **18**, 515. Seckel Gestaltungsrechte, 1903, S. 241 f., 251 f. A. M. Kormann (Lit. zu § 42) 276 ff. Jellinek (Lit. zu § 93) 82. RMilG. **14**, 269.

[2] Anders, wenn auch die Klage erstreckt wird, StPO. 265, Lb. § 102. — Das Fehlen des Eröffn.-Beschlusses gehört nicht hierher; er ist in einigen Fällen entbehrlich, in den andern „verzichtbar", Lb. § 85 III und S. 56 N. 4.

[3] Zeigt sich, daß die Tat im Ausland begangen ist, so daß StGB. 4^{3} zutrifft, so muß der Verfolgungswille der StAnw. erklärt werden, RG. **44**, 119. Andernfalls besteht eine Kognitionsschranke, Lb. § 87 II.

[4] Wegen der auf Requisition entfalteten echt richterlichen Tätigkeit und wegen der vielfach entscheidenden prozessualen Bedeutung dieser Tätigkeit (vgl. StPO. 232 II, 248 a. E., 250 I, II, vgl. 65 III, 253) gehört auch das Vorverfahren in den StrP. im eigentlichen Sinn hinein. RG. **22**, 273 (zu Preßges. § 17).

anwaltliche Initiative erstreckt sich nach StPO. 152 II nur auf die „gerichtlich verfolgbaren" Handlungen; so lange aber der Antrag nicht gestellt, die Ermächtigung nicht erteilt ist, fehlt es noch an einer Bedingung der Verfolgbarkeit. Immerhin ist einzuräumen, daß in diesen Fällen nicht das staatliche Organ, sondern ein Privater, nach unkontrollierbarem Gutdünken, über die Klagerhebung entscheidet.

Dagegen bilden Ausnahmen von dem Anklagemonopol erstens der einzige Fall einer nicht von der Staatsanwaltschaft erhobenen öffentlichen Klage (Anklage durch eine Verwaltungsbehörde, StPO. 464 vgl. GVG. 75 III), und zweitens die Klag- und Prozeßbetriebsrechte Privater: die Privatklage (StPO. 414 ff) wegen Beleidigung, Körperverletzung und unlauteren Wettbewerbs, die Nebenanklage (StPO. 435 ff., nicht aber die Bußklage) und die Herbeiführung einer gerichtlichen Entscheidung über Anklageerhebung, welche dem Verletzten nach StPO. 170 ff. zusteht. Formell erhebt ja auch hier die Staatsanwaltschaft die Klage, aber sie tut es gezwungen; und dieser von einem Privaten ausgehende Zwang bedeutet einen Eingriff in das Anklagemonopol. Dies theoretisch zu verwerfende, praktisch höchst wenig bedeutsame Recht des Verletzten ist zudem von einer Reihe Unbequemlichkeiten begleitet, die dem Berechtigten seine Ausübung verleiden müssen: a) Ausschlußfrist von einem Monat (StPO. 170 I); b) Anwaltszwang (§ 170 II); c) Kautionspflicht (§ 174); d) Kostenpflicht (§ 175); e) Versagung des Armenrechts. — Statistik S. 62 N. 2 a. E.

§ 19.

Das Legalitätsprinzip.

Kries § 38. Birkm. § 16. B.-B. § 73 III. Ullm. § 54. Laband III S. 424 f.

Das Legalitätsprinzip besagt, daß die Staatsanwaltschaft in allen gesetzlich geeigneten Fällen mit Klagerhebung vorgehen muß; — oder negativ: daß sie bei der Entschließung über die Klagerhebung keine anderen Erwägungen, als solche juristischer Natur, insbesondere also keine Zweckmäßigkeitsrücksichten walten zu lassen hat (Gegensatz: Opportunitätsprinzip). Das Legalitätsprinzip hat erst in Entw. III eine Kodifikation gefunden und ist von dort in StPO. 152 II gelangt. Während früher teils ausdrücklich, größtenteils stillschweigend der Zustand der Partikulargesetze Zweckmäßigkeitserwägungen bei der Klagerhebung zuließ und insbesondere erlaubte, daß lächerliche Geringfügigkeiten und Sachen, bei denen die Kostspieligkeit der Untersuchung außer allem Verhältnis zu dem Ergebnis steht, außer Betracht blieben, ist gegenwärtig gerade dieser Standpunkt mit vollem Bewußtsein aufgegeben.

Von der unbedingten Einschreitenspflicht können den Staatsanwalt nur die dienstlichen Anweisungen seines Vorgesetzten entbinden; denn §§ 147, 148 GVG. verpflichten ihn diesem gegenüber zu unweigerlichem Gehorsam[1]. Der Vorgesetzte nimmt dadurch die Verantwortung auf seine Schultern, und er würde auch eventuell wegen unterlassener Strafverfolgung nach StGB. 346 als mittelbarer Täter zu verurteilen sein, während der Unterstaatsanwalt als bloßes Werkzeug zu gelten hätte[2].

Der Staatsanwaltschaft ist übrigens keineswegs jede Prüfung abgeschnitten. Sie soll nur unter zwei Voraussetzungen anklagen: erstens, wenn eine gerichtlich strafbare und verfolgbare Handlung vorliegt, und zweitens, wenn zureichende tatsächliche Anhaltspunkte gegeben sind. Das erste weist darauf hin, daß sie auch die Prozeßvoraussetzungen zu prüfen hat; sollte also der Durchführung der Klage ein gesetzliches Hindernis entgegenstehen, so daß mit der Untersuchung innegehalten werden müßte, so ist die Staatsanwaltschaft frei gestellt: sie darf Anklage erheben oder die Erhebung aussetzen[3]. Das zweite besagt: sie soll eine Anklage nur erheben, wenn Aussicht auf Erzielung eines verurteilenden Erkenntnisses vorhanden ist. Sie hat also die Wahrscheinlichkeit abzuwägen[4].

Das Legalitätsprinzip ist nicht ausnahmslos durchgeführt[5]. Die reichsrechtlichen Fälle[6] des Opportunitätsprinzips sind folgende: 1. Wenn Privatklage zulässig ist, ist nach StPO. 416 die öffentliche Klage nur

[1] A. M. B.-B. S. 275. v. Hippel (Lit. S. 26 N. 5) 31[1], jedoch N. 4.

[2] Indessen verlangt § 346 als „Absicht", als treibenden Beweggrund: den Verbrecher der gesetzlichen Strafe zu entziehen, — und dieses Motiv wird bei der Anweisung, eine bestimmte Anklage zu unterlassen, wohl nie gegeben sein. Es ist also nichts dagegen zu erinnern, wenn etwa der Reichskanzler den ORAnw. anwiese, eine bestimmte Anklage wegen Landesverrats nicht zu erheben, sobald er dabei von der Erwägung ausgeht, es könne durch Aufrollen des Prozesses z. B. das Reich in einen gefährlichen Krieg verwickelt werden. Abweichend v. Bar Gesetz und Schuld III 485 N. 282.

[3] Ebenso L.-H. § 152 Note 4b. — E 09, § 157.

[4] Sie stellt einen „Probabilitätskalkül" an. Glaser I 226.

[5] Damit begeht unser StP. keineswegs einen Fehler oder zeigt eine Schwäche oder wird gar seinem Wesen untreu. Dies müßte man nach der Darstellung bei Birkm. §§ 15—17 annehmen. Vgl. dagegen uns. § 13. — Darum ist auch das Organisationsprinzip der StAnw. das übergeordnete und in Kollisionsfällen entscheidend, ob. N. 1.

[6] Vermehrung sah E 09 § 153 ff., 365 f. vor (besonders für Sachen vor dem AR. allein und gegen Jugendliche).

zu erheben, „wenn dies im öffentlichen Interesse liegt". Die Bedingung ist positiv gefaßt; also tritt Verfolgung nur ein, wenn sie opportun ist; nicht unterbleibt umgekehrt die Verfolgung nur dann, wenn sie inopportun wäre. 2. Die im Ausland begangenen Verbrechen und Vergehen (StGB. 4), und in einem Fall die im Ausland abgeurteilten Verbrechen und Vergehen (StGB. 37). 3. Die meisten Fälle des objektiven Verfahrens (StPO. 477, verb. mit StGB. 42, Nahrungsmittel-G. vom 14. Mai 1879 § 15 Abs. 2; anders StGB. 152). 4. Soweit nicht die Staatsanwaltschaft tätig wird, und soweit nicht gerichtlich, sondern administrativ verfolgbare Handlungen vorliegen, gilt das Legalitätsprinzip nicht; daher StPO. 454 II, 460.

§ 20.

Das Immutabilitätsprinzip.

Birkm. § 17. Heinze Arch. 24, 265 ff., vgl. S. 50 N. 1.

Das Immutabilitätsprinzip verlangt, daß der staatliche Anspruch während der Dauer des Prozesses unverändert bleibe, daß die Frage des Strafprozesses, nämlich die nach der Existenz des staatlichen Strafanspruchs, nicht mehr verschoben und durch die Ereignisse des Prozesses selbst keiner anderen Beantwortung zugeführt werde. Es entspricht diesem Prinzip eine solche Regelung des positiven Rechts, kraft deren die Parteien durch ihre Willenserklärungen auf den Gegenstand des Strafprozesses nicht mehr einwirken, insbesondere also weder den Strafanspruch (etwa durch Anerkenntnis) da erzeugen können, wo er nicht existiert, noch ihn (etwa durch Verzicht) da beseitigen und auslöschen können, wo er existiert. Der Strafanspruch soll jeder, direkten oder indirekten, Verfügung der Parteien entzogen sein. Wo dagegen die Regelung des Prozesses den von den Parteien abgegebenen verfügenden Erklärungen für die Entscheidung des Gerichts den Ausschlag beimißt, da redet man von Dispositions- oder Verhandlungsmaxime. Sie ist im Zivilprozeß herrschender Grundsatz, bis auf wenige Fälle des sog. Offizialverfahrens.

Das Immutabilitätsprinzip spielt indes in unserm Strafprozeß keine besonders große Rolle; hinter dem Prinzip der materiellen Wahrheit, das in der Tat von außerordentlicher Wichtigkeit ist und eine große Fülle von Erscheinungen beherrscht, tritt es ganz zurück[1]. Es hat auch in der StPO. keinen andern Ausdruck gefunden, als im

[1] Noch weiter sollte es durch E 09, § 153 ff., 208 verlassen werden: Einstellung des Verf. auch nach Klagerhebung (und Eröffn. der Unters.) auf Antrag der StAnw.

§ 154: die Kehrseite des Legalitätsprinzips. Wie dieses Pflicht zur Erhebung, so ist jenes Pflicht zur Durchführung der Strafklage.

Zum Immutabilitätsprinzip stimmen nicht: 1. die freie Stellung des Privatklägers, der auf die Durchführung des staatlichen Anspruchs verzichten, die Klage zurücknehmen, auch darüber einen Vergleich mit rechtlicher Wirkung schließen kann; 2. die Zurücknehmbarkeit des Strafantrags, wodurch implicite über die Durchführung des staatlichen Anspruchs disponiert wird; 3. daß nach Wortlaut des § 154 vor Eröffnung der „Untersuchung", also in der Zwischenzeit zwischen Klagerhebung und Eröffnungsbeschluß (bei der Voruntersuchung zwischen Klagerhebung und Eröffnung der Voruntersuchung) auch die Staatsanwaltschaft die Klage zurücknehmen[2] darf; 4. daß nach erlassenem Strafbefehl und erhobenem Einspruch der Staatsanwalt nach StPO. 451 I die Klage fallen lassen kann; 5. daß der Staat nach näherer Vorschrift der Verfassung durch besonderen Akt, vor dem Urteil (Abolition), wie nach diesem (Begnadigung) den Strafanspruch aus der Welt räumen kann; 6. daß in den höheren Instanzen von beiden Parteien über die RM. frei verfügt werden kann; 7. daß im summarischen Strafverfahren das Unterlassen der Remonstration auch nichtexistente Strafansprüche mit Wirksamkeit ausstattet.

Überhaupt ist nach der StPO. die Disposition insoweit statthaft, als der Gesetzgeber sie nicht ausdrücklich verboten hat — insbesondere also über die Formen und Mittel des Prozesses (244 Zwang zur BewErhebung, 238 Kreuzverhör): soweit nicht die Formen durch Aufstellung von „Mußvorschriften" oder sonst zur unentbehrlichen Voraussetzung für irgend einen Prozeßabschnitt oder Prozeßschritt erhoben sind, und soweit nicht die Mittel auch dem Gericht ex officio zur Erfüllung seiner Aufgabe der Wahrheitserforschung zu Gebote stehen. Der Angeschuldigte kann also z. B. mangels gesetzlichen Verbotes auf Ladung, auf Zustellung des Eröffnungsbeschlusses, auf Einhaltung der Fristen der §§ 199 I,[3] 217, auf Wahrung des § 277 (Zustellung oder Niederlegung der Spruchliste), auf den Beistand des gewählten, aber nicht notwendigen Verteidigers (RG. **43**, 161) verzichten[4].

---

[2] also auch die eine Art der KlErheb. durch die andere ersetzen, RG. **42**, 4.

[3] a. M. L.-H. § 199 N. 3a.

[4] Auch auf den Eröffn.-Beschl. selbst kann verzichtet werden. In reinen SchGSachen ist er überh. nicht nötig, StPO. 211 I. Demnach wird er auch in anderen Sachen zur Not entbehrlich sein, wenn der Angekl. zustimmt. Argument dafür ist auch StPO. 265. Hieraus dürfte als Konsequenz abzuleiten sein: Der Angeklagte muß die ihm bekannten Mängel des EBeschl. in der HVerh. geltend

§ 21.

Das Prinzip der materiellen Wahrheit.

Kries § 37. Birkm. §§ 18–22. B.-B. §§ 69, 83, 85 III. Ullm. § 4. Beling Die Beweisverbote als Grenzen der Wahrheitserforschung im Strafprozeß, 1903.

Der Staat hat ein rechtlich begründetes Interesse an der Bestrafung eines Menschen nur, wenn dieser Mensch schuldig ist. An der Bestrafung unschuldiger, aber sittlich anrüchiger oder schwer verdächtiger Personen mag der Staat wohl auch u. U. ein Interesse haben, es mag in seine Zwecke sich besser fügen, mit solchen Personen übel zu verfahren, als sie unangetastet ihre dunkeln Pfade gehen zu lassen: aber dieses Interesse ist kein rechtliches. Der Staat würde über das Ziel hinausschießen, wenn er nicht Garantien träfe, daß das von ihm geordnete Verfahren nur zur Verurteilung Schuldiger führen könne. Leitstern jedes Strafprozesses muß der Gedanke sein, daß die Feststellung in einem verurteilenden Erkenntnis unbedingt objektiv richtig sein müsse. Diesen Gesichtspunkt bezeichnen wir als Prinzip der materiellen Wahrheit, seinen Gegensatz als Prinzip der formellen Wahrheit. Dieses Gegenstück gilt im Zivilprozeß: dort können die Parteien den Prozeßstoff in willkürlicher Abweichung von der Wirklichkeit vereinbaren und einen fingierten Tatbestand dem Richter zur Entscheidung vorlegen. Der Richter ist hier gebunden, das Vereinbarte muß er als wahr gelten lassen. Der Strafrichter dagegen geht in freier Erforschung der Wahrheit vor. Dieser oberste Leitgedanke unseres Reichsstrafprozesses tritt in einer Reihe von Stellen deutlich zutage[1], von denen vor allem § 153 II als grundlegend zu erwähnen ist.

Das Prinzip verlangt I. freie Verfügung des Gerichts über die Mittel und Formen des Prozesses (sog. Souveränität der Gerichte); II. Freiheit des Gerichts gegenüber den Anträgen, den Vorträgen und dem Schweigen der Parteien (StPO. 153 II); III. Freiheit des Gerichts in der Bildung seiner Überzeugung (StPO. 260). Dabei ist der gesamte Inhalt der Verhandlung maßgebend, also neben den solennen Beweiserhebungen auch vielfach andere Eindrücke (RG. 39, 303).

Zu I: Hieraus würde folgen, daß das Gericht ungehinderte Wahl der Wege zur Ermittelung der Wahrheit hat und nach eignem Ermessen

machen. Sonst liegt eben ein stillschweigender Verzicht vor, RG. **43**, 218 a. E. Gleichgültig ist aber, daß der Angekl. die Mängel hätte erkennen können, oder daß der Verteidiger sie kennt; hier fehlt es am Verzichtwillen.

[1] §§ 200, 204, 206, 235, 237, 238 II, 244 II, 246, 260, 263 I, II, 270, 317, 343, 369 III, 371, 388, 397.

bestimmen kann, was es als Beweismittel ansehen will. Solcher schrankenlosen Freiheit schieben sich indessen mehrfache Riegel vor. Erstens sind Mündlichkeit und Unmittelbarkeit zu wahren[2]. Sodann bestehen zahlreiche gesetzliche Beweisbeschränkungen, unter denen die relativen Beweisverbote[3], d. h. die Verbote der Benutzung bestimmter Beweis**mittel**, besonders wichtig sind. Manche Beweismittel dürfen nur unter ganz bestimmten Voraussetzungen benutzt werden, insbesondere Zeugen und Sachverständige[4] nur, wenn sie beeidigt sind (Arch. **55**, 326). Hiervon gibt es nur genau bestimmte Ausnahmefälle; liegt kein solcher vor, so muß die Aussage eines unvereideten Zeugen einfach als nicht vorhanden betrachtet werden, gleichgültig wie hohen Wert man ihr nach dem Gesichtspunkt freier Forschung zugestehen würde. Die Benutzung eines Beweismittels kann ferner durch den Widerspruch oder die Weigerung z. T. von Behörden (StPO. 53, 76 II, 96), z. T. auch von Privaten (StPO. 51, 52, 54, 95 II, 97) unstatthaft werden. Sie kann auch an allgemeinen Verfassungsgrundlagen scheitern[5]. Des Weiteren würde eine Art des Augenscheins, die Leichenöffnung (StPO. 87), unbenutzbar werden und als nihil actum anzusehen sein, wenn etwa nur **ein** Arzt zugezogen oder keiner der beiden Gerichtsarzt wäre. Bisweilen ist eine Verbindung von Sachverständigen- und Augenscheinsbeweis unerläßlich (StPO. 91, 92), wenngleich der Richter in der Benutzung des Resultats frei steht und die betreffende Beweiserhebung vielleicht für ganz unnütz hält. Im Fall des § 274 StPO. ist sogar nur die Benutzung eines einzigen Beweisweges gestattet.

Zu II: Das Gericht muß stets die Anträge der Parteien, vor allem die Beweisanträge, und bisweilen auch die vorgetragenen Behauptungen — wenn auch nicht für maßgebend nehmen, so doch beachten und zu ihnen Stellung nehmen, namentlich im Urteile sich darüber aussprechen (StPO. 266 II). In manchen Fällen wird das Gericht durch die Willenserklärungen der Parteien zu einem bestimmten Verhalten gezwungen, z. T. durch einseitige Willenserklärung (zu viel-

[2] Das nicht aus der HVerh. stammende Wissen, das ein Richter etwa besitzt, muß ausgeschaltet werden. Über die psychologischen Schwierigkeiten hierbei J. **Meißner** in Festschr. des Krim.Sem. für v. Liszt, 1911.

[3] **Beling** hat in seiner oben genannten Tübinger Antrittsrede diese Lehre in verdienstlicher Weise untersucht. Seine absoluten Beweisverbote vermag ich jedoch von den negativen Beweisregeln nicht zu trennen. Sie verlegen beide die Wahl eines Beweis**themas**.

[4] Andere „Auskunftspersonen" sind im allg. unzulässig. Lb. § 57 III.

[5] Vgl. unten § 61 N. 4, 5. Prinzipielle Erörterung bei **Beling**, Beweisverbote, S. 10 ff., 22 f.

leicht überflüssigen Beweisaufnahmen, StPO. 244 I), z. T. durch Übereinstimmung beider Parteiseiten (so StPO. 238 zur Überlassung des Zeugenverhörs an die Beteiligten). Niemals aber ziehen die Anträge dem Erkenntnis eine Grenze[6].

Zu III: Von dem Prinzip der materiellen Wahrheit ist die freie Beweiswürdigung unzertrennlich. Daher sind grundsätzlich aus dem Strafprozeß zu verbannen: die gesetzlichen Beweisregeln; die Präsumtionen, auch die widerleglichen; jede Beweisverpflichtung, welche unter Androhung prozessualer Nachteile auferlegt ist, oder genauer, da es sich ja nur um die Verhütung ungerechter Verurteilung handelt, jedes onus probandi des Beschuldigten; endlich die Fiktionen. Gleichwohl kommen Abweichungen nach allen diesen Richtungen vor: Den Typus einer Beweisregel bietet StGB. 190. Auch StPO. 475 ist hierher zu rechnen. Widerlegliche Präsumtionen ohne onus probandi für den Beschuldigten finden sich zahlreich in den Nebengesetzen[7]. Für die Steuergesetze ist dies der beliebteste Typus. In einem einzigen Falle besteht sogar eine unwiderlegliche Vermutung[8]. Widerlegliche, aber mit onus probandi für den Beschuldigten verbundene Präsumtionen sind ebenfalls in Nebengesetzen häufig[9]. Fiktionen liegen unausgesprochen mehreren Bestimmungen zugrunde (StPO. 370, 450, 463 I).

Die Bedeutung der Präsumtion und damit auch ihr Kriterium gegenüber ähnlichen Redewendungen, wie sie öfters in nicht geschickter Weise sich in Nebengesetzen finden, liegt in folgendem: Das Ergebnis eines Strafprozeßes kann dreierlei sein: I. Gewißheit der Schuld, II. Verdacht der Schuld, III. Gewißheit der Unschuld. Im gewöhnlichen Falle wird bei I verurteilt, bei II und III freigesprochen. Im

[6] Davon ist StPO. 445 II keine Ausnahme, weil es sich hier gar nicht um die Strafsache handelt.

[7] PreßG. v. 7. 5. 74 § 20 II. SprengstoffG. v. 9. 6. 84 § 8. VereinsZollG. v. 1. 7. 69 § 148 II. 151. SpielkartenstempelG. v. 3. 7. 78 § 10 III, 11. ZuckersteuerG. v. 27. 5. 96 § 46 II. HGB. § 315 III. G. v. 22. 6. 99 über das Flaggenrecht der Kauffahrteischiffe § 23. ZigarettSteuerG. v. 3. 6. 06 § 17 (RGBl. 637). BranntwSteuerg. v. 15. 7. 09 § 114 (RGBl. 687).

[8] VereinsZollG. § 136 Z. 9, T. I; § 137; vgl. RG. **17**, 21.

[9] PreßG. § 21 I a. E. SprengstoffG. § 9. Vereins-ZollG. § 136 Z. 1, 3–8, § 137 II (scheinbar a. M. RG. **35**, 238, das mit Recht betont, daß zu den Beweismitteln auch hier die eigenen Aussagen des Beschuldigten gehören). SalzsteuerG. v. 12. 10. 67 § 13 II. RinderpestG. v. 21. 5. 78 § 3. Erwerbs- und Wirtsch.-Genoss.G. v 1. 5. 89 §§ 142, 144. BrausteuerG. v. 15. 7. 09 §§ 40, 44 (RGBl. 788).

Fall einer Schuldpräsumtion wird bei I und II verurteilt, bei III freigesprochen[10]. Die Behandlung der Möglichkeit II, des Non liquet, ist also verschieden, auch ohne onus probandi.

Die Freiheit der Gerichte in der Bildung ihrer Überzeugung und in der Prüfung aller Vorfragen wird auch nicht durch die staatsrechtliche Lehre von der Teilung der Gewalten beeinträchtigt. Wir kennen kein mechanisches Haltmachen der Justiz vor den Gebieten der anderen Tätigkeitsformen der Staatsgewalt. Dem Wortlaut nach spricht StPO. 261 allerdings nur vom Verhältnis der Strafjustiz zur Ziviljustiz. Hierfür gelten die folgenden Sätze: 1. Der Strafrichter entscheidet selbständig auch über zivilistische Vorfragen, z. B. Ehelichkeit eines Kindes, Gültigkeit einer Ehe, Eigentum, Bestehen eines Wegerechts. 2. Das Strafgericht kann den Strafprozeß aussetzen und ein Zivilurteil abwarten. Es läßt dann vorläufig in suspenso, welchen Weg es einschlagen wird: eigene unabhängige Kognition oder Anlehnung an eine fremde Entscheidung. 3. Das ergangene Zivilurteil kann der Strafrichter auf sich überzeugend wirken lassen und also ohne Nachprüfung und Beweiserneuerung seiner Entscheidung zugrunde legen. Davon geht auch StPO. 399 Z. 4 aus. 4. Eine Bindung des Strafrichters entsteht niemals. (Etwas anderes ist es selbstverständlich, wenn das Zivilurteil Entstehungsgrund für Rechtsverhältnisse ist; also beim sog. Rechtsgestaltungs- oder Bewirkungsurteil). So die durchaus hM.[11]. — Die entwickelten Sätze sind aber nach ganz einstimmiger Ansicht analog zu übertragen auf Vorfragen des öffentlichen Rechts[12], also auf das Verhältnis zu andern Strafsachen, zur Verwaltungsjustiz und zu Verwaltungsbehörden[13]. Ebenso ist die verfassungsmäßige Gültigkeit von Gesetzen selbständig nachzuprüfen[14].

[10] Keine Präsumtion liegt daher vor in den Fällen des ReichsstempelG. v. 3. 6. 06 § 71 II (RGBl. 713). Hierher gehörte auch das bisherige Branntw.-SteuerG. v. 16. 6. 95 § 20, vgl. jetzt ob. N. 7. — Vgl. auch Beling in v. St.-Fl. II 310 f.

[11] B.-B. 326 f., L.-H. § 261 N. 5. RG. **14**, 374.

[12] L.-H. N. 9. RG. **12**, 1. **18**, 438. **39**, 63. **43**, 377. RGZ. **14**, 263. **41**, 267. PreußOVerwG. **32**, 290. Fleiner Institut. des VerwR., S. 17 f., 19 N. 1, 2, 21 f., 237.

[13] Die Feststellung der Nichtigkeit eines Verw.Aktes, einer Verw.Vfg., durch den StrRichter ist ohne weiteres zulässig, Fleiner 172 f.

[14] „Gesetz" im materiellen Sinn! Vor allem praktisch wichtig für Polizeiverordnungen. Die Schranken durch Preuß.Verfass., Art. 106 II, sowie durch die staatsrechtliche Bedeutung der „Ausfertigung" des Gesetzes tangieren den obigen Grundsatz nicht.

Die hiermit bezeichnete Unabhängigkeit der Justiz ist reichsrechtlicher Verfahrensgrundsatz für den Strafprozeß. Das Landesrecht kann daran nur innerhalb des von uns Lb. § 11, II A und B behandelten partikulären Strafprozesses etwas ändern[15]. Eine Gebundenheit der Gerichte in Fragen des Adelsrechtes (StGB. 370 Z. 8) an „Entscheidungen" des preuß. Heroldsamtes ist durchaus zu verneinen[16]. Etwas anderes wäre es, wenn hier nicht deklaratorische, sondern konstitutive Akte vorlägen[17]. Es dreht sich aber um Feststellung, nicht um Verleihung oder Entziehung des Adels[18]. — Das Reichsrecht kann natürlich Ausnahmen von dem Prinzip des § 261 StPO. schaffen[19].

§ 22.

Prinzip der Laienbeteiligung. (Statistik.)

Kries § 17 I. Birkm. § 39—41. B.-B. § 16 Anm. 14. Ullm. § 19. Bind. §§ 49, 50. Mittermaier MonSchr. 2, 1 ff. Mittermaier-Liepmann Schwurger. u. Schöffenger., 2 Bde., 1908, 09. Wern. Rosenberg Reform des SchwG., Ztsch. **31**, 1.

Unsere Strafgerichte sind teils mit beamteten (gelehrten) Berufsrichtern, teils mit nichtbeamteten Personen besetzt. Diese nennen wir Laienrichter, wiewohl sie natürlich im einzelnen Fall Rechtskunde und Rechtsgelehrsamkeit besitzen können. Die Verdrängung des Laienelementes aus der Rechtspflege war eine Folge der Rezeption, die Wiedereinführung in die Strafrechtspflege eine Folge der liberalen Bewegung von 1848. Der Grund war nicht etwa irgendwelche mindere Fähigkeit zu den spezifisch richterlichen Aufgaben, die man den Berufsrichtern zugetraut hätte — an sich ist selbstverständlich der erfahrene und gelernte Jurist jedem Teil seiner Aufgabe besser gewachsen

[15] Möglich wäre das z. B. in Rheinschiffahrts- oder in Forstrügesachen. Mit Recht hob dagegen RG. **43**, 373 das Urt. der StK. Braunschweig auf, die sich durch ein braunschw. Landesgesetz für gebunden hielt und die selbständige Nachprüfung der Steuerpflichtigkeit eines Wanderlagers unterließ. Vgl. auch RG. **8**, 225.

[16] a. M. das Heroldsamt in zahlreichen Publikationen, z. B. ArchÖffR. **22**, 1. **23**, 1, 177. ArchStrR. **57**, 373. Angeschlossen haben sich RG. **43**, 33 (schwer begreiflicher Weise), sowie die OLG. Königsberg, Breslau, Marienwerder, Hamm. Dagegen die OLG. Berlin (cf. Arch. **58**, 501), Posen, Celle, Köln; Strupp ArchÖffR. **27**, 76. Mendelssohn Bartholdy GerS. **77**, 56. Beling Ztsch. **31**, 737, Kohler Arch. **59**, 193 u. a. Interessant die Mitteilungen Hein JurWSchr. 1910, 892.

[17] B.-B. 327. Mendelssohn B., a. ORG. **7**, 147.

[18] Die Betonung, daß es sich hier um Staatshoheitsrechte handele, geht daneben. Die Gerichte üben ebenfalls solche aus und zwar nach Reichsrecht in Unabhängigkeit von landesrechtlichen staatlichen Organen.

[19] z. B. G. über Unfallfürsorge für Gefangene v. 30. 6. 00, § 23 I, III. RBeamtG., Fass. v. 18. 5. 07, § 155.

als der ungeübte Laie —, sondern die Unpopularität des reinen gelehrten Richtertums, das Mißtrauen in seine Unparteilichkeit — in erster Linie, aber nicht ausschließlich, in politischen Prozessen[1]. Durch die Einführung des Laienelementes sind die Strafgerichte volkstümlicher geworden, und das ist ein Gewinn, auf den wir nicht wieder verzichten können. Deshalb ist an dem Prinzip der Laienbeteiligung festzuhalten.

Das Prinzip ist indessen in unserm Strafprozeß nicht annähernd durchgeführt: 1. Alle höheren Instanzen sind ausschließlich mit Berufsrichtern besetzt. 2. In erster Instanz wird der wichtigste Teil der Vergehen und der numerisch größte Teil der Verbrechen in den Strafkammern ebenfalls ohne Mitwirkung von Laien abgeurteilt; was als wenig folgerichtig erscheint. 3. Ebenso fehlt das Laienelement in den hochpolitischen Prozessen vor dem Reichsgericht[2].

Soweit wir das Prinzip adoptiert haben, ist die Form der Durchführung ganz uneinheitlich. In den untersten Strafsachen sitzen zwei Schöffen mit einem Berufsrichter gemeinsam zusammen und entscheiden gemeinsam Schuld-, Straf-[3] und prozessuale Fragen. Bei den schwersten

[1] Ob es auf diesem Wege aber damit besser wird? Vgl. die bissige Bemerkung bei Mommsen Römisches Strafrecht, S. 531.

[2] **Statistik:** Im Reiche wurden 1909 (1910) anhängig 424 292 (427 450) Vergehenssachen vor Schöffengerichten, 4564 (4350) Verbrechenssachen vor Schwurgerichten. Ferner vor den Strafkammern 27 179 (27 973) Vergehens-, 53 714 (55 046) Verbrechenssachen. Endlich 229 643 (219 079) Übertretungssachen, bei denen nicht ersichtlich ist, inwieweit der Amtsrichter allein damit befaßt war und inwieweit Schöffen mitgewirkt haben. Deutsche Just.Stat., Jahrg. XV. (1911), S. 224, 266 gibt die Zahl der Urteile der AG. (im Unterschied von den SchG.) für 1909 auf 45 162, die der HVerh. vor dem AR. auf 49 721 an. Zu den Strafsachen erster Instanz gehörten ferner 136 130 (143 064) Privatklagen und 547 174 (547 649) Anträge auf Strafbefehl. (Davon wurden 1909 durch Strafbefehl wirklich erledigt: 474 706. In Forst- und Feldrügesachen ergingen 193 937 Strafbefehle, 5358 Urteile). Was die höheren Instanzen angeht, so waren die Berufungsstrafkammern 1909 (1910) mit 74 066 (76 247) Sachen befaßt, die Revisionssenate bei den Oberlandesgerichten mit 5819 (6 253), sämtl. in III. Instanz (wozu noch 413 (436) Revisionen beim Bayerischen Obersten Landesgericht treten). Hierunter waren 1909 in III. Inst. 1667 PrivKlSachen. Das Reichsgericht hatte mit 5152 (5345) Revisionen gegen Urteile der Strafkammern (einschl. der überaus seltenen Rev.-Urt. der OLG. in II. Instanz) und mit 244 (225) gegen Urteile der Schwurgerichte zu tun. Es ergingen ferner 1909 Urteile in Rheinschiff.-Sachen: 178 erster, 14 zweiter; in Elbz.-Sachen 29 erster, 4 zweiter Instanz. Das RG. erließ 1909 als I. Instanz 13, als III. Instanz 11 Urteile. Die OLG. erklärten 59 Anträge aus StPO. 170 für begründet, 938 für unbegründet.

[3] Gerade in dieser Frage halte ich die Mitwirkung des Laienelements auf Grund mehrjähriger Erfahrung als Schöffenrichter für besonders wertvoll.

Verbrechen dagegen sind die zwölf Geschwornen von den drei rechtskundigen Richtern ganz gesondert, und die Rechtsunkundigen allein zur Entscheidung der „Schuldfrage" (GVG. 81, Lb. § 49 II) berufen, wobei sie keineswegs die nur den sog. gesunden Menschenverstand erfordernden Tatfragen (etwa, ob ein Alibibeweis gelungen), sondern auch die intrikatesten Rechtsfragen vermöge ihrer durch keinerlei Sachkenntnis getrübten Unbefangenheit zu lösen haben. Das Ergebnis der sechzigjährigen Erfahrungen mit den Schwurgerichten ist nach dem Urteil fast aller besonnenen Praktiker ein durchaus negatives[4]. Trotzdem werden sie auch im künftigen Strafprozeß bleiben[5].

[4] Der scharfen Kritik in Bindings Grundriß, 4. Aufl., § 49 III, IV, § 50 IV und GerS. **74**, 7 N. 1 („öde Mißgeburt der französischen Revolutionsgesetzgebung") muß ich mich in allem Wesentlichen anschließen. — Unsern unorganischen Mischmasch von Schöffen- und Schwurgerichten haben uns die Norweger nachgemacht, doch haben sie wenigstens die Laienbeteilung ausnahmslos in allen Tatsacheninstanzen durchgeführt. — Stand der Ansichten, Hegler Ztsch. **33**, 232 ff.

[5] Die Beschlüsse der Kommission von 1903 hatten als Gerichte der ersten (abgesehen vom AR. und RG.) und der Berufungsinstanz fünf Arten von Schöffengerichten mit folgender Juristen- und Laienbesetzung vorgeschlagen: 1 + 2, 1 + 2, 3 + 4, 3 + 6, 3 + 8. Der E 09 ist dem nicht gefolgt. Er wollte, neben starker Kompetenzerweiterung für AR. und SchG., die StK. mit 2 Juristen und 3 Laien besetzen, die SchwG. behalten, die BerStK. nur mit 3 Richtern besetzen (starke Verschlechterung der Rechtsposition des Angekl.), endlich aus allen höheren Instanzen die Laien bannen. Bei der Frage, ob in die BerStK. Laien aufgenommen werden sollten, kam es zu offenem Gegensatz zwischen Regierung und Reichstag. Letzterer hielt an der von seiner Kommission beschlossenen Laienmitwirkung fest. An diesem Punkte wurden die Beratungen abgebrochen.

Zweites Buch. Allgemeiner Teil.

Erster Abschnitt. Das Gericht.

Erstes Kapitel.

Die Gerichtskörper.

§ 23.

Die Gerichtsbarkeit.

Kries §§ 13, 14. Birkm. §§ 30—32. B.-B. §§ 11—13. Ullm. §§ 15—17. Bind. §§ 19—21. Laband 4. Aufl., III § 84, S. 346 ff.

I. Gerichtsbarkeit bedeutet das subjektive öffentliche Recht, die Rechtspflege ausüben. Man unterscheidet freiwillige und streitige Gerichtsbarkeit; letztere ist das Recht, die Rechtspflege durch Behandlung und Entscheidung von Prozessen auszuüben, sie zerfällt in die Zivil- und die Strafgerichtsbarkeit[1]. Lediglich ein positiv-rechtlicher Ausschnitt der letzteren ist die ordentliche Strafgerichtsbarkeit (EG. GVG. 2; GVG. 12). Alle Strafgerichtsbarkeit — auch die außerordentliche — steht, als Ausfluß des Souveränitätsrechtes der Justizhoheit, dem Staate zu; nur er kann nach GVG. 15 I Träger des bezeichneten subjektiven öffentlichen Rechtes sein. Damit ist die Patrimonial-, die standesherrliche Gerichtsbarkeit und das Präsentationsrecht ausgeschlossen. Alle diese Arten von Privatgerichtsbarkeit kamen bis zum 1. Oktober 1879 noch vor[2].

II. Der Staat übt seine Strafgerichtsbarkeit dadurch aus, daß er Strafgerichte einsetzt, zu bestimmter Tätigkeit in bestimmtem Wirkenskreise anweist und mit bestimmten Vollmachten und Gewalten ausstattet. Die Gerichte haben also eine von der staatlichen Verleihung

---

[1] Die Verwaltungsgerichtsbarkeit ist zwar materiell Rechtspflege, aber nicht formell „Justiz" — trotz ihrer „Justizförmigkeit". Anschütz in v. Holtz.-Kohler Enzykl. II, 607, 611.

[2] Die Patrim.-Ger. u. a. in Mecklenburg; standesherrliche besaß in Preußen der Herzog von Arenberg, Präsentationsrechte die Grafen Stolberg.

abhängige (derivierte, abgeleitete) Gerichtsbarkeit, auch als *Strafgerichtsbarkeit in engerem Sinne* bezeichnet. Ihren Quell, die eigentliche Strafgerichtsbarkeit des Staates, nennt man dann originäre oder Strafgerichtsbarkeit in weiterem Sinne oder *Gerichtsherrlichkeit*. Sie umfaßt die Einsetzung, Besetzung und Organisierung der Gerichte und die Aufsicht über ihre Geschäftsführung.

III. Insofern die Gerichtsbarkeit die Befugnis enthält, bindende Anordnungen zu erlassen, redet man von *Gerichtsgewalt*, und insofern sie weiter dazu bevollmächtigt, diese Anordnungen auch gegen Widerstand durchzusetzen, von *Gerichtszwang*. Gerichtsgewalt und Gerichtszwang jedes einzelnen deutschen Gerichts erstrecken sich über das ganze Gebiet des Reichs und auch des Auslandes, soweit das örtliche Geltungsgebiet der Strafprozeßsätze reicht. Jedoch ist bezüglich der ersten Initiative eine genaue räumliche Gebietsabgrenzung vorgenommen, über die ein Gericht nicht ohne Eingriff in eine fremde Gerichtsbarkeit sich hinwegsetzen darf. Die so abgegrenzten Sprengel heißen *Gerichtsbezirke*.

IV. Mit der Feststellung, daß gegenwärtig die Gerichtsbarkeit in weiterem Sinne lediglich dem Staate zusteht, ist noch nicht gesagt, ob unter diesem Staat das Reich oder die einzelnen Bundesstaaten zu verstehen sind. In der Tat ist die Gerichtsbarkeit zwischen beiden geteilt: sie steht dem Reich zu, soweit die Gerichte des Reichs urteilen, im übrigen den Einzelstaaten, wobei das Reich aber auf Grund des Art. 4 RVerf. ein Aufsichtsrecht hat. In allen Zweifelsfällen wird darauf Gewicht zu legen sein, wessen materielles Recht ausgeübt wird. Es ist nun streitig, ob Träger des aus dem Verbrechen erwachsenden staatlichen Strafanspruchs das Reich oder der Einzelstaat sei. Als Kriterium wird erachtet werden müssen: Subjekt des Strafanspruchs ist derjenige, der die letzte und endgültige Entscheidung über das Bestehen oder Nichtbestehen des Strafanspruchs in der Hand hat, der insbesondere in endgültiger Weise durch seine Willensäußerungen den entstandenen Strafanspruch aus der Welt schaffen kann. Hierauf aber lautet die fast allgemein gegebene Antwort, daß die Begnadigung zwar da, wo Gerichte des Reichs in erster Instanz abgeurteilt haben (Reichsgericht, Konsular-, Kolonial-, Marinegerichte)[3] dem Kaiser zusteht, im

[3] Auch Sachen der Prisengerichtsbarkeit würden hierher fallen. — Ferner diejenigen administrativen Strafprozesse, in denen nicht Gerichte, sondern Reichsverwaltungsbehörden im Wege des Strafbescheids (Oberpostdirektion, Kanalamt) oder der Strafverfügung entschieden haben; Lb. § 11 I. — In Landes- wie Reichsrecht findet sich hier häufig Delegation des Begnadigungsrechtes.

übrigen dagegen dem Souverän desjenigen Bundesstaates, dessen Gerichte in erster Instanz tätig waren[4]. Diese Erscheinung daß die Einzelstaaten das Begnadigungsrecht[5] haben und es auch nach Maßgabe ihrer Verfassungen während Obschwebens des Prozesses durch Niederschlagung desselben ausüben können (Abolitionsrecht)[6], ist das sicherste Argument dafür, daß es sich bei der Gerichtsbarkeit der Bundesstaaten nicht um Ausübung fremder, sondern eigener materieller Rechte handelt[7].

---

[4] nicht: dessen Staatsanwaltschaft die Klage erhoben hat. Im Einklang damit ist der bezeichnete Staat nach den RG. v. 20. Mai 1898, 1. Dez. 1898 und 14. Juli 1904 auch verantwortlich für den durch ungerechte Bestrafung oder Verhaftung entstandenen Vermögensschaden. Vgl. zu der Frage auch Laband III, § 85 I 1, S. 376. In strenger Konsequenz der vorgetragenen Auffassung bestimmt MilStGO. 418: „Von wem die Bestätigungsorder erteilt wird, bestimmt für die bei der Marine ergehenden Urteile der Kaiser, im übrigen der zuständige Kontingentsherr".

[5] Die Begnadigung ist ein Verwaltungsakt (Justizverw.-Akt) von Verzichtsnatur (Verzicht auf den materiellen Strafanspruch). Daß er von den unteren Staatsorganen respektiert werden muß und ihnen gegenüber Befehlsnatur hat, ändert an dem Charakter nichts. Jellinek Syst. d. subj. öff. Rechte, 2. Aufl., S. 333. v. Liszt Lehrb. § 75 I. Delaquis v. St.-Fl. I 375. Teilw. abw. Binding Handb. I (1885), S. 860, 867, 873. v. Bar Ges. u. Schuld III (1910), S. 457, 459, 469, 478, 486. Laband (4. Aufl.) III 484, 488. Gleichgültig kann hier sein, ob Zustimmung des Verurteilten nötig ist (Schweden: Verfassung; Frankreich: bei Umwandlung von Freiheits- in Geldstr., in diesem Punkt auch hM. in Deutschland, dagegen aber die Praxis in Preußen, Württemberg, Sachsen, Baden — Delaquis a. O.)

[6] In allem entgegengesetzt v. Kries, § 13. Gegen die Geltung des Abolitionsrechtes auch John I S. 108 (auf Grund des § 6 EG. StPO.); desgl. B.-B., 610 N. 1. Stenglein zu § 6 EG. u. a. Geyer 407, Finger I 469; hiergegen Laband III, § 93 IV, S. 493 ff. Das RG., III. StSen., hat sich zweimal mit der Frage zu befassen gehabt und hat anfänglich in **28**, 419 in einer anhaltischen Sache das Abolitionsrecht während Obschwebens des Prozesses in der Revisionsinstanz vor dem Reichsgericht verneint, später aber in **33**, 204 in einer koburgischen Sache bejaht. Der ersteren Entscheidung geben Recht v. Liszt, § 75 III 2 N. 3, desgl., doch sehr zurückhaltend, Laband III, 495 N. 4; der letztern die meisten, so L.-H. N. 10c vor § 12 GVG., und vor allem Heimberger Das landesherrliche Abolitionsrecht, 1901, wo alle Spezialfragen erörtert sind. Ebenso Fleischmann v. St.-Fl. I, 50, 55. v. Bar a. O. III, 489, 494, 496.

[7] Die Einzelstaaten untereinander können in Kollision geraten, soweit gemeinschaftliche Gerichte erster Instanz von ihnen errichtet sind (Laband III S. 374); denn dann steht nach der obigen Regel das Begnadigungsrecht jedem von ihnen zu. Es entscheidet dann entweder 1. die allgemeine Regel eines Staatsvertrages („der Staat, aus dessen Gebiet die Sache erwachsen ist" im Ver-

§ 24.

Arten und Einteilungen der Gerichte.

Kries §§ 15, 19, 20. Birkm. §§ 33, 36. B.-B. § 22. Ullm. § 32. Bind. §§ 22, 23
Laband III, § 88 II.

I. Die zur Ausübung der Gerichtsbarkeit eingesetzten Gerichte müssen nach GVG. 1 unabhängig, nur dem Gesetz unterworfen sein, wodurch Ausnahmegerichte und Kabinetsjustiz ausgeschlossen sind. Die Richter aber müssen bestimmte Qualifikationen haben (GVG. 6—9) und ihre Anstellung muß unter gewissen allgemeinen Bedingungen erfolgen[1]. Auch können nicht willkürlich an die Stelle der ordentlichen Gerichte andere Behörden (Verwaltungsbehörden oder besondere Gerichte) gesetzt werden. Dies setzt eine scharfe Trennung von Justiz und Verwaltung voraus, wovon nur die durch GVG. und StPO. erlaubten Abweichungen zulässig sind.

II. Zu unterscheiden sind Gerichte des Reichs und der Einzelstaaten. Als erstere kommen in Betracht das Reichsgericht, die Gerichte im Reichslande, in den Konsularbezirken und Schutzgebieten, sowie die Marinegerichte. Alle übrigen sind einzelstaatliche ordentliche und besondere Gerichte. Die Arten der ordentlichen Gerichte (Gerichtskörper) sind vom Reich festgelegt, Zahl und Sitz den Einzelstaaten überlassen. Alle Arten sind mit Strafsachen befaßt. Sie lassen sich in folgendem Schema darstellen[2]:

1. AG. — ᴵAR.*†, ᴵSchG.*
2. LG. — ᴵᴵStK.*†, ᴵᴵᴵSchwG.*, UR.†
3. OLG. — StSen.*
4. RG. — 1.*†, 2.*, 3.*, ᴵⱽ2. + 3.*, 4.*, 5.* StSen.

hältnis zwischen Preußen und Oldenburg, desgl. Sondershausen, desgl. Lippe; „der Staat, dessen Gerichte nach der Reihenfolge der §§ 7—12 StPO. zuständig sind" im Verhältnis zwischen Oldenburg und Lübeck) oder 2. die besondere Abmachung von Fall zu Fall, oder 3. die Prävention. Gegen 3 L.-H. N. 13a vor GVG 12.

[1] Vgl. Aubin Entwick. der richterl. Unabhäng. im neuesten dtsch. u. öst. Recht, 1906. Hins. der Militärrechtspflege M. E. Mayer DtschJurZtg. 12, 34.

[2] Die arabischen Ziffern bezeichnen die Gerichtskörper; neben jedem derselben sind die in Strafsachen in Betracht kommenden Gerichtsabteilungen angegeben, und zwar die für das Hauptverfahren (die erkennenden) mit *, die für das Vorverfahren mit † bezeichnet. Die in erster Instanz erkennenden sind mit römischen Ziffern versehen. Im Reiche bestanden am 1. Jan. 1911: 1948 AG., 176 LG., 29 OLG. Ferner gab es 40 detachierte StK., nur in Preußen und den Bezirken Jena und Rostock. Endlich 144 SchwGBezirke, die in den OLG. Bayerns und in Colmar, Karlsruhe, Jena, Rostock meist mehrere LG. (in Augsburg, Zweibrücken, Rostock den ganzen OLGBez.) umfassen; vgl. Lb. § 25a, II, III.

III. Die Gerichte stehen in einer doppelten Hierarchie zueinander. Die erste Klassifikation ist die nach *oberen und unteren Gerichten* (z. B. StPO. 4 II, 14, 15), es ist eine Klassifikation der Gerichtskörper und in unserm Schema durch arabische Ziffern bezeichnet. Die zweite ist die nach *Gerichten verschiedener Ordnung* (Gerichte höherer, niederer, gleicher Ordnung, StPO. 2 I, 5, 209, 394); sie sind durch die römischen Ziffern unseres Schemas bezeichnet: I. Schöffengerichte (bisweilen der Amtsrichter allein); II. Strafkammer; III. Schwurgericht; IV. Vereinigter zweiter und dritter Strafsenat des Reichsgerichts.

IV. Die Verteilung der Strafsachen auf die verschiedenen Gerichtsklassen regelt sich nach genauen Normen. Die hieraus folgende Befugnis (und Pflicht), in bestimmten Sachen tätig zu werden, heißt *Zuständigkeit* oder Kompetenz des Gerichtes. In dreifacher Art verteilen die Zuständigkeitsnormen die Sachen: 1. mit Rücksicht auf den Bezirk, in den die Sache gehört (ob AG. Hamburg oder AG. Altona) — *örtliche Zuständigkeit*; 2. mit Rücksicht auf die Beschaffenheit der Sache (ob AG. oder LG. Hamburg, ob StK. oder SchwG.) — *sachliche Zuständigkeit*; 3. mit Rücksicht auf die vorzunehmende gerichtliche Tätigkeit (ob AR. oder SchG., ob UR. oder StK.) — *funktionelle* oder *geschäftliche Zuständigkeit*. Die letzte Verteilungsart unterscheidet insbesondere, ob es sich um die Tätigkeit der erstmaligen Entscheidung oder um Nachprüfung im *Instanzenzug* —, ob es sich um das Vorverfahren, das Zwischenverfahren oder das Hauptverfahren, — ob es sich um den Prozeß als Ganzes oder um bestimmte isolierte Handlungen (etwa Beweissicherungen) handelt.

V. Die Verteilung der einem Gericht zufallenden Sachen unter die verschiedenen gleichartigen Gerichtsabteilungen desselben Gerichtskörpers und die Besetzung mit Vorsitzenden, Mitgliedern und Stellvertretern heißt *Geschäftsverteilung* und erfolgt jährlich im Wege der Selbstverwaltung durch das „Präsidium"[3] des LG., des OLG. und des RG., bei letzterem in den Hauptzügen durch eine vom Bundes-

---

[3] GVG. 63, 121, 133; 83; 62 I, II, 64—67, 69; 22. Die Bedeutung dieser eingehenden Normativbestimmungen durch das Reich kann nur die sein, daß ohne ihre strikte Beobachtung das Gericht nicht „vorschriftsmäßig besetzt" ist (StPO. 377 Z.1). Dem hat sich auch nach anfänglichem Schwanken das RG. **18**, 9, 307, **22**, 168, **23**, 166, **32**, 283, **36**, 379, **37**, 59, 302, **38**, 416, **41**, 184 angeschlossen. Es betont, der Zweck der Bestimmungen sei, „die Gerichte innerlich möglichst stabil zu gestalten und den Einfluß der Verwaltung auf dieselben nach Kräften zu vermindern".

rat bestätigte Geschäftsordnung[4]. In der einzelnen Abteilung (Kammer, Senat) erfolgt die Zuweisung an die einzelnen Mitglieder durch den Vorsitzenden (GVG. 68). Nach welchen Gesichtspunkten diese weitere Verteilung an die Abteilungen und an die Mitglieder vorgenommen wird, steht im Ermessen der verteilenden Stelle[5].

§ 25a.

Die sachliche Zuständigkeit, reguläre Verteilung der Sachen.

Die nach französischem Muster in unser Strafrecht übernommene Trichotomie der strafbaren Handlungen hat auch zu einer Dreiteilung der Strafgerichte den äußern Anlaß gegeben. Innerlich entsprechen sich die beiden Dreiteilungen jedoch sehr wenig, und die Harmonie wird dadurch vollends aufgehoben, daß wir sogar vier Klassen in erster Instanz erkennender Gerichte haben[1].

I. Die Schöffengerichte sind zuständig nach GVG. 27 f. Ihre Zuständigkeit hat gemäß der sog. Lex Hagemann v. 5. Juni 1905 eine beträchtliche Erweiterung erhalten durch Vermehrung sowohl der in GVG. 27 aufgezählten „reinen Schöffendelikte", wie der „Überweisungsdelikte" (GVG. 75, unser § 25b I). Numerisch betrachtet, liegt der Schwerpunkt unserer Strafjustiz jetzt mehr denn je bei den SchG. (Zahlen S. 62 N. 2). GVG. 27 Z. 1 u. 2 enthalten die „Strafbefehlsdelikte", StPO. 447. Verbrechen in technischem Sinne können niemals vor die SchG. kommen[2].

Einzelheiten. Maßgebende Gesichtspunkte für die Zuteilung sind: A. Der eingeschlagene Verfahrensmodus, Z. 3: Privatklagen a) wegen Beleidigung. Dagegen gehören öffentl. Klagen vor die StK.; b) wegen unlauteren Wettbewerbs,

---

[4] GVG. 141, 138. Das RG. hat 5 StSen., 7 ZivSen., 100 Richter, 11 Hilfsrichter (Ges. v. 22. 5. 10, art. XII), 1 ObReichsAnw., 5 Reichsanw. — Das deutsche Richterpersonal betrug am 1. 1. 11: an den OLG. 816, den LG. 3294, den AG. 5864. StAnw. gab es an den OLG. 68, an den LG. 807; Rechtsanw. 10817 + 23 beim RG. + 4 beim Bayr. Obersten Landesgericht.

[5] Es kann entscheidend sein z. B. die örtliche Sphäre, die Anfangsbuchstaben der Namen, die Zeit des Eingangs, die Schwere der Anklage. Nach RG. 19, 230 soll es auch zulässig sein, unter Verzicht auf jeden allgemeinen Gesichtspunkt die Sachen von Fall zu Fall nach Bedürfnis zu verteilen (?).

[1] oder 5, wenn wir den AR. allein mitzählen. Doch bildet er keine Klasse im Sinne von Lb. § 24 III. — Dem gegenüber kommt die Militärjustiz im wesentlichen mit 2 Klassen von Gerichten I. Instanz aus: Standgerichte — Kriegsgerichte; letztere allerdings je nach Schwere des konkreten Falles verschieden besetzt: 1 + 4 oder 2 + 3 (Räte + Offiziere), MilStGO. 38, 45, 49, 51.

[2] Nach E 09, § 252 f., 416 würde das doch in einigen Fällen, bes. bei Jugendlichen möglich sein.

G. v. 7. 6. 09 § 22 IV (bezieht sich zurück auf §§ 4 I, 8, 12 I, II, 15 I, II, 17 I, II, 18, 20)[3]. — B. Die niedrige angedrohte Strafe, z. T. auch der einzuschlagende Verfahrensmodus (StrBefehl). Z. 1: Übertretungen StGB. 1. Bei Gefällsdelikten gibt die Strafe des Einzelfalls den Ausschlag. Besonderheiten des Verfahrens: Lb. § 98 II. Der AR. entscheidet u. U. allein, StPO. 211 II, Lb. § 100.[4] Z. 2: Mindere Vergehen. a) Normalfall: angedrohtes Maximum 3 Mon. Gef. oder 600 M. Geldstr. Beide können untereinander, und auch mit Haft oder Einziehung kumuliert sein. Beispiele aus dem StGB.: einfacher Hausfriedensbruch, 123 I; einfacher Jagdfrevel, 292; Brieferöffnung 299. b) Dazu treten, sofern sie sich auf solche Vergehen beziehen (relative SchGDelikte), die Delikte der §§ 111 I, 111 II S. 2, 257 I a. E., 257 III, 357 II StGB. c) Gefällsdelikte gehören je nach der Beschaffenheit im Einzelfall hierher, nämlich wenn die zu verhängende Strafsumme höchstens 600 M. beträgt. Ist die maßgebende Summe nicht zu ermitteln, so entfällt die Zuständigkeit des SchG. d) Ausnahmen s. II Aa.[5] — C. (neu) Die relative Geringfügigkeit des Delikts, Z. 3a bis 3d: Körperverletzung, sofern sie Antragsdelikt ist, also StGB. 223, 230 I, nicht 223a, 230 II, 340 I; gemeinsamer und bewaffneter Hausfriedensbruch; Bedrohung; unerlaubte Ausspielung; Gebrauchsanmaßung des Pfandleihers; Munitionsaneignung; Heuervertragsbruch. — D. Abhängigkeit von einer Wert- oder Schadenssumme von 150 M. (bisher 25 M.)[5], Z. 4—7: Diebstahl, Unterschlagung inkl. Veruntreuung, Betrug, Sachbeschädigung. Ist der Betrag nicht auszumitteln, so ist die StK. zuständig. Bei Vollendung ist die Höhe der Verletzung, dementsprechend bei Versuch die der Gefährdung maßgebend, d. h. es kommt darauf an, wieviel wahrscheinlich entwendet worden wäre. Wenn in der Hauptverhandlung sich herausstellt, daß die Summe mehr als 150 M. beträgt, wenn etwa anfänglich mehrere Diebstähle je unter 150 M. in Realkonkurrenz angenommen wurden, während sich später eine fortgesetzte Handlung herausstellt, so hat nach GVG. 28 gleichwohl das SchG. in der Verhandlung fortzufahren und die Sache abzumachen, damit nicht zwei Termine — einer vor dem SchG., der zweite vor der StK. — erforderlich sind. Kommt es aber ohnehin zur Vertagung, müssen also sowieso zwei Termine in der Sache abgehalten werden, so ist an dem gewöhnlichen Wege der Unzuständigkeitserklärung und Verweisung vor die StK. (StPO. 270) festzuhalten. — E. Abhängigkeit von einem reinen SchGDelikt, Z. 8: alle Formen der Begünstigung in StGB. 257; die Personenhehlerei, deren Vordelikt einf. Diebstahl oder Unterschlagung ist; die Sachhehlerei. Auch Begünstigung eines Hehlers gehört bei entsprechendem Vordelikt hierher.

II. Die Strafkammern, auch die sog. auswärtigen, detachierten oder exponierten (GVG. 78, RG. 41, 118, oben S. 67 N.) haben nach GVG. 73 folgende Zuständigkeit:

---

[3] Selbstverständlich auch Privatkl. wegen Körperverletzung. Sie sind nur deshalb nicht besonders genannt, weil sie ohnehin zu den SchGDelikten gehören. — E 09 wollte die Privatkl. weiter ausdehnen, insbes. auf Hausfriedensbruch, Bedrohung, Sachbeschädigung, Brieferöffnung, Urheberrechtsverletzung.

[4] Diese ARKompetenz wollte E 09 erstrecken auf kleinste Verg., Verg. nach GewO. 146a; im schleunigen Verf. auf alle SchGSachen.

[5] Nach E 09 fielen diese Ausnahmen weg, die Summe stieg auf 300 M.

A. Für den Rest der Vergehen, von denen die Mehrzahl indes „Überweisungsdelikte" sind.

Einzelheiten. „Reine StKDelikte" sind a) einige positiv durch GVG. 27 Z. 2, 75 Z. 14, 74 Z. 1, Z. 3—5 den SchG. entzogene, nämlich α) StGB. 320, verbotene Anstellung oder Nichtentlassung strafrichterlich für unfähig erklärter Eisenbahn- und Telegraphenbeamter; β) StGB. 145a, unerlaubtes Ausgeben von Inhaberpapieren; γ) §§ 1, 2, 3, 6 I G. v. 8. Juni 1871, unerlaubtes Ausgeben von Schuldverschreibungen auf den Inhaber mit Prämien, oder Begeben derselben oder Börsenhandel mit derartigen inländischen oder gewissen ausländischen Papieren; δ) §§ 67, 69 Personenstands-G. v. 6. Febr. 1875, Vergehen des Religionsdieners, der die kirchliche Ehe vor dem Nachweis der bürgerlichen schließt (seit 1. Jan. 1900 mit eigentümlichem notstandsähnlichem Rechtfertigungsgrund, Art. 46 III EG. BGB.), und des Standesbeamten, der bei der Eheschließung die Vorschriften des Gesetzes außer acht läßt; ε) § 59 Abs. 1 und 2 BankG. v. 14. März 1875, die Delikte der Mitglieder eines Bankvorstandes, wenn sie in den periodischen Veröffentlichungen wissentlich den Stand der Verhältnisse verschleiern oder zu wenig Noten versteuern; b) im übrigen z. B. Körperverletzung im Amt, einfache Urkundenfälschung, Landzwang, Aufreizung zum Klassenhaß, gewerbsm. Glückspiel, gewerbsm. Wildern.

B. Für einzelne Verbrechen nach GVG. 73 Z. 2—7.[6]

Einzelheiten. Maßgebend für die Zuteilung sind: a) Die Schwere der angedrohten Strafe, Z. 2: minder schwere Verbrechen: das Maximum darf 5 Jahre Zuchthaus nicht überschreiten. Andere Strafen können kumulativ oder alternativ angedroht sein. Zuchthaus muß jedenfalls angedroht sein. Daher gehört nicht hierher StGB. 96 (Tätlichkeiten gegen Regenten) „minder schwerer Fall", 157 Z. 1 und 2, 158 (privilegierte Meineidsfälle), weil hier keine selbständigen Verbrechen vorliegen; 102 Fall I u. II, weil hier kein Zuchthaus, sondern nur Festungshaft angedroht wird. Aus politischen Rücksichten sind ausdrücklich ausgenommen StGB. 86 (Vorbereitungen zu hochverräterischem Unternehmen), 100 (Tätlichkeiten gegen Mitglieder eines bundesfürstlichen Hauses oder gegen den Regenten eines Bundesstaates) und 106 (Verhinderung eines Abgeordneten an der Abstimmung). Beispiele für StKVerbr.: Unternehmen der Verleitung zum Meineid, Bigamie, Blutschande, schwere Kuppelei, schwere Körperverletzung, schwere Privaturkundenfälschung. b) Die Persönlichkeit des Täters, Z. 3: alle Verbrechen Jugendlicher; das Alter zur Zeit der Tat entscheidet; Z. 5—7: Diebstahl, Hehlerei, Betrug im wiederholten Rückfall; schwerer Diebstahl, gewerbs- oder gewohnheitsmäßige Hehlerei. c) Die Persönlichkeit des Angegriffenen, Z. 4: Unzucht mit Kindern unter 14 Jahren.

III. Die Schwurgerichte, auch die „vereinigten" oder „gemeinsamen" für mehrere LGBezirke (GVG. 99, oben S. 67 N.) sind zuständig: 1. für den Rest der Verbrechen, mit Ausnahme derer unter IV (GVG. 80); also insbesondere für Tätlichkeiten gegen Kaiser und

---

[6] denen E 09 noch einige bisherige SchwGVerbr. zufügen wollte (Urkunden- und Konkursverbr.).

Landesherrn, Falschmünzerei, Meineid, Notzucht, Mord, Totschlag, Kindestötung, Körperverletzung mit tödlichem Ausgang, Vergiftung, Brandstiftung, Urkundenfälschung nach StGB. 268 Z. 2, 272, 349; 2. ferner nach Maßgabe vor dem 1. Oktober 1879 erlassener Landesgesetze für Preßdelikte (EG.GVG. 6)[7].

IV. Das Reichsgericht, und zwar der vereinigte zweite und dritte Strafsenat (GVG. 138), entscheidet über: 1. Hoch- und Landesverrat gegen Kaiser und Reich (StGB. 80, 81, 83—86, 87—92. GVG. 136 Z. 1)[8]; 2. Verbrechen gegen §§ 1 und 3 des SpionageG. vom 3. Juli 1893, nach denen strafbar ist, wer vorsätzlich Gegenstände, deren Geheimhaltung im Interesse der Landesverteidigung erforderlich ist, an einen andern gelangen läßt, wenn er weiß, daß dadurch die Sicherheit des Reichs gefährdet wird, sowie wer sich zu einer solchen Mitteilung den Besitz oder die Kenntnis solcher Gegenstände verschafft (SpionageG. 12).

Die Zuständigkeit des RG. greift der der StK. stets vor, auch Personen unter 18 Jahren sind daher vom RG. abzuurteilen. Dagegen wird diese Kompetenz zurückgedrängt durch die Schranken, welche überhaupt der Wirksamkeit des GVG. durch das EG.GVG., insonderheit §§ 5—7, gezogen sind. (Gerichte für Mitglieder souveräner Familien,

[7] Diese erweiterte Zuständigkeit der SchwG. besteht nur in Bayern, Württemberg, Oldenburg auf Grund der AusfG. z. GVG. und in Baden nach dem EG. zu den Reichsjustizgesetzen Die SchwG. sind auch in dieser Beziehung „ordentliche Gerichte", nicht etwa zählen sie zu den „besonderen Gerichten", ebensowenig wie das RG. als Gericht I. Instanz. Beides ist gelegentlich behauptet worden. Praktische Konsequenzen: es gelten die Regeln über Kompetenzverschiebung infolge Zusammenhangs — Lb. § 25b, II; es findet stets, bei jedem Vergehen und selbst bei Preßübertretungen, falls sie dem SchwG. überwiesen wären, Voruntersuchung statt, desgl. notwendige Verteidigung. — Da aber die Bestimmung über die Zuständigkeit der SchwG. für Preßdelikte im Einführungs G. zum GVG. steht, insoweit also Landes-Gerichtsverfassungsrecht dem Reichsrecht vorgehen soll, und das Reichsrecht selbst erklärt, jenem weichen zu wollen, so kann, wie das ganze GVG., auch GVG. 136 Z. 1 davon nicht unberührt bleiben. Wenn also das Verbrechen des § 85 StGB. gegen Kaiser und Reich durch die Presse verübt ist, so würde die Zuständigkeit des RG. nicht durchgreifen; a. M., doch logisch nicht haltbar, anscheinend die communis opinio, besonders Stenglein N. 2; L.-H. N. 4 zu EG. GVG. 6; B.-B. 95 N. 4. — Über die Kompetenzgrenzen gegenüber der StK, in Württemberg RG. **18**, 293, in Baden RG. **27**, 304. — Auch unlauterer Wettbewerb durch Zeitungsannoncen gehört vor das SchwG., RG. **35**, 375.

[8] Die Unterscheidung ist unklar und unpräzis. Man muß der scharfen Kritik bei Kries 100, N. 1 u. 2, beipflichten.

landesrechtliche Zuweisung der Preßdelikte an Schwurgerichte, Gerichte für Militärpersonen[9], Austräge für Standesherren[10].)

§ 25 b.

Verschiebung der regulären Verteilung der Sachen.

I. Durch Überweisung kann an die Stelle der Strafkammer das Schöffengericht treten. Diese Überweisung geschieht durch einen mit Beschwerde nicht anfechtbaren in das freie richterliche Ermessen gestellten Beschluß der StK. bei bestimmten Delikten, die man deshalb als „Überweisungsdelikte" bezeichnet[1]. Voraussetzungen des Überweisungsbeschlusses (GVG. 75) sind:

a) daß er zugleich mit dem Eröffnungsbeschluß ergeht;

b) daß die Staatsanwaltschaft oder die klagende Verwaltungsbehörde ihn beantragt;

c) daß nach den Umständen des Falles höchstens die Verhängung von 6 Monaten Gefängnis oder 1500 M. Geldstrafe für jeden einzelnen zur Aburteilung stehenden Fall zu erwarten ist[2]. Es darf auch alternativ oder kumulativ Haft oder Einziehung zu erwarten sein; aber keine andere Strafart, z. B. nicht Festungshaft oder Ehrverlust oder Polizeiaufsicht. Ob die Erwartung sich erfüllt, ist, in Abweichung vom Entwurf, ganz gleichgültig;

d) daß das Schöffengericht „nicht schon zuständig ist". Andernfalls ist direkt vor dem SchG. zu eröffnen (StPO. 207). Daraus geht als Anschauung des Gesetzes klar hervor, daß das SchG. in diesen Sachen ursprünglich nicht zuständig ist — weder „an sich", noch „subsidiär", so daß auch der öfter gebrauchte Ausdruck „mittelbare Zuständigkeit"[3] irre führen kann —, sondern erst in Verschiebung der regulären Verteilung der Sachen durch den

---

[9] Ganz überflüssig ist die Wiederholung in dem überhaupt mangelhaft redigierten SpionageG. § 12 S. 2.

[10] Vgl. Kries 100 N. 2. B.-B. 40 N. 33.

[1] Unter je 1000 eröffnenden Beschlüssen der StK. lauteten (1909) auf Überweis. 697, auf Eröffn. vor StK. oder SchwG. 302. — An die Stelle der Überweis. durch GerBeschl. wollte E 09 eine Disposition des StAnw. setzen, der nach seiner Wahl beim LG. oder AG. klagen sollte. Scharf hiergegen Binding GerS. **74**, 19. — Ein Analogon dazu ist die Stellung des Gerichtsherrn nach MilStGO. 63 (doch nur im Felde und an Bord).

[2] desgl. keine höhere Buße als 1500 M. Da die Buße rein zivilistischer Natur ist, so würde eine Grenze von 600 M. dem GVG. 23, Z. 1 besser entsprechen.

[3] Bind. 64 (frühere Aufl. sprachen von „mandierter Strafkammergerichtsbarkeit"). Ullm. 118. B.-B. 76 f.

Beschluß zuständig **wird**, daher aber auch nur innerhalb der Grenzen des Beschlusses[4].

Einzelheiten. Die Überweisungsdelikte[5] sind nach den Ziffern des § 75 GVG.: **1.** Widerstand gegen die Staatsgewalt, gegen Forstberechtigte in leichteren Fällen, Gefangenenbefreiung (inkonsequenterweise nicht in dem leichteren — denn der Versuch ist hier nicht strafbar — Falle des § 121 Abs. 1); **2.** Arrestbruch; **3.** einfache Kuppelei, Erregung sittlichen Ärgernisses, StGB. 183; **4.** alle Beleidigungen, sofern sie nicht Offizialdelikte (StGB. 95, 97) oder Ermächtigungsdelikte (StGB. 99, 101, 197) sind; **5.** gefährliche und fahrlässige berufspflichtwidrige Körperverletzung; **5a.** Nötigung; **6., 7., 10., 12.** Diebstahl, Unterschlagung, Betrug und Sachbeschädigung ohne die Summengrenze von 150 M., Sachbeschädigung auch nach StGB. 304; **8., 9.** Begünstigung, Personen- und Sachhehlerei unter Absehen nicht nur von der Summengrenze, sondern auch von jeder Beziehung auf ein Schöffendelikt oder auch nur Überweisungsdelikt; **11.** unerlaubte Lotterie, Vereitelung der Spezialexekution, Pfandkehr (Pfandbruch); **12a.** aktive Bestechung; **13.** folgende gemeingefährliche Delikte: fahrlässige Brandstiftung, Bahn-, Telegraphen- und Rohrpostgefährdung, sowie Verletzung der Absperrungsmaßregeln usw. bei Menschen- und bei Viehseuchen, sofern keine Menschen bzw. kein Vieh von der Seuche ergriffen sind; **14.** alle Vergehen, bei denen höchstens ein gewisses Maximum von Strafe angedroht ist, nämlich 6 Mon. Gef. und 1500 M. Geldstr., die kumulativ oder alternativ, oder kumulativ mit Haft oder Einziehung angedroht sein können. Zu bemerken ist jedoch: a) es darf keine andere Strafart angedroht sein, z. B. nicht Festungshaft; daher sind Herausforderung und Kartelltragen keine Überweisungsdelikte; b) ausdrücklich ausgenommen sind folgende Delikte: Mitgliedschaft bei geheimen Verbindungen, intellektuelle Urkundenfälschung, Küstenfischerei der Ausländer, Gefährdung des Vermögens Minderjähriger durch Verpflichtungsurkunden, einfache passive Bestechung, fahrlässige Gefangenenbefreiung durch Beamte, endlich StGB. 320 (ob. S. 71 A a α)[6]; **14a.** sämtliche Vergehen Jugendlicher; **15.** „Solche Zuwiderhandlungen gegen die Vorschriften über die Erhebung öffentlicher Abgaben und Gefälle, deren Strafe in dem mehrfachen Betrage einer hinterzogenen Abgabe oder einer anderen Leistung besteht.“[7]

---

[4] Praktische Konsequenz dieser Konstruktion ist deshalb die Anwendung des § 270 StPO. (Unzuständigkeitserklärung und Verweisung vor die StK.) in allen Fällen, wo es sich herausstellt, daß ein anderes Überweisungsdelikt vorliegt, als im Eröffnungsbeschluß angenommen war; a. M. die meisten, so von Kries 582, L.-H. N. 5b zu StPO. 270.

[5] Dieser Katalog würde sich nach E 09 um einige Nrn. vermehrt haben. Unter die „bedingten SchGSachen“ würden auch einige „Verbrechen“ gefallen sein, insbes. solche Jugendlicher.

[6] Unter Z. 14 gehören demnach u. a. Auflauf (StGB. 116), Siegelbruch (StGB. 236), Verleitung zu objektiv falscher eidesstattlicher Versicherung (StGB. 160 I Fall II), Ehebruch (StGB. 172), Gestattung von Glücksspielen (StGB. 285), qualifizierter Jagd- und Fischereifrevel (StGB. 293, 296), Offenbarung von Geheimnissen (StGB. 300). Die Auswahl ist völlig willkürlich.

[7] Zu GVG. 75 wird noch GewerbeO. 146 durch Abs. 3 daselbst hinzugefügt. § 146 bezieht sich zurück auf §§ 115, 135, 136, 137, 139, 139a, 111 III, 113 III, 56 Z. 6, 154a II. Dazu tritt § 33 G. über gewerbl. Kinderarbeit v. 30. März 1903.

II. **Durch Zusammenhang** im Sinne von StPO. 2—5 kann jede Strafsache vor ein Gericht höherer Ordnung gezogen werden, als ihr eigentlich zukommt. Zusammenhang oder Konnexität[8] in technischem Sinne (StPO. 3) liegt in zwei Fällen vor: 1. wenn eine Person mehrerer Straftaten beschuldigt wird, z. B. eines am 1. Juni begangenen Widerstandes und eines am 15. Juni verübten Diebstahls — persönlicher Zusammenhang oder **subjektive Konnexität**; 2. wenn bei einer Straftat mehrere Personen als Täter (Mittäter, Nebentäter, RG. **43**, 294), Teilnehmer (Anstifter, Gehilfen), Begünstiger (StGB. 257, 258) oder Hehler (StGB. 259—261) beschuldigt werden — sachlicher Zusammenhang oder **objektive Konnexität**. Es können auch beide Arten von Konnexität zusammentreffen.

Bei solchem Zusammenhang **kann** aus Zweckmäßigkeitsrücksichten eine **Verbindung** der mehreren Strafsachen ohne Rücksicht auf die Regeln über die sachliche Zuständigkeit bei dem Gericht der höheren Ordnung erfolgen. Ausgenommen ist nur eine einzige Art der Verbindung, die einer Privatklagesache mit einer Schwurgerichtssache (StPO. 424 II). In die Kompetenz der Sondergerichte darf natürlich auf diese Weise nicht eingegriffen werden[9]. Entsprechend der Verbindung **kann** in gleicher Weise eine **Trennung** beschlossen werden.

Die Normen für die Verbindung (oder Trennung) sind verschieden, je nachdem ob bereits die „Untersuchung" eröffnet ist (s. S. 34) oder

[8] Innerer Zusammenhang, materielle Konnexität, im Gegensatz zu äußerem Zusammenhang, formeller Konnexität. a) Letztere ist gegeben, wenn mehrere Strafsachen bloß äußerlich bei demselben Gericht anhängig sind, sie genügt für die Verbindung nach StPO 236. b) Der materielle Zusammenhang setzt eine innerliche Beziehung zwischen den mehreren Strafsachen voraus: α) in technischem Sinn besteht er innerhalb der Grenzen der StPO. 2—5; β) außerhalb dieser Grenzen bieten sich Beispiele in StGB. 85, 111 II, 115, 139, 157 Z. 1, 164, 190, 191, 210.

[9] vgl. jedoch MilStGO. § 3 II (Militärpersonen, die bei einstweiliger Verwendung im Zivildienst ein Amtsverbrechen begehen, gehören im allgemeinen vor die Zivilgerichte; indessen dann vor die Militärgerichte, wenn ein Militärdelikt damit „zusammentrifft", d. h. im Fall der Idealkonkurrenz, wie der Realkonkurrenz, also eben der subjektiven Konnexität); § 4 (wenn bei objektivem Zusammenhang der eine Beteiligte vor die Zivil-, der andere vor die Militärgerichte gehört, so können letztere den ersteren die ganze Aburteilung überlassen; aber nicht umgekehrt) RG. **34**, 255. **35**, 418. **43**, 294, 371; § 9 II (Aburteilung der Straftaten während einer militärischen Übung kann den Zivilgerichten überlassen werden; wenn jedoch Militärdelikte in subjektivem Zusammenhang stehen oder ideell konkurrieren, ist das ausgeschlossen); § 10 II (der Zusammenhang von Militärdelikten mit allgemeinen Delikten läßt die Militärgerichtsbarkeit auch über die Beendigung des militärischen Verhältnisses fortdauern). RG. **43**, 225. RMilG. **13**, 143, **14**, 160. Hierzu eingehend **Gerland** in Festschr. f. Thon, 1911, S. 281—332.

nicht. Vorher hängt die Klagenverbindung von der Entschließung oder Vereinbarung oder dienstlichen Anweisung der Staatsanwaltschaft ab, nachher von einem Beschlusse des Gerichts. Schweben die mehreren Sachen bei einem Gericht, so ist natürlich dieses zu der Beschlußfassung berufen; schweben sie bei mehreren Gerichten, von denen eines den übrigen so übergeordnet ist, daß sein Bezirk die übrigen mit umfaßt[10], so das übergeordnete; andernfalls das gemeinschaftliche obere Gericht[11]. In welchem Stadium der „Untersuchung" die mehreren Sachen sich befinden, ist gleichgültig; die betreffenden Beschlüsse können auch in der Hauptverhandlung gefaßt werden. Ist die eine Sache anhängig, die andere noch nicht, so ist eine Verbindung zurzeit nicht möglich.

III. Durch Irrtum bei der Anhängigmachung kann eine Verschiebung der sachlichen Kompetenz herbeigeführt werden. Allerdings hat das Gericht seine sachliche Zuständigkeit in jeder Lage des Verfahrens von Amts wegen zu prüfen, StPO. 6, und die etwaige Unzuständigkeit auch auszusprechen[12]. Aber wenn es erst einmal zur Hauptverhandlung gekommen ist, so darf sich nach StPO. 269 (MilStGO. 329) kein Gericht für unzuständig erklären, weil die Sache vor ein Gericht niederer Ordnung gehöre, RG. **44**, 394. Der, vielleicht unvermeidliche, Irrtum bei der Entscheidung über die Klagerhebung läßt somit die Unzuständigkeit sanieren, begründet also eine anomale Kompetenz[13]. Das gilt aber nur für das Gericht zu hoher Ordnung. Das Gericht zu niedriger Ordnung muß sich nach StPO. 270 für inkompetent erklären, mit Ausnahme des (oben S. 70 D erörterten) Falles GVG. 28[14]. Ganz entsprechendes gilt, wenn der Irrtum nicht

[10] AG. Boppard, LG. Coblenz, AG. Kreuznach — LG. Coblenz.

[11] AG. Boppard, AG. Coblenz, AG. Kreuznach — LG. Coblenz. AG. Boppard, AG. Köln — OLG. Köln. AG. Boppard, LG. Köln — OLG. Köln. AG. Halle, LG. Leipzig — RG. LG. Danzig, LG. Königsberg — RG. — Ähnlich MilStGO. 32.

[12] Sei es auf Einwand, StPO. 178, 199; sei es ex officio, StPO. 207 I, II, 270. Sonst besteht absolute Revisibilität des Urteils, StPO. 377 Z. 4.

[13] Vorher war das Gericht unzuständig. Deshalb darf man nicht sagen (B.-B. S. 95, RG. **16**, 39): „die höhere Zuständigkeit umfaßt die niedere mit". Hierin hat Birkm. S. 175 N. 17 völlig recht. Korrekt auch Ullm. S. 194. — Das nach 269 zuständig gewordene Gericht nimmt seine Zuständigkeit nicht „mit Unrecht" an; daher passen StPO. 377 Z. 4, 395 hier nicht, wohl aber 394 III. StPO. 369 III kann nie in Frage kommen.

[14] Vorstehenden Regeln über die Prüfung der sachlichen Zuständigkeit ist noch hinzuzufügen, daß Urt. der Berufungs-StK., sowie die nach StPO. 314 freisprechenden SchwGUrt. wegen mangelnder Sachkompetenz nicht angefochten werden

bei der Anhängigmachung, sondern bei dem Verweisungsbeschluß aus StPO. 270 (MilStGO. 330) begangen worden ist.

§ 26.

Die örtliche Zuständigkeit.

Kries § 23. Birkm. § 35. B.-B. §§ 25—29, 32. Ullm. §§ 42—51. Bind. §§ 30—35. Friedrich Kitzinger Ort und Zeit der Handlung im Strafrecht, 1902.

I. Man hat die Zuständigkeit für vereinzelte Prozeßhandlungen und für den Prozeß als Ganzes zu unterscheiden. Für die erstere ist stets dasjenige AG. kompetent, in dessen Bezirk die Handlung vorgenommen werden soll (AG. der Handlungsbereitschaft)[1]. Die letztere, die Lehre von den Gerichtsständen (forum reorum im gemeinen Recht), soll uns hier näher beschäftigen. Zur Festlegung der örtlichen Kompetenz der Gerichte sind im Laufe der Geschichte verschiedenartige Gesichtspunkte herangezogen worden. Das römische Recht betonte ausschließlich den Tatort, das ältere deutsche Mittelalter hielt sich an den Wohnsitz des Täters (nur bei handhafter Tat an den Tatort), das spätere unter dem Einfluß des Territorialprinzips an den Ort der Ergreifung[2]. Da die beiden letzteren auch von der Glosse anerkannt wurden, so stellte der gemeinrechtliche Prozeß alle drei konkurrierend nebeneinander. Dem folgten das französische und das preußische Recht (1852), während die Mehrzahl der Partikulargesetzgebungen[3] den Tatort in erste Linie stellte und die beiden andern nur als subsidiäre kannte. Das Reichsrecht stellt Tatort und Wohnsitz in erster Linie gleichberechtigt nebeneinander (allgemeine Gerichtsstände), der Gerichtsstand der Ergreifung steht in zweiter Linie und ist subsidiär[4]. Neben diesen drei sog. ordentlichen bestehen im Interesse der Harmonie der

---

können: StPO. 380, 379. — Nach E 09 § 252 f. darf das SchG. in der HV. sich selbst, oder der AR. das SchG., und bei schleunigem Verf. auch der AR. sich selbst für zuständig erklären, sofern eine „bedingte SchGSache" vorliegt, s. S. 73 N. 1, 74 N. 5.

[1] GVG. 158, 159 II, Teil I., 167. StPO. 21, 125 II, 128 I, 129, 160, 163, 164 II.

[2] Schröder Rechtsgeschichte, 5. Aufl., S. 572.

[3] Näheres bei Zachariä, Handb. (Lit. zu § 5 III), 363 I N. 4, 368 N. 16—18.

[4] Schematisch läßt sich das so darstellen, indem durch Klammern Verbundenes gleichberechtigt, durch Striche Getrenntes subsidiär bedeutet:

(Gem. Recht)	(Partikulargesetze)	(Reichsrecht)	(E09)
{ Tatort	Tatort	{ Tatort	{ Tatort
{ Wohnsitz	———	{ Wohnsitz	{ Wohnsitz
{ Ergreifung	{ Wohnsitz	———	{ Ergreifung
	{ Ergreifung	Ergreifung	{ vorüberg. Aufenth.

Rechtspflege, um Stockungen zu vermeiden und Ausgleiche zu erreichen, drei weitere Kategorien (außerordentlicher)[5] Gerichtsstände: der des Zusammenhangs, des Auftrags und der Bestimmung.

II. Der Gerichtsstand des Tatortes (forum delicti commissi) ist in StPO. 7, 10 geordnet. Die Streitfrage nach dem Begehungsort des Verbrechens spielt, wie im materiellen Strafrecht, ihre Rolle. Man kann im wesentlichen drei Theorien unterscheiden. Die eine betont den Ort der persönlichen Tätigkeit (vulgo Körperbewegung), bei Unterlassungsdelikten den, wo der Täter hätte handeln sollen und können; die zweite den des Erfolges; die dritte setzt beide nebeneinander und sagt, es sei sowohl an dem einen wie an dem andern Ort das Verbrechen begangen.

Es wäre möglich, eine verschiedene Entscheidung der Streitfrage für das materielle und das Prozeßrecht zu vertreten[6]; denn die Bedeutung des Tatortes ist in beiden Gebieten verschieden. Für das Strafrecht handelt es sich um die Frage: Ist für den inländischen Staat ein Strafanspruch entstanden? und es muß der Rechtsordnung darauf ankommen, diese Frage möglichst überall, wo inländische Interessen hineinspielen können, zu bejahen. Dagegen hat im Prozeß der inländische Staat durchaus kein Interesse daran, daß möglichst viele seiner eigenen Gerichte miteinander konkurrieren und so eine Quelle von Kontroversen und Konflikten eröffnet wird. Im Gegenteil, eine möglichst eindeutige Regelung ist hier am erwünschtesten. — Indessen muß es als methodisch unrichtig erscheinen, falls StGB. und StPO. ihre Regeln auf das Symptom des Begehungsortes abstellen, alsdann dieses Symptom nach dem Zweck der Regel und nicht vielmehr nach seinen eigenen Merkmalen zu bestimmen[7]. Daher ist einheitliche Entscheidung geboten. Gegen den Ort des Erfolgs, gleichviel ob er allein oder nur mit berücksichtigt wird, spricht, daß Zufall und fremde Willkür

---

In E 09, § 1—4 ist außerdem dem Wohnsitz der gewöhnliche Aufenthalt, der Ergreifung die Vorführung eines vorläufig Festgenommenen gleichgestellt. Das Forum des vorübergehenden Aufenthalts steht unter der Resolutivbedingung eines Widerspruchs des „Angeschuldigten".

[5] Die ganze Terminologie: allgemeine, besondere, ordentliche, außerordentliche Gerichtsstände ist der StPO. fremd.

[6] So Binding Handb. I 415 N. 1, unter 2b. Wach Handbuch des ZivProz.-Rechts I 463 N. 68. Bennecke (1. Aufl.) S. 83. v. Bar Lehrb. des internat. Priv. u. Str.Rechts, 1892, S. 237—239. Die 1. Aufl. dieses Lb.

[7] So Kitzinger S. 49 ff. u. namentl. S. 57 ff., dessen angeführte Habilitationsschrift mir überhaupt als durchschlagend und die Kontroverse im wesentlichen erledigend erscheint.

eine unangemessene Rolle spielen. Für den Ort der persönlichen Tätigkeit dagegen spricht sowohl die natürliche Anschauung, wie vor allem folgende Erwägung. Halten wir unter den Deliktsteilen Wesentliches und Unwesentliches, necessaria und accidentalia, auseinander, so ist lediglich die persönliche Tätigkeit ein begriffswesentlicher und wesenbestimmender Deliktsteil; der Erfolg ist höchstens artbestimmend. Dazu kommt, daß der Tatort im Sinne der ersten obengenannten Theorie für die Beweisführung ebenfalls wahrscheinlich am geeignetsten ist und auch einer einheitlichen Beantwortung für Versuch und Teilnahme am wenigsten Schwierigkeiten bereitet. Endlich ist die Bedeutung von StGB. 2 I, 67 IV nicht zu unterschätzen. Hiernach ist eine strafbare Handlung an dem Orte oder an den mehreren Orten begangen, wo der Beschuldigte die ihm zur Last gelegte persönliche Willensbetätigung vorgenommen hat [8].

Für Preßdelikte wurde von der hM. längst als Tatort nur der Ort oder die mehreren Orte des Erscheinens des Preßerzeugnisses betrachtet. Dementgegen hatte die Rechtsprechung des RG.[9] den sog. ambulanten oder fliegenden Gerichtsstand der Presse geschaffen, wonach jedes Gericht kompetent sein sollte, in dessen Bezirk auch nur ein Stück der Druckschrift verbreitet worden war. Die Kontroverse ist im Sinne der ersteren Meinung durch G. v. 13. Juni 1902, StPO. 7 II, entschieden worden. Doch gilt für Privatklagesachen eine Abweichung (Satz 2): Wahl des Privatklägers zwischen zwei Orten.

Einen Unterfall zu StPO. 7 bildet § 10, der von der Begehung auf deutschen Schiffen, nicht nur Kriegs- und sonstigen Staatsschiffen, im Ausland oder auf offener See handelt. Das Gesetz geht davon aus, daß ohne diese Norm wohl ein inländischer Strafanspruch, aber kein inländischer Tatort vorhanden wäre [10]. Es verlegt das forum delicti commissi an den Heimatshafen [11] oder den ersten erreichten deutschen Hafen. Wo es am ersteren fehlt (bei Kriegsschiffen), ist der Ankunftshafen allein maßgebend [12].

---

[8] So von je die hM. und jetzt insbesondere auch v. Liszt, Frank, Beling.

[9] insbes. RG. **23**, 155; und — trotz StPO. 7 II — für Lotterievergehen RG. **36**, 257, 270.

[10] Was ebenfalls für die vertretene Auslegung des § 7: Handlung = persönliche Tätigkeit spricht. Der sonst denkbare Gerichtsstand des Tatortes, nämlich der Ort des im Inland eintretenden Erfolgs, kommt nach § 10 gar nicht weiter in Betracht.

[11] d. h. von dem aus die Seefahrt mit dem Schiff betrieben wird. HGB. 480, FlaggenG. v. 22. 6. 99 § 6. — Beispiel in RG. **43**, 317.

III. Der Gerichtsstand des Wohnsitzes (forum domicilii) wird in StPO. 8, 11 behandelt. Entscheidend ist der Zeitpunkt der Klagerhebung. Verlegung des Wohnsitzes nach der Tat ändert somit die Kompetenz. Es stehen drei Orte in subsidiärer Reihenfolge:

1. der Wohnsitz (vergl. BGB. 7–11);

2. der gewöhnliche Aufenthaltsort, wobei faktisches Verweilen im Inlande zur Zeit der Klagerhebung vorausgesetzt werden muß;

3. der letzte Wohnsitz.

Für exterritoriale Deutsche und für Reichs- und Staatsbeamte, die im Auslande angestellt sind, tritt die Sondervorschrift des § 11 hinzu. Für sie ist der letzte Wohnsitz im Heimatstaat sogleich in erster Linie, also vor dem gewöhnlichen Aufenthaltsort, maßgebend. Fehlt es an einem letzten Wohnsitz, so tritt ebenfalls nicht der Aufenthaltsort ein, sondern die Hauptstadt des Heimatstaates. Der Fall mehrfacher Staatsangehörigkeit führt zu einer Konkurrenz von Gerichtsständen. Der Fall, daß es an einem Heimatsstaate fehlt, war bis zum 1. Januar 1900 unbeachtet. Der Zweifel ist durch die neue Fassung gelöst: Berlin gilt als Wohnsitz[13].

IV. Der Gerichtsstand der Ergreifung (forum deprehensionis) StPO. 9 I S. 1, II kommt in zwei Fällen in Betracht. Der erste setzt voraus, daß beide Gerichtsstände zu II, wie zu III fehlen. Der zweite liegt vor, wenn beide unermittelt sind. Per analogiam ist der Fall heranzuziehen, daß der eine fehlt, der andere unermittelt ist; dagegen nicht der Fall, daß nur einer fehlt oder nur einer unermittelt ist.

„Ergreifung" bedeutet Freiheitsentziehung zum Zweck der Strafverfolgung, nicht dagegen zu anderm Zweck, z. B. Strafvollstreckung oder präventiver Sicherung. Ob sie vom Gericht oder der Polizei oder

---

[12] Schema für das for. del. comm. bei Begehung im

Inlande	Auslande	
	auf deutschem Schiff	nicht auf deutschem Schiff
Ort der persönlichen Tätigkeit	{Heimatshafen Ankunftshafen	vacat

[13] Die Fassung berücksichtigt den Fall, daß die betreffende Hauptstadt oder daß Berlin in mehrere Gerichtsbezirke geteilt ist (Satz 2 und 3). Sowohl nach Bestimmung der Preuß. Landesjustizverwaltung, wie des Reichskanzlers gilt der AGBezirk Berlin-Mitte als Wohnsitz.

einem Privaten vorgenommen wird, ist gleichgültig. Man wird aber verlangen müssen, daß sie rechtmäßig erfolgt ist.

V. Der Gerichtsstand des Zusammenhanges (forum connexitatis materialis) ist nach StPO. 13 begründet, sobald ein Gericht für eine Sache nach II, III oder IV kompetent ist, und mit dieser Sache eine andere Sache im technischen Sinne zusammenhängt[14]. Jedes Gericht, das für eine der zusammenhängenden Sachen kompetent ist, besitzt dann auch für jede andere derselben die örtliche Zuständigkeit. Nicht ist Voraussetzung, daß die zusammenhängenden Sachen auch im Zusammenhang verhandelt werden; sie können ebensogut verbunden wie getrennt sein oder werden. Wohl aber muß in derjenigen Sache, deren Gerichtsstand zur Begründung der Kompetenz verwendet werden soll, Klagerhebung bereits erfolgt sein und darf in ihr noch kein rechtskräftiges Urteil vorliegen.

Sind die an sich zusammenhängenden Sachen bereits getrennt bei verschiedenen Gerichten anhängig gemacht, so ist eigentlich der Fall erledigt. Doch besteht die Möglichkeit, auch noch nachträglich eine Verbindung bei einem jener Gerichte herbeizuführen (StPO. 13 II). Dabei müssen zustande kommen:

a) übereinstimmende Anträge der beteiligten Staatsanwaltschaften; lassen sich solche nicht erzielen, so kann innerhalb des gleichen Bundesstaats dienstliche Anweisung der vorgesetzten Staatsanwaltschaft event. der Zentralstelle eingreifen; gehören die Staatsanwaltschaften aber nicht demselben Bundesstaat an, so bleibt es, da GVG. 144 III nicht gegeben ist, bei der Trennung;

b) eine diesen Anträgen entsprechende Vereinbarung der Gerichte. Ihr Fehlen kann — doch nur auf Antrag der Parteien — durch Entscheidung des gemeinschaftlichen oberen Gerichtes ersetzt werden (unten VII b). Tritt solche Entscheidung nicht ein, so bleibt es bei der Trennung.

Bei StPO. 13 ist in erster Linie daran zu denken, daß es sich um Gerichte gleicher Ordnung handelt. Indessen ist dies nicht notwendig: mit den Bestimmungen des § 13 können sich die der §§ 2 und 4 kreuzen[15]. Der endgültig befaßte Gerichtskörper muß aber

[14] Oben § 25 b II. Zusammenhang in dem weiteren Sinne des § 236 StPO. kann niemals diese Zuständigkeit begründen. — Ein Unterfall ist das forum reconventionis, StPO. 428.

[15] L.-H. § 13 N. 2a. RG. **31**, 171.

wenigstens für eine der zusammenhängenden Sachen sowohl sachlich wie örtlich kompetent sein[16] [17].

VI. Der Gerichtsstand des Auftrags (forum delegationis oder mandati) ist in vier Fällen zu erblicken, in welchen ein an sich unzuständiges Gericht durch Beauftragung von seiten eines oberen Gerichts zuständig wird. Der Auftrag bildet den Grund der Kompetenz. Im Falle 1 geht er vom RG. aus, in 2 und 3 vom „zunächst oberen Gericht", im Falle 4 vom Revisionsgericht. Die Fälle sind:

1. StPO. 9 I S. 2, II: der inländische Tatort und der inländische Wohnsitz (Aufenthalt, letzte Wohnsitz) fehlen oder sind unermittelt, und eine Ergreifung hat nicht stattgefunden;

2. StPO. 15 Fall I: das an sich zuständige Gericht (zuständig nach II, III, IV, V oder VI 1 oder auch (RG. **45**, 68) VII 1) ist an der Ausübung des Richteramts — rechtlich oder tatsächlich[18] — verhindert, indem z. B. der einzige Amtsrichter am Ort als Zeuge tätig sein muß;

3. StPO. 15 Fall II: von der Verhandlung vor dem an sich zuständigen Gericht ist eine Gefährdung der öffentlichen Sicherheit zu besorgen.

Im Falle 1 können wir vom Gerichtsstand der fingierten Ergreifung, in den Fällen 2 und 3 vom Gerichtsstand des Ersatzauftrags reden. Die Fälle 2 und 3 können auch für einzelne Prozeßhandlungen oder einzelne Instanzen, nicht bloß für den Prozeß als Ganzes, vorkommen.

4. Als weiterer Fall stellt sich die Zurückverweisung aus der Revisionsinstanz an ein dem ursprünglichen Gericht benachbartes desselben Bundesstaates dar, StPO. 394 II. Das so beauftragte Gericht erwirbt

---

[16] Kries 172. L.-H. § 4 N. 3c. RG. **42**, 133. Beispiele: 1. der Koblenzer A. hat in Bonn gebettelt, in Köln Unfug verübt — sowohl SchG. Bonn wie SchG. Köln und Koblenz sind zuständig, 2. Der Koblenzer A. hat in Bonn 200 M. gestohlen, in Köln gebettelt — sowohl StK. Bonn, wie StK Koblenz sind für beides zuständig, aber nicht StK. Köln. Den Verbindungsbeschluß fassen in Fall 1 SchG. Bonn und SchG. Köln; in Fall 2 OLG. Köln.

[17] Verbundene Sachen können, gleichviel ob die Verbindung auf der Zusammenfassung in einer Klage oder auf einem Verbindungsbeschluß beruht, durch einen als contrarius actus unter den Bedingungen des Abs. 3 zustande kommenden Beschluß wieder getrennt werden (RG. **31**, 171).

[18] Ob die Verhinderung eine rechtliche oder eine tatsächliche ist, macht nach Reichsrecht keinen Unterschied; nach Landesrecht kann es u. U. einen solchen machen; vgl. preuß. Ausf.-G. z. GVG. v. 24. April 1878 § 24 und RGZ. **44**, 394.

völlig die gleiche örtliche Zuständigkeit, als wenn z. B. die Tat in seinem Bezirk begangen worden wäre[19].

VII. Als Gerichtsstand der Bestimmung (forum decreti) läßt sich in vier Fällen, in denen mehrere Gerichte in Betracht kommen, die durch Entscheidung des „gemeinschaftlichen oberen Gerichts" dem Zweifel entrückte Kompetenz bezeichnen. Möglicherweise wird durch diese Bestimmung die Kompetenz auch erst begründet[20]; eine Nachprüfung nach dieser Richtung soll aber eben abgeschnitten werden. Die Fälle sind:

1. StPO. 12 II: sind mehrere Gerichte nach II oder III zuständig, so entscheidet an sich die Prävention des eröffnenden Gerichts; doch kann eine abweichende „Bestimmung" getroffen werden — indessen nicht nach Beendigung der I. Instanz (RG. 13, 365), weil hiermit ein Eingriff in die funktionelle Zuständigkeit vollzogen würde;

2. StPO. 13 II: wenn eine Vereinbarung der mehreren mit konnexen Strafsachen befaßten Gerichte nicht zustande kommt, so kann diese Art des (teils positiven, teils negativen) Kompetenzkonfliktes durch „Bestimmung" gelöst werden, s. oben V b;

3. StPO. 19: ist ein negativer Kompetenzkonflikt von den sämtlichen beteiligten Gerichten in unanfechtbarer Weise[21] entschieden worden, und ist notwendig (mindestens) eines der Gerichte das zuständige, so wird dieses durch das gemeinschaftliche obere Gericht bezeichnet;

4. StPO. 14: in allen übrigen Fällen des Kompetenzkonflikts

---

[19] Wird etwa Verweisung nach StPO. 270 erforderlich, so erfolgt sie an das Gericht höherer Ordnung des neuen Bezirks, nicht des ursprünglichen Bezirks, RG. **42**, 263.

[20] Daraus, daß hier eine Zuständigkeit geschaffen wird, ergab sich die Konsequenz in dem merkwürdigen Fall RG. **45**, 68. Zwei (konnexe?) Sachen waren in Heidelberg und in Cassel anhängig. Das RG. übertrug die Sachen an die StK. Liegnitz. Hier wurden fast alle Richter abgelehnt. Es lag nunmehr StPO. 15 Fall I vor. Das angegangene „zunächst obere" OLG. Breslau erklärte sich für unzuständig. Die Prozeßlage sei wieder dieselbe, wie vor der Übertragung nach Liegnitz. Das war unrichtig, wie RG. aussprach. Eigentlich müsse nun OLG. Breslau doch entscheiden. Indessen gebe es keine Mittel, es dazu zu zwingen. So entschied denn das RG. selbst an Stelle des OLG. Breslau „in sinngemäßer Anwendung des § 15 StPO."

[21] Die Unanfechtbarkeit soll event. durch Verzicht auf die fristlose Beschwerde herbeigeführt werden, nach Braun in Seuff. Blättern 1901, S. 221 f. Andernfalls müsse das Obergericht die Entscheidung ablehnen. Dagegen ist zu sagen, daß dann zwar nicht § 19, aber § 14 zutrifft und das Obergericht also nach diesem Paragraphen zur Entscheidung berufen ist.

bestimmt ebenfalls „das gemeinschaftliche obere Gericht dasjenige Gericht, welches sich der Untersuchung und Entscheidung zu unterziehen hat“ [22].

VIII. Konkurrenz von Gerichtsständen und Feststellung der Zuständigkeit.

A. Für eine und dieselbe Strafsache kann leicht bei mehreren Gerichten zugleich ein Gerichtsstand begründet sein. Sind mehrere Gerichtsstände aus II vorhanden, so sind sie gleichberechtigt; desgleichen mehrere aus III (bis auf die aushilfliche Reihenfolge: Wohnsitz, Aufenthalt, letzter Wohnsitz). Ist einer oder mehrere aus II und einer oder mehrere aus III vorhanden, so sind sie alle untereinander gleichberechtigt. Ist gar keiner aus II und gar keiner aus III vorhanden, so tritt IV ein und fehlt es auch hieran, so der Gerichtsstand der fingierten Ergreifung (for. delegationis VI 1). An die Stelle eines jeden so gewonnenen Gerichtsstandes kann im Wege des Ersatzauftrags (for. delegationis VI, 2, 3) ein anderer gesetzt werden, der dann in jeder Beziehung den Platz des ersten ausfüllt. Ohne daß die dargelegte Gleichberechtigung oder Subsidiarität irgend wie gestört wird, kann neben jeden einzelnen oder neben eine Mehrheit so gewonnener Gerichtsstände des weiteren als gleichberechtigt ein Gerichtsstand (oder mehrere) aus V (for. connexitatis) treten.

Unter mehreren sonach gleichberechtigten Gerichtsständen unterscheidet nach StPO. 12 I die Prävention des Gerichts [23]. Dasjenige Gericht, welches zuerst die VU. oder das HVerf. eröffnet hat, drängt die anderen zurück und wird nunmehr allein und ausschließlich zuständig (ihm „gebührt der Vorzug“). Diese Normierung ist über den — nur die Konkurrenz zwischen Gerichtsständen aus II und III betreffenden — Wortlaut des § 12 hinaus auch auf andere Fälle der Gleichberechtigung analog zu erstrecken [24].

Damit ist auch zugleich die Eröffnung der Untersuchung als der für die Prävention maßgebende Zeitpunkt bezeichnet. Derselbe Zeitpunkt muß auch dafür den Ausschlag geben, ob ein primärer Ge-

[22] § 19 ist ein Unterfall von § 14. Die Bedeutung des § 19 liegt in dem ausdrücklichen Ausspruche, daß die Rechtskraft einer Unzuständigkeitserklärung deren Aufhebung nicht hemmt, L.-H. § 19 N. 1. Aber für die Rechtskraft der Zuständigkeitserklärung ist aus § 14 dasselbe zu folgern! — Das bestimmende Gericht muß stets ein höheres sein, als dasjenige, welches die Unzuständigkeitserklärung in letzter Instanz erlassen hat, a. M. L.-H. N. 5.

[23] nicht die des StAnw. in der Klagerhebung. Anders nach ZPO. 35: die Wahl des Klägers entscheidet unabänderlich.

[24] Ötker GerS. 74, 59 (bes. S. 67—75). Schötensack ebd. 476.

richtsstand vorhanden ist, oder ob an seine Stelle der subsidiäre nachzurücken hat (perpetuatio fori). Der Gerichtsstand der fingierten Ergreifung bleibt bestehen, auch wenn später die wirkliche Ergreifung erfolgt. Das forum connexitatis bleibt bestehen, auch wenn später durch vorweg erfolgende Aburteilung einer Sache der Zusammenhang gelöst wird (RG. 25, 406)[25]. Beseitigt werden kann die Wirkung der Prävention nur durch Bestimmung (VII 1), und diese eventuell durch neue Bestimmung (VII 1). Die Bestimmung (VII 3, 4) dient ferner zur Lösung von Kompetenzkonflikten.

B. Die Gültigkeit der einzelnen Untersuchungshandlungen hängt nach StPO. 20 nicht von der Zuständigkeit des handelnden Gerichts ab; wohl aber hängt davon prinzipiell die Gültigkeit des Prozesses als Ganzen ab. Daher hat das Gericht seine örtliche Zuständigkeit zunächst ebenso wie die sachliche von Amts wegen zu prüfen, jedoch nicht in jeder Lage des Verfahrens. Vielmehr ist zu unterscheiden:

1. Verfahren mit Voruntersuchung. Zuerst im Augenblick der Klagerhebung, weiter aber auch während der ganzen Dauer der VU. und während des Zwischenverfahrens bis zur Eröffnung des HVerf., aber auch nur bis dahin, besteht für das Gericht das Recht und die Pflicht der Prüfung (§ 18). Außerdem hat der Angeschuldigte einen Einwand der Unzuständigkeit, aber nur bis zum Schlusse der VU. (oder der wieder aufgenommenen VU.): § 16 Teil I. Sobald jedoch über diesen Punkt ausdrücklich entschieden ist, erlischt die Möglichkeit der Prüfung von Amts wegen (§ 17), nicht aber die der Prüfung auf Einwand des Angeschuldigten, sofern dieser bisher nicht gehört war.

2. Verfahren ohne Voruntersuchung. Eine Prüfung von Amts wegen findet von der Klagerhebung an während des Zwischenverfahrens bis zur Eröffnung des HVerf. statt und erlischt mit dem Eröffnungsbeschlusse (§ 18). Das Einwandsrecht des Angeklagten dauert weiter bis zur Verlesung des Eröffnungsbeschlusses in der HVerh. (§ 16)[26].

IX. Ein Gerichtsstand der Gefahr im Verzuge wird durch StPO. 21 geschaffen. Diese Hinwegsetzung über die gesamten erörterten Regeln gilt aber nur für einzelne Prozeßhandlungen und nur für das AG. der Handlungsbereitschaft (vgl. StPO. 163).

[25] Einzelheiten bei Löwe-Hellweg zu § 9 N. 4c, 5b, 11; zu § 13 N. 3b.

[26] § 17 gilt hier nicht, unrichtig RG. **34**, 215. — Bei erneuter HVerh. nach Rückkehr aus der RevJ. lebt § 16 nicht nochmals auf, RG. **43**, 358.

§ 27.

Die funktionelle Zuständigkeit.

Kries § 22. Birkm. § 36. B.-B. § 23, III. Ullm. §§ 34, 35. Bind. § 28.

I. Hierher gehören die Regeln darüber, welche Gerichtsabteilungen und welche Gerichtsbeamten zu den einzelnen Handlungen eines Strafprozesses berufen sind (Vorsitzender oder Kollegium, erkennende oder beschließende Kammer, UR. oder StK., Richter oder Gerichtsschreiber). Hierher gehört ferner die Regel, daß für vereinzelte Prozeßhandlungen nur die Amtsgerichte zuständig sind. Nur sie können, falls noch nicht Klage erhoben ist, Verhaftungen, Beschlagnahmen, Durchsuchungen, Leichenöffnungen usw. verfügen. Nur sie erheben auf Requisition der Staatsanwaltschaft oder (nach Klagerhebung) des UR. oder des Prozeßgerichts Beweise im Wege der Rechtshilfe.

II. Von besonderer Wichtigkeit ist die Instanzenordnung der erkennenden Gerichte:

	Fall I.	Fall II.	Fall III.	Fall IV.
Erste Instanz:	SchG. (oder UR.)	StK.	SchwG.	RG. II. + III. StSen.
Berufungsinstanz:	StK.	—	—	—
Revisionsinstanz:	OLG. (oder RG.)	RG. oder OLG.	RG.	—

Nur im Fall I gibt es also drei Instanzen. Die StK. ist als Berufungskammer in Übertretungs- und Privatklagesachen Dreimännerkammer, sonst stets Fünfmännerkammer (GVG. 77). Die Strafsenate der Oberlandesgerichte sind mit 5, die des Reichsgerichts mit 7 Räten besetzt (GVG. 124, 140). Im Fall I kann ganz ausnahmsweise kraft einer eigenartigen Disposition über die funktionelle Zuständigkeit auch das RG. Revisionsgericht sein, nämlich bei Gefällsdelikten unter den näheren Voraussetzungen des § 136 II GVG[1]. Im Fall II ist das OLG. nur dann Revisionsinstanz, wenn die Revision ausschließlich auf die Verletzung einer in den Landesgesetzen enthaltenen Rechtsnorm gestützt wird (GVG. 123 Z. 3). Gleichgültig ist es, ob eine nach Reichsrecht oder eine nach

[1] Der StAnw. kann den Antrag auch stellen, wenn der Angekl. oder ein Nebenkl. Rev. einlegt. So offenbar geschehen in RG. **42**, 307, 402. **43**, 122.

Landesrecht strafbare Handlung den Gegenstand der Untersuchung bildet[2].

Im Fall I und Fall II können die Bundesstaaten mit mehreren Oberlandesgerichten eines derselben als Zentralinstanz fungieren lassen oder auch ein Oberstes Landesgericht als solche Zentralinstanz einschieben. Von dieser Befugnis des § 9 EG. GVG. haben Preußen und Bayern Gebrauch gemacht[3]. Bayern hat ein Oberstes Landesgericht; die OLG. werden in Strafsachen überhaupt nicht tätig. Für Preußen bestimmt § 50 des AusfG. z. GVG., daß das OLG. Berlin, das Kammergericht, ausschließlich zuständig ist

1. als II. Instanz für die nicht zur Zuständigkeit des RG. gehörenden Revisionen gegen Urteile der StK. in erster Instanz;
2. als III. Instanz für die Revisionen gegen Urteile der StK. in der Berufungsinstanz, sofern eine nach Landesrecht strafbare Handlung[4] den Gegenstand der Untersuchung bildet.

Es stellt sich demnach für Preußen, wenn wir OLG. = lokales OLG. und KG. = zentrales OLG. (sog. kleines Obertribunal) auseinanderhalten, unsere Tabelle folgendermaßen:

	Fall I.	Fall II.	Fall III.
Erste Instanz:	SchG. (od. AR.)	StK.	SchwG.
Berufungsinstanz:	StK.	—	—
Revisionsinstanz:	OLG. od. KG. (od. RG.)	RG. od. KG.	RG.

[2] Im E 09 stellte sich die Sache so: Instanzentafel:
I. AR., SchG. — BerStK. — OLG.
II. StK. — BerSen. — OLG. oder RG.
III. SchwG. — RG.

Im Falle II wird das OLG. tätig a) wenn nur Landesrecht, b) wenn nur ein ARDelikt für die Rev. in Betracht kommt, c) wenn das RG. ihm die Rev. überweist, weil im wesentlichen nur Landesrecht in Betracht kommt. In Fall I und II kann ausnahmsweise in reichsrechtlichen Gefällssachen auf Antrag des StAnw. das RG. entscheiden. Das EG. zum GVG. gilt weiter, statt des lokalen OLG. kann daher ein zentrales oder ein Oberstes Landesgericht im Einzelstaat bestellt werden.

[3] Die lokalen OLG. haben dadurch in Bayern jede, in Preußen jede zweitinstanzliche Tätigkeit eingebüßt. Die letztere ist überhaupt sehr schwach: 1909 am KG. 18, außerdem in Hamburg und Stuttgart je 1 Urteil; s. auch Statistik ob. S. 62 N. 2. Gerade darum macht E 09 den Versuch, das RG. auf Kosten der OLG. zu entlasten.

[4] Der §, aus dem die Strafe entnommen wird, muß dem Landesrecht an-

Zweites Kapitel.

Die Gerichtspersonen.

I. Die Hauptpersonen.

§ 28.

Arten der Richter.

Kries § 19 I. Birkm. §§ 37, 38, 49, 50 I. B.-B. § 15. Ullm. § 36. Bind. §§ 38, 47—50.

I. Als Hauptpersonen unter dem Gerichtspersonal bezeichnen wir den Richter und den Gerichtsschreiber. Sie üben den wichtigsten Teil der Gerichtstätigkeit, Entscheidung und Beurkundung aus. Ein nur untergeordneter Teil der Gerichtstätigkeit fällt den Nebenpersonen, Gerichtsvollzieher und Gerichtsdiener, zu.

II. Die Richter sind 1. in Berufsrichter und Laienrichter zu scheiden; unter letzteren nehmen die Schöffen die volle richterliche Stellung eines Beisitzers ein, während die Geschworenen nur die ihnen ausdrücklich zugewiesenen Befugnisse haben. — Wir haben 2. teils Einzelrichter, teils Richterkollegien. Sämtliche Rechtsmittelinstanzen und alle erkennenden Gerichte in der HVerh. sind kollegialisch besetzt[1]. Außerhalb der HVerh. ist bei den SchGDelikten der AR. als Einzelrichter tätig, alle übrigen erkennenden Gerichte fungieren auch hier als Kollegium. Im vorbereitenden Verfahren, sowie bei der Gewährung von Rechtshilfe fungieren stets Einzelrichter; ebenso in der VU., mit Ausnahme weniger, besonders wichtiger Punkte. — 3. Es sind erkennende Richter, d. h. Mitglieder der erkennenden Gerichte[2], von den nichterkennenden, denen nur einzelne Prozeßhandlungen zugewiesen sind, zu unterscheiden. Als solche treten z. B. der UR., der ersuchte Richter (stets AR.) und der beauftragte Richter auf. Letzterer ist ein zu besonderen umgrenzten Akten vom erkennenden Gericht emaniertes Mitglied. Er wird nur in wenigen, jedoch analoger Ausdehnung fähigen Fällen[3] von der StPO. erwähnt. Zur Erfüllung

---

gehören. Sonst ist das RG. nicht zuständig. RG. bei Sörgel-Krause, Jahrb. VI, 364 f. — Die Zuständigkeit wird auch nicht durch die bloße Rev.behauptung begründet, OLG. Celle in Arch. 58, 245.

[1] ausgenommen die Fälle des § 211 Abs. 2 StPO.

[2] Zu diesem Begriff vgl. Lb. § 89 N. 5.

[3] StPO. 171 III, 222, 232, 331, 409. Ebenso kann aber auch bei den einzelnen Beweiserhebungen des § 200 ein beauftragter Richter verwandt werden.

seiner Aufgaben hat er volle Entscheidungsgewalt und steht in deren Handhabung nicht unter der Kontrolle des Kollegiums, das ihn entsandt hat[4]. — Endlich ist 4. der Vorsitzende und der Beisitzer (beisitzende Richter) auseinanderzuhalten. Dem Vorsitzenden liegt die Anberaumung und die Vorbereitung der Termine, die Vernehmung des Angeklagten und die wesentliche Leitung der Beweisaufnahme samt der Handhabung der Sitzungspolizei durch leichtere Mittel, ferner die Leitung der Beratung und Abstimmung, sowie die Mitwirkung bei der Beurkundung der Vorgänge in der HVerh. ob. Eigenartige Befugnisse sind: Festhaltung eines Angeklagten in Gewahrsam, StPO. 230 I, S. 2; Auswahl des Verteidigers, StPO. 144 I, S. 1; Verabfolgung von Akten in die Wohnung des Verteidigers, StPO. 147 IV; sodann in dringenden Fällen Erlaß eines Haftbefehls, event. auch Aufhebung eines solchen oder Freilassung gegen Kaution, StPO. 124 III; und Bestellung eines Verteidigers, StPO. 141. Der Vorsitzende ist bei den StK. und StSen. durch die Geschäftsordnung bestimmt, bei den SchG. ist es stets der AR. Der SchwGVorsitzende wird für jede einzelne Sitzungsperiode vom OLGPräs. ernannt (GVG. 83) Er hat manche weiteren eigenartigen Funktionen, unter denen die Auslosung (StPO. 281) und Beeidigung der Geschworenen (StPO. 288), die Entwerfung der Fragen (StPO. 290) und die Rechtsbelehrung (StPO. 300) hervorgehoben seien.

§ 29.

Die Fähigkeit des Berufsrichters zum Richteramt.

Kries § 16. Birkm. §§ 42, 45. B.-B. §§ 16—19. Ullm. §§ 38—41. Bind. § 39. Laband III, § 91 II.

Nicht jeder kann Berufsrichter sein. Es gehören dazu gewisse Erfordernisse, und die Abwesenheit gewisser Mängel. Sonst ist man entweder allgemein oder für die besondere Sache untauglich. Wer den Erfordernissen, die wir unter I und II behandeln wollen, nicht genügt, ist zum Richteramt absolut unfähig, ein judex incapax. Wer in der einzelnen Sache mit den Mängeln, von denen wir unter III und

[4] Gegen seine Verfügungen findet Beschwerde nach StPO. 346 an das OLG. statt. Eine dem § 576 ZPO. entsprechende Bestimmung fehlt in der StPO. Birkm. 281 will gleichwohl die Analogie der ZPO. heranziehen. Indessen solche setzt voraus, daß von einem geregelten auf einen ungeregelten Fall geschlossen wird; der Fall der StPO. ist aber nicht ungeregelt, sondern hat in § 346 seine ausdrückliche Regelung erfahren. Außerdem s. oben S. 37 II. Ebenso L.-H. § 346 N. 4d.

IV handeln wollen, behaftet ist, ist zum Richteramt relativ unfähig, nämlich entweder kraft Gesetzes ausgeschlossen, ein judex inhabilis (III), oder kraft Parteiwillens ablehnbar, ein judex suspectus (IV).

I. Volle öffentlichrechtliche Handlungsfähigkeit wird für den Richter nach allgemeinen Grundsätzen des öffentlichen Rechts zu erfordern sein. Zu dieser gehören außer 1. voller Handlungsfähigkeit im Sinne der allgemeinen Rechtslehre, d. h. geistiger Reife[1] und geistiger Gesundheit[2], noch des ferneren für öffentlichrechtliche Beziehungen: 2. männliches Geschlecht; 3. inländische Staatsangehörigkeit; 4. Vollbesitz der bürgerlichen Ehrenrechte; vgl. StGB. 31, 33, 35, 128, 129, 358. GVG. 128. Kormann 239[53], 242; a. M. W. Jellinek (Lit. zu § 93) S. 86.

II. Wissenschaftliche Qualifikation verlangen GVG. 2—4. Danach ist nötig entweder a) mindestens dreijähriges Rechtsstudium, Ablegung zweier Prüfungen (in Preußen Referendar- und Assessorexamen) und dazwischen ein mindestens dreijähriger Vorbereitungsdienst; oder b) statt dessen die Stellung als ordentlicher öffentlicher Lehrer des Rechts (nicht bloß der Staatswissenschaften) an einer deutschen Universität. In beiden Fällen muß noch eine Berufung zur Ausübung hinzutreten: entweder durch Ernennung auf Lebenszeit mit festem Gehalt (GVG. 6—9) oder durch Beauftragung mit einstweiliger Wahrnehmung richterlicher Geschäfte nach näherer Maßgabe des Landesrechts (GVG. 10, RG. **42**, 295).

III. Ausschließung kraft Gesetzes einer im allgemeinen zum Richteramt tauglichen Person findet nach StPO. 22 Z. 1—5; 23 I—III statt[3]. Die folgenden Umstände schließen ipso jure den Richter in der konkreten Sache aus und sind deshalb von Amts wegen zu beachten: 1. wenn er selbst durch die strafbare Handlung verletzt[4]

---

[1] Alter von 21 Jahren; zum RG.Rat sogar von 35 Jahren: GVG. 127. Kormann (Lit. zu § 42) 285 ff., 290 ff.

[2] Stellt sich heraus, daß ein Richter geisteskrank war, so ist der unbedingte Revisionsgrund des § 377 Z. 1 StPO. analog gegeben, genau so wie wenn hinterher entdeckt würde, der eine Mitwirkende sei weiblichen Geschlechts oder ein Ausländer gewesen. Direkt paßt § 377 Z. 1 nicht; deshalb ist die Lb. § 93 II Ziffer 1 aufgestellte Schranke hier nicht vorhanden. In Folgerung daraus muß mit der überwiegenden Meinung absolute Nichtigkeit der Amtsakte des wahnsinnigen Richters behauptet werden. B.-B. 294, Beling v. Holtz.-K. Enzykl. II 366. Löffler GrünhutsZtsch. **31**, 515 N. 61, vor allem Kormann a. O. 293.

[3] In MilStGO. entsprechen §§ 122, 123, 400 Z. 2.

[4] Ansehen und Würde der Rechtspflege leiden, wenn jemand in propria causa Richter sein darf. Das ist die ratio legis. Folglich ist § 22 Z. . nicht

ist; 2. wenn er a) Ehemann, b) Vormund oder Gegenvormund (nicht Pfleger) der verletzten — c) Ehemann, d) Vormund der beschuldigten Person (nicht bloßer Komplizen, die nicht mitbeschuldigt sind) ist oder gewesen ist; 3. wenn er in folgenden Beziehungen zum Verletzten oder zum Beschuldigten steht: a) Verwandtschaft (nicht außereheliche) in gerader Linie; b) Verwandtschaft in der Seitenlinie bis zum 3. Grade; c) Schwägerschaft in gerader Linie in jedem Grade; d) Schwägerschaft in der Seitenlinie bis zum 2. Grade; e) Adoptivverwandtschaft in gerader Linie; 4. wenn er früher in derselben Strafsache, wenn auch in noch so unbedeutendem Maße (RG. **28**, 53, Arch. **55**, 221) a) als Beamter der Staatsanwaltschaft, b) als Polizeibeamter, c) als Anwalt des Verletzten, d) als Verteidiger tätig war; 5. wenn er früher in derselben Strafsache a) als Zeuge, b) als Sachverständiger (oder Dolmetscher) vernommen ist, selbst wenn er von einem Weigerungsrecht Gebrauch gemacht hat; 6. wenn er in derselben Strafsache bereits mitgewirkt hat a) als Richter früherer Instanz (§ 23 I) b) als UR. (§ 23 II); 7. in dem Hauptverfahren, aber nur vor der Strafkammer, wenn er im Zwischenverfahren bei der Entscheidung über die Eröffnung des HVerf. a) als Berichterstatter, b) als dritter Richter mitgewirkt hat, während bereits zwei andere damals Mitwirkende an dem jetzigen HVerf. teilnehmen (StPO. 23 III). Die Mitwirkung im ZwVerf. könnte auch in der Beschwerdeinstanz beim LG oder OLG. stattgefunden haben. Gesperrt ist dem früheren Mitwirkenden auch die VerStK., dagegen nicht das SchG., das SchwG., das OLG., das RG.[6]. Die Ausschlußgründe zu 1 bis 5 machen jeden Tätigkeitsakt des betreffenden Richters nichtig und das Urteil nach § 377 Z. 2 kassierbar (RG. **30**, 70); die zu 6 und 7 nur jede Mitwirkung bei einer Entscheidung (RMilG. **11**. 260).

IV. Die Ablehnung wegen Besorgnis der Befangenheit ist durch StPO. 24—30 geregelt. Der Richter ist hier nicht von Rechts wegen ausgeschlossen, wohl aber steht es den Beteiligten offen, durch eine Reaktion ihrerseits ihm die Ausübung des Amtes in der einzelnen Sache zu verlegen. Die Gründe der Befangenheit

auf die „unmittelbar Verletzten" zu beschränken. Das tut gleichwohl die hM. und die Praxis des RG. **23**, 361, **37**, 414. Selbst von diesem Standpunkt aus sind aber RG. **24**, 342, **25**, 179 sicher unrichtig. Richtig: Glaser II 109. Ullm. S. 167. RG. **33**, 314.

[5] RG. **4**, 343, **18**, 270; auch wenn die Tätigkeit direkt nur einen damaligen Mitangeschuldigten betraf, Arch. **58**, 455.

[6] Nach E 09 würde Nr. 7 wegfallen.

kann das Gesetz nicht aufzählen; es wird nur ein allgemeiner Fingerzeig dahin gegeben, daß der Grund geeignet sein müsse, Mißtrauen in die Unparteilichkeit des Richters zu rechtfertigen. Den Anstoß zum Ablehnungsverfahren geben entweder die Parteien (StAnw., Privatkläger, Nebenkläger, Beschuldigter, Einziehungsbetroffener) oder nach § 30 der Richter selbst, der jedoch niemals beweispflichtig oder anfechtungsberechtigt ist. Der erstere Fall ist näher zu betrachten. Das Ablehnungsgesuch muß angebracht werden: a) innerhalb präkludierender Frist[7] (§ 25; in I. Instanz bis zur Verlesung des Eröffnungsbeschlusses [RG. **44**, 312]; in der Rechtsmittelinstanz bis zum Beginn der Berichterstattung); b) in beliebiger Form, mündlich, schriftlich oder zu Protokoll (§ 26 I Teil II); c) beim Gericht, dem der Richter angehört (§ 26 I Teil I); d) unter Glaubhaftmachung des Ablehnungsgrundes (§ 26 II), d. h. Beweisführung durch einseitige, parate Beweismittel mit Ausnahme der Eideszuschiebung und des Erbietens zur Eidesleistung[8]. Stets muß außerdem eine dienstliche Äußerung des abgelehnten Richters erfolgen, der übrigens auch als Zeuge vernommen werden kann. Hält ein abgelehnter UR. oder AR. das Gesuch für begründet, so bedarf es keiner Entscheidung (§ 27 II S. 2).

Die Entscheidung trifft bei Schöffen der AR., beim AR. die Dreimännerstrafkammer, beim UR. die Dreimännerstrafkammer, beim Landrichter bald die Fünf-, bald die Dreimännerstrafkammer[9], beim OLGRat der OLGSen., beim RGRat der betreffende RGSen., beim reichsgerichtlichen UR. der I. StSen. des RG. Für die Geschworenen bestehen ganz abweichende Vorschriften. Soweit beim LG. oder OLG. durch Ausscheiden des abgelehnten Mitgliedes die Kammer oder der Senat beschlußunfähig wird, entscheidet das zunächst obere Gericht. Die dem Gesuch stattgebende Entscheidung ist unanfechtbar. Die sie verwerfende ist a) wenn es sich um einen erkennenden Richter handelt, erst zugleich mit dem Urteil (§ 28 II)[10], b) in allen anderen Fällen sogleich durch sofortige Beschwerde (§ 28 I) anfechtbar.

---

[7] sofern es sich um Ablehnung eines in der HVerh. mitsitzenden Richters handelt; im übrigen fristlos.

[8] ZPO. 294, StPO. 26 II S. 1: der sog. Perhorreszenzeid ist im Gegensatz zur hM. des gemeinen Rechts ausgeschlossen.

[9] a. M. die den Ablehnungen feindselige Praxis, deren bedenkliche Tendenz durch RG. **11**, 224, **13**, 302 (hier wird sogar der klare Wortlaut des § 23 III „Hauptverfahren", nicht „Hauptverhandlung", aus dem „inneren Grunde des Gesetzes" hinweginterpretiert), **21**, 250, **30**, 273 illustriert wird. Korrekter RMilG. **6**, 286, **7**, 30, **9**, 16. — Noch ungünstiger war E 09, § 20 nach Vorgang von MilStGO. 127.

[10] auch wenn ein OLG. nach § 27 I a. E. entschieden hat, RG. **33**, 314.

Die **Wirkung** der Ablehnung ist Ausschluß des betreffenden Richters sogleich von der Anbringung des Gesuches an. Doch darf er noch bis zur Entscheidung über die Ablehnung solche Handlungen vornehmen, die keinen Aufschub gestatten (StPO. 29). Anders ist es beim judex inhabilis: dieser darf nicht einmal solche Handlungen vornehmen.

V. Das gleiche Ablehnungsverfahren steht auch für die Geltendmachung eines Ausschlußgrundes nach III offen (StPO. 24 I). Entstehen Zweifel, ob ein Richter inhabilis sei, so kann das Gericht des § 27 hierüber von Amts wegen nach § 30 a. E. eine Entscheidung treffen, die dann nach Maßgabe des § 28 anfechtbar oder unanfechtbar ist. Das gleiche Ablehnungsverfahren dürfte endlich per analogiam auch auf die Fälle des judex incapax (oben I und II) auszudehnen sein.

§ 30.

Schöffen und Geschworene, insbesondere ihre Gewinnung.

Kries § 17. Birkm. §§ 43—45. B.-B. §§ 16—19. Ullm. §§ 25—32. Bind. §§ 40—42. Ötk. §§ 3—5, §§ 69—71. Laband III, § 91 I. Ötker, Rechtsgrundlagen der Sch.- und SchwGBildung, SchG.: Arch, **49**, 93—116, 203—233; SchwG.: **50**, 62—100, 204—248.

I. Die Erfordernisse zu diesen unentgeltlichen Ehrenämtern (GVG. 31, 84, 55, 96; nach E 09 künftig Tagegelder) und die Gründe der Zurückhaltung von der Ausübung des Amtes sind abweichend von dem eben Erörterten geregelt. Die Garantien bestehen nicht in einem Vermögens- oder Bildungszensus, sondern im Wahlmodus. Volle öffentlich-rechtliche Handlungsfähigkeit wird auch hier gefordert (Nichtdeutsche, Ehrlose sind ausgeschlossen, GVG. 31 S. 2; 32 Z. 1; 84), dagegen nicht die wissenschaftliche Qualifikation; wohl aber gelten wiederum die Ausschlußgründe (StPO. 31 I, 32, 279). Die Bestimmungen über Ablehnung greifen für die Schöffen Platz (StPO. 31), nicht aber für die Geschworenen, für die das peremtorische Verwerfungsrecht der §§ 282—285 StPO. gilt. Dazu treten endlich zwei besondere Fälle absoluter Unfähigkeit in GVG. 32 Z. 2 und 3; der Zeitpunkt der Ausübung des Amtes ist maßgebend (RG. 21, 298).

II. Neben den Personen, die zu dem Amt eines Schöffen oder Geschworenen unfähig sind, unterscheidet das Gesetz noch zwei Klassen: a) **Solche, die nicht berufen werden sollen**, wobei von Amts wegen zu beachtende (GVG. 52 II) Gründe des öffentlichen Interesses obwalten, ohne daß die Verletzung jedoch das Verfahren nichtig macht. Diese Klasse zerfällt in 2 Gruppen, bei deren erster (GVG. 33) die

Rücksicht auf die Interessen der Rechtspflege, bei deren zweiter (GVG. 34) die Rücksicht auf die Interessen des Reichs- und Staatsdienstes vorwiegt[1]. b) Solche, die die Berufung ablehnen dürfen (GVG. 35): 1. Mitglieder einer deutschen gesetzgebenden Versammlung; 2. Personen, die im letzten Geschäftsjahr einmal Geschworener oder fünfmal Schöffe waren; 3. approbierte Ärzte; 4. Apotheker ohne Gehilfen; 5. Personen über 65 Jahre; 6. Personen, die glaubhaft machen, daß sie den Aufwand nicht zu tragen vermögen; 7. Personen, die bereits zu dem anderen der beiden Ämter einberufen sind (GVG. 97). — Gelangen Personen aus den Klassen a oder b dennoch in die Liste und zur Ausübung des Richteramtes, so ist dies ohne jeden Einfluß auf das ergehende Urteil. Die Personen der Klasse a haben jedoch ein unbefristetes Weigerungsrecht, die der Klasse b ein Ablehnungsrecht, das bei den Schöffen (GVG. 53) befristet ist, bei den Geschworenen nicht (GVG. 94)[2].

III. Die Gewinnung der Schöffen für die einzelne Sache vollzieht sich in folgenden Etappen:

Es wird gewonnen	für den	durch den	im Wege
1. die Urliste GVG. 36	Gemeindeverband	Vorsteher	der Zusammenstellung
2. die Jahresliste GVG. 42 für das Geschäftsjahr	AG.-Bezirk	Ausschuß	der Wahl
3. die Reihenfolge GVG. 45 für die einzelne Sitzung	AG.-Bezirk	Amtsrichter	der Auslosung

Die Jahresliste ist eine doppelte: eine für die Hauptschöffen und eine für die Hilfsschöffen (GVG. 42—44). Die Auslosung der Reihenfolge durch den Amtsrichter geschieht:

a) für die ordentlichen Sitzungen aus der Jahresliste der Hauptschöffen für das ganze Jahr im voraus (GVG. 45);

[1] Sie sind teils von Reichswegen aufgezählt, GVG. 34 I; teils ist die Aufzählung dem Landesrecht überlassen (GVG. 34 II). Das preuß. AusfG. z. GVG. § 33 nennt 1. vortragende Räte der Ministerien, Generalinspektor des Katasters; 2. Provinzialsteuerdirektoren; 3. Dirigent der Direktion für die Verwaltung der direkten Steuern in Berlin; 4. Mitglieder des Oberverwaltungsgerichts, ständige Mitglieder der Bezirksverwaltungsgerichte und des Verwaltungsgerichts für Berlin.

[2] Pflichten der Laienrichter GVG. 56, 96, 200. StGB. 138.

b) für die **außerordentlichen Sitzungen** (GVG. 48) je für die einzelne Sitzung
   α) ohne besondere Dringlichkeit: aus der Jahresliste der Hauptschöffen;
   β) bei besonderer Dringlichkeit: aus der Zahl der am Sitz des Gerichts wohnenden Hilfsschöffen.

Einzelheiten. Zu 1: a) Aufstellung der Urliste in Preußen bis 1. Aug. (Geschäftsjahr = Kalenderjahr); aufgenommen werden alle Personen des Gemeindeverbandes außer den Unfähigen und denen, die nicht berufen werden sollen, aber einschl. derer, die ablehnen dürfen. b) Öffentliche Bekanntmachung des Zeitpunktes der Auslegung. c) Auslegung der Urliste zu jedermanns Einsicht eine Woche lang. d) Aufnahme bzw. Entgegennahme von „Einsprachen", die sich gegen die Richtigkeit oder gegen die Vollständigkeit der Urliste wenden können und nicht nur von den Betroffenen erhoben werden dürfen. e) Einsendung α) der Urliste, β) der Einsprachen, γ) der erforderlich erscheinenden Bemerkungen z. B. über vorhandene Ablehnungsgründe, an den AR., in Preußen bis 1. Sept. f) Anzeige von nachträglichen Einsprachen oder nötigen Korrekturen. GVG. 36—38.

Zu 2: A. Tätigkeit des AR. vor Zusammentritt des Ausschusses. a) Prüfung, ob 1b und c beobachtet; b) nötigenfalls Zurückgabe der Urliste zur Abstellung von Mängeln; c) Zusammenstellung der Urlisten für den ganzen AGBezirk; d) Vorbereitung des Beschlusses über die Einsprachen, z. B. durch Ermittelungen; e) Bestimmung des Termins für die nicht öffentliche Ausschußsitzung, in Preußen zwischen 1. Sept. und 1. Nov.; f) Ladung der Ausschußmitglieder. GVG. 39. — B. Zusammensetzung des Ausschusses. a) AR. als Vorsitzender: Staatsverwaltungsbeamter (in Preußen meist Landrat und Stellvertreter), von der Landesregierung (in Preußen Regierungspräsident) ernannt; 7 Vertrauensmänner (auf Helgoland 2). b) Die Vertrauensmänner werden jährlich aus den Einwohnern des AGBezirks gewählt (persönliche Erfordernisse in Preußen wie bei Schöffen) und zwar α) primär durch Kommunalvertretungen (in Preußen Kreisausschüsse und Stadtmagistrate, wobei auf mehrere wahlberechtigte Verbände die Zahl je im Januar durch den AR. nach der Einwohnerzahl verteilt wird) nach absoluter Majorität; β) subsidiär durch den AR. c) Zur Beschlußfähigkeit des Ausschusses gehören der AR., der Verwaltungsbeamte und 3 (auf Helgoland 1) Vertrauensmänner. d) Abstimmung nach absoluter Majorität, event. gibt der Vorsitzende den Ausschlag. GVG. 40. — C. Tätigkeit des Ausschusses: a) Entscheidung über die Einsprachen (mit Gründen zu protokollieren; endgültig und unanfechtbar, jedoch StPO. 279, 377 Z. 1). b) Berichtigung und Vervollständigung der Urliste. c) Wahl der (in Preußen bis 1. Sept. vom LGPräs. an den AR. mitgeteilten) erforderlichen Zahl der Hauptschöffen. d) Wahl der Hilfsschöffen (am Sitz des AG. oder in nächster Umgebung). e) Festsetzung der Reihenfolge der Hilfsschöffen. f) Herstellung der Geschworenenvorschlagsliste — s. unten IV; GVG. 41—44, 87.

Zu 3: A. Gewöhnlicher Verlauf. a) Feststellung (in Preußen im Nov.) der ordentlichen Sitzungstage des SchG. für das nächste Kalenderjahr. b) Anberaumung einer öffentlichen Sitzung zur Auslosung. c) Losziehung durch den AR. Dabei können Lose mit den Namen gezogen werden; der fünfmal (GVG. 43 II) gezogene Name scheidet aus. Oder Lose mit den Sitzungstagen; der zweimal gezogene Tag scheidet aus. Oder beides zugleich; die fünfmal gezogenen Namen und zweimal gezogenen Tage scheiden aus. Die erste Methode ist die übliche. d) Protokollierung, GVG. 45 III. e) Notifikation der Schöffen, GVG. 46. f) Anbringung von Ablehnungsgründen binnen einer Woche und Entscheidung darüber, GVG. 53. g) Ladung zur einzelnen Sitzung, praktisch kaum entbehrlich, in Preußen vorgeschrieben. — B. Nachträgliche Änderung der Reihenfolge. a) Tausch unter 2 oder mehreren Schöffen, bevor Sachen auf die Termine angesetzt sind: übereinstimmender Antrag der Schöffen; Bewilligung durch AR. nur fakultativ, GVG. 47. b) Streichung von der Liste wegen Unfähigkeit, GVG. 52 I. c) Fernere Nichtheranziehung nach GVG. 52 II. d) Eigene Ablehnung, GVG. 53. e) Entbindung wegen Hinderungsgründe, GVG. 54 I. f) Tausch unter 2 (nicht mehreren) Schöffen, auch wenn der Termin schon besetzt ist, wegen besonderer Hinderungsgründe, auf oder ohne Initiative des AR., GVG. 54 II. — C. Berufung von Hilfsschöffen. a) Ersetzung eines Hauptschöffen für die einzelne Sitzung, GVG. 49 I. Ist der Hauptschöffe für den ganzen Rest des Geschäftsjahres weggefallen, so tritt dies Verfahren für jede einzelne Sitzung ein, an der er hätte teilnehmen sollen. b) Fall besonderer Eile, GVG. 49 II. Beschränkung auf die am Gerichtssitz wohnenden. c) Ergänzungsschöffen, GVG. 194 III, 49 I, II. d) Anberaumung einer außerordentlichen Sitzung und besondere Dringlichkeit, GVG 48 II.[3]

IV. Die Gewinnung der Geschworenen für die einzelne Sache spielt sich in den folgenden Etappen ab:

Es wird gewonnen	für den	auf die Zeit	durch	im Wege
1. die Urliste, GVG. 85	Gemeindeverband	des Geschäftsjahres	den Vorsteher	der Zusammenstellung
2. die Vorschlagsliste, GVG. 88	AG-Bezirk	des Geschäftsjahres	den Ausschuß	der Wahl (3 fache Zahl)
3. die Jahresliste, GVG 89	LG-Bezirk	des Geschäftsjahres	das Landgericht	der Wahl (1 fache Zahl)
4. die Spruchliste, GVG. 91	LG-Bezirk	der Sitzungsperiode	das Landgericht	der Auslosung (30 Hauptgeschworene)
5. die Geschworenenbank, StPO. 178	LG-Bezirk	der Verhandlung in der einzelnen Sache	den Vorsitzenden	der Auslosung (12 Geschworene)

[3] E 09 ändert nichts wesentliches, nur wird für die LGSchöffen (einschl. derer für eine detachierte StK.) zunächst eine Vorschlagsliste durch den Ausschuß im Wege der Wahl gebildet. Aus dieser werden die Jahreslisten für die Haupt- und Hilfsschöffen und die Reihenfolge der letzteren im Wege der Wahl durch das LG. (Präs. + 4 weitere Mitgl.) gewonnen. Die Reihenfolge der Hauptschöffen wird vom LG. (öffentl. Sitzung, 3 Mitglieder, GerSchreiber) vermöge Auslosung bestimmt.

Die Jahreslisten sind auch hier gesonderte für die Haupt- und für die Hilfsgeschworenen; für letztere ist in gleicher Weise eventuell noch eine weitere besondere Liste nach GVG. 98 zu bilden, nämlich für einzelne auswärtige Schwurgerichtssitzungen. Die Spruchliste erfährt nötigenfalls eine Vervollständigung durch den Schwurgerichtsvorsitzenden auf dem Wege der Nachlosung

a) vor Zusammentritt des SchwG. aus der Hauptgeschworenenliste, GVG. 94 II;

b) nach Zusammentritt des SchwG. aus der Hilfsgeschworenenliste, StPO. 280.

Einzelheiten. Zu 1 gilt das gleiche wie bei den Schöffen, oben S. 95. Die Urlisten für beide sind identisch.

Zu 2: a) Bestimmung durch die Landesjustizverwaltung (in Preußen durch LGPräs. bis zum 1. Sept.), wie viel Geschworene in dem LGBezirk oder dem davon nach GVG. 99 abweichenden SchwGBezirk im Jahre nötig sind, und wie viele davon auf den einzelnen AGBezirk entfallen. b) Der Ausschuß wählt aus den Urlisten die dreifache Zahl — oben III zu 2, C, f. c) Die Vorschlagsliste scheidet Haupt- und Hilfsgeschworene noch nicht. — GVG. 86—88.

Zu 3: a) Einsendung (in unmittelbarem Anschluß an die Ausschußsitzung) der Vorschlagslisten und der die Aufgenommenen betreffenden Einsprachen an den LGPräsidenten. b) Anberaumung einer nichtöffentlichen LGSitzung (in Preußen im Rest des Kalenderjahres): Präsident, Direktoren, im ganzen 5 Mitglieder. c) „endgültige" Entscheidung über Einsprachen, wodurch jedoch den §§ 279, 377 Z. 1, 2 StPO. nicht vorgegriffen wird. d) Wahl der bestimmten Zahl von Hauptgeschworenen. e) Wahl der bestimmten Zahl von Hilfsgeschworenen (amSchwGOrt oder in nächster Umgebung). d und e zusammen ein Drittel der Vorschlagsliste. — GVG. 89, 90.

Zu 4: A. Herstellung der Spruchliste, GVG. 91. a) Zeit der Sitzungsperioden (und deren jährliche Zahl) in Preußen durch OLGPräsidenten nach Anhörung des OStAnw. bestimmt. b) Anberaumung einer öffentlichen LGSitzung (spätestens 2 Wochen vor Beginn der Periode): Präsident, 2 Mitglieder, Staatsanwaltschaft. c) Präsident lost 30 (nach E 09: 22) Hauptgeschworene aus. d) Protokollierung. e) Für die zweite und folgende Sitzungsperiode scheiden die früher als Geschworene Erschienenen aus; es sei denn, daß sie selbst das Gegenteil beantragen. — B. Weitere Behandlung der Spruchliste, GVG. 92—94. a) Übersendung an den SchwGVorsitzenden. b) Ladung der Geschworenen mit „tunlichst" 1 Woche, „mindestens" 3 Tagen Frist. c) Entscheidung über Ablehnungs- (GVG. 35, 97) und Hinderungsgründe (bei denen billiges Ermessen den Ausschlag gibt) nach Anhörung des StAnw. α) vor Zusammentritt des SchwG. durch den Vorsitzenden, β) nach Zusammentritt durch die richterlichen Mitglieder. d) event. nicht-öffentliche Nachlosung, Ergänzung auf 30, in formlosem Verfahren.

Zu 5: A. Vorbereitung der Auslosung. a) Mitteilung der Spruchliste an den Angeklagten, StPO. 277. b) Sichtung der Liste von **incapaces** und **inhabiles**

StPO. 279.[4] c) Möglich ist Nichterscheinen oder Entfernung wegen Ablehnungs- oder Hinderungsgründe, GVG. 94, oder Wegfall (der Geschw. ist tot, ausgewandert, unermittelt, nicht geladen), oder endlich unentschuldigtes, nach GVG. 56, 96 strafbares Ausbleiben. d) Der Rest muß 24—30 (nach E 09: 18—22) betragen. Eventuell Ergänzung auf 30 durch öffentliche Nachlosung aus der Jahresliste der Hilfsgeschworenen. e) Geltung der Nachlosung für den Rest der Periode; doch ist diese Einwirkung auf die Spruchliste resolutiv bedingt; erscheinen mehr als 30, so treten die überzähligen Hilfsgeschworenen in der umgekehrten Reihenfolge ihrer Auslosung zurück, StPO. 280. — B. Bildung der Geschworenenbank. a) Beginn der Losziehung, sobald 24 (E 09: 18) anwesend, StPO. 280 Abs. 4.[5] b) Losziehung durch Vorsitzenden in unbedingt öffentlicher Sitzung, StPO. 281. c) Ablehnungsverfahren: α) Ablehnungsrechte; für jede Partei die Hälfte der über 12 überschüssigen Geschworenen, für den Angeklagten eventl. 1 mehr; Verteilung auf mehrere Angeklagte nach deren Vereinbarung, eventl. rechnerisch und ergänzend durchs Los. StPO. 282, 284. β) Ausübung durch peremtorische Erklärung „angenommen" oder „abgelehnt", ohne Gründe. StAnw. erklärt sich zuerst. Schweigen = Annahme. Zurücknehmbarkeit bis zur Ziehung des nächsten Namens, StPO. 283, RG. **37**, 421. d) Nach GVG. 194 Abs. 2 kann der Vorsitzende Zuziehung von Ergänzungsgeschworenen anordnen; aber nur vor Beginn der Auslosung[6]. Verminderung der Zahl der Ablehnungsrechte, StPO. 285. e) Beibehaltung der Bank für andere Verhandlungen am gleichen Tage, falls die Parteien einverstanden sind, StPO. 286. f) Unbedingt öffentliche Beeidigung der Geschworenen, StPO. 288.

§ 31.

Der Gerichtsschreiber.

Kries § 18 I. Birkm. §§ 37 III 2, 47, 50 II. Ullm. § 37 I. Bind. § 43.

I. Jedem Gerichtskörper ist nach GVG. 154 eine Gerichtsschreiberei angegliedert. Die Organisation, Einrichtung und Verteilung der Geschäfte und die Einzelheiten ihrer Behandlung sind der Justizverwaltung überlassen. Für das RG. erläßt der RKanzler die nötigen Verordnungen, für die Einzelstaaten die Landesjustizverwaltungen (Preußen: G. über die Dienstverhältnisse der GerSchr. vom 3. März 1879; GerSchrOdg. vom 17. Dez. 1899; Geschäftsordnungen für die verschiedenen Gerichtsschreibereien vom Okt. 1906).

---

[4] Gleichgültig ist, ob gegenwärtig die Geschw. noch im Bezirk des SchwG. wohnen. RG. **39**, 277, 306. Befangenheit gehört nicht hierher, RG. **45**, 287.

[5] Laut **41**, 404 soll es noch nach begonnener Auslosung statthaft sein, Hinderungsgründe, GVG. 94, geltend zu machen; vgl. auch **41**, 444.

[6] RG. **26**, 1, **34**, 335, **38**, 43. Nach RG. Arch. **56** 212 auch noch nach Beginn der Auslosung: es komme dann darauf an, ob die Ablehnungsrechte anders geltend gemacht worden wären. Das dürfte aber unrichtig und ein Fehler in der Bildung der Bank sein, StPO. 377 Z. 1. Eher wird man es gutheißen können, wenn die Anordnung und die Konstatierung der Zahl der Ablehnungsrechte zwar gleich von Anfang an getroffen wird, aber nun zuerst die 12 eigentlichen Geschw. ausgelost und vereidet und dann erst die Ergänzungsgeschw. aus der Urne gezogen und ihrerseits vereidigt werden. So RG. Arch. **59**, 118.

II. Die wichtigsten Funktionen des GerSchr. in Strafsachen sind: 1. Mitwirkung bei Verhandlungen durch Beurkundung, wobei das Protokoll durch gemeinschaftliche Tätigkeit des Vorsitzenden und des GerSchr. zustande kommt — so in der HVerh., StPO. 225, 271, 308, und außerhalb derselben, StPO. 185, 186, 166. Auch bei andern Akten protokolliert er, z. B. bei der Auslosung der Schöffen, GVG. 45 III, oder bei der Hinrichtung, StPO. 486 IV. — 2. Entgegennahme von Erklärungen zu Protokoll, z. B. Einlegung von RM., StPO. 348, 355, 358, 381, 385 II, oder sonstigen Rechtsbehelfen, StPO. 406 II, 449, 454, Erhebung von Privatklagen, StPO. 421, Gesuchen aller Art, StPO. 26. — 3. Mitwirkung bei Ladungen und Zustellungen: StPO. 37, ZPO. 204, 209—211, StPO. 219 II, 425 II, 430 III. — 4. Erteilung von Ausfertigungen StPO. 275 IV, 483. — 5. Berechnung der Kosten und Geldstrafen.

III. Welche Fähigkeiten ein GerSchr. besitzen muß, bestimmt das Landesrecht[1]. Außerdem muß er, um in der einzelnen Sache fungieren zu können, den gleichen Anforderungen genügen, die wir oben (§ 29 III, IV) für den Richter besprochen haben, er darf weder inhabilis noch suspectus sein. Die Bestimmungen über die Ausschließung und Ablehnung der Richter finden nach StPO. 31 auf den GerSchr. entsprechende Anwendung. (Nach E 09 § 25 soll Mitwirkung in früherer Inst. nicht schaden.) Die nötigen Entscheidungen trifft das Gericht oder der Richter, dem der GerSchr. beigegeben ist.

IV. Hat der erforderliche GerSchr. gefehlt, so ist der betreffende Verfahrensakt nichtig und unbenutzbar. Fehlte er in der HVerh., so ist das Urt. nach StPO. 225, 377 Z. 5 aufzuheben. Hat er bei einer vereinzelten Beweisaufnahme gefehlt, so liegt ein der Verlesung in der HVerh. fähiges richterliches Protokoll über jene Beweisaufnahme nicht vor (StPO. 232, 248, 250, 253); wird das Protokoll gleichwohl als Urteilsgrundlage verwendet, so ist die Revision begründet. Der Nicht-Mitwirkung eines GerSchr. steht die Mitwirkung eines Nicht-GerSchr., eines zu diesem Amte Unfähigen gleich; aber auch die eines kraft Gesetzes ausgeschlossenen oder mit Erfolg abgelehnten.

V. Zu den GerSchr. sind im StrVerf. auch die Bürobeamten (Sekretäre) der StAnw. zu rechnen, jedenfalls soweit das Zustellungswesen in Frage kommt. Hierzu L.-H. N. 20 zu StPO. 37.

§ 32.

II. Die Nebenpersonen.

Kries § 18 II. Birkm. §§ 37 III 3, 48. Ullm. § 37 III. Bind. §§ 45, 46.

I. Der Gerichtsvollzieher spielt in Strafsachen keine große Rolle. Zustellungen und Ladungen ergehen meist von Amts wegen, und demnach tritt der GerVollz. hierbei nach StPO. 37, ZPO. 208—213 nicht in Tätigkeit. Nur wo Privatpersonen das Recht unmittelbarer Ladung haben, wenden sie sich an den

[1] In Preußen Lebensalter von 21 Jahren, Erfüllung der Militärpflicht (oder Befreiung) und Bestehen einer Prüfung. Die Prüfung ist verschieden für GerSchr. und für GerSchrGehilfen. Wer einen 2½jährigen Vorbereitungsdienst als „Justizanwärter" absolviert hat, wird nach Bestehen der GerSchrPrüfung „Aktuar" und nach fester Anstellung „Sekretär". Zum Vorbereitungsdienst auf die GerSchrGehilfenprüfung werden für etatmäßige Stellen nur Militäranwärter zugelassen; sie führen

GerVollz.: StPO. 38, 193, 219, 426. Mit den Vollstreckungen wird er nur in dem engen Rahmen des § 495 StPO. betraut, also von Amts wegen nur bei Geldstrafen und Einziehungen. — Die Organisation dieser Beamtenklasse ist dem Landesrecht überlassen: GVG. 155. Dieses bestimmt die allgemeine Fähigkeit zur Wahrnehmung des GerVollzAmtes. Was die Fähigkeit im besonderen Fall angeht, so ist dem Reichsrecht eine Ausschließung kraft Gesetzes bekannt: der Verletzte und der Angehörige des Verletzten oder des Beschuldigten ist nach der näheren Vorschrift des § 156 II GVG. inhabil. Eine Ablehnung gibt es dagegen nicht. Mitwirkung eines unfähigen GerVollz. macht die betreffende Ladung nichtig und das Urteil, sofern es auf der Voraussetzung ordnungsmäßiger Ladung beruht, revisibel.

II. Der Gerichtsdiener ist im Reichsrecht nur als Hilfsorgan bei der Zustellung von Amts wegen, StPO. 37, ZPO. 211, 212 erwähnt. Sein Wirkungskreis ist indessen ein größerer, doch auf mechanische Dienste beschränkter (Aufruf von Sachen, Türendienst in der Sitzung, auch Entfernung Widerspenstiger und dgl., ferner Aktentransport, Reinigung der Räume usw.). Als besondere Klassen seien die Gefängnisaufseher (Gefangenenwärter) und die Scharfrichter (Nachrichter) hervorgehoben. Die Regelung dieses ganzen Dienstzweiges ist stillschweigend völlig dem Landesrecht überlassen.

Zweiter Abschnitt. Die Parteien.

§ 33.

Allgemeines über die Parteien.

Kries § 26, § 32, I, II, IV. Birkm. § 52. B.-B. §§ 36—39. Bind. § 51. Ullm. §§ 53, 58, 59, 61, 65. H. Meyer Parteien im StProz., 1889. Mittermaier (s. zu § 34). Ötker Ztsch. **17**, 493. Süß Stellung der Parteien im mod. StrProz. Wien, 1898. Rosenfeld Nebenklage, 1900, S. 78 ff., 88—92, 127 ff., 156 f., 191—195, 199 ff. Fraeb Lehre des Parteibegriffs, Marb. Diss. 1905. Schötensack GerS. **72**, 152. Ötker GerS. **76**, 347. — O. Mayer VerwR I 465. — Zu II 2 insbes.: J. Goldschmidt Deliktsobligationen des VerwR., 1905. Dronke Ztsch. **26**, 664. Pötsch Subsid. Haftung für fremde Geldstr., 1907. Beling in v. St.-Fl. II 308—323 (1911, sehr eingehend und fördernd).

I. Der Strafprozeß ist darauf zugeschnitten, daß sich in ihm Verfechter widerstreitender Behauptungen gegenüberstehen. Ein mit ihnen nicht identischer Richter soll über die Behauptungen entscheiden, doch nur auf Anrufen. Ist somit der Strafprozeß in begrifflichem Sinne „Prozeß“ (oben S. 28—32), so sind auch jene Verfechter wider-

---

nach bestandener Prüfung und fester Anstellung den Amtstitel „Assistent“. Zur Wahrnehmung der GerSchrGeschäfte werden alle diese Personen in größerem oder geringerem Umfang zugelassen, insbesondere zur Protokollführung. Auch die Referendare werden hierzu herangezogen.

streitender Behauptungen „Parteien“. Ist der Strafprozeß ein Rechtsverhältnis, so ist die Partei: „Subjekt des Prozeßrechtsverhältnisses. Der Prozeß ist ihr Prozeß; die Klage ihre Klage; die Verurteilung ihre Verurteilung. Sie ist das Subjekt, in dessen Namen und für dessen Rechnung der Prozeß geführt, in dessen Interesse der Rechtsschutz begehrt wird“ (Wach, Handb. des ZivProzR. I § 46, S. 518). Die Parteien in diesem Sinne sind zunächst der Staat und der Beschuldigte[1]. Sie verfechten nicht nur äußerlich als Regelerscheinung widerstreitende Behauptungen, sondern es stecken auch materielle Rechte dahinter, für die sie Rechtsschutzansprüche geltend machen[2]. Erst dies macht den Begriff der Partei aus. Als Partei haben wir somit anzusehen diejenigen am Prozeß beteiligten Rechtssubjekte, für die oder gegen die Rechtsschutz verlangt wird, oder[3]: die durch die Entscheidungen des Gerichts über den Gegenstand des Strafprozesses unmittelbar in ihren materiellen Rechten und Pflichten berührt werden.

II. Unter diesen Begriff fallen auch noch andere Personen, deren Rechtsverhältnisse möglicherweise Gegenstand des Strafprozesses werden:

1. der Bußkläger, der über seinen Entschädigungsanspruch entschieden wissen will[4]. Hier handelt es sich um eine zivilrechtliche Frage, die im Strafverfahren mit entschieden wird. Eine solche „Adhäsion“ war dem gemeinen Recht und ist den meisten festländischen Rechten Europas ganz geläufig. Der Vorentwurf zum StGB. 1909, § 57, will zu dem früheren Standpunkt zurückkehren und für den Anspruch des durch irgend eine Straftat Verletzten auf Schadensersatz bis zum Höchstmaß von 20000 Mark die Möglichkeit der Miterledigung im Strafprozeß eröffnen. Die spezifischen Strafprozeßgrundsätze gelten für die Behandlung dieses Anspruches natürlich nicht, es sei denn eine Trennung von der Erörterung über den Strafanspruch undurchführbar;

2. der für die Geldstrafe des verurteilten Gefällsdelinquenten

---

[1] Jeder Satz hier ist auf das Äußerste bestritten, sowohl daß es überhaupt „Parteien“ im StP. gibt, wie die hier angenommene „materiellrechtliche“ Parteientheorie. Gaupp-Stein, Komm. z. ZPO. [9]1906, I 132.

[2] Vgl. hierzu Kries S. 192, S. 219. B.-B. S. 111 (Benn.), S. 270, 279 (Bel.) Oben S. 32 N. 6 über das historische Argument für den Parteiprozeß und über den Rechtsschutzanspruch des Angeklagten.

[3] was hier, aber nicht im Zivilprozeß, gleichbedeutend ist.

[4] Nebenkläger nach StPO. 443 II. Rosenfeld, Nebenklage § 17 B.

subsidär Haftende[5]. Die „Haftung Dritter" ist keine Strafe[6]. Eine solche trifft nur den „eigentlich Schuldigen". Es liegt vielmehr ein Verwaltungsanspruch vor[7]. In fiskalischem Interesse will sich der Staat gewissermaßen freiwillige Polizisten erziehen. Deshalb soll ein die Aufmerksamkeit anspornendes Moment gesetzt werden. Die gewählte Form ist das Eintretenmüssen für eine materiell fremde Zahlungsverbindlichkeit, die auf öffentlichrechtlicher Grundlage ruht. Die Ähnlichkeit mit einer Bürgschaft ist offenbar. Wir fassen deshalb die „Haftung

---

[5] I. Das Institut wird in StGB. 361 Z. 9 a. E. als möglich vorausgesetzt; nach der Fassung wird es nicht als Strafe angesehen. Ein klares Beispiel gibt Vereinszollg. v. 1. 7. 69 § 153 Z. 2: Eisenbahnverwaltungen und Dampfschiffahrtsgesellschaften haben schlechthin für die Geldstrafen ihrer Angestellten und Bevollmächtigten zu haften, wenn diese Personen wegen Verletzung der zollgesetzlichen oder Zollverwaltungsvorschriften verurteilt worden sind, die sie bei Ausübung der ihnen von den subsidiarisch Verhafteten übertragenen oder ein für allemal überlassenen Handels-, Gewerbs- und anderen Verrichtungen zu beobachten hatten. Ebenso durchsichtig eine landesrechtl. Vorschrift wie RheinschGerG. v. 8. 3. 79 § 13: der Schiffsherr haftet für Geldstr., die Personen der Schiffsbesatzung wegen Zuwiderhandlungen gegen die schiffahrts- und strompolizeil. Vorschriften auferlegt werden. Ein neueres, aber von Beling schon als Strafe aufgefaßtes Beisp. bietet BranntwSteuerG. v. 15. 7. 09, §§ 131 Z. 2 [Z. 1 ist Strafe], 132 (RGBl. S. 690). — II. Mehrfach kommt statt subsidiärer eine solidarische Haftung vor, und es kann sich dann — zumal wenn so wie so von Verschuldung ganz abgesehen wird — eine sehr unklare Vermischung von Strafe und Haftung ergeben, vgl. RStempelg. v. 3. 6. 06 § 72, Wechselst.G. v. 4. 3 09 § 20. — III. Die Haftung Dritter erstreckt sich meistens auch auf Zoll- oder Steuerbeträge, auf Prozeßkosten, auf den zu erlegenden Wert von Gegenständen, deren Konfiskation unvollziehbar ist, bisweilen auch auf den Werterſatz, den der zivilrechtlich Geschädigte zu erhalten hat. In allen Fällen dient der StrProz. dann auch diesen fremden Zwecken.

[6] Für Strafnatur die ältere, auch in der Praxis noch weit verbreitete Meinung. So auch Goldschmidt, der eine verwaltungsrechtliche Strafe daraus macht. So im Grunde aber auch Ötker (Garantiehaftung) und Binding (kriminelle Bürgschaft, Handb. I 489 ff.); denn nach beiden duldet der Dritte schließlich Strafe für fremde Schuld.

[7] v. Liszt Lb., 18. Aufl., § 58, S. 254 N. 5. v. Kries 228 ff. Beling v. St.-Fl. a. O. Letzterer trennt aber die Fälle, in denen ein irgendwie geartetes, erwiesenes oder präsumiertes Verschulden des Dritten gefordert wird, völlig ab. Hier nimmt er Strafe an, ohne dann doch subsid. Freiheitsstr. zuzulassen (S. 315). Allerdings ist letztere mehrfach ausdrücklich ausgeschlossen, z. B. preuß. Forstdiebstahlges. v. 15. 4. 78, § 4. Die B.'sche Ansicht dürfte nur für den Teil der Fälle stimmen, wo die Haftung an eine auf die konkrete Tat bezügliche Schuld geknüpft ist, z. B. die eben zit. preuß. Stelle. Auch versagt das B.'sche Kriterium, wo auch bei dem eigentlich Schuldigen kein Verschulden gefordert wird (sog. Ordnungsstrafe nach hM.).

Dritter" als eine Art publizistischer Bürgschaft[8] auf. Folge ist ihre akzessorische Natur: Untergang, wenn der Strafanspruch gegen den eigentlich Schuldigen erlischt, z B. durch Verbüßung der subsidiären Freiheitsstrafe, durch Tod (m. E. trotz StGB. 30), durch Verjährung, durch Begnadigung. Wird die Strafverurteilung angefochten, so kann die gleichzeitig ausgesprochene Haftung des Dritten nicht in relative Rechtskraft erwachsen[9]. Dagegen steht die Abhängigkeit der Haftung dem nicht entgegen, nach Aburteilung des eigentlich Schuldigen nachträglich gegen den Haftenden zu prozedieren, wozu dann ebenfalls sinngemäß die Formen des Strafprozesses offen stehen[10]. Die eigentlichen Grundsätze des Strafprozesses gelten aber hier nicht[11];

3. jeder Kostenpflichtige, da die Kostenfrage stets und von Amts wegen Gegenstand der Entscheidung ist (StPO. 496).

III. Zum Auftreten im Prozeß gehört Parteifähigkeit d. h. die Fähigkeit, aktiv oder passiv Subjekt des Prozeßverhältnisses zu sein; und Prozeßfähigkeit d. h. die Fähigkeit, durch seine Willensäußerungen auf das Prozeßverhältnis einzuwirken (prozessuale Handlungsfähigkeit). 1. Der Kreis der Parteifähigen ist am engsten für die Strafe erstrebende Partei: nur der Staat kann Strafkläger sein, da

---

[8] Hiergegen Beling, der Steuerähnlichkeit annimmt (S. 313). — Bindings „kriminelle Bürgschaft" führt vielfach zu gleichen Folgerungen, wie oben gezogen; vgl. v. Bar III 485 N. 282 a.

[9] Unverträglich mit der Auffassung als Strafe ist die neuere Judikatur: RG. **12**, 212 (der Haftende kann Feststellung verlangen, ob der Delinquent wirklich kriminell schuldig, ev. haftet er nur in Höhe der verdienten Ordnungsstrafe). **22**, 41 (keine Verurteilung des Haftenden ohne Zuziehung zum Verfahren). **24**, 198 (keine Aburteilung ex officio ohne Klage). Die I. Instanz kann nicht übersprungen werden, Beling a. O. 318, 6. RG. **3**. 105, **21**, 331, **24**, 353, **25**, 294 (der Haftende kann außerdem selbst strafbarer Teilnehmer sein; er hat dann doppelt zu zahlen; früher a. M. **1**, 334). **27**, 326 (besonderes Nachverfahren gegen den Haftenden, in dem das Hauptsteueramt als Nebenkläger auftreten kann. Keine Haftung für den Wertersatz z. B. eingeschmuggelter Zigarren, oder überhaupt für die Konfiskation und deren Folgen. Eisenbahnverwaltung haftet für Zolldefraude durch Packmeister. Auch der Reichseisenbahnfiskus kann verurteilt werden, an den els.-lothr. Zollfiskus zu zahlen). **31**, 39, 272, 315 (Dampfschiffahrtsgesellschaft als Haftender). **34**, 415 (Internationale Schlafwagengesellschaft in Brüssel ist keine „unbedingt" haftende „Eisenbahnverwaltung" im Sinne von § 153 Z. 2 Vereins-ZollG.). **35**, 425 (430) (Verhältnis zweier Haftenden). — Wieder ganz für die Strafnatur und überhaupt in der Argumentation abwegig OLG. Karlsruhe, GerS. **77**, 193.

[10] Preuß. VerwStrVerfG. v. 1897 § 5 Z. 4, § 36 IV, vgl. indessen Lb. § 107 N. 1. RG. **12**, 212. **21**, 333. **27**, 326. Dagegen Beling a. O. 317.

[11] z. B. Legalitäts-, Immutabilitätsprinzip, Zweidrittelmajorität.

nur ihm Strafansprüche zustehen können. Im übrigen wird der Kreis weiter: Beschuldigter kann jeder Mensch sein; subsidiär Haftender und Kostenpflichtiger auch jede juristische Person; Bußberechtigter jeder zivilprozessualisch parteifähige Entschädigungsberechtigte[12]. 2. Die Prozeßfähigkeit haben alle juristischen Personen, doch können sie nur durch Organe handeln (die nach BGB. 26 die „Stellung" gesetzlicher Vertreter haben). Als Beschuldigter ist handlungsunfähig, wer noch nicht 12 Jahre alt ist (StGB. 55), und wer sich zur Zeit der einschlägigen Prozeßhandlung (z. B. der HVerh.) in einer krankhaften Störung der Geistestätigkeit befindet, die ihn an vernünftiger Wahrnehmung seiner Rechte verhindern könnte[13]. Als Bußberechtigter und subsidiär Haftender muß man voll verpflichtungsfähig (vgl. ZPO. 52) sein. Bei den Kostenpflichtigen sind die einzelnen Fälle zu unterscheiden[14].

IV. Der Staat als Partei im Strafprozeß handelt entweder durch sein hierzu geschaffenes und berufenes Organ, die Staatsanwaltschaft, oder bisweilen durch andere Vertreter, den Privatkläger (StPO. 414) oder eine Verwaltungsbehörde (StPO. 464). Diese Parteivertreter nehmen nur fremde Rechte wahr, haben aber formal die Stellung, als wären sie selbst Partei: es kommt ihnen eine Parteirolle zu[15]. Im Kostenpunkt sind aber der Privatkläger und nach seinem Vorbild (StPO. 466) die Verwaltungsbehörde selbst Partei. Bei der Staatsanwaltschaft darf nicht übersehen werden, daß sie als

---

[12] z. B. wegen unlauteren Wettbewerbs auch über die juristischen Personen hinaus die offenen Handelsgesellschaften.

[13] Es wird Verhandlungsfähigkeit (Vernehmungsfähigkeit) gefordert. Liegt diese nicht vor, was auch auf Taubstummheit oder Trunkenheit beruhen kann, so ist Einstellung des Verfahrens geboten und zwar, wenn die Verhandlungsunfähigkeit nicht binnen kurzem behoben werden kann, durch Urteil nach StPO. 259, sonst durch Beschl. auf Aussetzung. Vgl. RG. **1**, 149, **21**, 324, auch **3**, 29. Zivilrechtliche Handlungsfähigkeit (Entmündigung) ist gleichgültig.

[14] Privat- und Nebenkläger, sowie Antragsteller nach §§ 170 ff. als persönlich Kostenpflichtige (StPO. 503—505) bedürfen voller Geschäftsfähigkeit, um strafprozessual handeln zu können. Der Antragsteller nach StPO. 502 kann selbständig nur handeln, wenn er über 18 Jahre ist (StGB. 65). Der Anzeigende haftet nach StPO. 501 für grobes Verschulden, wie aus Delikt; daher wird, analog BGB. 828, Alter über 7 Jahre zu erfordern sein.

[15] Trotzdem dürfen sie nicht selbst als „Partei" in prozessualem oder formalem Sinne bezeichnet werden, wie das namentlich Birkm. § 52 II tut. Auch Binding GerS. **72**, 5. Will man an einer in allen Zweigen der Rechtslehre ohne Verwirrung anwendbaren Terminologie festhalten, so darf man den Parteibegriff nur materiellrechtlich fassen.

Behörde neben ihrer Parteistellung auch eine **Amtsstellung**[16] hat. Die aus jener und die aus dieser Quelle entspringenden Befugnisse sind mit verschiedenem Maßstabe zu messen. Nur die ersteren können auf andere in gleicher Parteistellung kraft Rechtsähnlichkeit übertragen werden. Die Amtsstellung darf aber die Parteistellung nicht überwuchern und erdrücken. Das Rechtsmittelrecht der Staatsanwaltschaft zugunsten des Beschuldigten (StPO. 338 II) ist nur aus ersterer erklärbar und mit letzterer in Widerspruch, daher als anomale Überspannung aufzufassen.

V. Neben den eigentlichen oder Hauptparteien bezeichnet man als **Nebenparteien** solche Personen, die mit prozessualen Befugnissen von gleichartiger Tendenz wie die eine oder andere Hauptpartei ausgestattet sind, ohne daß die Ausübung derselben vom Willen der Hauptpartei abhängig wäre. Sie sind durchweg sekundäre **Parteivertreter**[17], die bald in der Parteirolle des Anklägers, bald in der des Beschuldigten tätig sind. Der verfolgenden Partei kann sich ein Nebenkläger (den wir in diesem Fall Neben-Ankläger nennen) zugesellen (StPO. 435), der verfolgten ein gesetzlicher Vertreter[18] oder ein Angehöriger[19]. Der Begriff des ersteren bestimmt sich nach BGB[20]. Der Begriff der An-

---

[16] **Rosenfeld** Nebenklage, S. 126 ff. Bei **Beling** (B.-B. S. 273) m. E. schon zu scharf betont. Die Pflicht, einen objektiven Standpunkt einzunehmen, besteht auch für den Zivilkläger und für den Beschuldigten als sittliche Pflicht. Bei der Staatsanwaltschaft tritt nur hinzu, daß sie auch eine disziplinarrechtliche Seite hat. Auf die Struktur des Prozesses ist das ohne Einfluß.

[17] neben einem primären, wie dem StAnw., oder neben der Partei selbst. Ein beitretender Privatklageberechtigter (StPO. 415 II) gehört nicht hierher; es sind dann zwei primäre Parteivertreter vorhanden. Wirkt der StAnw. im Privatklageverfahren mit (StPO. 417 I), so ist er Nebenpartei. Vgl. unten § 109 IV.

[18] Befugnisse: Verteidiger zu wählen, StPO. 137; bei StK.-Verbr. die Verteidigung zur notwendigen zu machen, StPO. 140 II, Z. 2; in der HVerh. als Beistand aufzutreten, StPO. 149 II, daher auch Recht auf Einhaltung der Terminsstunde, RG. **38**, 106; RM. einzulegen, StPO. 340 (vgl. 371, 372, 398 II, 405). Außerdem u. U. Recht auf Zustellung der Urt. auf Zwangserziehung, StPO. 268.

[19] Befugnisse **aller** Angehörigen: in der HVerh. gegen einen „Abwesenden" aufzutreten und RM. einzulegen, StPO. 322, 324, 474, und im Beweissicherungsverfahren gegen einen „Abwesenden" einen Verteidiger zu wählen, StPO. 328; Verabfolgung des Leichnams eines Hingerichteten zu verlangen: StPO. 486 V; aller **erwachsenen** Angehörigen: StPO. 98 II, S. 1, 106 I; **gewisser** Angehöriger: Wiederaufn. nach dem Tode des Verurteilten zu beantragen, StPO. 401 II; des **Ehemanns**: in der HVerh. als Beistand aufzutreten, StPO. 149 I; RM. einzulegen, StPO. 340.

[20] Vater, Mutter, Vormund, Pfleger. Im Prinzip völlig auf dem hier vertretenen Standpunkt RG. **34**, 315. Die Kontroverse dreht sich hauptsächlich darum,

gehörigen muß nach StGB. 52 II bestimmt werden[21]; sonst gerät man in völlige Willkür. Der gesetzliche Vertreter und der Ehemann als Nebenpartei auf Seiten des Beschuldigten heißen Beistand, StPO. 149: im Vorverfahren werden sie nur nach richterlichem Ermessen zugelassen; dagegen sind sie unbedingt in der HVerh. mit ihren Anträgen und Ausführungen zu hören. Der Angeklagte kann übrigens seinen Beistand desavouieren.

VI. Außer den Parteien können auch andere Personen durch die gerichtlichen Entscheidungen — wenn auch nicht (oder doch nicht unmittelbar) durch die über den Gegenstand des StP. — in ihren materiellen Rechten und Pflichten berührt werden. Wir reden hier von Betroffenen (weniger gut von Interessierten). Wer z. B. wegen einer Ungebühr nach GVG. 179 in Ordnungsstrafe genommen wird, darf insoweit in eigener Sache prozessual handeln und steht dann vice rei. Er kann Beweisanträge stellen, gegen Fristversäumung Wiedereinsetzung in den vorigen Stand begehren, RM. einlegen und sich einen Verteidiger annehmen; die letzten beiden Befugnisse würde auch der gesetzliche Vertreter des Betroffenen haben.

---

ob die „gesetzlichen Vertreter" von Verschwendern und Trunksüchtigen auch im Sinne der StPO. als solche anzusehen sind. Dies bejaht der Text im Einklang mit Glaser (II 249 N.), John (I 971 ff.) — beide in besonders zwingender Darlegung; ferner mit v. Kries (Rechtsmittel S. 17 ff., Lehrb. S. 224 f. — dieser und John allerdings mit einer Einschränkung), Puchelt, v. Holtzendorff (Handb. I 420), Köhler (Ger.-Saal **53**, 171), Ullmann 259, Binding (§ 120, IV 2, a α) Dagegen verneinen die obige Frage die Kommentare (meist zu § 137) von v. Bomhard-Koller (dieser sogar „selbstverständlich"!), Keller, Voitus, Isenbart-Samter, Mamroth, Löwe-Hellweg; ferner die Lehrbücher von Geyer S. 442, und Bennecke B.-B. 154; endlich v. Schwarze Erörterungen praktisch wichtiger Materien, Bd. I, 1881, S. 153, und Löwenstein (Lit. zu § 91) Revision S. 4 f. Der meist angegebene Grund der Gegner, es handle sich hier um Vertretung lediglich in Vermögensangelegenheiten und diese müsse strafprozessual ganz außer Betracht bleiben, schlägt indessen — selbst wenn er überhaupt richtig wäre — nach BGB. 6 Z. 2 allenfalls für den Verschwender, aber nicht nach BGB. 6 Z. 3 für den Trunksüchtigen durch. Hier müßte es dann konsequent einen Unterschied machen, ob im Entmündigungsbeschluß als Entmündigungsgrund angegeben wäre entweder 1. Gefahr des Notstandes, oder aber 2. Unvermögen zur Besorgung „der" eigenen Angelegenheiten bzw. Gefährdung der Sicherheit anderer. Im Falle 1 würde der Vormund des Verurteilten keine RM. einlegen dürfen, wohl aber im Falle 2!

[21] Ebenso die Komm. zu § 322 von Thilo, v. Schwarze, Dalcke, Isenbart-Samter; ferner Hugo Meyer, v. Holtzendorffs Handbuch II 228 f., Voitus, Kontroversen II 78, Rintelen Der StP., systemat. bearb., 1891. S. 28, Löwenstein, Revision S. 6, Süß (s. oben) Stellung usw. S. 132. Dagegen die Komm. von v. Bomhard-Koller, Keller, Stenglein, Mamroth, Löwe-Hellweg, ferner v. Kries 226, Binding § 120, IV 2, a β (erklärt die Gegenansicht sogar für „unmöglich"), Bennecke, Beling B.-B. 676 N. 9. Die Gegner rühmen an ihrer Ansicht vielfach, daß sie den Kreis viel weiter ziehe, reden aber doch meist nur von „Verwandten". Das würde Ehegatten und Verschwägerte ausschließen.

Andere Beispiele bieten der Zeuge oder Sachverständige, der in Ordnungsstrafe genommen wird, der ein Weigerungsrecht oder höhere Entschädigungsansprüche geltend macht; der von einer Durchsuchung oder Beschlagnahme Betroffene; die Post- oder Telegraphenanstalt im Falle StPO. 99, 100; Eigentumsprätendenten u. dgl. nach StPO. 111; der Bürge, der für den Beschuldigten eine Sicherheit zur Vermeidung der UH. gestellt hat; der zum Verteidiger bestellte RAnw. nach StPO. 150; die Beerdigungsinteressenten nach StPO. 157; jeder, dem ein richterlicher Schweigebefehl auferlegt ist, GVG. 175 II u. a. m. Den Betroffenen ist allgemein das RM. einer Beschwerde, mit der sie niemals bis zum Urteil zu warten brauchen, durch StPO. 347 gegeben. Außerdem kann auch der Dienstaufsichtsweg offen stehen. Eine besondere Stellung nehmen die Einziehungsbetroffenen nach StPO. 347 II, III, 479 im objektiven Verf. ein und dementsprechend auch im sonstigen Verf. Hierüber Näheres in § 41.

Erstes Kapitel.

Die verfolgende Partei.

§ 34.

Die Staatsanwaltschaft.

Kries § 27 Birkm. §§ 53—55. B.-B. §§ 40, 41, 73. Bind. §§ 52—55. Ullm. §§ 56—59. Laband III § 89, S. 415 ff. v. Marck-Kloß StAnw.schaft in Preußen, 2. Aufl., Berlin, 1903. Rich. Schmidt StAnw. und Privatkläger, Leipzig, 1891. Wolfg. Mittermaier Parteistellung der StAnw.schaft im reform. deutschen StrVerf, Stuttgart, 1897. Krobitzsch Die Verfügung in StrSachen, 2. Aufl., 1903. Chuchul StAnw. bei den Amts- und Schöffengerichten, Cassel, 1897. Lange Tätigk. des Amtsanw., 1906 (in Roßbergs Jur. Handbibl., berücksichtigt preuß. u. sächs. Ausf.Bestimmungen).

I. Die Staatsanwaltschaft ist die Trägerin des vorbereitenden Verfahrens; sie erhebt die öffentliche Klage; sie verficht den staatlichen Strafanspruch in der HVerh. Ihre theoretische Rolle im Prozeß als Parteivertreterin, die zugleich eine Amtsstellung einnimmt, haben wir schon gekennzeichnet. Gegen ihre Parteistellung kann nicht eingewendet werden, daß sie keine Disposition über den im Streit befangenen Anspruch habe, — denn das kommt auch in Zivilprozessen, in denen man das Vorhandensein von Parteien nicht leugnet, vor und gilt außerdem nicht für die höheren Instanzen. Ebensowenig kann das Verhältnis zum Gericht, GVG. 151, eingewendet werden, das nicht das einer untergeordneten Partei zum übergeordneten Gericht sei; denn die Unabhängigkeit der Staatsanwaltschaft ist in wichtigen Punkten nicht vorhanden, in den Prozeßbetriebshandlungen ist auch die Zivilpartei vom Gericht unabhängig, und endlich ist der einzelne Staatsanwaltschaftsbeamte während der HVerh. der richterlichen Sitzungspolizei unterworfen.

II. Untergeordnete Geschäfte der Staatsanwaltschaft sind 1. Ladungen und Herbeischaffung von Beweisstücken, StPO. 213; 2. Zustellung von Entscheidungen, StPO. 36; 3. Übermittelung der Akten in eine höhere Instanz, StPO. 207, 362, 387; 4. Vollstreckung von Entscheidungen, insbesondere nach Beendigung des eigentlichen Prozesses die Strafvollstreckung StPO. 36, 483. Außerhalb der konkreten Strafsache liegt die Mitwirkung bei der Gewinnung der Schöffen und Geschwornen, GVG. 52, 53, 56, 91, 96. Auch außerhalb des Strafprozeßgebietes hat die Staatsanwaltschaft Aufgaben (ZPO. 670 ff., 646 ff., 974), und das Landesrecht kann ihr weitere auf den Gebieten der freiwilligen Gerichtsbarkeit und der Justizverwaltung zuweisen, mit 2 Ausnahmen (GVG. 152): der Staatsanwalt darf nicht gleichzeitig richterliche Geschäfte wahrnehmen[1], und er darf keine Dienstaufsicht über Richter führen.

III. Die Organisation der Staatsanwaltschaft soll sich an die der Gerichte anschließen, GVG. 142. Demnach trifft beim RG. das Reich die nähere Einrichtung, bei den übrigen Gerichten die Einzelstaaten. Die Beamten zerfallen nach GVG. 143 I in 3 Gruppen: Oberreichsanwalt und Reichsanwälte beim RG.; Staatsanwälte bei OLG., LG. und SchwG.; Amtsanwälte bei AG. und SchG[2]. In jedem Einrichtungsgebiet ist die Staatsanwaltschaft einheitlich. Dieser Grundsatz der Einheitlichkeit tritt in folgendem hervor: 1. Die Verfassung der Staatsanwaltschaft bei dem einzelnen LG., OLG. und RG. ist eine monokratische (bürokratische), nicht kollegiale; die „ersten Beamten" sind theoretisch die allein Handelnden, die „beigeordneten Personen" sind stets nur als ihre Vertreter tätig[3]. 2. Im Gegensatz zu den unabhängigen, nur dem Gesetz unterworfenen Richtern (GVG. 1) sind

[1] Wenn also z. B. nach preuß. AG. z. GVG. § 66 ein Landrichter auf Weisung des LGPräs. die Vertretung eines StAnw. für Geschäfte, welche keinen Aufschub gestatten, übernimmt, so hört er damit vor der Hand auf, als Richter zu fungieren.

[2] Die nähere Festsetzung der Titel ist Sache des Landesrechts: bei den LG. heißen die „ersten Beamten" (GVG. 145) in Preußen: Erster StAnw., die übrigen Staatsanwälte, ältere Staatsanwaltschaftsräte; in Bayern: Erster StAnw., Zweiter StAnw. usw.; in Sachsen und Hessen: OStAnw. und Staatsanwälte. Bei den OLG. in Preußen und Bayern der erste Beamte OStAnw., in Sachsen und Hessen Generalstaatsanwalt; der zweite in Preußen mehrfach Erster StAnw.

[3] GVG. 145. Doch bedarf es keines besonderen Auftragsnachweises. Anders im Falle des § 146. Landesrechtlich wird übrigens unterschieden, ob der StAnw. „in Vertretung" oder „im Auftrag" handelt, ob er „i. V." oder bloß „i. A." zeichnet.

die StAnw. von ihren Vorgesetzten abhängig und deren dienstlichen Anweisungen[4] unbedingt unterworfen. Es gilt Gehorsamspflicht und strenge Unterordnung, GVG. 147, 148. Die Hierarchie gliedert sich im Reiche dahin, daß Reichsanwälte und Oberreichsanwalt unter dem Reichskanzler stehen; in den Einzelstaaten (nach der preußischen Betitelung) dahin, daß die Amtsanwälte und die Staatsanwälte beim LG. unter dem Ersten Staatsanwalt stehen, daß die Genannten, die Ersten Staatsanwälte und die Staatsanwälte beim OLG. dem Oberstaatsanwalt gegenüber nur Unterstaatsanwälte sind, daß endlich über sämtliche Unter- und Oberstaatsanwälte der Justizminister die Aufsicht und Leitung hat. 3. Die Oberstaatsanwälte haben für den OLG.-Bezirk, die Ersten Staatsanwälte[5] für den LG.-Bezirk das Recht der Substitution und der Devolution, GVG. 146, d. h. sie können jede Amtsverrichtung innerhalb ihres Bezirkes einem anderen als dem zunächst zuständigen Beamten[6] auftragen oder sie selbst an sich ziehen. — Diese Einheitlichkeit besteht nur für jedes Einrichtungsgebiet, nicht etwa für das Reich im ganzen. Die Staatsanwaltschaft in Deutschland hat also soviel Spitzen, als es Einzelstaaten gibt, und eine mehr, nämlich für die Reichsanwaltschaft.

---

[4] Oben S. 54. Die Anweisungen können auch generelle sein, z. B. a) in allen Steuersachen gegen Freisprechungen RM. einzulegen oder doch dann, wenn die Entsch. eines SchG. gegen den Antrag der an der Bestrafung interessierten VerwBehörde ausfällt (Ztsch. **30**, 802); oder die vielerörterte Anweisung des I. StAnw. zu Hannover an die AAnw. Hannover, in allen Überweisungssachen (Lb. 61) gegen Freisprechung durch das SchG. Berufung einzulegen (DJurZtg. 1904, 247, 341); oder b) in allen Majestätsbeleidigungssachen vor Klagerhebung an den OStAnw. zu berichten oder die allgem. Geschäftsanweis., in Rheinschiff.-Sachen Berufung nur nach Köln und nicht nach Mannheim einzulegen (Lb. 40 N. 9). — Daß eine generelle Anweisung von der Art a) verwerflich ist, darüber v. Hippel Ztsch. **30**, 608, 993 und Württ. Just. Min. Erlaß v. 17. 9. 09 (das.). — Z. T. verteidigend Haldy Ztsch. **30**, 797 (802, 804).

[5] Der ORAnw., der Reichskanzler und die Justizminister haben kein Substitutions- und Devolutionsrecht. Diesen Fundamentalsatz hat RG. **44**, 76 umgestoßen, allerdings mit einer protestatio facto contrario. RG. erklärt es für zulässig, daß der Justizminister für eine einzelne, in Görlitz verhandelte Sache den I. StAnw. aus Lyck als Terminsdeputierten entsendet! Demnach also eine Substitutionsbefugnis im ganzen Umkreis der Monarchie.

[6] Ein preußischer Referendar, der der StAnw. zur Ausbildung überwiesen ist, ressortiert auch während dieser Zeit vom OLGPräs. (z. B. bezüglich des Urlaubs) und ist nicht Beamter der StAnw. Er kann daher nicht nach GVG. 146 substituiert werden. Wenn gleichwohl in Preußen öfters Referendare vom Ersten StAnw. deputiert werden, um in einer einzelnen SchG.-Sitzung ohne Begleitung eines Staats- oder Amtsanw. als Vertreter der StAnw. zu fungieren, so entspricht dies weder dem Reichsrecht, noch dem preuß. AG. z. GVG. § 63.

Nicht etwa hat sie eine einheitliche Spitze im ORAnw.; ausnahmsweise nur unterstehen in Reichsgerichtssachen und event. bei Kompetenzkonflikten alle deutschen Staats- (und Amts-)anwälte dem ORAnw, GVG. 147 II, 144 III. Wohl aber unterstehen die obersten bundesstaatlichen Leitungen dem durch den Bundesrat auszuübenden Oberaufsichtsrecht des Reiches.

V. Alle Reichsanwälte und Staatsanwälte müssen die Befähigung zum Richteramt haben, GVG. 149 II. Bei den Amtsanwälten ist das nicht nötig. Vorschriften über Ausschließung und Ablehnung existieren nicht. Die Reichsanwälte sind ihrer Dienststellung nach nicht-richterliche Beamte, auf Vorschlag des Bundesrats vom Kaiser ernannt; sie können jederzeit zur Disposition gestellt werden (GVG. 149, 150; Gegensatz: richterliche Unabsetzbarkeit, GVG. 8). Ob die Staatsanwälte eine entsprechende Dienststellung einnehmen, hängt vom Landesrecht ab.

V. Die *sachliche* Zuständigkeit der Staatsanwaltschaft richtet sich danach, bei welchem Gericht die betreffenden Geschäfte vorzunehmen sind, GVG. 143 I. Amtsanwälte können nur beim AG. und SchG. tätig sein; hieran kann auch durch Substitution nichts geändert werden, GVG. 146 II. Die *örtliche* Zuständigkeit wird nach GVG. 144 I durch die örtliche Zuständigkeit des Gerichts bestimmt, für welches die Staatsanwaltschaftsbeamten bestellt sind[7]. Da aber die Tätigkeit der Staatsanwaltschaft zeitlich vorangeht, so kann diese Regel nicht ausreichen, und es hat deshalb nach Abs. 2 auch der unzuständige StAnw. bei Gefahr im Verzuge einzuspringen. Kompentenzkonflikte werden innerhalb *desselben* Bundesstaates durch die oberste Spitze entschieden; *andernfalls* kommt es darauf an, ob die mehreren Bundesstaaten gemeinschaftliche Gerichte haben. Wenn ja, so entscheidet der gemeinsame Vorgesetzte; in Ermangelung eines solchen der ORAnw. GVG. 144 III. Die *funktionelle* Zuständigkeitsordnung der Staatsanwaltschaften schließt sich genau derjenigen der Gerichte an, mit einer Ausnahme: § 143 II. Soweit also der AR. im Vorverfahren für StK.-, SchwG.- oder RG.-Delikte tätig wird, oder auch während des Hauptverfahrens in diesen Sachen als ersuchter Richter kommissarische Beweisaufnahmen zu erledigen hat, können Amtsanwälte nicht mitwirken (ihnen ist Anwesenheit, Zeugenbefragung usw. nicht zu gestatten).

VI. Die Staatsanwaltschaft wird bei ihrer Tätigkeit von andern Behörden und Beamten unterstützt. Solche *gesetzliche Gehilfen*-

[7] Auch diese Regel ist durch RG. **44**, 76 (vgl. N. 5) verletzt worden. Danach wird vielmehr die örtliche Zuständigkeit jedes einzelnen StAnwBeamten durch die Landesjustizverwaltung bestimmt.

stellung haben der Richter, insbesondere der AR. und der UR. als Notstaatsanwalt (StPO. 163—165, 125, 110 IV, 189, GVG. 185. Lehrb. § 18, § 71, 2, § 72 III, § 75 I a. E.), der AR. als Requisitionsrichter (Lehrb. § 72 II), die Gemeindebehörden (StPO. 157. Lehrb. § 71, 1), alle öffentlichen Behörden nach StPO. 159 a. A. (Lehrb. § 72 I); vor allem aber die Polizei — s. den folgenden Paragraph.

§ 35.

Die Polizei im Strafverfahren.

Kries § 30 I. B.=B. § 42. Bind. § 61. Ullm. § 58 III 2. Hans Groß Erforschung des Sachverhalts strafbarer Handlungen. Leitfaden für Beamte des Polizei= und Sicherheitsdienstes. [3]1909.

I. Gewisse Beamte des Polizei- und Sicherheitsdienstes sind Hilfsbeamte der Staatsanwaltschaft. Die Landesregierungen haben die Beamtenklassen näher zu bezeichnen (GVG. 153)[1]. Dieselben sind den „Anordnungen“ (GVG. 153) und „Aufträgen“ (StPO. 159) der Staatsanwälte bei dem LG. ihres Bezirks und der diesen vorgesetzten Beamten gegenüber zu Gehorsam verpflichtet. Hierdurch ist sachlich eine gerichtliche Polizei als Gehilfin und Untergebene der Staatsanwaltschaft geschaffen. Die Vorgesetzten[2] haben über die Untergebenen nach näherer Maßgabe des Landesrechts[3] Disziplinargewalt und können Ordnungsstrafen verhängen. Den Hilfsbeamten steht bei Gefahr im Verzug auch ohne konkreten Auf-

---

[1] In Preußen geschehen durch zahlreiche Verfügungen des Justizministers in Gemeinschaft mit dem Minister des Innern oder andern Ministern. Danach gehören vor allem hierher (wenn auch nicht gleichmäßig in allen Provinzen) in den Städten mit königlicher Polizeiverwaltung die Kriminalpolizeikommissarien und die Polizeikommissarien; in denen mit städtischer Polizeiverwaltung die Polizeiinspektoren und Polizeikommissarien; auf dem Lande die Amts=, Guts= und Gemeindevorsteher. Nicht die Polizeisergeanten. Ferner nicht die Gendarmen; letzteres sehr unzweckmäßig; vgl. z. B. Preuß. ObVerwGer. 28, 414.

[2] Ein Polizeikommissar in Koblenz hat also hiernach den Staatsanwälten beim LG. Koblenz, dem Ersten StAnw. in Koblenz, dem OStAnw. in Köln, endlich dem preuß. Justizminister zu gehorchen; nicht dagegen dem Amtsanwalt in Koblenz oder dem Ersten StAnw. in Köln.

[3] Preuß. AG. z. GVG. §§ 80, 81. Davon soll jedoch nach Verf. vom 7. Okt. 1879 nur Gebrauch gemacht werden, nachdem die den gedachten Hilfsbeamten im Hauptamt vorgesetzten Behörden vergeblich um Abhilfe ersucht worden sind.

trag die Anordnung von Beschlagnahmen und Durchsuchungen zu (StPO. 98, 105).

II. Außer den Hilfsbeamten haben auch sämtliche übrigen Behörden und Beamten des Polizei- und Sicherheitsdienstes als Gehilfen der Staatsanwaltschaft in Tätigkeit zu treten, teils 1. auf deren Anstoß, teils 2. aus eigener Initiative (sog. Recht des ersten Angriffs). 1. Sie sind verpflichtet, im vorbereitenden Verfahren dem „Ersuchen"[4] irgend einer deutschen Staatsanwaltschaft, StPO. 159 S. 2 — und in der VU. dem Ersuchen irgend eines deutschen UR., StPO. 187 — um Vornahme irgend welcher Ermittelungen zu genügen. 2. Außerdem haben sie direkt an Stelle der Staatsanwaltschaft strafbare Handlungen zu erforschen und zur Verhütung der Verdunkelung alle keinen Aufschub gestattenden Anordnungen (StPO. 161 I) zu treffen, und in schleunigen Fällen sogar unter Ausschaltung der Staatsanwaltschaft das AG. zu requirieren (StPO. 161 II)[5]. Sehr wichtig ist StPO. 127 II, wonach alle „Polizei- und Sicherheitsbeamten" zur vorläufigen Festnahme Verdächtiger befugt sind; dabei sind die „Sicherheitsbeamten"[6] eines Bundesstaates nach GVG. 168 zur Nacheile in das Gebiet eines andern Bundesstaates ermächtigt. Letzteres gilt übrigens für die Verfolgung jedes „Flüchtigen", also auch entwichener Strafgefangener, Präventivhäftlinge oder Personalarrestanten. Die Behörden des Bundesstaates der Ergreifung haben stets das erste Verfügungsrecht (GVG. 168 II) über den Ergriffenen, der nicht etwa kurzerhand über die Grenze zurückgeschleppt werden darf.

III. Die Polizeibehörden haben endlich auch richterliche Funktionen in dem Strafverfügungsverfahren wegen Übertretungen, soweit das Landesrecht diesen administrativen Strafprozeß kennt (StPO. 453. EG. StPO. 6 Z. 3, oben S. 38, 40).

---

[4] Die Erwähnung von „Aufträgen" ist in StPO. 159 mit Rücksicht auf das unter I Gesagte korrekt; dagegen nicht in StPO. 187: der UR. ist nicht Vorgesetzter von Polizeibeamten.

[5] Die „Polizeibehörden" sind ferner bei verdächtigen Todesfällen und Auffindung unbekannter Leichen zur sofortigen Anzeige an die StAnw. oder an den AR. verpflichtet, StPO. 157; beim Entweichen Festgenommener sind sie befugt, Steckbriefe zu erlassen, StPO. 131.

[6] Darunter fallen alle Polizeibeamten und außerdem, je nach Landesrecht, Gendarmen, Forstschutzbeamte, Strafanstaltsbeamte usw.

§ 36.

Der Privatkläger.

Kries § 28. Birkm. § 56. B.-B. §§ 141—144. Bind. § 56 und GerSaal **72**, 1. Ullm. § 55 I. Rich. Schmidt StAnw. u. Privatkläger, 1891. Jonas Widerklage, Gött. Diss., 1893. Kade Privatklage, 1900. Thiersch Anwendungsgebiet der Privatklage 1901. Breith Widerklage, 1908. Ötker Konkurrenz von Privatklagerechten (Festschr. für Burckhard), 1910; dazu treffend Beling Ztsch. **31**, 740.

I. Die Fälle der Privatklage werden durch StPO. 414 und § 22 III G. über den unlauteren Wettbewerb vom 7. 6. 09 bezeichnet. Es kommen danach in Betracht: einfache Beleidigung, üble Nachrede, Verleumdung (StGB. 185—187), Beschimpfung des Andenkens Verstorbener (StGB. 189), Beleidigung befreundeter Landesherren und Regenten, sowie auswärtiger Gesandter (StGB. 103, 104)[1], fahrlässige Beleidigung durch die Presse (PreßG. 21); alle ohne Übertretung einer Berufspflicht begangenen vorsätzlichen einfachen Körperverletzungen (auch gegen Aszendenten) und die fahrlässigen Körperverletzungen ohne Berufspflichtwidrigkeit (StGB. 223, 230, 232); trügerische unlautere Reklame, Nachschieben von Waren, aktive und passive Bestechung Angestellter, verleumderische Geschäftsgefährdung, Verrat von Geschäftsgeheimnissen, illoyale Verwertung von Vorlagen technischer Art und Verleitung zum Verrat oder zur illoyalen Verwertung (WettbewerbG. §§ 4, 8, 12, 15, 17, 18, 20). Sowie ein Offizialdelikt ideell konkurriert, muß dieses im Wege öffentlicher Klage verfolgt werden und ist folglich das Privatklageverfahren überhaupt nicht anwendbar.

II. Privatklageberechtigt sind zunächst die Verletzten, sie sind als Privatkläger erster Ordnung zu bezeichnen (StPO. 414 I). Als solche können bei Beleidigung (nicht bloß Kreditverleumdung) und Wettbewerb auch juristische Personen[2] in Betracht kommen. Privatkläger zweiter Ordnung nennen wir die außerdem nach den Strafgesetzen selbständig Antragsberechtigten (StPO. 414 II). Es sind dies gesetzliche Vertreter (StGB. 65) in allen Fällen, bei Beleidigung und Körperverletzung ferner der Ehemann und die amtlichen Vorgesetzten von Behörden, Beamten, Religionsdienern und Mitgliedern der bewaffneten Macht (StGB. 195, 196, 232 III). Jeder Privatkläger muß prozeßfähig sein, sonst wäre er als Parteivertreter unbrauchbar. Das Gesetz läßt jedoch eine Ergänzung der Prozeßfähigkeit zu: wenn der Verletzte wegen Minderjährigkeit, Geisteskrankheit, Geistesschwäche,

---

[1] Bestritten; vgl. Rosenfeld Nebenkl. 104 f. L.-H. § 414 N. 2a.

[2] Näheres über die Kontroverse v. Liszt Lb., 18. Aufl., S. 343 § 95 II, N. 7 und dagegen Rosenfeld Nebenkl., S. 101 ff. Frank Komm., 10. Aufl., S. 326, Abschn. 14, II 4. Liepmann Vergl. Darstell., Bes. 7., IV 351 f.

Verschwendung, Trunksucht oder beantragter Entmündigung einen gesetzlichen Vertreter hat, so wird die „Befugnis zur Erhebung der Privatklage" durch diesen wahrgenommen (StPO. 414 III)[3]. Sie wird „wahrgenommen", es handelt sich also um eine Ausübung fremder Rechte: der Verletzte selbst ist Privatkläger, der Vormund oder Vater ist Privatklägervertreter. Das hat für die Kostenpflicht, die Widerklagmöglichkeit, das Auftreten des Vaters als Zeugen usw. praktische Konsequenzen.

Zur Fortsetzung der Privatklage nach dem Tode des Privatklägers sind bei Beleidigung die Eltern, Kinder und der Ehegatte nach StPO. 433 berechtigt, sofern die Beleidigung, falls sie erst nach dem Tode des Beleidigten erfolgt wäre, dem § 189 StGB. unterfiele.

III. Die prozessuale Stellung des Privatklägers bestimmt sich theoretisch in folgender Weise. Verfolgende Partei ist nur der Staat, der Privatkläger ist Parteivertreter[4]. Er ist es aber ungewöhnlicherweise, der normale Vertreter dieser Partei ist der StAnw. Deshalb wird dessen Vorbild auch für ihn zu gelten haben, um so mehr als auch er, genau wie der StAnw., prinzipaler, unentbehrlicher Parteivertreter ist, von dem der erste Anstoß zum ganzen Verfahren ausgeht, ohne den es zu keiner Gerichtstätigkeit kommen kann, ohne den die Klage keinen Halt hat, bei dessen Untätigkeit oder Verschwinden der Prozeß nicht weiter gehen kann. Daher kann er z. B. nicht in die Rolle des Zeugen kommen. Aber er ist ein Privatmann ohne amtliche Stellung, kein berufenes Organ der Rechtspflege. Daher sind nur die Sätze über die Parteistellung des StAnw., nicht die über seine Amtsstellung (S. 105, 107) auf den Privatkläger zu übertragen. Er kann z. B. nicht zur Vorbereitung seiner Klage Aufträge oder Ersuchen an die Polizei richten, für ihn gilt das Legalitäts- und das Immutabilitätsprinzip nicht, er hat kein Rechtsmittelrecht zugunsten des Angeklagten[5], er hat im Stadium der Strafvollstreckung nichts mehr

[3] Vgl. zu dieser Stelle L.-H. N. 5, 6. Birkm. §§ 52 II, III d, 56 I, l. c. Rosenfeld Nebenklage, S. 88 ff. Rheinstein JurWochSchr. 04, 136. RG 37, 63.

[4] Dagegen ist z. B. nach Binding GerS. 72, 5, 8 f. sowohl der Verletzte wie der Staat „Partei", letzterer bisweilen latente Partei. Es seien 2 Kläger vorhanden. Die Konsequenzen sind aber, unter Berücksichtigung von Lb. 105 N. 17, die gleichen.

[5] Folgt aus den Zitaten der §§ 402, 343 in StPO. 430, wodurch deutlich gesagt ist, daß der Privatkläger jedenfalls keine Wiederaufnahme zugunsten des Verurteilten hat; vor allem aber aus der theoretischen Stellung. Vgl. auch Rosenfeld Nebenklage, S. 135, 146. Ebenso u. a. Oppenheim Nebenklage, S. 66, 67. v. Kries S. 214. Ötker Götting. Gelehrte Anzeigen 1898, S. 628. Binding S. 236. Bennecke, 1. Aufl., S. 665. Beling, 2. Aufl. S. 631, 635. RG.

zu sagen. Aus dem gleichen Gesichtspunkt erklärt sich ferner, daß der Staat zwar für die Handlungen seines Beamten die pekuniäre Verantwortung übernimmt, daß aber der Privatkläger aus eigner Tasche vorschuß-, kautions- und kostenpflichtig ist (GKG. 83, 84 II, StPO. 419, ZPO. 110, StPO. 503), auch bei unmittelbarer Ladung seinen Zeugen die Gebühren anbieten muß (StPO. 426 II, 38, 219 II). Andererseits kommt ihm dafür auch das Armenrecht zugute (StPO. 419 III, Teil 3). Weil er keinen Dienst tut und nicht auf Anruf sofort auf dem Posten zu sein braucht, hat er eine Ladefrist von einer Woche (StPO. 424 III). Weil er nicht Beamter ist, so ist er nicht wie der StAnw. ersetzlich und auswechselbar, sondern individuell unentbehrlich, daher hat sein Tod Verfahrenseinstellung zur Folge (StPO. 433). Im übrigen stehen ihm die Parteirechte der Staatsanwaltschaft zu: wie diese ist er zuzuziehen, zu hören, von Entscheidungen in Kenntnis zu setzen, wie diese hat er Rechtsmittel (StPO. 424, 425, 430), wie diese Ablehnungsrechte (StPO. 24, 31, 74).

IV. Die Privatklage ist in I. und II. Instanz frei zurücknehmbar, wodurch das Privatklagerecht, aber nicht das öffentliche Klagerecht, definitiv untergeht (StPO. 431, 332). Dem freien Belieben müssen aber, um Ungewißheit zu vermeiden und das Gericht nicht zum Spielball in den Händen eines Privaten werden zu lassen, Schranken gezogen sein. Daher ist als Korrelat der Zurücknehmbarkeit eine prozessuale Pflicht des Privatklägers aufgestellt, die Termine wahrzunehmen, event. auch persönlich zu erscheinen (StPO. 427 III, 431 II, III). Folge der Versäumung ist Klagverlust.

V. Der Privatkläger kann sich einen Rechtsanwalt annehmen und nicht nur in dessen Beistand erscheinen, sondern sich auch durch ihn oder einen von ihm substituierten Referendar vertreten lassen (StPO. 418, 427 II). Doch bedarf es alsdann schriftlicher Vollmacht. Der RAnw., als eine juristisch vorgebildete, selbst ein „Amt" (StGB. 31) versehende Person, die vertrauenswürdiger ist als ein beliebiger Privatmann, hat einige dem Privatkläger selbst nicht zustehende Rechte, nämlich Akteneinsicht, Unterzeichnung von Revisionsanträgen und von Wiederaufnahmeanträgen (StPO. 425 IV, 430 II). Zustellungen können statt an den Privatkläger persönlich an seinen schriftlich bevollmächtigten Anwalt erfolgen (StPO. 418 S. 2). Soweit der Privatkläger nur durch einen Anwalt handeln darf, kann er auch im Wege

(Jahrb. f. Entsch. des Kammerg. 2c., Bd. 39 C S. 9). a. M. RG. 22, 400 u. a. m., E 09, 395 I S. 2.

des Armenrechts die Beiordnung eines solchen erwirken (StPO. 419 III, ZPO. 115 Z. 3).

VI. Eine eigentümliche Vereinigung der entgegengesetzten Parteirollen wird durch StPO. 428 herbeigeführt. Der mit der Privatklage Belangte kann natürlich gegebenenfalls seinerseits eine Privatklage gegen seinen Ankläger anstrengen. § 428 gestattet nun, dies in dem anhängigen Verfahren durch Widerklage zu tun. Es müssen aber alle Voraussetzungen der Privatklage (geeignetes Delikt, Prozeßfähigkeit) und außerdem folgende gegeben sein: wechselseitige Beleidigungen oder Körperverletzungen und Nichtablauf einer präkludierenden Frist („bis zur Beendigung der Schlußvorträge in erster Instanz"). Die Erhebung der Widerklage kann formlos erfolgen; durch die Privatklage ist auch für sie die örtliche Zuständigkeit begründet[6].

VII. Der Privatklageberechtigte kann, wenn er keine bestimmte Person anklagen kann, auch ein objektives Verfahren herbeiführen (StPO. 477, 479). Soweit hier auf Unbrauchbarmachung oder auf eine solche Einziehung oder Vernichtung geklagt wird, die des Strafcharakters entbehrt, liegt materiell überhaupt kein Strafprozeß vor.

VIII. Jeder Privatkläger kann den Strafprozeß gleichzeitig benutzen zur Verfolgung seiner zivilrechtlichen Schadensersatzansprüche (StPO. 446), sofern das Strafgesetz diese unter der Bezeichnung „Buße" als Gegenstand desselben Verfahrens zuläßt (StGB. 188, 231; Höchstbetrag: 6000 Mark. WettbewG. § 26; Höchstbetrag: 10000 Mark). Er ist dann insoweit selbst Partei, aber in einem eigenartigen Adhäsionsprozeß, in dem grundsätzlich Verfügungsfreiheit über den Prozeßgegenstand gilt und mehrere Annäherungen an den Zivilprozeß mit Rücksicht auf das Wesen des Bußanspruches unausbleiblich sind.

§ 37.

Der Neben-Ankläger.

Kries § 29. Birkm. § 57. B.-B. §§ 145, 146. Bind. § 57. Ullm. § 55, II. Oppenheim Nebenklage, 1889. Rosenfeld Nebenklage, 1900. Wolffing Rechtliche Stellung des Nebenklägers, 1900.

I. Als „Nebenkläger" bezeichnet die StPO. einen Privaten, der sich einer erhobenen öffentlichen Klage anschließt. Der Anschluß trägt aber einen ganz verschiedenen Charakter, je nachdem ob der Beitretende nur eine Kontrolle der Verfolgungstätigkeit des StAnw., gewöhnlich aus dem Streben nach seelischer Genugtuung heraus, also im Interesse

[6] Widerklage gegen Widerklage? Leonhardt DJurZtg. 14, 763.

seines eigenen Satisfaktionstriebes, im Auge hat; oder ob er aus dem Bestreben heraus, Ersatz seines Schadens zu bekommen, also im Interesse seines Reparationstriebes, die in den materiellen Strafgesetzen vorgesehene „Buße“ fordert. Ich nenne den „Nebenkläger“ im ersten Falle Neben-Ankläger, im zweiten Bußkläger. Das Gesetz faßt beide Gestaltungen unter einer schematischen Einheit zusammen, sie sind aber innerlich grundverschieden, ja vielfach rechtsgegensätzlich, (meine Nebenkl. § 19). Als Neben-Ankläger kann auftreten:

1. wer wegen Beleidigung oder Körperverletzung (nicht wegen unlauteren Wettbewerbs) privatklageberechtigt[1] ist; auch der sog. depossedierte Privatkläger (StPO. 417 III, Lb. § 109 IV N.). Auch wenn die öffentliche Klage unter einem andern rechtlichen Gesichtspunkt erhoben ist, darf er a) die Auffassung der Straftat als eines Privatklagedelikts als einzig zutreffend behaupten und durch seinen Anschluß durchsetzen; b) ebenso darf er das Vorliegen einer Ideal- (nicht aber Gesetzes-) Konkurrenz mit einem solchen Delikt[2] geltend machen;

2. wer die öffentliche Klage durch Antrag auf gerichtliche Entscheidung) StPO. 170, oben S. 44) erzwungen hat; jedoch nur, wenn es sich um folgende privilegierte Rechtsgüter handelt: Leben, Gesundheit, Freiheit, Personenstand, Vermögensrechte[3] (StPO. 435 II);

3. die Verwaltungsbehörde in jedem Verfahren wegen „Zuwiderhandlungen gegen die Vorschriften über die Erhebung öffentlicher Abgaben und Gefälle“, sofern sie nicht selbst die Anklage erhoben hat und noch vertritt (StPO. 467, 466, 417 III);

4. wer eine Buße verlangen kann, auch wenn er sie tatsächlich gar nicht verlangt. Dieses Resultat ist zwar unangemessen und die Folge eines Redaktionsversehens bei der Behandlung des Entw. III, ergibt sich aber aus dem Zusammenhalt der beiden Abs. des § 443. „Buße“ ist nicht jeder Entschädigungsanspruch aus einem auch strafrechtlich zu ahndenden Delikt, sondern nur der vom materiellen Straf-

---

[1] Demnach nicht, wenn ein Ermächtigungsdelikt vorliegt, RG. **41**, 168.

[2] RG. **4**, 180, **7**, 437, **9**, 236, **13**, 30, **43**, 261. Das Entsprechende gilt natürlich auch für die obigen Fälle 3 und 4. — Umgekehrt fehlt dem Nebenkläger jede Legitimation hins. ideell konkurrierender Nicht-Nebenklagdelikte, RG. **36**, 83.

[3] Ob mittelbare oder unmittelbare, vorsätzliche oder fahrlässige Verletzung, ob Verletzung oder nur Gefährdung (Versuch) vorliegt, ist gleichgültig. RG. Rechtspr. **10**, 419 gestand den Anschluß in folgendem Fall zu: Jemand war zu Freiheitsstrafe verurteilt auf Grund der Aussage eines Zeugen, der seine Vorstrafen fahrlässig falsch angegeben hatte, und setzte die Anklage des Zeugen aus StGB. 163 beim OLG. durch. Weiteres Lb. § 73 III.

gesetz ausdrücklich mit dem Namen „Buße" belegte[4]. Hierher gehören nur folgende Fälle: a) Verleumdung und üble Nachrede (StGB. 186—188), auch in Idealkonkurrenz mit anderen Strafgesetzen (wie StGB. 95, 164. GewerbeO. 153); b) Körperverletzung (StGB. 231), mag sie Offizial- oder Antragsdelikt sein und mag sie auch nur als ideell konkurrierend in Betracht kommen. Im Fall der Gesetzeskonkurrenz dagegen, wo die Körperverletzung in einem andern Delikt völlig aufgeht, besteht keine Bußberechtigung[5]; c) Delikte gegen das geistige Eigentum nach G. über Muster und Modelle (vom 11. 1. 76 § 14), PatentG. (vom 7. 4. 91 § 37), nach G. über die Gebrauchsmuster (vom 1. 6. 91 § 11), über die Warenbezeichnungen (vom 12. 5. 94 § 18), nach G. über das Urheberrecht an Werken der Literatur und der Tonkunst (vom 19. 6. 01 § 40), an Werken der bildenden Künste und der Photographie (vom 9. 1. 07 § 35); d) unlauterer Wettbewerb (G. vom 7. 6. 09 § 26).

Der Bußberechtigte darf sich als Nebenkläger indessen nicht anschließen, wenn seine Bußberechtigung aus materiellen oder formellen Gründen erloschen ist. Ersteres geschieht durch Erfüllung, Verzicht und andere Tilgungsgründe von Forderungsrechten; letzteres durch Unterlassen der Geltendmachung in erster Instanz (StPO. 444 I) und durch Zurücknahme des Bußantrags (444 II a. E)[6].

II. Der Neben-Ankläger, über dessen Prozeßfähigkeit auch das in unserm § 36 II Gesagte gilt, ist seiner prozessualen Stellung nach ein Parteivertreter, der nur prozessuale Befugnisse hat. Wie StAnw. und Privatkläger vertritt er einen ihm materiell fremden, den staatlichen Strafanspruch. Gleich dem Privatkläger ist er dabei nur gelegentlich an einem einzelnen Strafverfahren beteiligt, nicht berufsmäßig mit solchen befaßt: er teilt mit dem StAnw. dessen Parteistellung, aber nicht dessen Amtsstellung. Daher kann auch er kein Rechtsmittelrecht zu gunsten des Beschuldigten haben. Ungleich dem Privatkläger (und dem StAnw.) ist er nicht prinzipaler Parteivertreter, sondern nur sekundärer, entbehrlicher und überdies auf einen

[4] Über die durch den VEntw. z. StGB. beabsichtigte Änderung ob. S. 101.

[5] Frank Komm. z. StGB., [10]1911, N. III vor 223. RG. **42**, 317 Im wesentlichen ebenso Binding Grundr. des Strafrechts, [7]1907, § 106 III, v. Liszt Lb., 18. Aufl., S. 323 N. 3, Liebezeit Arch. **57**, 174; a. M. Olshausen-Zweigert Komm. z. StGB. § 231 N. 5; vgl. hierüber Rosenfeld Nebenklage, S. 166 f.

[6] a. M. RG. **5**, 335 und die hM. Dagegen Oppenheim Nebenkl., S. 29 f. Rosenfeld Nebenkl., S. 126. Zurücknahme also unwiderruflich; es steht nur noch der Zivilprozeß offen.

bestimmten Zweck beschränkter. Daher kann er als Zeuge vernommen werden[7]; daher geht von ihm niemals die Initiative zu einem Strafverfahren aus; daher trägt sein Anschluß nicht den Charakter einer Klage; daher bleibt seine Tätigkeit streng beschränkt auf diejenige von ihm behauptete Qualität des staatlichen Strafanspruchs, der er den Anschluß verdankt. Zu einem andern Strafanspruch, zu zivilistischen Folgen des gleichen Delikts, zum Kostenpunkt hat er als Neben-Ankläger nichts zu sagen.

Nach StPO. 437 I hat der Neben-Ankläger nach erfolgtem Anschluß die Rechte des Privatklägers. Diese Verweisung reicht insofern nicht aus, als der Umfang des Gebietes der Neben-Anklage viel größer ist als der der Privatklage. Daher ist die Verwendung der direkten Analogie der Staatsanwaltschaft unentbehrlich. Der Neben-Ankläger hat aber nur die Rechte, nicht die Pflichten des Privatklägers; daher ist er als solcher weder kautions- noch kostenpflichtig (RG. **40**, 409), auch findet StPO. 431 III keine Anwendung auf ihn. Vielmehr ist neben dem entbehrlichen Neben-Ankläger der StAnw. stets notwendig: er muß anwesend sein und die Sache des Staates führen, auch bei Ausbleiben oder Passivität des Neben-Anklägers[8]. In der Ausübung seiner prozessualen Befugnisse, namentlich des Rechtsmittelrechts (StPO. 441 I), ist der Neben-Ankläger von der Staatsanwaltschaft unabhängig.

III. Wenn der Neben-Ankläger sich eines Rechtsanwaltes bedient, so hat er die gleichen erweiterten Rechte, wie der Privatkläger (Lehrb. § 36 V). Ist weder er selbst noch sein Anwalt bei der Urteilsverkündung anwesend, so wird das Urteil ihm selbst zugestellt (StPO. 440).

---

[7] Sehr bestritten. Rosenfeld Nebenkl., § 14. Soweit er Zeuge ist, muß er in jeder Beziehung als solcher behandelt werden; seine mit der Zeugenrolle unvereinbaren nebenklägerischen Rechte müssen daher so lange in seiner Person — nicht in der seines Anwaltes — suspendiert werden. Dies ist die einzig mögliche Lösung der Kollision, die sich ergibt, wenn man den Neben-Ankläger überhaupt als Zeugen zuläßt. Denn das öffentliche Interesse an Ermittelung der materiellen Wahrheit geht den kleinlichen egoistischen Interessen des Neben-Anklägers vor. Unrichtig in der Bewertung dieser Interessen RG **2**, 384, **25**, 177, 186. JurWochSchr. 1891, 55.

[8] Rosenfeld Nebenkl., S. 137, 148, 163. Ebenso v. Kries, Bennecke, Beling, Wolffing und im Prinzip auch RG. **7**, 376, **9**, 224. Unrichtig u. a. L.-H. § 441 N. 3 (in einem schon 1892 von v. Kries 214 gerügten Widerspruch zu § 441 N. 5b und auch zu § 440 N. 1).

IV. Der bußberechtigte Neben-Ankläger kann gleichzeitig Buße verlangen und damit in die ganz andere Rolle des Bußklägers eintreten. (Vgl. oben I 4, Lb. § 36 VII, § 112, meine Nebenkl. § 18.)

§ 38.

Die Verwaltungsbehörde.

Kries § 30 II. Birkm. S. 305, 343. § 109. B.-B. §§ 149, 150. Bind. § 56 III. Ullm. §§ 137, 138. Löbe Zollstrafrecht, 4. Aufl., 1912. Laband [4] IV 441. O. Mayer VerwR. I 447 § 31.

I. Bei sog. Gefällsdelikten[1] können die Verwaltungsbehörden die Rolle der verfolgenden Partei in mehrfacher Hinsicht einnehmen. Zunächst können sie im vorbereitenden Verfahren die sonst der Staatsanwaltschaft zufallende Tätigkeit ausüben. Hierfür gelten aber nicht ohne weiteres die §§ 158—168 StPO., sondern die besonderen reichsrechtlichen oder nach EG. StPO. 6 Z. 3 zulässigen landesrechtlichen Bestimmungen (wie PostG. §§ 34—46, KanalG. v. 20. 6. 99 §§ 10—12, preuß. G. vom 26. Juli 1897 §§ 7—19, 22—33, 38—40)[2].

II. Nach Abschluß der Ermittelungen kann die Verwaltungsbehörde[3], sofern sie nicht das Verfahren einstellt, durch einen Strafbescheid selbst entscheiden, wenn nur Geldstrafe oder Einziehung festzusetzen ist (StPO. 459). Das Reichsrecht garantiert dem Beschuldigten in allen Fällen das Recht, auf gerichtliche Entscheidung anzutragen (ob. S. 38). Daneben können Rechtsmittel im Verwaltungsweg bestehen[4].

III. Kann die Verwaltungsbehörde keinen Strafbescheid erlassen, oder will sie dies nicht, obwohl sie ein Gefällsdelikt als vorliegend ansieht, so hat sie die Sache an die Staatsanwaltschaft zur Anklageerhebung abzugeben. Lehnt diese den Antrag auf Verfolgung ab, so

[1] Über den Begriff Rosenfeld Nebenkl., S. 117 ff. Danach ist vor allem die Konterbande kein Gefällsdelikt. Der entgegengesetzte Standpunkt der Theorie, Praxis und Landesgesetzgebung stimmt weder zu dem Begriff noch zu dem Wortlaut der StPO.

[2] Bisweilen sind auch beweissichernde Zwangsmittel in die Hände der VerwBehörde gelegt, so Haussuchung und körperliche Visitation nach VereinsZollG. §§ 126, 127, Beschlagnahme nach dem KanalG.

[3] In Preußen kommen für I und II nur die Behörden für indirekte Steuern, nämlich nach §§ 4—6 G. v. 26. Juli 1897 die Hauptzollämter, Hauptsteuerämter, Provinzialsteuerbehörden und in höherer Instanz der Finanzminister in Betracht; außerdem die Erbschaftssteuerämter. Für III und IV können auch sonstige Steuerbehörden, so die Regierungen (Abteilung III A), tätig werden.

[4] So nach Reichsrecht der Rekurs, PostG. § 42; nach preuß. Recht die Beschwerde, G. v. 26. Juli 1887, §§ 38—44.

kann nunmehr, aber erst nach diesem mißglückten Versuch, die Verwaltungsbehörde selbst Anklage erheben, StPO. 464. Es ist hier also ein anderer Weg eingeschlagen, als bei Ablehnung des Verfolgungsbegehrens eines privaten Verletzten. Dort Erzwingung der Anklage nach StPO. 170 ff.; hier subsidiäre Anklagebefugnis. Die Verwaltungsbehörde soll in diesem Fall nach StPO. 466 analog dem Privatkläger behandelt werden. Das ist unzweckmäßig, da sie gleich der Staatsanwaltschaft von Amts wegen in ihrer allgemeinen Eigenschaft als Behörde tätig wird; und es ist unrichtig[5], da diese Klage nach ausdrücklichem Ausweis von GVG. 75 III eine öffentliche ist und demnach für sie StPO. 154, aber nicht StPO. 431 gilt. Daher ist bei erfolglosem Rechtsmittel die Staatskasse kostenpflichtig (RG. 42, 178).

IV. Endlich kann die Verwaltungsbehörde in der Rolle eines Neben-Anklägers im Strafprozeß auftreten. In 3 Fällen hat sie diese Anschlußmöglichkeit (§ 467): a) sie hat Strafbescheid erlassen und der Beschuldigte hat gerichtliche Entscheidung beantragt; b) der StAnw. hat Anklage erhoben; c) der StAnw. hat Anklage abgelehnt, darauf hat sie solche erhoben und nunmehr hat der StAnw. doch nachträglich die Verfolgung übernommen (StPO. 466, 417). Auch hier ist die Amtlichkeit der Stellung zu betonen.

Zweites Kapitel.

Die verfolgte Partei.

§ 39.

Der Angeklagte.

Kries § 31. Birkm. § 58. B.-B. § 74. Ullm. § 60. Bind. § 58. Bachtler Der Angeschuld. im schweiz. StProzR., 1909.

I. Der Beschuldigte, Angeschuldigte, oder Angeklagte[1] ist Partei, Prozeßsubjekt: denn er wird von dem ihm gegenüberstehenden Staate in Anspruch genommen, in seine Rechtsgüter soll eingegriffen werden, und er hat einen Anspruch darauf, daß eine sachliche Entscheidung ergehe. Er ist daher mit allen einer Partei zukommenden Befugnissen auszustatten. Andererseits ist er nicht minder Untersuchungsobjekt, insofern, als seine Aussage zur Sache geeignet ist,

[5] Im E 09 § 445 II daher durch die Analogie mit der StAnw. ersetzt.

[1] Über die Terminologie s. oben S. 34, StPO. 155.

auf die richterliche Überzeugung einzuwirken (Lb. § 57). Seinem Geständnis ist sogar nach mancher Richtung besonders bedeutsame Wirkung beigelegt (StPO. 211 II, 253, 402 Z. 4). Daher bedurfte es spezieller Vorschriften über seine Vernehmung, bei der sich vermöge der Doppelstellung als Prozeßsubjekt und als Untersuchungsobjekt Kollisionen ergeben können. Nach der StPO. ist er zum Erscheinen nur bedingt, und nie bei Strafe, zur Aussage überhaupt nicht verpflichtet. Liegen die Bedingungen vor, so kann allerdings seine Anwesenheit stets erzwungen werden. Die einschlägigen §§ 133—136 stehen unter den „allgemeinen Bestimmungen", sie gelten daher nicht nur für das Vorverfahren; doch treten sie natürlich vor den abweichenden Spezialbestimmungen für die Hauptverhandlung zurück.

II. Das Erscheinen kann nur erzwungen werden, wenn die Ladung schriftlich und entweder 1. unter Androhung der Vorführung erfolgt ist, oder 2. Gründe vorliegen, die einen Haftbefehl rechtfertigen würden (StPO. 133, 134 I). Die Anordnung des Zwanges erfolgt durch Vorführungsbefehl (StPO. 134 II), der entweder auf einen bestimmten Termin, oder auf sofort lautet (im Falle 2 nur letzteres). Die sofortige Vorführung kann höchstens eine Freiheitsentziehung bis zum Ende des nächstfolgenden Tages, auch Sonn- und Feiertages, mit sich führen. Konnte bis dahin die Vernehmung nicht von einem Richter ausgeführt werden, so ist der Vorgeführte unvernommen zu entlassen (StPO. 135).

III. Die erste Vernehmung wird damit eingeleitet, daß dem Beschuldigten gesagt wird, was man ihm zur Last legt. Bei den folgenden Verhören ist dies nicht mehr nötig. „Der Beschuldigte ist zu befragen, ob er etwas auf die Beschuldigung erwidern wolle" (StPO. 136 I S. 2 — fehlt in dem parallelen § 173 MilStGO). Er darf also schweigen. Das ist sein gutes Recht, dessen Ausübung ihm der Richter nicht durch schlechte Behandlung verkümmern darf. Im Gegenteil liegt es im Sinne des Gesetzes und ist deshalb sowohl statthaft wie angemessen, ihn über dieses Recht zu belehren[2]. Da er zur Sache selbst stumm bleiben darf, so erst recht über seine Personalien[3],

[2] a. M. L.-H. § 136 N. 3. Im einzelnen Fall kann u. U. aus der Weigerung der Antwort ein ungünstiger Schluß gezogen werden. Dann ist diese Weigerung ein Verdachtsgrund, der nach § 136 II vorgehalten werden soll.

[3] Unrichtig L.-H. N. 7. Daß seine Weigerung Verhaftung nach StPO. 112 Z. 2 zur Folge habe, stimmt nur, wenn er gleichzeitig wirklich „nicht imstande ist", sich auszuweisen. Von dem „casus noluntatis" ist nicht ohne weiteres auf den „casus impotentiae" zu schließen.

auf deren Ermittelung nach dem fast zaghaft zurückhaltenden Ausdruck des Abs. 3 „Bedacht zu nehmen" ist. Daß die Entschließung des Beschuldigten, ob er sich auslassen will, eine völlig freie sein soll, stimmt mit dem Zweck der Vernehmung, der nach Abs. 2 durchaus nur Entlastung ist. Darum müssen einerseits die Verdachtsgründe[4] mitgeteilt werden, und darf andererseits nicht durch Überraschungen, Vexationen und Suggestivfragen auf Überführung hingearbeitet werden. Die Sätze unter III gelten auch für die Hauptverhandlung.

§ 40.

Der Verteidiger.

Kries § 33. Birkm. §§ 60—62.. B.=B. §§ 43—48. Ullm. §§ 62—64. Benedikt Die Advokatur unserer Zeit, 3. Aufl. Wien 09. Köhler GerS. **53**, 161 ff., 321 ff.

I. Die StPO. hat es in einigen Fällen für zweckmäßig gehalten und bindend vorgeschrieben, daß ein Verteidiger, d. h. eine zur Abwehr des staatlichen Strafanspruchs- und des in der Klage liegenden Angriffs berufene Person am Prozesse handelnd teilnehme. Wir sprechen dann von notwendiger Verteidigung im Gegensatz zur entbehrlichen. Zwingend wirkt teils die Rücksicht auf das öffentliche Interesse, teils ein Verlangen des Beschuldigten. Die erste Gruppe umfaßt: a) RG.-Sachen; b) SchwG.-Sachen; c) StK.-Sachen gegen Taube, Stumme und d) noch nicht 16jährige; e) alle Sachen, in denen der „Angeschuldigte" zur Beobachtung seines Geisteszustandes in einer öffentlichen Irrenanstalt untergebracht werden soll. StPO. 140 I, II Z. 1.- 81 II. Die zweite Gruppe bilden StK.=Verbrechen außer den Rückfallverbrechen, wenn der Beschuldigte oder sein gesetzlicher Vertreter den Antrag binnen 3 Tagen nach der Aufforderung zu Erklärungen auf die Anklage stellt, StPO. 140 II Z. 2. Die wichtigste Wirkung der notwendigen Verteidigung besteht darin, daß die Hauptverhandlung nicht ohne Anwesenheit des Verteidigers stattfinden darf, bei Vermeidung der „Nichtigkeit" nach StPO. 377 Z. 5[1]. Auch in den Fällen der entbehrlichen Verteidigung kann das Gericht[2] nach StPO. 141 die Beteiligung eines Verteidigers für sachgemäß erachten (vgl. MilStGO. 339)[3].

---

[4] u. zw. selbstverständlich „alle", a. M. L.=H. N. 5. — E 09 § 109 im wesentlichen wie das geltende Recht, nur noch etwas eingehender.

[1] So in aller Strenge RG. **44**, 215; verkannt in **42**, 95.

[2] Der Vorsitzende kann, wenn die Sache dringlich ist, zwar einen Verteid. bestellen (StPO. 141), aber nicht die beantragte Bestellung ablehnen; das kann nur das Gericht, RG. **43**, 180.

[3] Die notw. Verteid. nach MilStGO. beschränkt sich auf Anklage wegen

II. Ein ganz anderer Gegensatz besteht zwischen **bestelltem** und **gewähltem** Verteidiger. Die Bestellung geht vom Gericht aus, die Wahl von der verfolgten Partei. Der Kreis der tauglichen Personen ist in beiden Fällen verschieden. Bestellt werden können a) Rechtsanwälte, die am Gerichtssitz wohnen, oder beim Gericht zugelassen sind und im Gerichtsbezirk wohnen[4], StPO. 144 I, RAnwO. 39 II, III; b) nicht-richterliche Justizbeamte, wie Gerichtsschreiber; c) Referendare, StPO. 144 II.[5] Gewählt werden können unbedingt a) alle deutschen Rechtsanwälte, nicht nur die bei dem betreffenden Gericht zugelassenen, StPO. 138 I; b) alle Rechtslehrer, auch Privatdozenten, an deutschen Hochschulen[6]. Bedingungsweise können auch alle anderen Personen ohne Einschränkung (auch Frauen und Ausländer) gewählt werden. Bedingung ist bei entbehrlicher Verteidigung Genehmigung des Gerichts; bei notwendiger Verteidigung außerdem, daß der Gewählte zu den bestellbaren Personen gehört, oder daß er in Gemeinschaft mit einem bestellten Verteidiger auftritt. StPO. 138. Eine Einschränkung wird durch RAnwO. 100 II gegeben, da RG.-Anwälte bei keinem anderen Gericht auftreten dürfen. Eine Erweiterung liegt in StPO. 139 (s. unten).

III. Das Verteidigerverhältnis wird durch Willenserklärungen geschaffen: 1. Beim bestellten Verteidiger durch die des Bestellenden d. h. bei notwendiger Verteidigung des Vorsitzenden, bei sachgemäßer regelmäßig des Gerichts, bei Dringlichkeit des Vorsitzenden, StPO. 141, 144. Die Bestellung ist vorgeschrieben während des Zwischenverfahrens[7], aber zulässig schon während der Vorverfahrens[8], StPO. 140 III, 142. Der Bestellte und der Verteidigte hat sich der Bestellung zu fügen[9].

Verbr. (§ 338) und auf Beobachtung des Geisteszustandes nach erhobener Anklage (§ 127). — E 09 §§ 127, 368, 139 fügen den obigen heutigen Fällen das Haftnachprüfungsverfahren bei und dehnen Fall d auf alle Jugendlichen, Fall c auf alle geistig oder körperlich Gebrechlichen aus; doch ist Fall c nur noch instruktionell.

[4] oder, subsidiär, bei der widerruflichen Zulassung des § 12 RAnwO., die bei einem benachbarten LG. zugelassen sind.

[5] nach E 09 §§ 141 II, 138 III nur, wenn sie schon 1 Jahr im Justizdienst sind.

[6] nicht bloß an Universitäten, wie in GVG. 4.

[7] und zwar genauer, sobald die Aufforderung des § 199 zur Abgabe von Erklärungen auf die Anklage stattgefunden hat, also sogleich bei Beginn des Zwischenverfahrens. Künftig (E 09) in RG.- und SchwG.-Sachen schon in der VU.

[8] Sie erfolgt dann während des vorbereitenden Verf. durch den AR., StPO. 141 I S. 2; während der VU. in StK.- und SchwG.-Sachen durch den StK.-Vorsitzenden, in RG.-Sachen durch den Präsidenten des I. StSen.

[9] Der bestellte RAnw. nach RAnwO. 39 I; der Justizbeamte und Referendar

Doch weicht der Bestellte einem Wahlverteidiger, StPO. 143. — 2. Bei der **Wahl** finden zwei Willenserklärungen statt, die des Beschuldigten oder seines gesetzlichen Vertreters (StPO. 137), und die Annahme durch den Verteidiger (StPO. 143)[10]. Schriftliche Vollmacht ist nur ausnahmsweise nötig (StPO. 233, 390, 427, 451, 457, 478). Der gewählte Anwalt kann sich einen älteren Referendar substituieren, StPO. 139, dazu bedarf es der Zustimmung des „Angeklagten", aber niemals der Genehmigung des Gerichts[11]. Die Wahl eines Verteidigers kann schon während des vorbereitenden Verfahrens geschehen, § 137[12]. Ein Beschuldigter kann sich stets mehrere Verteidiger annehmen, und mehrere Beschuldigte können, soweit nicht Interessenkollision vorliegt, denselben Verteidiger haben, StPO. 226, 146, RG. **35**, 189.

IV. Der Verteidiger kann sämtliche prozessualen Rechte des Verteidigten ausüben. Doch werden ihm viele derselben außerdem durch Wortlaut und Sinn der StPO. als **selbständige Befugnisse** zugewiesen, die unmittelbar aus seiner eigenen prozessualen Stellung hervorgehen und ihm nicht nur kraft Vermittelung durch die Stellung des Verteidigten zukommen[13]. Die Behandlung beider Personen ist

---

vermöge ihres Disziplinarverhältnisses zum Gerichte. Auf die Wünsche des Beschuldigten nimmt MilStGO. 342 weitgehende Rücksicht. — Die Auswahl ist übrigens nach StPO. 346 von den beiden „Betroffenen" mittels Beschwerde anfechtbar. Vgl. RAnwO. 36.

[10] Für den RAnw. näher geregelt durch RAnwO. 30, 31, StGB. 356. Für geschäftsmäßige Verteidiger kommt auch BGB. 663 in Betracht. — Im Fall StPO. 138 II muß außerdem zur Entstehung des Verteidigerverhältnisses die Genehmigung des Gerichts hinzukommen.

[11] Wegen sonstiger Untervollmacht: RG. **41**, 14, RMilG. **7**, 3, **9**, 82. — Wegen Fortdauer des Verteidigerverhältnisses RG. **40**, 4.

[12] Durch MilStGO. 337 ist dagegen die formelle Verteidigung während des Ermittelungsverfahrens und vor den Standgerichten verboten.

[13] Selbständige Befugnisse, bei deren Ausübung das Verhalten des Angeklagten gleichgültig ist, sind enthalten in den §§ 145 Abs. 2 (Erklärung des neubestellten Verteidigers, daß ihm die zur Vorbereitung der Verteidigung erforderliche Zeit nicht verbleiben würde); 167 Abs. 2, 191 Abs. 1 und 2, 233 Abs. 1, 224, 232 Abs. 3 (Recht auf Anwesenheit bei richterlichen Verhandlungen). 186 Abs. 2 und 3, 223 Abs. 1 S. 2, 272 Z. 4 (Anspruch auf Erwähnung im Protokoll und auf Genehmigung desselben); 191 Abs. 3, 223 Abs. 1, 232 Abs. 3 (Recht auf Nachricht von Terminen); 217 (Recht auf Ladung zur HVerh.); 237 Abs. 2 (Beanstandung von Anordnungen des Vorsitzenden); 239 Abs. 2 (Fragerecht bei Vernehmung von Zeugen und Sachverständigen); 243 Abs. 2, 3 (Recht zu Beweisanträgen, RG. **17**, 315, Arch. **59**, 120); 257, 258, 299, 367, 391 (Recht des Plädoyers); 486 Abs. 3 (Zutritt zur Hinrichtung seines Klienten). Das eigene Plädoyerrecht des Verteid. wird in RG. **42**, 51 geleugnet. Die Folge wäre, daß

teilweise sogar verschieden[14]. Ferner aber hat der Verteidiger einige eigenartige Vorrechte, die dem Beschuldigten überhaupt nicht oder nur in Form der komplementären Gegenrechte zustehen. 1. Das Recht der Akteneinsicht, StPO. 147, unbeschränkt während des Zwischen- und Hauptverfahrens[15], vorher beschränkt auf a) Protokolle über Vernehmungen (auch nicht-richterliche) des Beschuldigten; b) Gutachten der Sachverständigen; c) Protokolle über parteienöffentliche Gerichtshandlungen; im übrigen insoweit statthaft, als dies „ohne Gefährdung des Untersuchungszweckes" geschehen kann. Immer kommen aber nur die dem Gericht vorliegenden Akten nebst Beiakten in Betracht. Die Einsicht wird gewährt durch Vorlegung in den Geschäftsräumen des Gerichts oder durch Verabfolgung in die Wohnung[16]. 2. Das Recht des Kreuzverhörs, StPO. 238. 3. Das Recht unkontrollierten Verkehrs, schriftlichen wie mündlichen, mit dem verhafteten Beschuldigten tritt in vollem Umfang erst im Hauptverfahren ein, StPO. 148. Vorher ist der schriftliche Verkehr nach Abs. 2, der mündliche[17] nach Abs. 3 kontrollierbar. 4. Der Gebührenanspruch nach StPO. 150, ein Sonderrecht des bestellten Verteidigers.

V. Die Führung der Verteidigung besteht in der systematischen Tätigkeit zur Abwehr des Klagangriffes. Ein nur gelegentliches Ein-

---

selbst vor dem SchwG. der Verteid. nicht plädieren dürfte, wenn der Angekl. widerspräche; der Vorsitzende würde ihm eventl. das Wort zu entziehen haben. — Dagegen liegen keine selbständigen Befugnisse vor beim Recht der unmittelbaren Ladung (§ 219), beim Verzicht auf Beweismittel (§ 244; anscheinend a. M. RG. **44**, 18) und etwa noch in folgenden Paragraphen: 245 Abs. 3, 254, 24 Abs. 3, und 282 Abs. 2 (Ablehnung), 290 Abs. 2 und 3, 291 Abs. 1, 339, 344 Abs. 2, 345, 390 Abs. 1 S. 1; selbstverständlich auch nicht in 256, RG. **44**, 284, vgl. unten N. 21 und Lb. § 81 Z. 8.

[14] GVG. 178. StPO. 246, 190 II, 191 II, 223 II, 299, 390 II.

[15] „nach dem Schlusse der VU., und wenn eine solche nicht stattgefunden hat, nach Einreichung der Anklageschrift bei dem Gericht". — MilStGO. 344: nach Abschluß des Ermittelungsverfahrens. — E 09 § 147: für die gerichtlichen Akten jederzeit. „Solange nicht die Eröffnung des HVerf. beantragt ist, kann ihm die Einsicht in einzelne Aktenstücke [mit Ausnahme oben a bis c] versagt werden, wenn die Gestattung den Zweck der Untersuchung gefährden könnte." Also Regel und Ausnahme wird umgedreht; außerdem wird nicht mehr verlangt, daß die Akten gerade „dem Gericht vorliegen". Endlich darf der Verteid. die Stücke a bis c in jeder Lage des Verf. einsehen, während heute die in der Praxis hM. den § 147 III zu Unrecht im vorber. Verf. nicht gelten läßt. L.-H. N. 5a.

[16] letzteres nur „nach dem Ermessen des Vorsitzenden", also nur während des HVerf. (künftig stets zulässig, E 09), und unstatthaft hinsichtlich der „Überführungsstücke".

[17] jedoch nur im Falle der Verhaftung wegen Kollusionsgefahr; abw. L.-H. N. 7.

greifen zu diesem Zweck bei sonst abwartender Haltung kann genügen. Als unerläßlich wird jedenfalls die Assistenz in der Hauptverhandlung anzusehen sein. Jeder bestellte Verteidiger und der Wahlverteidiger im Falle der notwendigen Verteidigung, der in der HVerh. ausbleibt, sich „unzeitig" entfernt oder sich weigert, die Verteidigung zu führen, verstößt gegen StPO. 145 und macht sich event. kostenpflichtig, wenn nämlich durch seine Schuld eine Aussetzung erforderlich wird[18]. Das Schwergewicht der Verteidigung wird während der HVerh. in der Mitwirkung bei der Beweisaufnahme (StPO. 238, 239) und in den Schlußvorträgen (Plädoyers, StPO. 257, 299, 314 II) zu liegen haben. Außerhalb der HVerh. kommen vor allem Beweisanträge nach StPO. 218, Anwesenheit bei antizipierten Beweisakten (StPO. 222—224, 232) und die Behandlung der RM. (StPO. 339, 344) in Betracht.

VI. Die Stellung des Verteidigers im Verhältnis zum Beschuldigten besteht teils in der Unterstützung, teils in der Vertretung desselben. Die Vertretung des Beschuldigten außerhalb der Termine durch Abgabe von Willenserklärungen ist allgemein zulässig[19]. Gibt der Beschuldigte jedoch außerdem selbst solche Erklärungen ab, so ist offenbar das Verhältnis nur Unterstützung. Das gleiche ist bei den in Gegenwart des Beschuldigten abgehaltenen Terminen der Fall. Doch ist bei den vereinzelten Beweisaufnahmen außerhalb der HVerh. — das eigentliche Verhör des Beschuldigten ausgenommen — volle Vertretung des abwesenden Beschuldigten zulässig. Solche volle Vertretung durch den Verteidiger kann in der Hauptverhandlung nur in folgenden 11 Ausnahmefällen[20] stattfinden: in der fortgesetzten HVerh., im Übertretungsverfahren gegen den Ausgebliebenen, im Verfahren gegen den Dispensierten (StPO. 230 II bis 233); in der Revisionsverhandlung (§ 390 Abs. 1 S. 2); im Privatklageverfahren (§ 427) und folglich auch im Verfahren auf Klage der Verwaltungsbehörde (§ 466); im Verfahren nach vorangegangenem Strafbefehl oder Strafverfügung (nicht Strafbescheid, §§ 451 II, 457 II); im objektiven Verfahren (§ 478 III); endlich im Verfahren gegen Abwesende (§ 322)

[18] Das Gericht kann stets aussetzen, 145 I. Andernfalls hat der Vorsitzende sogleich einen neuen Verteidiger zu bestellen. Dieser hat, wenn eine Unterbrechung (StPO. 228) nicht zur Vorbereitung der Verteidigung ausreicht, ein Anrecht auf Aussetzung, Abs. 2. Der Angeklagte hat ein solches Anrecht nicht, StPO. 227 II, wohl aber auf Bestellung eines neuen Verteid. RG. **40**, 4. — Natürlich hat solches Anrecht auch nicht ein neuer Wahlverteidiger, RG. **16**, 32. — RG. **44**, 16, vgl. Lb. § 80 N. 1. — Nach MilStGO. 346 muß stets ausgesetzt werden.

[19] Auch beim Widerspruch gegen einen Strafbescheid, RG. **36**, 90.

[20] in E 09 noch etwas vermehrt. — Vgl. MilStGO. 281, 389, 408.

und gegen abwesende Wehrpflichtige (§ 474). Mit Ausnahme der letzten beiden Fälle ist stets schriftliche Vollmacht nötig; im Privatklageverfahren kann nur ein RAnw. oder ein von ihm substituierter älterer Referendar Vertreter sein (§ 427 I, II)[21].

VII. Es ist streitig, wie eine offene Meinungsverschiedenheit zwischen Verteidiger und Beschuldigtem, ein ausdrücklicher Widerspruch des Beschuldigten gegen Prozeßhandlungen des Verteidigers zu behandeln sei. Einerseits wird man den Verteidiger nicht für völlig abhängig erklären dürfen, da ja nicht einmal das Vorhandensein eines Verteidigers immer vom Willen des Beschuldigten abhängt und er in den Fällen der Bestellung selbst gegen seinen Willen einen Verteidiger bekommt. Andererseits wird man nicht etwa den bestellten Verteidiger als völlig unabhängig im Gegensatz zum Wahlverteidiger betrachten dürfen; denn in einem der wichtigsten Punkte macht die StPO. keinen Unterschied zwischen beiden: kein Verteidiger kann gegen den ausdrücklichen Willen des Beschuldigten ein Rechtsmittel einlegen (§ 339), und kein Verteidiger kann ohne eine ausdrückliche Ermächtigung des Beschuldigten ein Rechtsmittel zurücknehmen (§ 344 II). Somit wird in jedem Einzelfall darauf zu sehen sein, ob die StPO. eine selbständige Befugnis (oben N. 13) des Verteidigers anerkennt, die nur mit dem Aufhören des ganzen Verteidigungsverhältnisses schwindet, oder nicht. Im ersten Fall ist der Widerspruch des Beschuldigten unbeachtlich, im zweiten dringt er durch. Im Zweifel ist eine selbständige Befugnis nicht anzunehmen und dann darf der Beschuldigte seinen Verteidiger desavouieren[22] [23].

---

[21] Der Verteid. als Vertreter in der HVerh. kann natürlich nicht an Stelle des Angeklagten Aussagen machen (oben N. 13 a. E., Lb. § 57, RG. **44**, 284), wohl aber an seiner Stelle Parteibehauptungen aufstellen, die das Gericht zu würdigen hat. Vgl. RG. **10**, 138 und über die Grenzen des Vertretungsrechts RG. **12**, 48, **18**, 138. — Andere Vertreter, als Verteid. (und in einem Spezialfall Angehörige, StPO. 322), gibt es nicht. In der HVerh. ist aber in den Schranken des § 149 Unterstützung durch einen Beistand statthaft. L.-H. N. 6a vor § 137.

[22] a. M. grundsätzlich Bennecke, B.-B. § 43. Wie das Gericht dazu kommen sollte, eine Meinungsverschiedenheit zwischen beiden zu entscheiden (B.-B. S. 137 Anm. 19), verstehe ich nicht. Allerdings hat der Vorsitzende, eventuell das Gericht bei der Sachleitung und Entscheidung sich darüber klar zu werden, ob ein Widerspruch des Beschuldigten beachtlich ist, und eine falsche Auffassung kann zur Umstoßung des Urteils in höherer Instanz führen. Mit dem Text stimmt RG. **1**, 198, Arch. **59**, 120; dagegen nach den Gründen nicht **17**, 315, wiewohl ich der sachlichen Entscheidung zustimme (es lag kein offener Widerspruch vor).

[23] Die Bestimmungen der MilStGO. 337—348 sind, bis auf das Mißtrauen gegen die Anwälte (§ 341) und den Ausschluß im Ermittelungs- und im Stand-

§ 41.

Die Einziehungsbetroffenen.

Kries § 32 III. Birkm. S. 804. B.-B. § 38 IV, § 152. Bind. § 112.

Das materielle Recht kennt mehrere Fälle, in denen Gegenstände wegen ihrer Beziehung zu einer Straftat der Einziehung, Vernichtung oder Unbrauchbarmachung unterliegen; auch wenn sie weder dem Täter noch einem Teilnehmer gehören (z. B. StGB. 41, 152, 295, 296a). In diesen Fällen greift die Maßregel in das Eigentumsrecht eines Unbeteiligten ein. Aber auch in allen anderen Fällen können Unbeteiligte in ihren Rechten, sei es Sachenrechten, wie Nießbrauch und Pfand, sei es Forderungsrechten, weil sie die Sache gemietet oder gekauft haben, berührt werden. Diesen „Einziehungsbetroffenen"[1] wird eine Beteiligung am Prozeß[2] durch StPO. 478 II, III, 479 offengehalten; ihnen muß es darauf ankommen, daß der Angeklagte nicht verurteilt wird. Sie müssen also mit diesem in der Abwehr des staatlichen Klagangriffes zusammenhalten. Daher sind ihnen die gleichen prozessualen Befugnisse eingeräumt. Sie werden, soweit ausführbar, zur HVerh. geladen[3], haben aber keinerlei Verpflichtungen, brauchen nicht zu erscheinen und haben niemals Kosten zu tragen[4]. Nach dem S. 101,

---

gerichtsverfahren (§ 337), sowie im MAVerf. vor dem RMilG. (**9**, 258), liberaler und bieten für den Beschuldigten bessere Garantien als die StPO. Trefflich ist auch die Handhabung durch den obersten Gerichtshof, RMilG. **2**, 8, 292, **3**, 31, 60, 217, **4**, 216, **5**, 227, **7**, 3, **9**, 76, 155, **10**, 284. Dagegen sind recht bedenklich **9**, 4, **11**, 104.

[1] nicht „Einziehungsinteressenten", wie meist gesagt und von Binding mit Recht gerügt wird. Die Interessenten, deren Interesse darin wurzeln kann, daß der eingezogene Gegenstand an sie ausgeliefert wird, fallen nicht unter 478 II. Diese Selbstverständlichkeit mußte RG. **18**, 299 gegenüber der preuß. Münzdirektion aussprechen.

[2] Nicht bloß am objektiven Verfahren, wie man nach § 478 glauben könnte, sondern per analogiam auch, wenn ein bestimmter Angeklagter verurteilt wird. So in treffender Ausführung II. StSen. RG. **5**, 372 (375), L.-H. N. 1, A a, B b, N. 1 a. E. vor § 477, a. M. vom Standpunkt der Buchstabeninterpretation IV. StSen. RG. **34**, 388; Kronecker in v. St.-Fl. I 649.

[3] Anklage und Eröffn.-Beschl. werden ihnen nicht mitgeteilt; doch können sie gleich dem Angeklagten Mitteilung verlangen. RG. **24**, 197.

[4] Außer nach StPO. 505 denen eines erfolglosen RM. Zur Kostenfrage RG. **12**, 198, **17**, 114, **22**, 354. — Das RMRecht haben die Einziehungsbetroffenen auch, wenn sie am bisherigen Verf. nicht beteiligt und nicht einmal geladen waren. RG. **11**, 414. Die RMFrist läuft auch für sie von der Verkündung des Urt. waren sie aber geladen und weder erschienen, noch vertreten, so von der Zustellung RG. **34**, 331.

107 Gesagten sind sie nicht Parteien, haben aber Rechtsähnlichkeit mit diesen. Zur Fähigkeit, passiv am Prozeßverhältnis beteiligt zu sein (Analogon der Parteifähigkeit), gehört die zivilistische Fähigkeit, Subjekt der durch die Einziehung berührten Rechte zu sein. Zur Fähigkeit, die Beteiligung selbsthandelnd auszuüben (Analogon der Prozeßfähigkeit), gehört volle Geschäftsfähigkeit im Sinne des BGB. (cf. RG. **29**, 52). Im übrigen vgl. Lb. § 108.

Dritter Abschnitt. **Die Handlungen des Strafprozesses.**

Erstes Kapitel.

Allgemeines über Prozeßhandlungen.

§ 42.

Begriff der Prozeßhandlungen.

Birkm. § 65. Kries § 70 IV 3, vor allem Beling B.-B. §§ 75—78, 81. G. Jellinek System der subjektiven öffentlichen Rechte, 2. Aufl., 1905 (bes. V, XI bis XIII, XX, XXI). Elzbacher Die Handlungsfähigkeit, Bd. I: Das rechtswirksame Verhalten, 1903 (bes. S. 73 ff., 121 ff., 161 ff., 248 ff.). Kormann System der rechtsgeschäftlichen Staatsakte, 1910 (bes. S. 14 ff., 28 ff., 63—124, 129 ff., 150 ff., 175 ff., 193 ff.) — zu VI: Ostern Alternativität bei strafprozessualen Willenserklärungen 1902.

I. Der Strafprozeß setzt sich aus Willensäußerungen teils des Gerichts, teils der im Abschnitt „Parteien" betrachteten Organe und Personen zusammen. Diese Willensäußerungen, welche die äußeren Phänomene des Prozesses bilden und auf seine Entwickelung einwirken, nennen wir Prozeßhandlungen. Ein Teil von ihnen ist die Gerichtstätigkeit[1] und die Tätigkeit anderer amtlicher Stellen, nament-

[1] Den Widerspruch der früheren Auflagen gegen die, namentlich von Beling scharfsinnig durchgeführte, gemeinsame Behandlung der Gerichtstätigkeit und der sonstigen Prozeßhandlungen ziehe ich zurück. Infolgedessen waren die früheren §§ 33—37 im System des Lb. an einen anderen Platz zu bringen (jetzige §§ 47 bis 51). Auch die Akte, mittels deren das Gericht, der StAnw. oder andere Staatsorgane Staatshoheitsrechte ausüben, sind publizistische Rechtsgeschäfte; B.-B. 282 und N. 2. Rechtsgeschäft und Rechtshandlung — oben II — unterscheiden sich im öffentl. Recht nicht anders, als nach KonkO. § 30 Z. 1 und Z. 2. Jäger Komm. KO., 4. Aufl., S. 320, 365. — Über gegnerische Auffassungen Kormann 16 ff. — Die Begriffe „Justizakt" und „Prozeßhandlung" decken sich nur teilweise; denn die nichtamtlichen publizistischen Rechtsgeschäfte (und bloßen Rechtshandlungen) im

lich der Staatsanwaltschaft. Dieser Ausschnitt der Prozeßhandlungen fällt unter Kormanns Begriff der „Verwaltungsakte im weitesten Sinn" d. h. rechtserheblicher Willensäußerungen der staatlichen Organe auf dem Gebiete der eigentlichen Verwaltung und der Justiz. Des Genaueren sind sie als Justizakte zu bezeichnen. Die übrigen Prozeßhandlungen, also diejenigen unamtlicher Natur, sind Willensäußerungen Privater, die als Parteien, Parteivertreter, Parteigehilfen, Interessierte oder Betroffene, aktiv oder passiv, in den Strafprozeß hineingeraten. Sie können Angeklagte, Verteidiger, Beistände, gesetzliche Vertreter, Verletzte, Zeugen, Sachverständige usw. sein.

Beispiele von Prozeßhandlungen, die in das Gebiet der Justizakte und zwar der Gerichtstätigkeit fallen, sind: Urteile, Prozeßleitung, Handhabung des Gerichtszwanges, der Sitzungspolizei, Beurkundungen. Andere Organe nehmen Justizakte vor, wenn der Staatsanwalt Anträge stellt (insbesondere Klage erhebt oder Rechtsmittel einlegt), Ladungen ergehen läßt, Vollstreckungen veranlaßt. Aber auch etwa eine vorläufige Festnahme durch einen Polizeibeamten, eine Zustellung durch einen Gerichtsvollzieher, der Strafbescheid eines Hauptzollamtes gehören hierher. Handlungen Privater, die für den Fortgang des Prozesses bedeutsam sind, finden sich ebenfalls äußerst zahlreich, z. B. Beweisanträge, Verteidigerwahl, Zeugeneid, Zeugnisweigerung, Beschwerdeeinlegung, Privatklageerhebung, Strafantrag, Anschluß als Nebenkläger usw.

II. An alle Prozeßhandlungen des Strafprozesses knüpfen sich Rechtsfolgen des öffentlichen Rechtes an. Sofern die Prozeßhandlung durch den auf diese Rechtsfolgen gerichteten Willen ihre Eigenart erhält, ist sie ein publizistisches Rechtsgeschäft; andernfalls ist sie eine bloße Rechtshandlung. Weitere Einteilungen lassen sich nach sehr verschiedenen Gesichtspunkten geben[2]. Für die Struktur be-

Prozeß fallen nicht mit unter die Verwaltungsakte i. w. S., Kormann 21 f., 26 f. Der Gegenstand, den das K.'sche Buch behandelt, und der, den das StPR. zu erörtern hat, unterscheiden sich folgendermaßen: wir haben es nur mit einem Teil der Staatsakte, nämlich den strafprozessualen „Justizakten", ausschließlich der Justizverwaltungsakte (B.-B. 282 N. 1), zu tun; wir haben es andererseits nicht nur mit Staatsakten, sondern auch mit publizistischen „Privatakten" zu tun; wir haben es endlich nicht nur mit rechtsgeschäftlichen Akten zu tun, sondern auch mit bloßen Rechtshandlungen (die K. nur nebenbei S. 124—134 miterörtert). — Gleichgültig für unser Thema ist die teilweise Unselbständigkeit der Prozeßhandlungen, die nur Einzelstücke in dem Gesamtvorgang des Prozesses sind.

[2] Kormann 28 f. Die förmlichen und die bedingungsfeindlichen sind noch weiter unten hervorzuheben. Auf das ausführliche K.'sche System sei hier nur verwiesen. Für uns liegt sein Hauptwert in der Verdeutlichung der gleichförmigen

deutsam ist die Sonderung von einseitigen Rechtsgeschäften einerseits[3], Verträgen, Vereinbarungen und Gesamtakten andererseits. Das Charakteristische der Vereinbarung[4] im Gegensatz zum Vertrage liegt darin, daß sie auf Handlungen der mehreren Teilnehmer von einer für sie gleichen rechtlichen Bedeutung geht. Ein strafprozessualer Vertrag liegt dem Kreuzverhör des § 238 zugrunde. Ferner ist ein solcher der Vergleich im Privatklageverfahren, Lb. 109 X. Eine „Vereinbarung" kommt zwischen Gerichten über konnexe Strafsachen nach StPO. § 13 II, zwischen Angeklagten nach § 284 über das gemeinschaftliche Ablehnungsrecht zustande. Vereinbarungsnatur hat das Absehen von weiterer Beweisaufnahme im Fall des § 244 I S. 2. Ein Gesamtakt ist z. B. ein gemeinschaftlicher Beweisantrag mehrerer Verteidiger desselben oder auch mehrerer Angeklagter.

III. Die Prozeßhandlungen gehören zu den rechtlich relevanten **Willensäußerungen**. Sie setzen deshalb rechtliche Willensfähigkeit voraus, natürlich nicht nur beim Angeklagten, sondern auch beim Staatsanwalt und beim Richter. Wo ferner der Handelnde vermöge einer vis absoluta nur als willenloses Werkzeug tätig wird, entfällt der Begriff der Handlung[5]. Fehlt es an der **Ernstlichkeit**[6] des Willens, so ist die Erklärung zu ignorieren. Ein durch Drohung, Täuschung oder Irrtum hervorgerufener Wille ist bei nicht-amtlichen publizistischen Rechtsgeschäften nur so lange rechtlich zu beachten, als

---

Anwendbarkeit derselben Begriffskategorien auf dem Gebiet des Prozeßrechts wie der sonstigen Gebiete des öffentl. Rechts. Übrigens würde ein Eingehen zu weit führen, zumal wichtige Dinge bei K. zu kurz kommen (z. B. Natur des Geschwornenwahrspruchs, Inhaltsgestaltung des staatl. Strafanspruchs durch das Urteil u. a.) — Wir müssen auf die Herausbildung allgemeiner Sätze über Prozeßhandl. das Schwergewicht legen. Hier hat uns bislang am meisten **Beling** a. O. gefördert.

[3] Sie bilden die große Mehrheit. Natürlich gibt es aber auch zweiseitige Rechtsgeschäfte, z. B. Verzicht auf RM., die Zustimmung des § 345, die Ermächtigung des § 344 II und die im Text weiterhin genannten. Manche interkurrente Rechtsgeschäfte haben auch materiell-rechtliche Wirkung, a. M. B.-B. 282 N. 6, so der Vergleich im Privatklageverfahren wegen der Kosten; der Vertrag, durch den ein Verteidiger angenommen wird.

[4] Zu dem Begriff: **Jellinek** 204 ff. **Triepel** Völkerr. und Landesr., 1899, S. 63 ff. **Elzbacher** 165 ff. **Kormann** 41 ff.

[5] Soweit geht auch **Kormann** 285, 298 mit.

[6] Von der Praxis nicht ungern auf Ablehnungen von Richtern, RG. **30**, 273 und auf Beweisanträge angewandt, RG. **12**, 335, **13**, 151, **20**, 206, Arch. **59**, 126. RMilG. **2**, 235. L.-H. § 243 N. 9b, Abs. 3. Verschleppungsabsicht und Mangel der Ernstlichkeit sind aber keine Gegensätze. Treffend **Beling**, B.-B. § 75 IV, S. 284, 332 N. 24, RMilG. **11**, 12. Nicht zu billigen E 09 § 20 II.

die Mangelhaftigkeit unbekannt bleibt[7]. Durch nachträgliche Genehmigung kann eine an sich wirkungslose negotiorum gestio nicht sanieren. (RMilG. 1, 132).

IV. Die Vornahme der Prozeßhandlungen untersteht dem Willen und der Disposition der Parteien, mithin gilt dafür grundsätzlich Widerruflichkeit, Verzichtbarkeit und Vergleichbarkeit. Schranken zieht vor allem das Immutabilitätsprinzip, Lb. § 20.[8][9] Auf die Gerichtstätigkeit ist der freie Widerruf an sich nicht anwendbar. Kraft des Prinzipes der materiellen Wahrheit ist aber das Gericht an seine eigenen bloß prozeßleitenden Entscheidungen nicht gebunden, sofern sie nicht, wie der Eröffnungsbeschluß ein Prozeßstadium eröffnen oder beenden. Namentlich können also Beweisanordnungen und -ablehnungen frei zurückgenommen werden; StPO. 244 II und außerdem 50 II, 348 II. Unwiderruflich ist vor allem das verkündete[10] Urteil; zulässig sind dagegen Berichtigungen und Ergänzungen, insoweit das verkündete Urteil nicht mit dem wirklich gefällten übereinstimmt (RG. **15** 271). Auch darüber hinaus werden offenbare Flüchtigkeitsfehler und Versehen verbessert werden dürfen[11]. Dagegen kann ein vergessener Entscheidungsteil nach vollzogener Verkündung nicht mehr nachträglich beraten werden[12]. Die Fragestellung an die Geschworenen und selbst die Fragenfeststellung (§ 291 II) können zurückgenommen werden, solange noch kein (korrekter) Wahrspruch verkündet ist. Eine positive Grenze zieht den Abänderungen § 353 III, wenn eine Entscheidung mit sofortiger Beschwerde angefochten worden ist.

---

[7] Findet also auf die Gerichtstätigkeit keine Anwendung. Hier gelten die besonderen Sätze über Anfechtung von Seiten der Parteien durch RM. und Wiederaufnahme. Siehe auch die folgende N.

[8] Kormann 321 ff. (5. Abschn.: Geschäftsauflösung), bes. 326 N. 11, 12; S. 329 ff. (freier Widerruf, d. h. nach Ermessen, nicht nach Willkür), bes. 335 N. 16, 341 sub. 2 (ZPO. 376, ebenso StPO. 53), 342 N. 19, 351 N. 114, 353 N. 129; S. 354 ff. (beschränkter Widerruf d. h. auf Grund besonderer causa, S. 313); S. 365 ff. („Selbstanfechtung" d. h. Aufhebung von Amtswegen wegen Täuschung, Irrtum usw.), bes. 368 N. 19, 370 N. 31, 376 N. 30, 377 N. 34, 381 N. 11, 385 N. 22, 399 N. 3, 4 (Sanierung von Verf.-Mängeln durch Wiederholung des Verhandlungsabschnittes, vgl. Lb. 44 N. 6, 231 N. 25), 400 N. 10, 400 f. zulässige Analogie der ZPO.).

[9] Verschiedenartige Beispiele für Widerruf (Zurücknahme) in GVG. 52, StPO. 120, 126, 143, 154, 235, 251, 283 III. 325 S. 2, 326 III, 335, 344 f., 348 II, 431 (vgl. 432), 442 (vgl. Lb. § 110 IV), 444 II, 451, 454 II, 460.

[10] Vorher ist es „Internum" des Gerichts, RGZ. **57**, 284.

[11] RG. **28**, 82, Kormann 214: „Beseitigung eines Schönheitsfehlers".

[12] RG. **5**, 173, **28**, 81, **42**, 341, RMilG. **14**, 218; a. M. wohl Kormann 325.

V. Alle Willenserklärungen, von denen Beginn oder Fortgang des Prozesses oder bestimmter Prozeßabschnitte abhängt, müssen eindeutig und peremtorisch sein. Die Zufügung von Bedingungen macht die Klagerhebung oder RM.Einlegung ungültig[13]. Dagegen dürfen Beweisanträge und Anträge überhaupt[14] bedingt sein oder als eventuelle gestellt werden. Aus der Statthaftigkeit ergibt sich die Folgerung, daß solche Beweisanträge mit anderen ganz gleich zu behandeln sind. Die Ablehnung bedarf deshalb eines Gerichtsbeschlusses nach StPO. 243 II[15]. Inwieweit im übrigen ein amtliches publizistisches Rechtsgeschäft Bedingungen oder sonstige Nebenbestimmungen (Auflage, Befristung, Vorbehalt) verträgt, muß in jedem Einzelfall untersucht werden[16]. Ein Beispiel zulässiger Bedingung bietet das „freie Geleit" (§ 337 I, Lb. § 68). Direkt vorgeschrieben sind bedingte Fragen an die Geschworenen (§ 292)[17]. Bedingungsfeindlich sind vor allem Urteile, Eröffnungsbeschlüsse[18], Zulassung des Anschlusses als Nebenkläger, Genehmigung der Verteidigerwahl usw.

VI. Eine in weitem Umfang statthafte Unbestimmtheit im Inhalt einer Prozeßhandlung ist die Alternativität. Wahlweise neben einander stehende Anträge sind stets zulässig; alternative Feststellungen in Entscheidungen dann, wenn die mehreren Umstände, von denen der eine oder der andere als zutreffend angenommen wird, im allgemeinen wie im besonderen Falle rechtlich genau die gleiche

---

[13] Wesentlich anders Beling B.-B. S. 298 ff. Unzulässig sind auch bedingte oder alternative Ladungen, bedingte Vorführungsbefehle, weil hierdurch die Entscheidung über die Handhabung des Gerichtszwanges gesetzlich dazu nicht berufenen Personen übertragen wird; bedingte Strafanträge, weil sie contra bonos mores wären oder doch keine Sachentscheidung zulassen würden.

[14] Bedingten Auftrag zur Revisionseinlegung behandelt RMilG. **2**, 107, **9**, 24. Die Revisionseinlegung selbst mußte natürlich unbedingt sein; dsgl. Berufungseinlegung RMilG. **12**, 207. Bedingter Beweisantrag RMilG. **15**, 70.

[15] a. M. die Praxis des RG. und RMilG., die eine Bescheidung eventueller Beweisanträge in den Urteilsgründen zuläßt. Das muß aber zu der verzögerlichen Prozeßtaktik führen, daß die Verteidigung überhaupt nur prinzipale BewAnträge stellt.

[16] Kormann 135 ff., 150 ff. Danach gilt als gemeine Meinung, daß in dubio die Zulässigkeit zu bejahen ist. Soweit im Einzelfall aber Unstatthaftigkeit anzunehmen ist, gilt im Zweifel nicht das ganze Rechtsgeschäft als „infiziert", sondern nur die Bedingung als nicht geschrieben, a. O. 161 ff.

[17] Ein andersartiges Bsp. ist die vorläufige Entlassung nach StGB. 24.

[18] Ein bedingtes Urt. beendet die Rechtshängigkeit nicht; ein bedingter EBeschl. erzeugt sie nicht, es fehlt eine spezifische Sachurteilsvoraussetzung, Lb. § 85 III. Vgl. Kormann 153, 156 N. 54.

Bedeutung haben[19]. Denn alsdann liegt nur eine Alternativität der Begründung vor, oder m. a. W. zur Gewinnung der conclusio wird die logische Figur eines disjunktiven Schlusses (oder eines Dilemma) verwendet. Das kann der Gesetzgeber nicht verwehren. Übrigens sind 2 Gruppen zu scheiden: 1. die Unbestimmtheit kann dem konkreten Tatbestand des Einzelfalles angehören; eine solche ist auch durch die präziseste Gesetzesfassung offenbar nicht zu vermeiden (gehörte die von C. gestohlene Uhr dem A. oder dem B.?); 2. die Unbestimmtheit gehört schon dem abstrakten Gesetzestatbestand an, der Gesetzestext ist schon durch alternative Fassung darauf zugeschnitten. Hier kann man[20] weiter sondern Kollektivbegriffe (z. B. StGB. 217 „in oder gleich nach der Geburt"), Generalklauseln (z. B. StGB. 48 „oder durch andere Mittel"; 229 „oder andere Stoffe, welche die Gesundheit zu zerstören geeignet sind"), gleichwertige Modalitäten eines Tatbestandes (z. B. StGB. 259 „wußte oder den Umständen nach annehmen mußte"; 223 „körperlich mißhandelt oder an der Gesundheit beschädigt"). In den Fällen unter 2 hätte eine andere Gesetzesredaktion durch Wahl des nächsten Oberbegriffes über den Einzelgliedern der Aufzählung oder des Mindesterfordernisses unter ihnen die Alternativität vermeiden können. Bei alledem darf nicht übersehen werden, daß die Frage, ob die einzelnen Glieder oder Umstände rechtlich genau dieselbe Bedeutung haben, ganz und gar dem materiellen Recht angehört, wenigstens soweit es sich um die Schuld- und Straffrage handelt[21]. Das Strafgesetz hat übrigens z. T. über das, was als gleichwertig anzusehen ist, implicite bindende Vorschriften gegeben. Erstens in negativer Beziehung: was in getrennten Paragraphen oder Ziffern ohne Verweisung aufeinander untergebracht ist, kann trotz gleicher Rechtsfolgen auch bei innerer Verwandtschaft nicht als vertauschbar gelten, z. B. StGB. 242, 258 Z. 1, 259 oder 243 Z. 2, Z. 3, ferner Täterschaft und Anstiftung oder Beihilfe. Zweitens in positiver Beziehung: was der Gesetzgeber trotz äußerer Sonderung als einander gleichstehend bezeichnet hat, kann vikariierend für einander eintreten und läßt

---

[19] Zeit und Ort der Handlungen werden häufig nur vage oder alternativ festgestellt werden können. Das ist unzulässig, wenn etwa nur der eine Zeitpunkt in die Verjährungsfrist hineinfiele, oder wenn der eine Ort außerhalb des räumlichen Geltungsgebietes des einschlägigen Strafrechtssatzes läge.

[20] mit Ostern a. O. §§ 11 ff. Vgl. auch Ötk. § 36.

[21] Richtig v. Kries 592. Warum das ein Paradoxon sein soll, Ostern a. O. 94, verstehe ich nicht. Für das folgende Beispiel a. M. Ötk. 277.

alternative Feststellung zu, z. B. StGB. 249 und 252, 249 und 255, 267 und 269, 267 und 270[22]. Im Einzelfall zu untersuchen bleibt, was außerdem durch „oder" verbunden in einer limitativen Aufzählung (also ohne clausula generalis) innerhalb des gleichen Paragraphen steht. So sind z. B. gleichwertig die Brandstiftungsobjekte des StGB. 308[23] oder von den Modalitäten in StGB. 223a die Körperverletzung mittels einer Waffe oder mittels einer das Leben gefährdenden Behandlung. Dagegen ist die ebenda durch die Worte „von Mehreren gemeinschaftlich" gekennzeichnete Begehungsweise den übrigen nicht gleichwertig, weil hier auch StGB. 47 anzuwenden ist. Ebenso ist eine alternative Feststellung beim schwersten Raub aus StGB. 251 nicht statthaft, weil die Verursachung der schweren Körperverletzung (oder des Todes) die §§ 224 (oder 226, 212 u. a.) mitberührt, mit denen das „Martern" nichts zu tun hat[24]. Der prinzipielle Gesichtspunkt dürfte hiernach klar gestellt sein[25], und gewissermaßen als Probe auf das Exempel sei hervorgehoben: wo immer die in jeder alternativen Feststellung liegende Unbestimmtheit zu Zweifeln über die Rechtsfolgen, sei es auch nur in Beziehung auf die Strafbemessung, Raum ließ, da war die Alternativität unzulässig[26]. Die hier angestellten Erörterungen spielen, außer für die Urteilsberatung und begründung eine Hauptrolle für die Fragestellung im SchwG., Lb. § 96 V, 2.

VII. Einen besonders wichtigen Teil der Prozeßhandlungen bildet die Gerichtstätigkeit. Sie steht vermöge ihrer Natur und ihrer Zwecke vielfach unter Sonderregeln. Hervorragend bedeutsame Tätigkeitsgebiete,

---

[22] RG. **35**, 299, **39**, 37. A. M. Ötk. 281.

[23] So RG. **35**, 285 mit freilich sehr bedenklicher Folgerung hinsichtlich des Vorsatzes.

[24] a. M. RG. **35**, 357 gegen den Antrag des ObRAnw., der zutreffend auch die Verschiedenheit in subjektiver Hinsicht betonte.

[25] Einzelheiten in Fülle bei Ostern, S. 93 ff., S. 150 ff. Beispiele aus der Judikatur: unzulässig ist die Feststellung, daß jemand Konterbande oder Defraude begangen, RG. **22**, 215 f.; daß ein Diebstahl mittels Erbrechens von Behältnissen oder mittels falscher Schlüssel verübt sei, RG. **23**, 47, Recht Jahrg. 13, Nr. 3278; daß jemand entweder am 1. März 1892 vor dem AG. Egeln oder am 20. Juni 1892 vor dem LG. Halberstadt einen wissentlichen Meineid geschworen, RG. **26** 155; daß entweder einfache Beleidigung oder üble Nachrede vorliege, Recht Jahrg. 14, Nr. 819. Ebenso m. E., daß jemand einen Mord entweder als Alleintäter oder als Mittäter begangen habe; a. M. RG. **12**, 351 (Mord des Polizeirats Rumpf in Frankfurt a. M.). **23**, 47, **36**, 18, **37**, 215, Arch. **58**, 197.

[26] Hieraus erhellt die Unrichtigkeit von RG. **36**, 194 betr. die einzelnen Ziffern von KO 240.

auf denen Gericht und Parteien zusammenwirken, sind der Beweis und die Beweissicherung. Wir widmen der Gerichtstätigkeit einer-, diesen Handlungen andererseits die nächsten Kapitel.

§ 43.

Die Zeit der Prozeßhandlungen.

Kries §§ 56, 57. Birkm. § 84. B.-B. § 79. Ullm. §§ 68, 69. Bind. §§ 92, 93.

I. Die Gerichtstätigkeit im Strafprozeß geht während des ganzen Jahres (ohne Gerichtsferien, GVG. 202, Z. 1, 203) und auch an Sonn- und Feiertagen vor sich. An letzteren finden jedoch in der Regel keine HVerh. oder sonstigen Termine statt[1]. Die Parteitätigkeit ist vielfach gebunden an Einhaltung bestimmter Termine und bestimmter Fristen, innerhalb deren ein Prozeßsubjekt entweder handeln soll (Parteifristen, Handlungsfristen) oder nicht handeln, also andern Prozeßsubjekten Zeit lassen soll (Zwischenfristen, Einlassungs-, Ladungsfristen). Termine beraumt der Richter an; Fristen werden entweder ein für allemal vom Gesetz fixiert, so die Rechtsmittelfristen, oder im einzelnen Fall vom Richter festgesetzt; gesetzliche und richterliche Fristen[2].

II. Lauf und Berechnung der Fristen richtet sich entweder nach Prozeßabschnitten (z. B. StPO. 16) oder nach Zeitteilen; im letzteren Falle gilt StPO. 42, 43. Verlängerung einer gesetzlichen Frist findet sich ausnahmsweise in StPO. 126 II; Verlängerung richterlicher Fristen ist allgemein zulässig, z. B. der Erklärungsfrist auf die Anklageschrift, StPO. 199.

III. Die Parteifrist wird gewahrt durch Vornahme der Handlung. Ist diese eine schriftliche Erklärung, so muß sie auch an die richtige Adresse gelangt sein[3]. Die Wirkung der Versäumung ist in der Regel Ausschluß mit der betreffenden Handlung (peremtorische Fristen, Präklusivfristen). Doch haben manche Fristen nur dilatorischen Charakter, so daß trotz Ablaufs noch gehandelt werden darf[4]. Rechtsbehelf gegen Versäumnis ist die Wiedereinsetzung (Lb. § 91).

§ 44.

Der Ort der Prozeßhandlungen.

Birkm. §§ 82, 83. B.-B. § 80.

I. Termine und insbesondere Hauptverhandlungen werden regelmäßig an Gerichtsstelle, im Gerichtsgebäude abgehalten. Eine allgemeine Vorschrift, die dem Gericht Abweichungen davon anheimgibt, wie ZPO. 219, existiert zwar in der

---

[1] Anders jedoch in den Fällen der Freiheitsentziehung: StPO. 115, 128, 132, 135, 164.

[2] Gesetzliche Fristen noch in StPO. 45, 234, 358, 385, 140, 126, 228; richterliche in StPO. 121, 199, 270, 408, 422; Zwischenfristen in StPO. 216 425. — Uneigentliche Fristen, die dem Gericht gesetzt und ihrem Wesen nach nur Dienstanweisungen sind, in StPO. 124, 275, 318.

[3] RG. **10**, 74. Erleichterung für den Inhaftierten, StPO. 341; MilStGO. 369 III.

[4] So die Frist StPO. 385 für die Berufungsrechtfertigung und die Fristen für Erklärungen auf Anklagen, StPO. 199, 270, 425.

StPO. nicht; indessen müssen manche Akte, wie bisweilen der Augenschein und stets die Vernehmung souveräner Personen, außerhalb der Gerichtsstelle stattfinden (StPO. 86, 71); ebenso muß die Vorschrift, daß gegen nicht Anwesende keine HVerh. stattzufinden pflegt (StPO. 229), dahin führen, in Fällen, wo etwa der Angeklagte zum Verlassen seiner Behausung außerstande ist, die Stätte der Gerichtstätigkeit zu verlegen. Es erscheint daher allgemein zulässig, eine einzelne Sitzung aus besonderen Gründen in einem anderen Gebäude, unter freiem Himmel oder auch an einem andern Ort des Gerichtsbezirks abzuhalten[1].

II. Soll eine Frist durch eine Parteihandlung gewahrt werden, so muß die Handlung an Gerichtsstelle vorgenommen werden. Ist aber z. B. bei RMEinlegung der Gerichtsschreiber bereit, das erforderliche Schriftstück außerhalb des Bureaus in Empfang zu nehmen, so ist die Frist gewahrt (RG. **31**, 4).

§ 45.

Die Form der Prozeßhandlungen.

Kries § 35 III, IV. Birkm. §§ 80, 81. B.=B. § 76. Kormann (Lit. zu § 42) 175 ff., 193 ff.

I. Es herrscht der Grundsatz der Mündlichkeit (Lb. § 15) und in diesem Sinne auch der Formlosigkeit[1]. Auch stillschweigende Willenserklärungen sind möglich; z. B. liegt im Eingehen auf verspätete Anträge nach StPO. 140 a. E., 199 I eine Fristverlängerung. Hierher gehört auch der Eintritt in die HVerh. ohne EröffnBeschl., vgl. Lb. § 98 II, 99, 100, 102, 106 IV, 107 IV, 108 III, 109 VII, VIII, 112 II. Man spricht hier zuweilen, und nur teilweise passend, von einer Eröffnung durch latentes Dekret. Eine stillschweigende Kollegialberatung, eine stillschweigende Verhandlung wird ebenfalls erlaubt sein, falls wirklich eine Verständigung durch Blicke oder Zeichen stattgefunden hat (RMilG. **15**, 198. Kormann 178 N. 32).

II. Zu manchen Akten, wie regelrecht zur Erhebung der öffentlichen Klage, wird Schriftlichkeit erfordert, auch zu manchen Akten der Gerichtstätigkeit (Haftbefehl StPO. 114 I, Urteilsformel, StPO. 267 I, Urteilsgründe, StPO. 267 I S. 2, II. 275 I, Fragen an die Geschworenen, Wahrspruch, StPO. 290 II, 301 S. 1, 307 I 312, EröffnBeschluß, soweit er ergehen muß; denn er muß nach StPO. 214 zugestellt werden, vgl. Kormann 180 N. 41). Privaten in Parteistellung ist mehrfach Schriftlichkeit oder Erklärung zu Protokoll zur Wahl gestellt, so beim Strafantrag, bei der Einlegung und Rechtfertigung von RM. und bei der Erhebung der Privatklage (StPO. 156 II, 348, 355, 358, 381, 421). Bei einigen dieser Wahlfälle muß die schriftliche Erklärung von einem Anwalt unterzeichnet sein (StPO. 385 II: Revisionsrechtfertigung; 406 II: Antrag auf Wiederaufnahme). Es genügt auch die Unterzeichnung durch den Verteidiger. Die Praxis macht aus dem formellen auch ein materielles Erfordernis: sie verlangt, daß der Unterzeichnende, und auch der protokollierende Gerichtsschreiber eine sachliche Prüfung des Inhalts vornehme, und daß dies in der Form zum Ausdruck komme[2]. Gleiches

[1] RG. **22**, 398, **39**, 348. Vgl. GVG. 98. Für Eingreifen in fremden Bezirk gelten GVG. 167, 168.

[1] Mündlichkeit als Form der UrtVerkündung, vgl. Kormann 182, 193, 268 (bei Verstoß Nichtigkeit? — sehr bedenklich). RG. **3**, 116.

[2] s. die zahlreichen Entsch. bei L.=H. N. 5 a, N. 10 zu § 385. Aus neuester Judikatur: Arch. **55**, 313, **57**, 239. Sörgel-Kr. Jahrb. **3**, 263 (OLG. Colmar), **4**, 213

wird bei dem Antrag des Verletzten auf Entscheidung des OLG. über die Klagerhebung (StPO. 170 II, Lb. S. 53) aus dem Formerfordernis der Unterzeichnung durch einen Anwalt herausgelesen.

§ 46.

Die Prozeßvoraussetzungen.

Kries § 58. Birkm. §§ 85, 86. B.-B §§ 4, 5. Ullm. §§ 66, 72. Bind. §§ 94, 95. Zu IV: Gravenhorst Der sog. Konflikt, 1908. Laband [4]III, 366. Meyer-Anschütz 679. Fleiner Institutionen d. VerwR., 234 ff. v. Rheinbaben „Beamte" in v. St.-Fl. I, 366. Beling in v. H.-Kohler Enzykl. II, 337.

I. Insofern die Prozeßhandlungen auf folgende Handlungen bedingend einwirken, gehören sie zu den Prozeßvoraussetzungen. Wir verstehen darunter im weitesten Sinne diejenigen Umstände, die vorliegen müssen, damit das Rechtsverhältnis des Strafprozesses entstehen, sich Schritt um Schritt von Stadium zu Stadium weiterbewegen und sich auf sein Endziel, eine Sachentscheidung über den staatlichen Strafanspruch, hin entwickeln kann. Wir haben den Begriff im Unterschiede von den Bedingungen der Strafbarkeit bereits oben S. 35 f. erörtert. Prozeßvoraussetzung kann auch das Nichtvorliegen gewisser positiver Umstände sein. Diese Umstände können wir dann als Prozeßhindernisse bezeichnen, so z. B. das Bestehen einer Ehe zwischen dem Entführer und der Entführten, StGB. 238.

II. Die meisten Prozeßvoraussetzungen haben wir schon behandelt, so 1. die erforderlichen Eigenschaften des Gerichts, nämlich sachliche und örtliche Zuständigkeit und richtige Besetzung; 2. die erforderlichen Eigenschaften der Parteien, nämlich ihre und ihrer Vertreter nötige Partei- und Prozeßfähigkeit; 3. die erforderlichen Eigenschaften der Streitsache: nämlich, daß sie eine Kriminalstrafsache ist (nicht Disziplinar-, Ordnungs-, Exekutiv-, Ministerstrafsache, oben S. 30 N. 3.); daß sie nicht vor ein Sondergericht, insbesondere Militärgericht[1] gehört;

(RG.), 5, 215 (RG., Bayr. ObLG.). DJurZtg. 14, 85, 148, 604. Bayr. Ztsch. RPflege 5, 256, 7, 94. JurWochSchr. 1909, 336[90]. Seuff. Blätt. RAnwend. 76, 35, 241.

[1] Wie die begriffliche Grundauffassung ergibt und durch den Gesamtaufbau der §§ 2—11 MilStGO. bestätigt wird, haben die ordentlichen Gerichte eine verdeckte Vollmacht für alle Strafsachen, auch die Sonderstrafsachen; nur haben sie keinen Auftrag zu deren Behandlung. Dagegen sind die Sondergerichte zur Aburteilung ordentlicher Strafsachen oder andersartiger Sonderstrafsachen „absolut unzuständig". Das Urteil eines Militärgerichts über einen Zivilisten ist deshalb schlechthin nichtig (Lb. § 93 und ebd. N. 6); dagegen nicht umgekehrt. Im ersten Falle mangelt die Gerichtsbarkeit gänzlich. Vgl. Löffler [Lit. zu § 93] S. 36 f., 40, 55 f. Kormann [Lit. zu § 42] S. 247, 250 N. 54, 55, 251 N. 63. — EG. MilStGO. 14 I.

daß sie in einer irregulären Verfahrensart eine Strafsache der betreffenden Kategorie ist, vgl. StPO. 429, 458.

III. Andere Prozeßvoraussetzungen ergeben sich aus dem StGB.[2]; insbesondere Antrag und Ermächtigung. Über den ersteren StGB. 61—65, über die Form seiner Stellung StPO. 156 Abs. 2. Die ganze Lehre gehört begrifflich in den Strafprozeß (ob. S. 35), wird aber wegen der Stellung der Vorschriften herkömmlicher Weise in den Strafrechtslehrbüchern behandelt[3]. Eine eigenartige Prozeßvoraussetzung für das Einschreiten gegen einen Schiffsmann wegen gröblicher Verletzung der Dienstpflicht ist die Eintragung im Schiffstagebuch, SeemO. v. 2. Juni 1902 § 98 II S. 2.

IV. Zur Strafverfolgung von Landes- (nichts Reichs-[4]) beamten ist in einigen Bundesstaaten eine Vorentscheidung[5] des obersten Verwaltungsgerichts oder des RG. nötig, daß der Beamte sich einer Überschreitung seiner Amtsbefugnisse (oder der Unterlassung einer ihm obliegenden Amtshandlung) schuldig gemacht habe. Bald ist diese Vorentscheidung Prozeßvoraussetzung[6]; bald ist das Verlangen solcher Vorentscheidung, welches die vorgesetzte Behörde stellt, die sog. Erhebung des **Konfliktes**, Prozeßhindernis[7], EG. GVG. 11.[8]

V. Wenn das Urteil auf einer unrichtigen Aufeinanderfolge der Prozeßhandlungen, einer unrichtigen Gliederung des Verfahrens, beruht, so unterliegt es der Aufhebung[9]. Doch kann u. U. Verzicht (z. B. auf

---

[2] So Vorabentscheidung eines anderen Prozesses, StGB. 164 II, 191; Nichtigerklärung, Auflösung, Scheidung einer Ehe, StGB. 238, 170, 172.

[3] s. jedoch die ausführliche Darstellung bei B.-B. §§ 64—67. Aus neuester Judikatur über Strafanträge eines Vereins, einer Ärztekammer RG. **42**, 216, **44**, 348; namens einer Firma **43**, 335.

[4] Preuß. OVerwG. **11**, 403.

[5] Nach französ. Vorbild wurde früher sogar eine Ermächtigung gefordert.

[6] Bayern, Hessen.

[7] Preußen, Baden, Mecklenburg, Elsaß-Lothringen — in den letzten beiden entscheidet das RG.

[8] Für Preußen: G. vom 13. Febr. 1854 und vom 8. April 1847, LandesverwG. vom 30. Juli 1883 § 114; für die neuen Provinzen Verordg. vom 16. Sept. 1867, Art. I, IV, VI; für Lauenburg G. vom 25. Febr. 1878 § 3. Dazu der Aufsatz im Just.-Min.Bl. 1888, S. 4 ff. unter III. — Der § 6 des prß. G. v. 11. 5. 1842 über die Zulässigkeit des Rechtsweges betrifft nur zivilrechtl. Ansprüche gegen Polizeibeamte. Die dort angegebene besondere Voraussetzung der Klage ist durch § 11 I EG. GVG. außer Kraft gesetzt. So O. Mayer VerwR. I 237. Fleiner Institut. 236 N. 3; dagegen RGZ. **18**, 124, **51**, 329, **59**, 170, OVerwGer. **57**, 480, Meyer-Anschütz 681 und die hM., auch preuß. G. v. 1. 8. 09 über die Haftung des Staates usw. § 5.

[9] RG. **23**, 310. In einer Mordsache wurde zunächst der Angeklagte zur

Ladung), Präklusion (StPO. 16) oder Nachholung (insbesondere des Strafantrags) sanierend wirken. Vgl. Lb. S. 133 N. 8

VI. Für jedes einzelne Prozeßstadium sind besondere Erfordernisse nötig und von Amtswegen nachzuprüfen; so Voraussetzungen, damit in die VU., in das Zwischenverfahren, in das HVerf., in die HVerh., in die Berufungs- oder Revisionsinstanz eingetreten werden kann. Von allen diesen Prozeßvoraussetzungen haben uns später näher zu beschäftigen die Urteilsvoraussetzungen. Sie stehen den sonstigen Prozeßvoraussetzungen insofern gegenüber, als Existenz oder Mangel dieser andern für die Frage, ob ein Urteil gefällt werden kann, in dem Augenblicke, da zur Urteilsfällung geschritten werden soll, keine Bedeutung mehr hat. Soll das Urteil ein Sachurteil sein, d. h. auf Verurteilung oder Freisprechung lauten, so müssen des Weiteren die spezifischen Sachurteilsvoraussetzungen vorliegen. (Lb. § 85 III).

Zweites Kapitel.

Die Gerichtstätigkeit.

§ 47.

Arten der Gerichtstätigkeit.

Kries § 63, V, VI, § 54. Birkm § 37, § 81 II. B.-B §§ 81, 99, 101, 107 III. Ullm. §§ 122, 105 IV, 3, 70 I. Bind. §§ 64, 85, 86. Herm. Meyer Protok. u. Urt. im Civ. u. StrProz. 2. Aufl., 1900. Harburger Bayr. Ztsch. RPflege 8, 121 ff., 149 ff.

I. Die Tätigkeit des Gerichts besteht teils in Abgabe von Willenserklärungen — der eigentlichen richterlichen Tätigkeit —, teils in der Beurkundung von Willenserklärungen und Geschehnissen. Die letztere Tätigkeit ist in erster Linie Aufgabe des Gerichtsschreibers; doch wirkt auch der Richter vielfach bei der Beurkundung mit, der Vorsitzende durch Mitunterzeichnung des Protokolls, die Beisitzer durch Mitunterzeichnung von Urteilen und von solchen Beschlüssen, die keinem Protokoll einverleibt sind. Ein einseitiges Hineinkorrigieren in ein fertiges Urteil, etwa von Seiten des Vorsitzenden ist daher gänzlich unstatthaft [1]. Die Protokollierung ist geboten 1. für alle Hauptverhandlungen (Sitzungsprotokoll,

---

Sache vernommen und erst hinterher der Eröffnungsbeschluß verlesen. Das RG. findet für dies Verfahren Worte schärfsten Tadels. — Erschüttert ist diese Stellungnahme freilich durch **44**, 312.

[1] So RG. **44**, 121.

StPO. 271—274, MilStGO. 331–335); 2. in allen Stadien des Verfahrens über alle Beweiserhebungen durch einen Einzelrichter (StPO. 185, 186, 166, 86). Dem Sitzungsprotokoll ist Lb. § 83 gewidmet.

Ihrem Wesen nach ist die Beurkundung eine bloße Rechtshandlung, und zwar eine Unterart der Mitteilungen[2].

II. Die vom Gericht abgegebenen Willenserklärungen haben zum Teil den Zweck, auf den Gang des Prozesses einzuwirken, ihn weiter zu treiben, vor Störungen zu sichern, oder auch, ihn zum endgültigen oder zeitweiligen Stillstand zu bringen; zum Teil den Zweck, das im Streit befangene Rechtsverhältnis zu entscheiden. Wir können den ersten, formellen Zweig dieser Tätigkeit als Prozeßleitung, den zweiten, materiellen als Prozeßentscheidung bezeichnen. Die erstere ist teils Sachleitung, teils Handhabung der Gerichtsgewalt. Die Sachleitung, d. h. die Anleitung und Verstattung der einzelnen redenden und handelnden Personen (wie Gerichtsschreiber, Gerichtsdiener, Angeklagte, Zeugen, Sachverständige, Dolmetscher, Staatsanwalt, Verteidiger, Geschworene, Beisitzer) zu dieser ihrer Tätigkeit, liegt prinzipiell beim Vorsitzenden, StPO. 237; doch hat event. auf Anrufen das Gericht nach Abs. 2 zu befinden[3], aber nur über die Zulässigkeit, nicht über die Zweckmäßigkeit der Anordnung des Vorsitzenden.

Zur Handhabung der Gerichtsgewalt gehört insbesondere die Sitzungspolizei[4] (GVG. 177–184, vgl. MilStGO. 289, 290). Sie liegt zunächst in der Hand des Vorsitzenden, der mit Zurechtweisungen, Wortentziehungen, Unterbrechungen vorgehen kann, und zwar auch dem Staatsanwalt gegenüber (RG. **11**, 136). Er kann ferner die Sitzung aufheben. In 2 Fällen ist ein Gerichtsbeschluß nach Anhörung des Betroffenen (StPO. 33, Harburger a. O.) erforderlich:

a) Im Falle des Ungehorsams, GVG. 178, können 2 Maßregeln verhängt werden: Entfernung aus dem Sitzungszimmer — und: Abführung zur Haft und Festhaltung bis zu 24 Stunden. Es können betroffen werden Parteien, Beschuldigte (Lehrb. § 80, I 5),

---

[2] Eltzbacher [Lit. zu § 42] 252: „amtliche Vorstellungsäußerung", „in fester Form für einen größeren Menschenkreis niedergelegte" Mitteilung. Kormann [Lit. zu § 42] 124 ff., 129, 131 f. Wegen anderer Auffassungen das. S. 127 N. 16, 128 N. 18, 131 N. 36, 132 N. 41, 43.

[3] Abw. RG. **42**, 157; doch erscheint hier der Begriff der Sachleitung unverständlich.

[4] denominatio a potiori, da sie auch außerhalb der „Sitzung" geübt wird, GVG. 182; vgl. auch StPO. 230 I S. 2.

Zeugen, Sachverständige und bei der Verhandlung nicht Beteiligte; dagegen nicht Parteivertreter und Beistände, Staatsanwalt, Verteidiger, Rechtsanwalt. Die Festsetzungen sind durch Beschwerde nicht anfechtbar, das Gericht kann sie aber wieder aufheben.

b) Im Falle der Ungebühr, GVG. 179, 180, werden Ordnungsstrafen verhängt: α) gegen Parteien, Beschuldigte, Zeugen, Sachverständige und Unbeteiligte bis zu 100 M. Geldstrafe ohne subsidiäre Freiheitsstrafe[5] oder bis zu 3 Tagen Haft; β) gegen Rechtsanwälte und Verteidiger bis zu 100 M. Geldstrafe[6].

Die Vollstreckung liegt stets in der Hand des Vorsitzenden (GVG. 181), nicht des StAnw. (StPO. 483); sie kann im Fall α sofort erfolgen (GVG. 179 a. E.). Diese Festsetzungen sind für das Gericht unabänderlich, aber mittels Beschwerde (Lb. § 89 N. 9) innerhalb der Frist von einer Woche beim OLG. anfechtbar (GVG. 183). Die Beschwerde hat im Fall α, sofern die Ungebühr während der Sitzung vorgekommen ist, keinen Suspensiveffekt; außerhalb der Sitzung und im Falle β hat sie solchen. Für alle Fälle unter b) und die wichtigsten unter a) ist Protokollierung vorgeschrieben, GVG. 184; Lb. 234.

III. Der Sprachgebrauch des Gesetzes bezeichnet alle Willenserklärungen von gerichtlicher Seite als Entscheidungen[7] und teilt diese in Beschlüsse und Verfügungen einerseits, Urteile andererseits. Dabei ist der Unterschied aber nicht etwa der, daß die Beschlüsse sich auf die (formelle) Prozeßleitung, die Urteile auf die (materielle) Prozeßentscheidung beziehen. Denn die Einstellung des Verfahrens bei mangelndem Antrag geschieht durch Urteil (StPO. 259), und die Ablehnung der Eröffnung des Hauptverfahrens geschieht durch Beschluß (StPO. 202). Vielmehr sind Urteile alle diejenigen Ent-

[5] Bestritten, vgl. L.-H. N. 5 zu GVG. 179. Wie hier Bayr. ObLG, KG. und andere OLG., z. B. Arch 57, 238; a. M. Harburger. E 09: bis 3 Tage Haft.

[6] Der Begriff der Ungebühr ist äußerst schwankend; recht bedenklich KG. in Arch. 58, 230 (Tatbestand läßt sich freilich nicht beurteilen). Im Gegensatz dazu RMilG. 12, 301. Die Praxis ist vielfach sehr animos und wendet fast nur die Höchststrafe an. Ein drastisches Bsp. von Vergreifen des Ger. erzählt Dittenberger, JurWochSchr. 1911, 305. Durchaus fehl geht auch KG. in DJurZtg. 15, 317; darnach soll Unterredung des Verteid. mit dem Angekl. während der HVerh. schlechthin verboten werden können! Also direkte Verletzung des § 137 StPO. — ungefähr des wichtigsten Rechtes des Angekl. Vgl. Lb. § 81, 6.

[7] also auch bei der Sachleitung oder Handhabung des Gerichtszwanges; auch wo gar kein zu schlichtender Zweifel aufgetaucht war. Als solcher genereller Terminus erscheint das Wort u. a. in StPO. 19, 23, 24, 35, 36, 47, 273, 338, 375, 439, 465, 468, 496.

scheidungen, welche auf Grund einer Hauptverhandlung ein bereits erzeugtes Prozeßverhältnis für die betreffende Instanz beenden. Die übrigen Entscheidungen heißen Beschlüsse oder Verfügungen (StPO. 36 II im Unterschied von 36 I). Der öfters geleugnete[8] Unterschied zwischen beiden ist darin zu finden, daß die Beschlüsse von einem Kollegium, die Verfügungen[9] vom Vorsitzenden, UR., beauftragten und ersuchten Richter ausgehen. Das zeigt besonders deutlich § 179 I und II StPO.; die VU. wird eröffnet durch eine „Verfügung" des UR. (§ 182) entweder selbständig oder auf Grund eines „Beschlusses" des Gerichts. Zweifelhaft kann sein, wie die Entscheidungen des einzelnen Amtsrichters in schöffengerichtlichen Sachen zu bezeichnen sind. Es ist zu sagen: sie sind alsdann Beschlüsse, wenn sie vom Kollegium zu fassen wären, falls die Sache nicht SchG.-, sondern LGSache wäre. In allen übrigen Fällen sind sie Verfügungen. Der Strafbefehl (StPO. 447) ist eine Verfügung.

Unter dem Ausdruck „Entscheidungen des Gerichts" werden an einigen Stellen Urteile und Beschlüsse zusammengefaßt; „das Gericht" bildet hier den Gegensatz zum Einzelrichter, die Verfügungen sind also ausgenommen[10]. So in StPO. 33, 124 II, 195 II, 490, 493. Dagegen sind „gerichtliche Entscheidungen" in StPO. 47, 463, 492, 494 sowohl solche des Kollegiums, wie des Einzelrichters[11].

IV. Die Urteile werden stets auf Grund einer Hauptverhandlung erlassen[12], die Beschlüsse und Verfügungen teils in einer solchen, teils außerhalb, im letzteren Falle ohne mündliche Verhandlung[13]. Die Anfechtung der Urteile geschieht durch Berufung und Revision, die der Beschlüsse und Verfügungen, sofern sie selbständig anfechtbar sind, durch einfache oder sofortige Beschwerde.

V. Neben der erörterten und im allgemeinen festen Terminologie steht in der StPO. noch ein äußerst bunter Sprachgebrauch. Es ist

[8] L.-H. N. 2c vor § 33.

[9] Kries 425, B.-B. 419, Birkm. 469 f. — Von einer „Verfügung" der Staatsanwaltschaft ist in entsprechendem Sinn in StPO. 168, 169 die Rede. Aber die Staatsanwaltschaft führt selbst aus, was sie „verfügt", nämlich die Einstellung des Verfahrens.

[10] So vor allem v. Kries, S. 429. Sehr bestritten.

[11] Das zeigt sich besonders deutlich in § 463. Die „gerichtliche Entscheidung" des Abs. 1 ist nach Abs. 2 entweder eine „Verfügung" des UR., oder ein „Beschluß" des LG.

[12] Daher erfolgt die Freisprechung und Aufhebung des früheren Urteils im Falle des § 411 StPO. durch Beschluß. So Keller, v. Schwarze, Stenglein, v. Kries, Bennecke, Birkmeyer. Dagegen u. a. RG. **28**, 146, **29**, 65. Beling (B.-B.) S. 609. Binding § 124 X. RMilG. **4**, 35 (gelegentlich).

[13] Eine Abweichung davon enthält der unklare § 122 II S. 3 StPO.

von „Anordnungen", „Befehlen", „Festsetzungen", „Genehmigungen", von „verordnen", „erlassen", „gestatten" die Rede[14]. Die Betrachtung des einzelnen Falles muß lehren, welche Kategorie von Entscheidungen in Frage steht.

§ 48.

Allgemeine Grundsätze über gerichtliche Entscheidungen.

Kries §§ 54, 55 I, VII. Birkm. §§ 76 I, 77. B.-B. § 100. Ullm. §§ 70, 71. Bind. §§ 87, 90, 91.

I. Vor der Erlassung einer Entscheidung muß der Grundsatz beiderseitigen Gehörs zur Geltung kommen. Als Regel ist dies indessen nur für die HVerh. durchgeführt, StPO. 33 (RG. **45** 136). Im übrigen genügt, daß sich die StAnw. erklärt; die verfolgende Partei ist also hier bevorzugt. Dritte betroffene Personen sind in der VHerh. ebenfalls anzuhören; außerhalb derselben nur ausnahmsweise (z. B. StPO. 501, 504 II). Die Regel des § 33 gilt jedoch nur für die Entscheidungen des Gerichts (S. 144), demnach nicht für die einfachen prozeßleitenden Verfügungen. Das Gegenteil würde in der HVerh. eine unerträgliche Unselbständigkeit des Vorsitzenden bedeuten, außerhalb ihrer ein stetiges Hinundherwandern der Akten zwischen Gericht und Staatsanwaltschaft. Der UR. ist also bei allen seinen Schritten zu keiner vorherigen Befragung der Staatsanwaltschaft verpflichtet; dafür hat letztere aber das Recht des § 194 StPO.

II. Die Entscheidung kommt zustande bei einem Einzelrichter durch einen inneren Vorgang in der Seele, bei einem Kollegium in einer stets mündlichen, geheimen beratenden Sitzung. Die entscheidenden Personen müssen sich nicht nur darüber, wie sie entscheiden, klar werden, sondern auch, warum sie so entscheiden. Die Vorschrift des § 34 StPO. zwingt auch zur Angabe dieser Gründe in einer Reihe von Fällen. Wirkung der Nichtbeachtung ist beim Urteil der unbedingte Revisionsgrund des § 377 Z. 7. Bei den Beschlüssen liegt eine Verletzung von Gesetzen über das Verfahren vor, und es kommt darauf an, ob das Urteil auf dem Beschluß beruht. Den Kreis der mit Gründen zu versehenden Entscheidungen zieht der Wortlaut des § 34 (MilStGO. 136) in einer irreführenden Weise. Sicher ist allerdings die eine Gruppe: Entscheidungen, durch die ein Antrag abgelehnt wird. Um so bedenklicher ist die andere Gruppe: die durch ein Rechtsmittel anfechtbaren Entscheidungen. Danach könnte

[14] Aufzählung bei Birkm. S. 468.

man annehmen, daß Entscheidungen des RG. und der OLG. niemals, Entscheidungen der erkennenden Gerichte, die der Urteilsfällung vorausgehen, nur in den Ausnahmefällen des § 347 S. 2 StPO. einer Begründung bedürfen. Anderseits müßte man zu der Forderung kommen, daß auch alle prozeßleitenden Verfügungen des Vorsitzenden, des UR. usw. (StPO. 346 I) mit besonderer Motivierung zu versehen seien. Das erste wäre aber zweckwidrig, das zweite zwecklos. Vielmehr ist zu sagen: a) Urteile müssen stets und in jeder Instanz begründet werden; daher hierüber besondere Vorschriften in §§ 266, 316. b) Beschlüsse des erkennenden Gerichts, welche der Urteilsfällung vorausgehen, bedürfen ebenfalls stets einer Begründung, mögen sie in oder außer der HVerh. erfolgen; denn diese Entscheidungen sind zwar nicht selbstständig, wohl aber mit dem Urteil zusammen anfechtbar und unterliegen nach §§ 375, 369 II der Prüfung in höherer Instanz.

III. Die Bekanntmachung der Entscheidungen erfolgt 1. im Laufe einer HVerh. stets durch Verkündung. Die des Urteils besteht in Verlesung des Tenors und Eröffnung (d. h. Verlesung oder gedrängter Mitteilung) der Gründe, StPO. 267. Auch dem Betroffenen gegenüber gewinnt, falls er anwesend ist, die Entscheidung durch Verkündung rechtliche Existenz, StPO. 35 I.[1] Auch auf eine Abschrift hat er Anrecht[2].

2. In allen andern Fällen wird die Entscheidung dem Betroffenen gegenüber erst durch Zustellung wirksam, für die im allgemeinen die Analogie der ZPO. gilt (StPO. 37)[3]. Ergeht etwa ein Urteil, ohne daß der Verurteilte anwesend ist (z. B. im Falle des Dispenses, StPO. 232), so wird es erstens verkündet und erlangt damit z. B. dem Staatsanwalt gegenüber auch schon rechtliche Existenz, und zweitens dem Verurteilten zugestellt, und erst von der Zustellung ab läuft die Rechtsmittelfrist für diesen (StPO. 355 II, 381 II). Urteile auf Unterbringung eines freigesprochenen Jugendlichen in eine Erziehungs- oder Besserungsanstalt (StGB. 56) sind nach StPO. 268 auch dem gesetzlichen Vertreter des Jugendlichen zuzustellen. Das gilt nicht, wenn

[1] Hinterherige Nachträge sind unzulässig; es sei denn, daß die durchberatene Entscheidung vollständig, die Verkündung aber unvollständig war, oben S. 133 N. 12, RG. **5**, 173, **15**, 271, **42**, 341.

[2] Aber nicht ehe das Original schriftlich vorhanden ist, RG. **44**, 53.

[3] Daher ist auch Bestellung eines Zustellungsbevollmächtigten für wirksam zu erachten, zumal StPO. 119 u. U. dazu verpflichtet; RG. **43**, 321, nicht ganz im Einklang mit **19**, 390. Daß Absenzurteile an den Zustellungsbevollmächtigten nicht zugestellt werden dürften, leuchtet nicht ein, die öffentliche Zustellung nach § 40 II ist ja für den Angekl. dann viel ungünstiger.

der gesetzliche Vertreter der Verkündung als Beistand (nicht als bloßer Zuhörer) beigewohnt hat. Hier sind also eventuell außer der Verkündung zwei Zustellungen nötig. Ein inhaftierter Zustellungsempfänger hat außerdem ein Anrecht auf Vorlesung des zugestellten Schriftstückes (StPO. 35 III).

Einzelheiten. a) Inlandszustellung. In der Regel durch die Staatsanwaltschaft (StPO. 36 I, 37; auch nach MilStGO. 142 I an Zivilpersonen) nach den Vorschriften über die Zustellung von Amts wegen (ZPO. 208—213)[4], also indem ihr Sekretariat sich eines Gerichtsdieners oder der Post bedient. Der UR. und der AR. haben die Wahl zwischen diesem Wege durch die Staatsanwaltschaft oder dem Wege durch ihren eigenen GerSchr., der sich dann des Gerichtsdieners oder der Post bedient (StPO. 36 II). Der Nachweis der Zustellung erfolgt durch die Beurkundung der §§ 212, 213 ZPO. Doch ist der Landesjustizverwaltung für das Vorverfahren die Zulassung einfacherer Nachweisformen gestattet (StPO. 39).

b) Auslandszustellung nach ZPO. 208, 199—202. Hierher gehören auch die Zustellungen in den Konsularjurisdiktionsbezirken (Ersuchen an Konsul) und den Schutzgebieten (Ersuchen an Bezirksgericht). Vgl. MilStGO. 144 nebst Ausf.Bestimmungen, erwähnt bei Romen-Rissom. RMilG. **13**, 244.

c) Abweichend gestaltet ist die öffentliche Zustellung. Sie findet nur an den Beschuldigten statt und nur, wenn die Inlandszustellung mangels einer bekannten Wohnung oder eines Aufenthaltsortes nicht ausführbar ist, StPO. 40. Dabei sind zwei Fälle zu unterscheiden. *α*) (Abs. 1.) Eine Ladung zur HVerh. ist bisher noch nicht zugestellt und die Auslandszustellung erscheint unausführbar oder voraussichtlich erfolglos: die Zustellung gilt nach Inserierung des Schriftstückes in einem deutschen oder ausländischen Blatt und nach Ablauf von 2 Wochen als erfolgt. *β*) (Abs. 2.) Eine Ladung zur HVerh. ist schon vorher zugestellt: Anheftung des Schriftstückes an der Gerichtstafel erster Instanz und Ablauf von 2 Wochen gilt als Zustellung, gleichviel ob Auslandszustellung möglich wäre. Von Urteilen und Beschlüssen wird nur der entscheidende Teil angeheftet.

d) Zustellungen an die Staatsanwaltschaft erfolgen nach § 41 in höchst einfacher Weise, nämlich durch Vorlegung des Schriftstücks in Urschrift. Beginnt mit der Zustellung eine Frist, so ist des Nachweises halber die Staatsanwaltschaft verpflichtet, das Datum der Vorlegung auf der Urschrift zu vermerken.

§ 49.

Die Abstimmung in Kollegialgerichten.

Kries § 55. Birkm. § 76 II. B.-B. § 94. Ullm. § 70 II, 5. Bind. § 88, 89. Glaser II § 80 III. Abegg Arch. **7**, 3 ff., 145 ff. Zacke Über Beschlußfass. in Versammlungen u. Kollegien, 1867. v. Bar Zur Lehre von der Abstimm. in Richterkoll., KritVJSchr. **10**, 467 (1868). Heinemann Ztsch. **15**, 1 ff., 217 ff. Facilides Ztsch. **16**, 790. Ötker Handb. § 1, §§ 8 ff., § 46. W. Lazarus Die sog. Schuld-, Strafausschließ.- und Strafaufhebungsgründe im StProz., 1911.

[4] ZPO. 213 (Zust. durch Aufgabe zur Post) wird im StVerf. meist für unanwendbar erklärt. Indessen kennt StPO. 119 eine Pflicht zur Bestellung eines Zustellungsbevollm., und somit ist die Grundvoraussetzung des § 175 ZPO. möglich. Denkbar sind Fälle, wo das Vollmachtsgeschäft sich als ungültig herausstellt und ohne Zutun der Beteiligten erlischt. — Vgl. auch MilStGO. 142 II.

I. An der Beratung [1] nimmt nur die gesetzlich bestimmte Anzahl Richter teil; nicht die der Verhandlung etwa beiwohnenden Ergänzungsrichter (GVG. 194). Außer ihnen dürfen nur zur juristischen Ausbildung beschäftigte Personen, also in Preußen Referendare, zugegen sein; sie müssen aber bei demselben Gericht beschäftigt sein, und der Vorsitzende muß in concreto ihre Anwesenheit bei der Beratung gestattet haben (GVG. 195) [2]. Das bei der Votierung zutage getretene Stimmenverhältnis wird im allgemeinen nicht angegeben [3]. Die Abstimmung geschieht mündlich, nicht durch Zettel, außer bei der Wahl des Obmanns durch die Geschworenen (StPO. 304). Bei diesen ist die Reihenfolge der Auslosung zugleich die der Abstimmung; der Obmann stimmt zuletzt (GVG. 199 II). Im übrigen gibt zunächst der etwaige Berichterstatter [4] seine Stimme ab, dann folgt der dienstjüngste Beisitzer, der nächst ältere und so fort bis zum dienstältesten; der Vorsitzende stimmt zuletzt. Die Schöffen stimmen nach dem Lebensalter (GVG. 199). Jeder Richter ist verpflichtet, abzustimmen (GVG. 197); es sei denn, daß es auf seine Stimme nicht mehr ankommt. Ist er bei einer früheren Frage überstimmt, so hat er sich nunmehr, soweit es die Logik erfordert (damit man überhaupt zu der Möglichkeit einer ferneren Abstimmung gelangt), auf den Standpunkt der Majorität zu stellen [5].

II. Die Entscheidung erfolgt im allgemeinen nach absoluter Stimmenmehrheit (GVG. 198), bei der Wahl des Obmanns nach relativer Majorität (StPO. 304), im Falle StPO. 317 mit Stimmeneinhelligkeit. Eine erhöhte Anforderung, nämlich Zweidrittelmajorität, wird ferner zu jeder dem Angeklagten nachteiligen Entscheidung in der Schuldfrage erfordert (StPO. 262), d. h. in der Frage, ob ein bestimmt gearteter staatlicher Strafanspruch zur Existenz gelangt sei und noch bestehe. Es ist die Frage danach, ob a) die

---

[1] Die Erörterungen dieses § beziehen sich prinzipiell sowohl auf Urteile als auf Beschlüsse, auch der Militärgerichte, MilStGO. 320–324.

[2] Auf die Heimlichkeit deuten ferner GVG. 200, StPO. 303 und die Voraussetzung des Gesetzes, daß ein besonderes Beratungszimmer vorhanden sei (StPO. 301, 309).

[3] Ausgenommen bei dem Wahrspruch der Geschworenen in der durch StPO. 307 geforderten Weise, und nach § 317 die Einstimmigkeit.

[4] Ein solcher ist obligatorisch beim EröffnBeschl., sowie in der Beruf.- und RevInst., StPO. 23 III, 365, 391; sonst fakultativ und in vielen StK. üblich.

[5] Vgl. schon Zachariä Handb. (1868) II, 468 N. 4. Einige theoretische Einzelfragen bei L.-H. N. 1b zu GVG. 197. Ötker S. 388, 396. Andere Einzelheiten S. 11 ff., 18 ff., 121 ff., 133 ff. Arch. 47, 327.

sämtlichen Voraussetzungen eines Strafanspruches überhaupt, also die begrifflichen Merkmale eines jeden Verbrechens (Handlung, Kausalität, Schuldfähigkeit, Schuld, Rechtswidrigkeit, objektive Strafbarkeitsbedingungen), und b) die sämtlichen Voraussetzungen gerade des konkreten Strafanspruches, also die Tatbestandsmerkmale, wie sie der betreffende Paragraph des besonderen Teils nach objektiver und subjektiver Hinsicht aufstellt, in dem gesetzlich relevanten Zeitpunkt vorhanden sind[6]. Zu den besonderen Tatbestandsmerkmalen gehören auch die Differenzmomente z. B. des § 243 StGB. gegenüber § 242, oder des § 240 gegenüber § 253, m. a. W. die Qualifizierungs- und Privilegierungsgründe, „solche vom Strafgesetze besonders vorgesehenen Umstände, welche die Strafbarkeit vermindern oder erhöhen" (StPO. 262 II, 295 I). c) Ferner gehören zur Schuldfrage auch diejenigen Momente, deren Abwesenheit eine Bedingung zur Entstehung des staatlichen Strafanspruchs ist, d. h. die sog. persönlichen Strafausschließungsgründe und der generelle Strafausschließungsgrund des StGB. 53 III (vgl. StPO. 262 II, verbo „ausschließen")[7]. d) Da endlich Aufgabe des Strafprozesses nicht die Konstatierung irgend eines früher einmal bestanden habenden Strafanspruchs ist, sondern der richterliche Ausspruch, daß der Staat gegenwärtig das Recht hat, gegen den Bezichtigten mit Strafe einzuschreiten[8],

[6] Wie hier, Lazarus 57, 60 ff. (vgl. 6 ff.), 74 ff. Er nennt den Teil b, in den dann auch aus a Handlung, Kausalzusammenhang und objektive Bedingungen hineingezogen werden müssen, „Tatbestandsfaktor" (Subsumtionsfaktor); alles übrige einschl. c und d „Verantwortungsfaktor". Es ist das eine rein logische Zerlegung. Verschiedene Abstimmungsobjekte sind diese Faktoren gerade so wenig, wie unsere Teilstücke a bis d. — Völlig anders (bei Lazarus 68 f. ungenau) ist die Bindingsche Scheidung (Grundr. § 89) zwischen 1. Beweis- und 2. Subsumtionsfrage. Diese zweite Frage (Welches Strafgesetz paßt?) steckt aber nach der ganz hM. ungetrennt in der Totalfrage. Ein gesondertes Abstimmungsobjekt kann sie (gegen Bind.) nur in seltenen Lagen werden, vor allem bei einem nur teilweise bejahenden Wahrspruch (Lb. § 97 I N. 2; Ötk. 11, 618). Bei den 3 Richtern des SchwG. spielt allerdings die ²/₃-Majorität, die auch zur bejahenden Subsumtion nötig ist, keine Rolle. Doch auch diese Frage kann praktisch werden (Ötk. 619), näml. wenn das RG. das Urt. aufhebt, aber den Wahrspruch aufrecht erhält und nach StPO. 394 III an die StK. zurückverweist. Das RG. oder ein anderes RevGer. kann aber außerdem nach 394 I in die Lage kommen, über die Subsumtion (und zwar nicht nur eines Wahrspruches) zu entscheiden; z. B. sie zu bejahen und das Strafminimum zu verhängen. Zur Bejahung bedarf es dann 5 von 7 Stimmen.

[7] Gegen deren Hereinziehung in die Schuldfrage und insofern gegen Totalabstimmung Ötker S. 12 f., § 24 S. 195 ff.; grundsätzlich auch Birkm. 619. Ebenso Bind. (Dritte Frage: Ist ein Strafrecht überhaupt begründet?) Dagegen eingehend Lazarus 111 ff., 114 ff., 119, 124 ff., 129, 134, 138, 144, 150.

[8] Beling Lehre vom Verbr., S. 90, B.-B. 389. Lazarus 158 f. (mit Argumenten aus der Entstehungsgeschichte).

so fallen auch die Strafaufhebungsgründe (StPO 295 II) unter die Schuldfrage[9].

Aus diesem begrifflichen Kreise werden zwei Gegenstände durch das positive Recht ohne einleuchtende Gründe ausgeschieden. § 262 III bestimmt: „Die Schuldfrage umfaßt nicht die Voraussetzungen des Rückfalls und der Verjährung", also eines Qualifizierungsgrundes und eines Strafaufhebungsgrundes. Zur Bejahung des Rückfalls und zur Verneinung der Verjährung genügt mithin einfache Stimmenmehrheit. Auch unterliegen diese beiden Punkte nicht der Entscheidung durch die Geschworenen (GVG. 81).

III. Nicht zur Schuldfrage gehört einerseits die Frage, ob überhaupt ein Sachurteil gefällt werden kann (Frage nach den Prozeßvoraussetzungen, oder spezieller den Urteilsvoraussetzungen) und andrerseits die Straffrage. Ein Teil der letzteren, die Frage, ob mildernde Umstände vorhanden sind, wird nach StPO. 297 von den Geschworenen entschieden und somit aus dem Zusammenhang der Straffrage zu separater Behandlung vom Gesetz herausgenommen. In den berührten Punkten werden die Entscheidungen mit gewöhnlicher Majorität gefaßt. Ebenso die Entscheidung über solche abstrakte Rechtsfragen, die, dem konkreten Tatbestande nicht angehörig, sich häufig als präjudiziell für die ganze Anordnung der Fragen ergeben (z. B. die Frage nach der Strafbarkeit des untauglichen Versuchs, s. N. 13).

IV. Es besteht nun die Streitfrage, ob eine Totalabstimmung oder eine Abstimmung nach Gründen stattzufinden hat. Der Zweifel taucht vor allem für die Schuldfrage auf, sowohl bei den SchwG. wie sonst[10]. Wenn in einer Mordsache drei Geschworene annehmen, daß der Angeklagte sein Alibi nachgewiesen habe, drei andere, daß er in Notwehr gehandelt, und drei fernere, er sei geisteskrank, so wollen neun im Ergebnis freisprechen. Auf die eine und umfassende Frage: „Soll der Angeklagte verurteilt werden?" würden nur drei „Ja" erwidert werden (Totalabstimmung). Ginge man dagegen auf die Gründe der

[9] Hiergegen (und insofern wieder gegen Totalabstimmung) Kries 341, 447, 453; Bind. 175; teilw. L.-H. N. 3 d *a* zu GVG. 196, vor allem Ötker a. O. und § 26, S. 208 ff. Dagegen Lazarus 109, 149 N. 1, 116 f, 121 ff. 131 f. usw.

[10] Für Totalabstimmung die völlig h. M.; die wenigen Dissentienten, meist in Einzelpunkten, in N. 7 und 9. Dafür Mot. z. Entw II (oben S. 24) S. 158: (Das Gesetz) muß auf die Forderung verzichten, daß die verschiedenen Richter in den Gründen ihrer Überzeugung übereinstimmen. S. 159: Der Mangel einer Einigung über die Gründe der Freisprechung kann nicht zu einer Verurteilung führen. RG. **2**, 379. **5**, 404. **8**, 218. Rechtspr. **3**, 797. JurWochSchr. 1892, 136[17]. RMilG. **3**, 145, (153), **13**, 240. Glaser II 592. Ältere Gegner bei Heinemann. Für Totalabstimmung besonders Lazarus 68 ff., 82, 89, 91, 95, 149, 157 f., 160.

Entscheidung ein und fragte nacheinander: „Ist das Alibi —?" „Ist Notwehr —?" „Ist Geisteskrankheit erwiesen?", so würden auf jede dieser Fragen die drei sie bejahenden Geschworenen von den andern überstimmt werden und der Angeklagte wäre somit zu verurteilen. Gleiche Divergenzen ergeben sich, wenn etwa der StKRichter A den Angeklagten nicht wegen Sachbeschädigung verurteilen will, weil seine Täterschaft nicht erwiesen; B, weil es des Angeklagten eigene Sache gewesen sei; C, weil ihm der Vorsatz gefehlt habe; D, weil er sich auf BGB. 228 berufen könne. Bei Totalabstimmung kommt Freisprechung heraus, bei Abstimmung nach Gründen Verurteilung[11].

Schon bei rein äußerlicher Betrachtung muß das Ergebnis der Abstimmung nach Gründen als verblüffend und absurd erscheinen, während die Totalabstimmung dem Satze in dubio pro reo allein gerecht wird. Aber auch innerlich ist sie berechtigt; denn das durch sie erlangte Resultat ist das wahrscheinlichere: je mehr Zweifelsgründe auftauchen, um so geringer ist die Wahrscheinlichkeit, daß keiner derselben objektiv zutreffe[12]. Auch entscheiden wir in Geschäften des gewöhnlichen Lebens immer nach dieser Maxime. Endlich und ausschlaggebend gebietet das positive Recht den Geschworenen, die einheitlich gestellte, in der Regel auch Qualifizierungs-, Privilegierungs- und Strafaufhebungsgründe umfassende Schuldfrage in toto zu beantworten (StPO. 293, 295, 307 II). Hieraus ist zu folgern, daß das Gesetz überhaupt auf dem Standpunkt der Totalabstimmung steht, und daß diese auch für die andern, teils begrifflich, teils positivrechtlich von der Schuldfrage getrennten Fragen zu gelten hat.

V. In Verbindung mit dem unter II Gesagten ergibt sich folgende Reihenfolge möglicher Abstimmungsobjekte: I. Einzelne abstrakte Rechtsfragen[13]. II. Frage nach der Gebotenheit eines Sach-

[11] Daß die Abstimmung nach Gründen auch zu ungerechtfertigter Freisprechung führen kann, zeigt Lazarus 88.

[12] In der genannten Mordsache wäre die Wahrscheinlichkeit, daß der Angeklagte am Ort der Tat gewesen (die Unwahrscheinlichkeit des Alibi) = $^9/_{12}$ oder $^3/_4$; desgl. die Wahrscheinlichkeit, daß Notwehr nicht zutrifft, und die, daß der Angeklagte zurechnungsfähig. Die Wahrscheinlichkeit aber, daß keiner der Einwände begründet, betrüge nur $^3/_4 \times {^3/_4} \times {^3/_4}$ d. h. $^{27}/_{64}$, also bereits weniger als $^1/_2$. Hierauf weist insbesondere v. Kries S. 445 hin.

[13] Ebenso v. Kries § 55 VI, Löwe-Hellweg zu GVG. 196, N. 3b a. E., Oetker S. 24, Binding § 89 VI 4a, 4bβ; a. M. Beling, B.-B. 389 N. 10, 11 und besonders Heinemann a. O. S. 78—86, der aber für das RevGer. zustimmt, weil hier überhaupt die Totalabstimmung keinen Raum habe. — Vgl. noch MilStGO. 230 II.

urteils (Bedingungen der Strafverfolgung, Urteilsvoraussetzungen in toto). III. Schuldfrage, einschl. Strafausschließungs- und Strafaufhebungsgründen. IV. Frage, ob Rückfall vorliegt. V. Verjährungsfrage. VI. Frage nach mildernden Umständen (Strafrahmenfrage). VII. Strafmaßfrage. VIII. Einzelne sonstige zufällige Gegenstände des konkreten Strafprozesses (Haftung für Geldstrafen, Buße). IX. Kostenfrage.

Dabei ist zu bemerken, daß Frage III so oft wiederholt wird, als verschiedene rechtliche Gesichtspunkte auftauchen, unter die die Tat zu bringen wäre. Die Reihenfolge ist dabei gleichgültig; nur muß bei Qualifizierungen und Privilegierungen der Grundtatbestand zuletzt zur Abstimmung gestellt werden, weil sonst eventuelle Antworten nötig werden[14]. Eine Teilung der Schuldfrage ist im SchwG. geboten (vor der StK. und SchG. also wohl fakultativ möglich), wenn es sich um die zur Erkenntnis der Strafbarkeit erforderliche Einsicht (StPO. 298) handelt, also bei Jugendlichen, bei Taubstummen und bei, letzteren ähnlichen, in der Entwickelung zurückgebliebenen Personen[15]. Ferner ist durch StPO. 295 gestattet (aber nicht geboten), Qualifizierungs-, Privilegierungs- und Strafaufhebungsgründe zum Gegenstand besonderer Fragen zu machen, die zwar auch mit Zweidrittelmehrheit zu beantworten sind, aber doch eine Abweichung von der Totalabstimmung darstellen. Grund dafür ist ein nicht zu leugnender Gewinn an Übersichtlichkeit. In entsprechenden Fällen wird auch bei anderen Abstimmungen, als im SchwG., das gleiche Verfahren zulässig sein[16]. Für alle Fragen, außer der

---

[14] Wie entscheidet die StK., wenn 3 Richter Diebstahl, 2 Unterschlagung annehmen? Wenn 1 Unterschlagung, 1 Diebstahl, 3 Mundraub annehmen? Wenn 3 schweren, 1 einfachen Diebstahl, 1 Mundraub annimmt? Wenn 2 Richter Retorsion (StGB. 233) annehmen? Wenn 1 freispricht, 2 mehrere Diebstähle in Realkonkurrenz, 2 fortgesetzte Handlung annehmen? Wenn 1 freispricht, 2 Raubversuch, 2 Notzuchtsversuch annehmen? Wenn 1 freispricht, 2 vorsätzlichen, 2 fahrlässigen Meineid annehmen?

[15] Ötker Prozessuale Konsequenzen des Einsichtserfordernisses (1900) Arch. **47**, 321 ff. Ötk. 101. Lazarus 28 ff., 92 ff., besonders 94.

[16] Natürlich nicht obligatorisch, wie Herz-Ernst zu MilStGO. 320 anzunehmen scheinen. — Die Gefährlichkeit der dem Angekl. in allen genannten Fällen höchst ungünstigen Teilung der Schuldfrage ist stets in concreto zu erwägen. Lazarus Ztsch. **33**, 403. Wenn, wie im Hau-Prozeß (Karlsruhe 1907), der Mord fälschlich (Lb. § 96 VI) als qualifizierter Totschlag aufgefaßt und eine Nebenfrage nach Überlegung gestellt wird, so ist es möglich, daß der Angekl. zum Tode verurteilt wird, obschon nur 4 Geschw. Mord annehmen (4 wollen freisprechen, 4 nehmen Totschlag an). — Versuche, solchen Folgerungen zu entfliehen, finden sich vielfach, laufen aber gewöhnlich dem Grundsatz zuwider, daß der Überstimmte

Schuldfrage, gilt GVG. 198 II: hat von drei oder mehr Meinungen keine die Mehrheit für sich, so werden die dem Beschuldigten nachteiligen Stimmen den zunächst minder nachteiligen so lange hinzugerechnet, bis sich eine Mehrheit ergibt[17]. — Die Leitung der Beratung und Abstimmung hat der Vorsitzende in Händen; doch bei jeder Meinungsverschiedenheit, auf Widerspruch auch nur eines Beisitzers, entscheidet das Gericht (GVG. 196 II).

VI. Nicht Gegenstand der Abstimmung sind die Entscheidungsgründe; diese sollen vielmehr ein objektives Referat über die Art sein, wie das verkündete Urteil zustande gekommen ist. Sie müssen daher, soweit das zum Verständnis nötig ist, darlegen, welche Meinungsverschiedenheiten in welchem Stimmenverhältnis im Schoße des Kollegiums bestanden haben. Das ist der Grundsatz der Wahrheit der Entscheidungsgründe. Er kann dazu führen, daß wegen der rechtsirrtümlichen Ansicht eines einzigen Richters ein Urteil aufgehoben wird[18].

§ 50.

Die Rechtshilfe.

Kries § 24. Birkm. § 51. B.-B. § 35. Ullm. § 52. I–III. Bind. § 36. Laband Staatsrecht III, § 87.

I. Jedes Gericht ist bei der Ausübung seiner Gerichtsgewalt durch die Regeln über örtliche Zuständigkeit an seinen Sprengel gebunden. Soweit es sich nicht um Ladungen, Zustellungen und gewisse Vollstreckungen handelt (GVG. 161), darf es Amtshandlungen außerhalb seines Bezirks nur bei Gefahr im Verzuge oder bei Zustimmung des auswärtigen AG. vornehmen, GVG. 167. Im übrigen

---

den Mehrheitsstandspunkt einzunehmen hat. Vgl. L.-H., § 295 N. 9b. Heinemann Ztsch. **15**, 77. Lazarus 163 (will Aufsummierung, als wenn die Teilung gar nicht stattgefunden hätte).

[17] Nach StGB. 224 wollen den X verurteilen: A und B zu drei Jahren Zuchthaus, C zu 1 Jahr Zuchthaus, D zu 2 Jahren Gefängnis, E zu 1 Jahr Gefängnis; Ergebnis: 1 Jahr Zuchthaus. — Y ist wegen Bettelns zu 4 Wochen Haft und Überweisung verurteilt. Von den Berufungsrichtern will A die Berufung des Y verwerfen, B die Überweisung beseitigen, C auf 6 Wochen Haft ohne Überweisung erkennen. Die letztere Meinung dringt durch. — Z wird freigesprochen (StPO. 499 II); die Richter A und B wollen seine Auslagen der Staatskasse auferlegen. C will dies zur Hälfte tun, nach D und E soll Z seine Auslagen selbst tragen. Die Stimme des C ist entscheidend.

[18] So RG. 8, 218. Zachariä Handb. II 475. v. Kries 454. L.-H. § 266 N. 9. Lazarus 89. Dagegen Binding § 88 VI, § 89 II. Ötker Arch. **47**, 324 N. Ötk. 202.

hat es jenes auswärtige AG. der Handlungsbereitschaft um Rechtshilfe zu ersuchen, GVG. 158, wenn die Vornahme einer richterlichen Handlung in dem andern Bezirk für notwendig erachtet wird.

II. Die Vorschriften über die Gewährung der Rechtshilfe sind verschieden, je nachdem welche Behörde ersucht oder ersucht wird. 1. Für die ordentlichen Strafgerichte im Inlande untereinander gilt GVG., Tit. 13: Verpflichtung zur Rechtshilfe durch die AG., GVG. 157, 158. 2. Das gleiche gilt auch für Konsular- und Kolonialgerichte, unter sich und wechselseitig untereinander und mit den Gerichten zu 1. 3. Das Verhältnis zur ersuchenden Staatsanwaltschaft ergibt sich aus StPO. 160, zur ersuchten aus GVG. 163, 164 (betrifft nur Vollstreckung von Freiheitsstrafen). 4. Das Verhältnis zu anderen Behörden (Verwaltungs-, Disziplinarbehörden) bestimmt sich nach Landesrecht. Schreibt aber ein Bundesstaat seinen Behörden Aktenmitteilung gegenüber seinen Gerichten vor, so gilt das gegenüber allen deutschen Gerichten, GVG. 169. 5. Für das Verwaltungsverfahren gilt das besondere RGes. vom 9. Juni 1895, über den Beistand bei Vollstreckung von Vermögensstrafen. 6. Die Militärstrafgerichte und die Zivilstrafgerichte sind einander nach EG. MilStGO. 12, 13 zur Rechtshilfe verpflichtet (RMilG. 14, 107). Ablehnung ist nur wegen Zuständigkeitsmangels oder Verbotenheit der vorzunehmenden Handlung gestattet. Beschwerde über das AG. geht an das OLG und weiter an das RG.; Beschwerde über das Regiments- (Divisions- usw.) Gericht an den höheren Gerichtsherrn und weiter an das RMilG. 7. In allen übrigen Beziehungen, namentlich in denen zu Sondergerichten gilt noch das Rechtshilfegesetz vom 21. Juni 1869.

III. Die Rechtshilfepflicht der AG. im ordentlichen Strafverfahren ist eine unbedingte, wenn das ersuchende Gericht das vorgesetzte LG., OLG. oder das RG. ist. In den übrigen Fällen hat das ersuchte AG. zu prüfen, 1. ob es örtlich zuständig, 2. ob nicht nach seinem Recht die vorzunehmende Handlung verboten ist (GVG. 159 II). Wird fälschlich abgelehnt oder fälschlich nicht abgelehnt, so entscheidet das OLG. des ersuchten Gerichts. Diese Entscheidung ist endgültig, wenn das ersuchende Gericht demselben OLG. untersteht. Andernfalls gibt es dann, wenn das OLG. die Rechtshilfe für unzulässig erklärt hat, Beschwerde an das RG. (GVG. 160).

IV. Kosten entstehen durch die Rechtshilfe beim ersuchten Gericht, insbesondere durch Gebühren für Zeugen und Sachverständige (GVG. 166). Hiervon bleiben gewisse Abgaben (GVG. 165 IV) gänzlich außer Ansatz. Von der ersuchenden Behörde zu erstatten sind Strafvollstreckungskosten und Kosten, die durch eine Ablieferung von Personen oder Sachen entstehen (GVG. 165 I). Den Erstattungsanspruch hat auch der ersuchte StAnw. (oben II, 3). Weitere Kosten hat die ersuchende Behörde zwar nicht zu erstatten, aber von zahlungspflichtigen privaten „Parteien"[1] einzuziehen (GVG. 165 II, III).

§ 51.

Internationale Rechtshilfe.

Kries § 25. Ullm. § 52 IV. Bind. § 37. H. Seuffert StrGesGebung der Gegenwart I § 34 S. 59. Delius Ztsch. **16**, 270. Grosch Deutsches Auslief.Recht und Rechtshilfe in StrSachen i. Verh. z. Reichsausland, 1902. Frank Kampf um ein dtsch. Auslief.Gesetz, 1905. Ders. „Auslief." in v. St.-Fl. I 261 (1910). Fleischmann Auslief. u. Nacheile nach dtsch. Kolonialr., 1906. Cohn Auslief.Verträge des Reichs und der Bundesst., 1908. v. Liszt Völkerrecht [6] 1910, § 33.

I. Ist für einen inländischen Strafprozeß die Vornahme einer richterlichen Handlung im Auslande erforderlich, so kann sie bisweilen durch deutsche Konsuln erfolgen, wenn diese zu Ladungen, Zustellungen oder auch Zeugenvernehmungen und Beeidigungen besonders ermächtigt sind[1]. Im übrigen ist ein Einvernehmen von Staat zu Staat erforderlich, das sich entweder auf der Basis eines allgemeinen Vertrags „behufs besserer Verwaltung der Rechtspflege", oder wo ein solcher nicht vorhanden ist oder nicht ausreicht, in speziellen Abmachungen vollzieht. Abweichend der englisch-amerikanische Standpunkt.

II. Die Prozeßhandlungen, um welche die ausländischen Behörden ersucht werden können, sind Zustellungen, Ladungen, Vernehmungen, Mitteilung von Beweisstücken und Urkunden, Ausantwortung beschlagnahmter Gegenstände, Verhaftungen und Auslieferungen von Verbrechern.

III. Für die Ersuchen und ihre Erledigung ist im allgemeinen der Weg des diplomatischen Verkehrs (durch die Justizminister und Auswärtigen Ämter) die Regel; der direkte Verkehr mit ausländischen Behörden ist auch in Nachbarländern nur Ausnahme[2]. Maßgebend

[1] Es kommen in Betracht: der Verurteilte (StPO. 497), der Privatkläger (StPO. 503 II), der Verletzte, der Anklage erzwingen wollte oder erzwang (StPO. 175, 504), der Denunziant (StPO. 501), der Antragsteller (StPO. 502), der Nebenkläger in höherer Instanz (StPO. 505).

[1] So z. B. in London, Paris, Amsterdam, Rotterdam, Genua, Messina, Bukarest, Sofia, Sarajewo, Tunis, Kapstadt, Yokohama, Bombay, Batavia, New-York, Chicago, San Franzisko, Buenos-Aires, Sydney. Letztes Verzeichnis im Preuß. JustMinBl. 1911, 229. Gleichgültig ist die Staatsangehörigkeit des vernommenen Zeugen, RG. **39**, 319.

[2] So stehen einige deutsche Behörden in unmittelbarem Verkehr mit österreichischen, dänischen, russischen, schweizerischen und niederländischen.

sowohl für das „Ob“ wie für das „Wie“ der Ausführung ist das Recht des ersuchten Staates[3]. Zur Verfolgung „politischer Verbrechen“ wird in der Regel keine Rechtshilfe gewährt.

IV. Die Auslieferung flüchtiger Verbrecher ist ebenfalls ein Akt internationaler Rechtshilfe (a. M. Lammasch, Auslief.-Pflicht 1887, der eine Betätigung eigener Gerichtsbarkeit des ausliefernden Staates darin sieht) dem besonders eingehende Verträge gewidmet zu werden pflegen[4]. Die Verbrechensarten, wegen deren allein Auslieferung verlangt werden kann, werden genau und häufig mit eingehenden Modalitäten aufgezählt. Wegen eines der so beschriebenen Delikte muß von den Gerichten des ersuchenden Staates ein Haftbefehl erlassen sein (gleichgültig ob vor oder nach rechtskräftiger Aburteilung). Es wird dann — vorausgesetzt, daß die Tat im ersuchten Staate ebenfalls strafbar ist[5] — nur wegen des bezeichneten Deliktes ausgeliefert, und die Verfolgung wegen anderer früherer Straftaten durch den ersuchenden Staat ist ganz oder zeitweise ausgeschlossen[6]. Doch ist nachträgliche Erweiterung des Auslieferungsersuchens und der Auslieferung möglich. Gleichgültig ist meist der Tatort; England und Nordamerika verlangen, daß er im Gebiet des ersuchenden Staates liegt. Diese beiden Länder liefern auch eigene Untertanen aus, was sonst perhorresziert wird

[3] z. B. ob Parteienöffentlichkeit in Österreich statthaft ist, RG. **40**, 189. Auch bei Auslief. keine Nachprüfung der materiellen oder prozessualen Rechtmäßigkeit, RG. **42**, 309.

[4] Doch ist auch außervertragliche Auslief. möglich. In RG. **42**, 309 (312) hatte Frankreich wegen Urkundenfälschung vertraglich und zugleich wegen Betrugs außervertraglich ausgeliefert.

[5] Grundsatz der Reziprozität. Mettgenberg Arch. ÖffR. **25**, 1.

[6] Grundsatz der Spezialität. RG. **37**, 88. **38**, 112. RMilGer. **6**, 300. Doch ist zu bemerken: a) Der Grundsatz verlangt, wenigstens nach der Auffassung des RG., nur, daß die Tat Auslieferungsdelikt bleibt, selbst wenn der rechtliche Gesichtspunkt der Aburteilung sich verschiebt, RG. **27**, 413. — b) Der Grundsatz ist mehrfach dahin modifiziert, daß auch andere vor der Auslief. liegende Taten abgeurteilt werden dürfen, sofern sie nur ebenfalls Auslief.Delikte sind, z. B. im Verhältnis zur Schweiz RG. **30**, 441, zu Belgien **31**, 235. — c) Anderwärts gilt der Grundsatz gar nicht, z. B. im Verhältnis zu Österreich RG. **43**, 264 (in Übereinstimmung mit der österr. Praxis, Oberster Ger.- u. Kass.-Hof v. 1. 2. 97, Entsch., Neue Folge, **9**, 141). — d) Die Einwilligung des Ausgelieferten hebt den Grundsatz nicht auf, RG. **30**, 446. **34**, 191. **41**, 274. — e) Die nachträgliche Aburteilung wegen eines Nicht-Auslieferungsdeliktes ist z. T. ganz unzulässig (Großbritannien, Belgien, Luxemburg, Brasilien); z. T. ist sie an Verbleiben im Inland nach Ablauf einer Asylfrist von 3 Mon. (Italien, Norwegen, Schweden, Schweiz, Spanien u. a.) oder von 1 Mon. (Kongo, Niederlande) geknüpft. Das Aufgeben des Asylrechts muß indessen freiwillig erfolgen, RG. **32**, 430. **38**, 112.

(vgl. StGB. 9)[7]. Der Grundsatz ne bis in idem wird meist durch besondere Klauseln gewahrt.

Auslieferungsverträge sind größtenteils vom Reich abgeschlossen[8], doch bestehen die der Einzelstaaten auch zu Recht[9].

Drittes Kapitel.

Das Beweisrecht.

§ 52.

Allgemeine Vorbegriffe.

Kries § 47. Birkm. §§ 67, 68, 74. B.=B §§ 82—85. Ullm. §§ 82—84. Bind. §§ 75—78, 84. Glaser, Handb. I, S. 339—747. Glaser, Beitr. z. Lehre vom Beweis im StrProz., Leipzig 1883. Rupp, Beweis im Strafverf., 1884. Beling, Beweisverbote als Grenzen der Wahrheitserforschung, 1903.

I. Beweisen ist diejenige Tätigkeit, durch welche in dem Richter die Überzeugung von der Wahrheit tatsächlicher Behauptungen erweckt wird. Mit dem Worte „Beweis" bezeichnet man sowohl diese Tätigkeit selbst, wie das günstige Ergebnis dieser Tätigkeit, wie die benutzten Beweismittel. Das Beweisen ist nicht nur eine Tätigkeit der Parteien, sondern auch des Gerichts, zufolge des Prinzips der materiellen Wahrheit. Das Gericht ist aber tatsächlich nicht in der Lage, der Initiative der Parteien gänzlich zu entraten: die relevanten Behauptungen findet es zunächst in der Anklageschrift, und auch die Beweismittel müssen (StPO. 198) dortselbst angegeben werden. Auch stehen dem Gericht die Kenntnisse und Informationen der Parteien nur durch deren Vermittelung zu Gebote. So kann denn auch — wie das dem

---

[7] (Zweck: „to get rid of the rascals found here".) Prozeß gegen den engl. Gattenmörder Trouville in Bozen 1877, Neuer Pitaval **49**, 61.

[8] Mit Belgien, Brasilien, England, Griechenland, Italien, Luxemburg, Niederlanden (und beiderseitigen Kolonien), Norwegen, Schweden, Schweiz, Spanien (und dessen Kolonien), Uruguay, Vereinigten Staaten (der Nordd. Bund übernahm den preuß.=amerik. Vertrag von 1852, dem Württemberg schon 1854 beigetreten war; Baden und Bayern haben besondere Verträge); in eigenartiger Fassung auch mit Japan, Serbien und Transvaal. Ferner mit Frankreich für Elsaß=Lothringen, mit dem Kongostaat für die afrikanischen Schutzgebiete.

[9] Sämtliche Staaten mit Österreich=Ungarn (es gilt noch der Bundesbeschl. vom 26. 1. 1854); sodann Baden, Bremen, Hamburg, Lübeck, Mecklenburg, Oldenburg, Sachsen, Waldeck, Weimar, Württemberg mit Frankreich, Bayern mit Frankreich und Rußland, Hessen südl. des Mains mit Frankreich und Rußland, Preußen mit Dänemark, Frankreich (1845) und Rußland.

Begriff des Parteiprozesses entspricht — jede Partei den Beweis selbst in die Hand nehmen: der Staatsanwalt den Beweis für die klagbegründenden Tatsachen, der Beschuldigte den Gegenbeweis. Der **Beweisführer** (diesen Ausdruck wenden wir alsdann auf die betreffende Partei an) kann tatsächliche Behauptungen aufstellen und Beweise antreten. Das Gericht ist verpflichtet, zu den ersteren in seiner Entscheidung Stellung zu nehmen, und kann sich den letzteren nur ausnahmsweise entziehen.

Wegen des eigenen aktiven Vorgehens des Gerichts zur Erforschung der Wahrheit ist die Frage nach der **Beweislast** im Strafprozeß von geringerer Bedeutung. Doch fehlen dem Gericht oft genug Anhaltspunkte zu weiteren Schritten. Für diese Fälle gilt aushilflich der Satz, daß im Strafprozeß prinzipiell der Kläger und nur der Kläger die Beweislast hat. Er muß nicht nur dartun, daß sämtliche allgemeinen Verbrechens- und besonderen Tatbestandsmerkmale vorliegen, sondern auch, daß keine Rechtfertigungs-, Strafausschließungs- und Strafaufhebungsgründe gegeben sind. Führt der Kläger diesen Beweis nicht, so erfolgt Sachabweisung, d. h. Freisprechung. In dubio pro reo! Abweichendes gilt in den oben S. 59 f. erörterten Präsumtionsfällen und Fällen eines onus probandi für den Beschuldigten.

II. **Gegenstand des Beweises** sind alle Umstände, deren Feststellung für die Entscheidung des Prozesses von Einfluß ist. Dabei sind aber mehrere Kategorien zu scheiden:

1. **direkt relevante Tatsachen**, nämlich die ausdrücklich durch das Strafgesetz bezeichneten Umstände, deren Existenz oder Nicht-Existenz Voraussetzung eines bejahenden Strafurteils ist[1] — mag es sich dabei um Ereignisse der Außenwelt oder um sog. innere Tatsachen (Vorgänge des menschlichen Seelenlebens, wie Vorsatz, Fahrlässigkeit, Absicht, Überlegung, Wissen) handeln. Voraussetzung eines bejahenden Strafurteils sind aber auch alle Umstände, von denen es abhängt, ob überhaupt ein Sachurteil prozessual zulässig ist, — also die Urteilsvoraussetzungen[2];

---

[1] z. B. ob der A dem B eine Stichwunde zugefügt hat; ob er vorsätzlich gehandelt, ob er ein Messer benutzt hat, ob er sich in Notwehr befand, ob er durch B gereizt war, ob er schon wegen Körperverletzung vorbestraft ist, wieviel er vor der Tat getrunken hatte usw. Es gehört hierher nicht nur der eigentliche Schuldbeweis, d. h. der Beweis dafür, daß ein staatlicher Strafanspruch entstanden ist; sondern auch dafür, daß er nicht inzwischen erloschen ist, sowie alles, was auf die Strafrahmen- und Strafmaßfrage einwirken kann.

[2] Liegt ein Antragsdelikt vor? Ist eine abgegebene Erklärung inhaltlich,

2. **Indizien**, d. h. Tatsachen, aus denen ein Schluß auf direkt relevante Tatsachen zu ziehen ist[3];

3. **Hilfstatsachen**, d. h. Tatsachen, von denen die Bewertung eines Beweismittels (Echtheit von Urkunden, Glaubwürdigkeit von Zeugen) abhängt[4];

4. **Erfahrungssätze**, d. h. allgemeine Tatsachen des Lebens, der Wissenschaft oder Kunst, des Verkehrs oder Gewerbes, die als Sätze allgemeinen Inhalts keine Beziehung zu dem konkreten Prozeß haben, aber als Obersätze zur Beurteilung der Tatsachen dieses Prozesses dienen. Es sind somit durch Induktion gewonnene hypothetische Urteile, unter welche die im konkreten Prozeß entgegentretenden Tatsachen subsumiert werden. Die Subsumtion geschieht, um einen Schluß auf direkt relevante Tatsachen zu gewinnen oder vorzubereiten (letzteres, indem vermöge der Erfahrungssätze erst auf Indizien und von diesen weiter auf die direkt relevanten Tatsachen geschlossen wird)[5].

---

ist sie formell ein Strafantrag? Ist der Antragsteller der Berechtigte? Ist die Antragsfrist gewahrt? u. dgl. m. Dagegen **Beling**, B.-B. S. 320 f.

[3] So kann etwa bei einer Anklage aus StGB 242 statt der äußeren Tatsache des Wegnehmens und der inneren Tatsache der Zueignungsabsicht Gegenstand des Beweises sein: daß sich eine abhanden gekommene Uhr um 4 Uhr in einem Zimmer befand, daß sie um 6 Uhr verschwunden war, daß in der Zwischenzeit nur der Angeklagte das Zimmer betrat, daß die Uhr um 7 bei einem Pfandleiher für 10 M. versetzt wurde, daß der Angeklagte am Morgen des Tages sich als mittellos bezeichnete, am Abend aber ein 10 M.-Stück besaß usw. Man spricht hier auch wohl von **indirektem** oder **künstlichem** im Gegensatz zu natürlichem Beweis.

[4] Charaktereigenschaften des Angekl., cf. RG. **39**, 363. Hier würde auch die „psychologische Tatbestandsdiagnostik" ihren Platz haben (Will. **Stern** Ztsch. **22**, 315 — experimentelle Untersuchung der Erinnerungstreue; **Löffler** MonSchr. **3**, 449; **Heilbronner** Ztsch. **27**, 601) — falls sie prozessual zulässig wäre; s. hierüber **Beling** Ztsch. **27**, 797. RG. **40**, 49.

[5] Obige Darlegungen schließen sich an **Stein**, Das private Wissen des Richters, S. 52 ff.; ZPO. (Gaupp-Stein, 9. Aufl.) S. 653; Ziv.-Proz.-Recht (Birkmeyers Enzyklop., 2. Aufl.) S. 981 an. Ihnen sucht **Beling**, B.-B. S. 315 f. u. v. **Holtzendorff-Kohlers** Enzyklopädie S. 375 entgegenzutreten. Daß die Erfahrungssätze nur einen „Durchgangspunkt in der auf den Syllogismus hinstrebenden geistigen Operation" bilden, ist zwar richtig, trifft aber auf Indizien und Hilfstatsachen nicht minder zu. Daß hier Erfahrungen „plötzlich ad hoc, gewissermaßen auf Kommando" erworben würden, läßt sich nicht sagen; denn es handelt sich bei den Erfahrungssätzen nicht um die persönliche Erfahrung des Richters, sondern um allgemeine und allgemeingültige Erfahrung: die Sätze treten mit dem Anspruch auf, objektiv richtig zu sein. Beling verlegt m. E. den Schwerpunkt der Sachverständigentätigkeit in unrichtiger Weise, wenn er sagt, der Sachverständige werde herbeigezogen, um aus dem Erfahrungssatz als Obersatz und

Zur Abgrenzung: a) Rechtssätze[6] und deren Auslegung[7], b) unerhebliche, c) allgemeinkundige[8] Tatsachen sind nicht Gegenstand

---

bereits ermittelten Tatsachen als Untersatz einen Schluß auf die Tatsache X zu ziehen; der Beweis sei ausschließlich auf die Tatsache X gerichtet; wenn der Sachverständige veranlaßt werde, auch die Erfahrungssätze mitzuteilen, so diene dies lediglich zur Kontrolle, ob der Betreffende wirklich sachverständig sei. Hiergegen ist zu bemerken: Das Schließen auf die Tatsache X ist gerade die spezifisch richterliche Tätigkeit, die der Richter sich vom Sachverständigen nicht abnehmen lassen darf. Der Richter muß selbst und mit eigener Verantwortlichkeit den Schluß ziehen. Um ihm diese Aufgabe zu ermöglichen, vermittelt ihm der Sachverständige die Kenntnis der Erfahrungssätze; diese muß er daher stets mitteilen, event. durch Bild und Experimente erläutern. Gerade hierauf ist der Nachdruck zu legen. Was sollte die „Kontrolle" etwa eines weltberühmten Gelehrten durch ein Schwurgericht für einen Sinn haben? Es ist dem Richter nur das **Minus** zuzumuten, den mitgeteilten Erfahrungssatz logisch richtig zu handhaben. Verständlich muß er ihm freilich sein; der Sachverständige muß den allgemeinen Satz daher dem Einzelfall möglich anpassen, ihn möglichst nüancieren. Aber die Last der endgültigen Subsumtion liegt auf den Schultern des Richters und kann für den gewissenhaften Mann u. U. recht drückend sein. Darum darf er bei andern Sachverständigen oder bei Fachbehörden neuen Rat holen, StPO. 83. Beling würde nur Recht haben, wenn das Gutachten des Sachverständigen oder das übereinstimmende Gutachten aller Sachverständigen den Richter bände. Vgl. aber StPO. 260, RG. **7**, 426. Hegler [Lit. zu § 54].

[6] Anträge, die sich auf den Inhalt ausländischer Rechtssätze beziehen, sind daher nicht Beweisanträge in technischem Sinn (StPO. 243 II), RG. **42**, 54. Auch ist die StAnw. hinsichtl. des ausländischen Rechtes nicht beweispflichtig, vielmehr hat sich das Gericht von Amtswegen die nötigen Kenntnisse zu verschaffen, RG. **44**, 118.

[7] Statthaft ist aber natürlich z. B. eine Sachverst.-Vernehmung. Desgl. Zeugenvernehmung etwa zur Feststellung eines Gewohnheitsrechtes. Auch zur Auslegung eines Reichsgesetzes, so in dem merkwürdigen Fall, den Salmann JurWochSch. 1912, 321 mitteilt.

[8] Stein, Privates Wissen S. 138 ff., 172 f. Komm. zur ZPO. 291 sub Ia II. v. Kries § 47 III S. 339. B.-B. § 83, 1 b, bes. S. 325 Anm. 23 ff. L.-H. § 260 N. 1 b, bes. a. E., Birkm. S. 400 c *a*, 513 N. 20. Ob der Begriff der Allgemeinkundigkeit richtig angewendet, ob nicht insbesondere „allgemeinkundige Tatsachen" und „Erfahrungssätze" vom ersten Richter verwechselt worden sind, hat die Revisionsinstanz nachzuprüfen, RG. **38**, 309. Unsicher die Judikatur des RG. **8**, 351 nimmt an, wenn der erste Richter seine Ansicht dahin festgestellt hätte, es gebe ein Medikament, durch dessen Beibringung man in einer andern Person Liebe erwecken könne, so würde das RG. nicht nachprüfen dürfen und die betr. Revision verwerfen müssen. Anders RGZ. **17**, 271 betr. eines als „unbestrittene allgemeine wissenschaftliche Wahrheit" hingestellten Satzes über das Wesen der Elektrizität. Richtig RGZ. **36**, 350, wo das KG. die Heilbarkeit der Syphilis als gerichtsbekannt bezeichnet hatte. JurWochSchr. 03, 94, 20 läßt dahingestellt, ob „bekanntlich der Wechseldiskont gewöhnlich 1% niedriger ist, als der Lombarddiskont". — Der Umfang des Allgemeinkundigen wechselt mit

des Beweises[9]; wohl aber d) gerichtskundige, da ZPO. 291 hier nicht gilt[10]. Die Gruppen c und d unter dem Begriff der Notorietät (Offenkundigkeit) zusammenzufassen ist daher nicht zu empfehlen.

III. Eine Abart des Beweisens ist das öfters erwähnte Glaubhaftmachen. (StPO. 26, 45, 55, 74)[11]. Es ist stets Parteitätigkeit und bezweckt, durch einseitige Vorführung parater Beweismittel in dem Richter den Glauben an die Wahrscheinlichkeit der Parteibehauptungen zu erwecken.

IV. Die Beweismittel, die wir im folgenden zu betrachten haben, sind Zeugen, (eigentlich deren Aussagen), Sachverständige (eigentlich deren Gutachten), Augenscheinsobjekte, Urkunden, endlich die Aussagen des Beschuldigten und anderer Personen.

§ 53.

Der Zeuge.

Kries § 48. Birkm. §§ 70—72. B.-B. §§ 88, 89. Ullm. §§ 89—91. Bind. § 81. Laband Staatsr. III § 92. — Gmelin Psychologie der Aussage, 2. Aufl. 1909.

I. Ein Zeuge ist eine vom Richter, den Parteien (Lb. § 33) und Parteivertretern verschiedene[1] Person, die über sinnliche Wahrnehmungen,

Zeit und Ort; so kann es in Breslau notorisch sein, daß die Zeitung Volkswacht keinerlei geschichtswissenschaftlichen Charakter hat, RG. **28**, 171; in Posen und im Jahre 1898 konnte es allgemeinkundig sein, daß der Nationalcharakter der Polen lebhaft und erregt, ihr Nationalbewußtsein besonders stark ausgeprägt sei, und daß die Empfindlichkeit der polnischen Bevölkerung Preußens in letzter Zeit eine besondere Steigerung erfahren habe. RG. **31**, 185. Die gleichen Umstände würden etwa in Tübingen im Jahre 1912 des Beweises bedürftig sein.

[9] Wohl aber der Verhandlung, deren Gegenstand sie gewesen sein müssen (oben § 15, S. 38). Sonst könnten die Parteien im Urteil plötzlich mit unerwarteten Notorien überrascht werden. Nur so wird eine Schranke gegen das Einfluten des privaten Wissens der Richter gezogen. Auch hier ist das RG. nicht ganz fest, vgl. darüber L.-H. § 260 N. 1 b. Im allgemeinen wird neuerdings mit steigender Entschiedenheit die Notwendigkeit des Verhandelns betont, RG. **28**, S. 172 sub 1, Abs. 2. JurWochSchr. 03, 94, 20.

[10] Prinzipiell ebenso RG. **16**, 327; bedenklicher **33**, 76; a. M. v. Kries, Stein, Beling.

[11] „Glaubhaftmachen" wird von der StPO. als term. techn. verwendet, ohne daß jedoch eine Begriffsbestimmung gegeben würde. Damit wird stillschweigend auf ZPO. 294 als sedes materiae verwiesen. Um volle Gleichförmigkeit mit der neuen Fassung herzustellen, hätte allerdings in StPO. 55 S. 2 die eidliche Versicherung in eidesstattliche umgewandelt werden müssen, wie in MilStGO. 191 geschehen. Der Rechtszustand ist jetzt der: bei der Ablehnung von Richtern und Sachverständigen ist der Eid ausgeschlossen (StPO. 26, 74), bei der Wiedereinsetzung in den vorigen Stand ist eidesstattliche (StPO. 45, ZPO. 294), bei der Zeugnisverweigerung eidliche Versicherung (StPO. 55) zulässig.

[1] Wer mit einem der Genannten identisch ist, kann nicht Zeuge sein. Doch ist das ein bloß formales Hindernis, das z. B. beseitigt wird, wenn für Richter,

welche sie außerhalb des anhängigen Prozesses gemacht hat, für die Zwecke des Prozesses vor dem Richter aussagt. Besondere persönliche Erfordernisse braucht ein Zeuge nicht zu haben; absolut zeugnisunfähige Personen (testes inhabiles) gibt es nicht[2]. Etwas anderes ist die Frage, ob ein Zeuge zur Aussage angehalten werden und ob er beeidigt werden darf. Aber die Würdigung der Aussage, die Tauglichkeit des Beweismittels wird hiervon nicht notwendig berührt. Die Pflichten der Zeugen sind dreierlei (II—IV), denen als Recht der Gebührenanspruch (StPO. 70, 219 III. GVG. 166 III. Gebühren-Odg. vom 30. Juni 1878) gegenübersteht.

II. Die Erscheinenspflicht hat zur Voraussetzung ordnungsmäßige Ladung[3], d. h. solche, bei der auf die Folgen des Ausbleibens hingewiesen wird (§ 48 I). Bei der von Privatpersonen ausgehenden sog. unmittelbaren Ladung gehört noch Vermittlung des GerVollz. und Nachweis hinsichtlich der Zeugengebühren zur Ordnungsmäßigkeit (§ 38, 219)[4]. Die Erscheinenspflicht umfaßt auch die Verpflichtung, sich vor gehöriger Entlassung nicht von der Vernehmungsstelle zu entfernen (§§ 242, 247). Die Wirkungen des Ungehorsams (§ 50) sind teils obligatorische, teils fakultative. Beim ersten Ungehorsam muß der

StAnw., notwendigen Verteidiger ein Ersatzmann und zwar bis zum Schlusse der Verhandlung (RG. **29**, 236, 4. Sen., dagegen 5. Sen., JurWochSchr. 08, 763, 1) eintritt; und das nicht besteht, wenn der Zeuge zwar mitschuldig, aber nicht mitbeschuldigt ist. Dagegen kann ein Mitangeklagter nicht Zeuge sein, und seine Aussage ist kein „Zeugnis". A. M. B.-B. 344. Bind. 148. Aber die StPO. scheidet die Aussage des Mitbeschuldigten (die sie ebenfalls als Beweismittel auffaßt) von der des Zeugen: §§ 246, 250, 256. Wenn also A und B zusammen angeklagt sind, so kann A als Zeuge (der den Zwangsmitteln des § 69 unterliegt) gegen B nur dann behandelt werden, wenn die Prozesse getrennt werden oder das Urteil gegen A in Rechtskraft erwächst, während gegen B in höherer Instanz weiter verhandelt wird. — Wegen des Nebenklägers s. oben S. 119 N. 7.

[2] Vernehmbar sind auch Geisteskranke, RG. **33**, 393; ebenso ganz kleine Kinder, RG. Arch. **59**, 131.

[3] gleichgültig, ob mündlich, schriftlich, telegraphisch oder telephonisch; ob mit Zwischenzeit oder auf sofort lautend; ob nach der Gerichtsstelle oder sonst wohin.

[4] Beschränkungen der Ladebefugnis und der Erscheinenspflicht enthalten die §§ 49, 71. Minister u. dergl. werden nur am Amtssitz oder Aufenthaltsort, Abgeordnete usw., sofern sie am Sitzungsort aufhältlich, nur an diesem vernommen. Der Kaiser, Landesherr, Vorgesetzte resp. die gesetzgebende Versammlung können Abweichungen genehmigen. — Ob Landesherren und Mitglieder souveräner Familien überhaupt als Zeugen in Strafsachen vernommen werden dürfen, bestimmen in erster Linie die Hausverfassungen, in zweiter die Landesgesetze (EG. StPO. 4) Wenn ja, so sind sie stets nur in ihrer Wohnung zu vernehmen.

Zeuge in die Kosten und eine Geldstrafe verurteilt werden; außerdem **kann** er zwangsweise (sei es sofort zu diesem Termin, sei es zum nächsten, auf den die Sache vertagt wird) vorgeführt werden. Beim zweiten Ungehorsam sind die Folgen dieselben. Dreimaliger und mehrfacher Ungehorsam wird nicht mehr bestraft. Folglich steht beim zweiten Ungehorsam der Richter vor der Wahl, entweder den Zeugen vorführen zu lassen, oder auf seine Vernehmung zu verzichten. Die Wirkungen treffen nicht nur den vor dem Prozeßgericht nicht erscheinenden Zeugen: der UR., AR., beauftragte und ersuchte Richter verhängen die gleichen Ordnungsstrafen und zwar ebenfalls obligatorisch. Genügende Entschuldigung wendet die sämtlichen Wirkungen ab oder hebt sie nachträglich wieder auf.

III. Die **Aussagepflicht** des Zeugen besteht in **erster Linie** darin, nachdem ihm der Gegenstand der Untersuchung und die Person des Beschuldigten bezeichnet ist (StPO. 78 I S. 2), sein auf sinnlichen Wahrnehmungen beruhendes Wissen zur Sache im Zusammenhange lückenlos (RG. 39, 58) anzugeben. Bloße Vermutungen und Schlußfolgerungen aus seinen Wahrnehmungen braucht er nicht zu äußern. Häufig wird er aber seine Beobachtungen dadurch, schon sprachlich, am besten darlegen, daß er die Schlußfolgerungen mitteilt, die sich ihm bei der Wahrnehmung aufdrängten. Sofern die sonstige Beschreibung der von ihm empfangenen sinnlichen Eindrücke undeutlich und unzureichend ist, muß er daher auch als zur Mitteilung solcher Schlüsse verpflichtet erscheinen[5]. Er muß **zweitens** auf Fragen, nicht nur zur Aufklärung und Vervollständigung, sondern auch nach dem Grunde seiner Wissenschaft antworten; also etwa seinen Gewährsmann nennen, seinen Begleiter, der ihn auf etwas aufmerksam machte usw. (StPO. 68 II). Seine Aussagepflicht umfaßt **drittens** (StPO. 67) die Beantwortung von Fragen nach seinen Personalien, seinen Beziehungen zum Beschuldigten und zum Verletzten (also nach Freundschaft, Feindschaft, früheren Zerwürfnissen, Liebesverhältnissen, überhaupt inneren Gefühlen, die er diesen Personen gegenüber hegt, ferner nach Tatsachen aus seinem eigenen Vorleben, auch Vorbestrafungen, anstößigen Handlungen usw. (sog. Personal- und Generalfragen).

Die gänzliche oder teilweise Weigerung der Aussage führt zu teils obligatorischen, teils fakultativen Maßregeln gegen den Zeugen (§ 69). Die ersteren sind Verurteilung in die Kosten und eine Geldstrafe.

---

[5] RMilG. **5**, 251; auch **3**, 174. RG. **39**, 363 (Vernehmung über Charaktereigenschaften), **42**, 160, Arch. **56**, 324.

Letztere ist die Haft zur Erzwingung des Zeugnisses. Beide Maßregeln können auch vom einzelnen Richter verhängt werden[6]. Die Zwangshaft endet a) wenn die Erzwingung gelingt; b) wenn die Instanz beendet ist; c) wenn sie bei Verbrechen und Vergehen 6 Monate, bei Übertretungen 6 Wochen gedauert hat; d) wenn die etwa in dem richterlichen Beschlusse angeordnete, noch kürzere Zeitdauer abgelaufen ist[7].

Das Gesetz kennt nun eine Reihe von Zeugnisweigerungsgründen, die im allgemeinen der Zeuge geltend und auf Verlangen glaubhaft zu machen hat[8]. Zwang und Strafe darf alsdann gegen ihn erst verhängt werden, nachdem seine Weigerung durch Beschluß für unbegründet erklärt ist[9]. Die Wahl zwischen Weigerung und Aussage ist zeitlich an keine Frist gebunden und abänderlich, so daß der Zeuge sich bei jeder einzelnen Vernehmung anders entscheiden kann[10]. Die Ausnahmen von der Aussagepflicht ordnen sich unter folgende Kategorien:

[6] Beim ersuchten Richter führt das zu Unzuträglichkeiten. L.-H. § 69 N. 10c. Nach E. 09 § 67 II S. 2 liegt die Maßregel teilweise beim ersuchenden Richter.

[7] Natürlich auch, wenn der Grund der Vernehmung wegfällt, weil das Zeugnis unerheblich, der Zeuge selbst beschuldigt oder weigerungsberechtigt wird, weil maßgeblich auf ihn verzichtet wird u. dgl. — Die Zwangshaft kann auch bei der zweiten und folgenden Weigerung von neuem angeordnet werden, solange die Zeit unter c noch nicht erschöpft ist. Dagegen kann die Strafe bei der zweiten und folgenden Weigerung nicht wiederholt werden. So die hM., anders nur Glaser und Bennecke. In der Weigerung kann außerdem Begünstigung liegen. — Milderung der Zwangshaft in E. 09, 67.

[8] oben S. 161, StPO. 55. Der Eid ist hier kein Zeugeneid, sondern ein vom Zeugen als „Betroffenen" gebrauchtes Mittel. Daher kann ihn auch der nach StGB. 161 Bestrafte leisten.

[9] Dieser Beschl. kann für sich allein von den Parteien und dem Zeugen angefochten werden (StPO. 346 II, 347 S. 2), jedoch ohne Suspensiveffekt hinsichtlich der Vollstr. von Strafe und Zwangshaft.

[10] Maßgebend ist die Entscheidung des Zeugen in der HVerh. Weigert er sich in dieser, obwohl er früher ausgesagt hat, so darf seine frühere Aussage nach StPO. 251 nicht verlesen werden. Die ratio legis ist: auch die nachträgliche Weigerung soll respektiert werden. Dem Wechsel im Verhalten des Zeugen braucht keineswegs kleinliche Laune zu Grunde zu liegen; Unwissenheit, polizeilicher Druck u. dgl. mag ihn früher zur Aussage veranlaßt haben. — Das Weigerungsrecht könnte aber auch auf andere Weise illusorisch gemacht werden: StPO. 251 ist daher einer erweiternden Auslegung fähig und bedürftig (daher die weitere Fassung von MilStGO. 306). Der einfachste Weg, die jetzige Weigerung bedeutungslos zu machen gegenüber der früheren Aussage, wäre: das frühere Protokoll dem damaligen Richter zum Durchlesen zwecks Auffrischung seines Gedächtnisses zu geben und ihn dann als Zeugen darüber zu vernehmen, was der Weigernde früher

1. Angehörigenverhältnis (§ 51 Z. 1—3) zum Beschuldigten oder einem der mehreren Beschuldigten des gleichen Prozesses[11]. Diese Gruppe muß über ihr Weigerungsrecht belehrt werden; andernfalls unterliegt das Urteil der Aufhebung, wenn es auf der Gesetzesverletzung beruht[12].

2. Es brauchen Vertrauenspersonen über Vertrauenssachen nichts auszusagen (§ 52), nämlich Geistliche, Verteidiger, Rechtsanwälte, Ärzte[13]. Geistliche[14] behalten das Weigerungsrecht, auch wenn sie von der Verschwiegenheit befreit sind. Wer die betreffenden Dinge anvertraut hat, ist für das Weigerungsrecht gleichgültig. Befreien kann von der Verschwiegenheit nur derjenige oder diejenigen, welche die Dinge anvertraut haben.

3. Die Stellung als öffentlicher Beamter (§ 53) begründet sogar eine Weigerungspflicht, die das Gericht von Amts wegen zu

---

ausgesagt habe. Solche rabulistische Methode geht indessen auch dem RG. zu weit: die Hingabe des Protokolls zum Durchlesen erklärt es für unstatthaft (RG. **8**, 122, **39**, 433; aber nur im Falle des § 251, dagegen statthaft in dem des § 252, RG. **36**, 53); im übrigen aber billigt das RG. jenes Vorgehen: **5**, 142, **14**, 267, **16**, 119, **35**, 247, **35**, 5. Danach sollen vor allem Richter und GerSchr. über den Inhalt vor ihnen abgegebener Aussagen vernommen, auch Protokolle über andere Erklärungen, als Zeugenaussagen im StP., verlesen werden dürfen. Dagegen geschlossen die HM. und gelegentlich RG. **10**, 374. Es handelt sich hier einfach um eine Umgehung des Gesetzes. Die Einschränkung durch Verbot der Protokollhingabe ist in der Praxis wenig belangreich. Die Gerichtsakten pflegen den Gerichtspersonen nicht schwer zugänglich zu sein. Auch macht ein vorsichtiger UR. sich in geeigneten Fällen genauere Privatnotizen. Durchgreifende Abhilfe sieht E. 09, 56 vor.

[11] Teilweises Weigerungsrecht neben teilweiser Aussagungspflicht ist undurchführbar. In einem und demselben Prozesse kann nur eine Alternative Platz greifen. Event. muß eine Zerspaltung des Prozesses in mehrere vorgenommen werden. a. M. Beling (B.-B. S. 350, woselbst Näheres über die Kontroverse). RG. schwankt, **27** S. 270 u. S. 312.

[12] also nicht, wenn der Zeuge nachweislich auf sein Weigerungsrecht verzichtet haben würde; oder wenn das Urteil ausdrücklich seine Aussagen für gänzlich gleichgültig erklärt.

[13] Roth JurWochSchr. **40**, 130. — E. 09, 49 gibt auch der Presse ein langersehntes Weigerungsrecht.

[14] Es ist sehr kontrovers, was darunter zu verstehen ist. **1.** Nur Geistl. der Landeskirchen: John I 559, Puchelt, Schön VerwArch. (1898) **6**, 200; **2.** der ReligGesellsch. mit öffentl.-rechtl. Korporationsqualität: Kahl v. St.-Fl. II 30, § 1 II; **3.** aller ReligGesellsch. mit Korporationsrechten: Friedberg Verfassgsr. **46**, Zorn KirchR. 244; **4.** aller im Einzelstaat anerkannten ReligGesellsch.: v. Kries, Löwe-Hellweg, Geyer, v. Schwarze, Keller, Binding, Isenbart, Stenglein, Seuffert ZPO. 383[4], Weismann ZPV. I 139; **5.** aller im Staate vorhandenen ReligGesellsch.: Glaser, Bennecke, Ull-

beachten hat. Voraussetzung ist die Feststellung, a) daß der Zeuge ein öffentlicher Beamter ist oder gewesen ist; b) daß er über Umstände vernommen werden soll, auf welche sich seine Pflicht zur Amtsverschwiegenheit bezieht. Diese Voraussetzungen festzustellen, ist Sache des Gerichts (a. M. RG. **7**, 74, vgl. auch preuß. Vfg. v. 24. Mai 1886). Der Zeuge darf alsdann erst aussagen, wenn seine vorgesetzte oder zuletzt vorgesetzt gewesene Dienstbehörde die Genehmigung erteilt hat[15]. Diese darf aber nur versagt werden, wenn die Ablegung des Zeugnisses „dem Wohle des Reiches oder eines Bundesstaates" Nachteil bereiten würde[16]. Ob das der Fall ist, hat lediglich die vorgesetzte Behörde zu entscheiden und das Gericht nicht nachzuprüfen (RG. **44**, 291).

4. Auf gewisse verfängliche Fragen braucht man nicht zu antworten, nämlich auf solche, bei denen wahrheitsmäßige Auskunft dem Zeugen oder einem seiner Angehörigen die Gefahr strafgerichtlicher Verfolgung[17] zuziehen würde (§ 54). Belehrung über dies Weigerungsrecht ist nicht vorgeschrieben; die wissentlich falsche Aussage wird aber milder bestraft (StGB. 156 Z. 1).

IV. Die Schwurpflicht wird durch die gleichen Maßregeln, wie die Aussagepflicht, durchgesetzt (§ 66); sie unterliegt den gleichen Ausnahmen durch Weigerungsrechte[18]. Die Beeidigung der Zeugen ist im allgemeinen auch für das Gericht obligatorisch, nur bei Angehörigen fakultativ (§ 57)[19]. Anders E. 09 §§ 59, 60. Beeidigungsverbote[20] stellt § 56 auf; die Gründe sind a) Unmündigkeit (Alter unter 16 Jahren);

---

mann, Gaupp-Stein ZPO.; wohl auch Petersen ZPO., Struckmann-Koch. — E. 09 schafft ein Vernehmungsverbot, wie beim Beamten.

[15] ZPO. 376 III: Die Genehmigung ist durch das Prozeßgericht einzuholen und dem Zeugen bekannt zu machen — fehlt in StPO. 53 und MilStGO. 189.

[16] Diese Vorschriften gelten ausnahmslos für alle Arten von Beamten, auch für die Richter. Daß die Vorgänge bei der Beratung unverbrüchliches Geheimnis seien und nicht zum Gegenstand der Vernehmung gemacht werden dürften, wie RG. **26**, 202. **36**, 373 annimmt, ist nirgends gesagt. Wie hier, Haberstumpf DtschRichterZtg. **2**, 485. — Vgl. Löffler [Lit. zu § 93] 30 f.

[17] nicht die bloßer Unehre, disziplinarischer Bestrafung, zivilgerichtlicher Verurteilung oder eines Vermögensschadens, einer Kreditschädigung, einer Beeinträchtigung des Fortkommens usw. Anders ZPO. 384 und z. T. E. 09, 55 III.

[18] Die Angehörigen müssen über dieses zweite Weigerungsrecht nochmals besonders belehrt werden, StPO. 57 II, RG. **42**, 321. — Auch wenn der Zeuge schon ausgesagt hat, kann er die Eidesleistung verweigern, RG. **44**, **44**.

[19] Dazu MilStGO. 299 Abs. 4: offenbar unglaubwürdige, sowie unerhebliche Zeugen dürfen in der HVerh. unbeeidigt bleiben. Hiergegen B.-B. S. 358.

[20] Bei deren Verletzung kommt es darauf an (StPO. 376 1), ob das Urteil auf der Verwertung der betr. Aussage beruht, RG. **44**, 256.

b) Verstandesunreife; c) Verstandesschwäche[21]; d) Eidesunfähigkeit (nach StGB. 161 oder früheren inländischen Gesetzen); e) Verdacht der Beteiligung an der „Tat".

An diese letztere Bestimmung (MilStGO. 199 Z. 3) knüpfen sich zahlreiche Einzelfragen und eine weitläufige Judikatur an. Unter der „Tat" haben wir zu verstehen jede einem Beschuldigten zur Last gelegte Handlung in derjenigen äußeren Gestaltung des gesetzlichen Tatbestandes, wie sie sich nach dem jeweiligen Ergebnis des Verfahrens darstellt[22]. Als Beteiligte nennt das Gesetz Teilnehmer, Begünstiger und Hehler. Der Wortlaut ist irreführend. Denn man wird bei alternativem Verdacht der Alleintäterschaft den einen Verdächtigen im Prozesse gegen den andern erst recht nicht als vollwertigen Zeugen ansehen; traut man ihm schon einen Meineid zu, wenn er nur als Mittäter in Frage kommt, so erst recht, wenn er möglicherweise Alleintäter ist. Somit fallen nicht nur die Teilnehmer im Sinne des StGB. 47—49 unter die der Beeidigung nicht würdigen Beteiligten, sondern wir haben auch den Alleintäter, sowohl bei vorsätzlichem, wie bei fahrlässigem Delikt[23], und ebenso die Nebentäter[24], sowie die mehreren Täter bei sog. notwendiger Teilnahme[25] hierher zu ziehen. Noch in der zweiten Richtung müssen wir über den Wortlaut hinaus-

[21] Die Beeinträchtigung der intellektuellen Fähigkeiten muß soweit gehen, daß diese Personen „von dem Wesen und der Bedeutung des Eides keine genügende Vorstellung haben". Gleichgültig ist die Entmündigung, RG. **33**, 393. Trunkenheit will RG. **34**, 283 als bloß temporär nicht gelten lassen.

[22] Zu Grunde zu legen ist also nicht der viel weitere Begriff des gesamten „Vorganges", innerhalb dessen unter anderem auch der inkriminierte Tatbestand verwirklicht wurde. Der engere Begriff des Textes, wonach die „Tat" gleichbedeutend ist mit dem Gegenstand der Urteilsfindung nach StPO. 263, findet sich in RG. **14**, 25. **31**, 219, während viele andere Entsch. mit dem weiteren Begriff operieren, auch RMilG. **1**, 121 Aus diesem wird auch in RG. **7**, 331 die Konsequenz gezogen, daß bei einer Schlägerei im Sinne von StGB. 223 **a**, wegen deren A und B angeklagt sind, der Zeuge X, der geschlagen wurde, aber auch selbst seinerseits geschlagen hat, unbeeidigt bleiben muß. Genau entgegengesetzt, obwohl von dem gleichen weiteren Begriff ausgehend, RG. **17**, 116. Im Ergebnis richtig auch **11**, 300. **36**, 66, 310. Bedenklich **32**, 32: A fordert die B zur Vornahme einer Abtreibung auf und wird nach StGB. 49 **a** angeklagt; die B als Zeugin ist unbeeidigt zu vernehmen, falls es nicht ausgeschlossen, daß es doch zu Abtreibungsversuchen gekommen ist.

[23] RG. 8, 299 betr. fahrlässige Eisenbahngefährdung.

[24] im Sinne von v. Liszt Strafr. § 50 IV. RG. **14**, 92. **25**, 15. **34**, 255. **43**, 296.

[25] Daher ist RG. **17**, 101 betr. Wahlstimmenkauf (StGB. 109) im Ergebnis, aber nicht in der Begründung zu billigen. So Freudenthal Notwendige

gehen, daß wir das zum Beeidigungsverbot führende Verhältnis zwischen Beschuldigtem und Zeugen als reziprokes, umkehrbares anzusehen haben. Kann im Prozesse gegen den Dieb der Hehler nicht beeidigt werden, so auch nicht der Dieb im Prozesse gegen den Hehler[26] Als Beteiligter kann derjenige nicht betrachtet werden, bei dem es an einem Tatbestandsmerkmal fehlt, oder dem ein Rechtfertigungsgrund zur Seite steht, oder auf den die Strafandrohung überhaupt nicht gemünzt ist (RG. Arch. 59, 117); wohl aber derjenige, auf den ein persönlicher Strafausschließungs- oder ein Strafaufhebungsgrund[27] zutrifft. Das Vorliegen eines Verdachtes ist nach freiem Ermessen zu prüfen[28]; der bereits Verurteilte steht jedoch immer einem Verdächtigen gleich. — Ob Vereidigung oder Nichtvereidigung[29] einzutreten hat, entscheidet hier, wie im Fall des § 57, zunächst der Vorsitzende (StPO. 237 II)[30].

V. Die Entgegennahme der Zeugenaussage durch das Gericht steht unter den instruktionellen Regeln der §§ 58, 59, 68. Der Zeuge soll im Zusammenhange aussagen (§ 68 II); doch ist er außerdem gehalten, auf einzelne Fragen des Vorsitzenden, der Beisitzer, der Parteien und der Sachverständigen (§§ 68 II, 239, 238, 80 II) zu antworten. Die Personal- und Generalfragen gehören mit in die Vernehmung hinein (§ 67) und müssen deshalb zu solcher Zeit gestellt bezw. wiederholt werden, daß der Eid sich auf sie mitbezieht. Um den Zeugen zur Wahrheit zu ermahnen, dürfen ihm die Frageberechtigten Vorhaltungen machen; eine Verlesung seiner früheren Aussagen darf dabei jedoch nur in zwei Fällen stattfinden: a) zur Unterstützung seines Gedächtnisses; b) als ultimum refugium, um ohne Unterbrechung der HVerh. einen Widerspruch zu konstatieren oder zu beheben. (StPO. 252; Protokollierung dieses Zwischenfalles nur auf Antrag, § 254).

Teilnahme, 1901, S. 40. Desgl. RG. Rechtspr. 9, 234 betr. Raufhandel (StGB. 227), Freudenthal S. 123. Abweichend Beling B.-B. S. 356.

[26] Ebenso RG. 2, 218. **22**, 99, **42**, 248; RMilG. **4**, 176; a. M. B.-B. 357.

[27] RG. **19**, 391. **22**, 99. **14**, 25. **44**, 172.

[28] RG. **44**, 385. Auch wer freigesprochen oder außer Verfolgung gesetzt ist, kann verdächtig sein. RG. **8**, 283. RMilG. **1**, 248.

[29] Teilweise Nichtvereidigung halte ich gegen die hM. mit John, v. Schwarze, Glaser, Stenglein, Ullmann und der älteren Judikatur des RG. (Rechtspr. **1**, 523, Entsch. **6**, 279, Arch. **39**, 315) für unzulässig. Zugelassen in E. 09, 59 Z. 3, 61 IV.

[30] RG., Seuff. BlRAnwend. 07, 946. RG. **44**, 65 — dort Näheres über die Kontroverse.

VI. Der Zeitpunkt der Beeidigung bei der einzelnen Vernehmung kann vor oder nach der Aussage liegen: Voreid oder Nacheid[31]. Im Prozeß als Ganzem liegt der Zeitpunkt der Regel nach in der HVerh. oder antizipierten HVerh.

In drei Fällen kann die Beeidigung in der VU. erfolgen: a) wenn der Zeuge voraussichtlich am Erscheinen in der HVerh. verhindert sein wird; b) wenn das Erscheinen des Zeugen in der HVerh. voraussichtlich wegen großer Entfernung erschwert sein wird; c) wenn die Beeidigung als Mittel zur Herbeiführung einer wahrheitsgemäßen Aussage über irgendwelche Tatsache erforderlich erscheint; StPO. 65 II, IV: Protokollierung des Grundes geboten. Diese Vorschriften sind auf das Zwischenverfahren analog auszudehnen.

In zwei Fällen kann die Beeidigung schon im vorbereitenden Verfahren erfolgen: a) wenn Gefahr im Verzuge obwaltet; b) wenn die Beeidigung als Mittel zur Herbeiführung einer wahrheitsmäßigen Aussage über eine Tatsache, von der die Erhebung der öffentlichen Klage abhängig ist, erforderlich erscheint; StPO. 65 III, IV: Protokollierung des Grundes geboten.

VII. Die Form der Beeidigung besteht in einer feierlichen Erklärung des Zeugen. Diese „Eidesformel" ist entweder für gewisse Religionsgesellschaften (Mennoniten und Philipponen) durch spezielles Landesgesetz festgestellt (§ 64), oder es ist die allgemeine Eidesformel der §§ 61, 62, bei der aber konfessionelle Zusätze gestattet sind (RG. **10**, 181). Die „Eidesnorm" stellt sich beim Voreid als ein Versprechen dar, sie ist promissorisch; beim Nacheid als eine Versicherung, sie ist assertorisch. Für den Voreid lautet demnach die Eidesformel:

> „Ich schwöre bei Gott dem Allmächtigen und Allwissenden, daß ich nach bestem Wissen die reine Wahrheit sagen, nichts verschweigen und nichts hinzusetzen werde. So wahr mir Gott helfe".

Der Eid besteht nun in dem Nachsprechen oder Ablesen dieser Eidesformel. Beide Arten stehen einander gleich[32]. Es soll dabei die rechte Hand erhoben werden (63 I). Bei Landesherren und souveränen Personen besteht der Eid im Unterschreiben der Eidesformel (71 II); bei Stummen, die schreiben können, im Abschreiben und Unterschreiben

[31] Die Wahl zwischen beiden ist durch § 60 praktisch ins Ermessen des Vorsitzenden gestellt. MilStGB. 196 kennt erfreulicher Weise nur den Nacheid; desgl. E. 09. Ebenso ZPO. 392 seit 1909.

[32] Bei einem Tauben, der sprechen kann, ist natürlich das Ablesen der notwendige Weg.

(63 II). Stumme, welche nicht schreiben können, leisten den Eid mit Hilfe eines Dolmetschers durch Zeichen (63 III). — Erleichtert ist die Eideswiederholung. Wo sie notwendig ist[33], geschieht sie durch die einfache Erklärung[34] des Zeugen: er versichere die Richtigkeit seiner Aussage unter Berufung auf den früher geleisteten Eid (§ 66). Diese Erleichterung gilt aber nur, wenn die nochmalige Vernehmung in demselben Vorverfahren oder in demselben Hauptverfahren erfolgt. Der in der VU. beeidigte Zeuge muß in der HVerh. nochmals beeidigt werden. Das Hauptverfahren erstreckt sich vom Eröffnungsbeschluß bis zur Rechtskraft des Urteils, wieviel Instanzen auch durchlaufen werden mögen[35]. Innerhalb dieser Grenzen ist die Identität gewahrt. Dagegen ist diese Identität wegen der dazwischen liegenden Rechtskraft im Wiederaufnahmeverfahren nicht mehr gegeben[36].

§ 54.

Der Sachverständige.

Kries § 49. Birkm. § 73. B.-B. § 90. Ullm. §§ 86–88. Bind. § 80. Hegler Arch. zivilist. Prax. **104**, 151—291 (dazu Beling Ztsch. **30**, 474).

I. Der Sachverständige ist eine vom Richter, den Parteien und Parteivertretern verschiedene Person, die für die Zwecke des Prozesses dem Richter Erfahrungssätze (oben § 52 II 4) mitteilt. Welche besondere Nüancierung und Spezialisierung der Erfahrungssätze gerade für den einzelnen Prozeß nötig ist, wird der Sachverständige oft erst nach eingehendster Information in tatsächlicher Beziehung erkennen können. Denn die Mitteilung ganz abstrakter Sätze dient dem Prozeßzweck nicht, wenn der Richter nicht auch durch die Anleitung des Sachverständigen befähigt wird, die Sätze zur Bildung seiner Überzeugung zu verwerten. Der Sachverständige wird daher sehr oft an der Hand

[33] Der Voreid deckt die ganze Aussage in derselben Hauptverhandlung; der Nacheid dagegen nicht, da er sich nur auf die Vergangenheit bezieht. Hier ist also bei erneuter Befragung auch in derselben Hauptverhandlung Eideswiederholung notwendig. RG. **19**, 27, 84.

[34] Hinweis auf den früheren Eid lediglich durch den Richter genügt nicht. Die Eideswiederholung kann sich wiederum als Voreid oder Nacheid darstellen.

[35] Bei nochmaliger Vernehmung in der Berufungsinstanz oder nach Zurückverweisung in die Vorinstanz, oder nach Überweisung an das zuständige Gericht höherer Ordnung greift also § 66 Platz. So das RG., z. B. **2**, 234, und die gesamte Literatur außer John und Löwe-Hellweg. Diesem letzteren folgt unbesehen die Praxis der Berufungsstrafkammern.

[36] RG. **18**, 417; ebensowenig bei Trennung bisher verbundener Sachen, RG. **44**, 352. — Militärpersonen StPO. 48 II, 50 IV, 69 V.

des konkreten Prozeßmaterials zu zeigen haben, wie aus den Erfahrungssätzen Schlußfolgerungen zu gewinnen sind[1]. Er muß also einen umfassenden Überblick über den Tatsachenstoff bekommen. Zu diesem Zweck wird ihm in weitestem Maße Aufklärungsmöglichkeit gewährt, und zwar auf drei Wegen: a) er kann bestimmte Beweismittel in Vorschlag bringen, nämlich Vernehmung von Zeugen und Beschuldigten verlangen (StPO. 80 I); b) er kann selbst bei Beweisaufnahmen mitwirken durch Fragen an Zeugen und sogar an den Beschuldigten (§ 80 II) und durch Teilnahme am Augenschein (§§ 193, 167); c) er kann selbst sinnliche Wahrnehmungen für die Zwecke des Prozesses machen, wovon die Akteneinsicht (§ 80 II), die „Teilnahme an den erforderlichen Untersuchungen" (§ 193 II), die Beobachtung eines Angeschuldigten in einer Irrenanstalt (§ 81) nur Beispiele sind. Der Weg selbständiger Information wird oft der geeignetste sein, weil gerade der Sachverständige vermöge seiner Sachkunde die genauesten und zielbewußtesten Beobachtungen anstellen wird. Der Sachverständige handelt hier in Verfolgung des Zweckes, zu dem er überhaupt herangezogen wurde, und deshalb in seiner Sachverständigen-Eigenschaft[2].

Aber diese Tätigkeit als solche ist es nicht, die den Sachverständigen ausmacht. Wer vor dem Prozeß, und ohne daß es für die Zwecke desselben geschah, gewisse Tatsachen oder Zustände vermöge seiner Sachkunde besonders genau beobachtet hat, ist nicht Sachverständiger, wenn er später in einem Strafverfahren über seine früheren Wahrnehmungen vernommen wird, selbst wenn er diese Wahrnehmungen ohne seine besondere Sachkunde gar nicht hätte machen können. Er ist vielmehr Zeuge! Das stellt StPO. 85 mit aller nur wünschenswerten Bestimmtheit fest. Und zwar ist er *lediglich* Zeuge, wenn es dem Richter nur auf die Mitteilung der Wahrnehmungen ankommt, während er die Kenntnis der zur Beurteilung notwendigen Erfahrungssätze selbst besitzt oder sich durch Befragung anderer Sachkundiger oder aus sonstigen Quellen verschafft. Dagegen ist jener sog. sachverständige Zeuge zugleich Zeuge und Sachverständiger und dann gemäß dieser Doppelstellung zu behandeln, wenn er *sowohl* seine nicht in Sachverständigen-

---

[1] *Hegler* a. O., S. 192 ff. — Nach ihm ist das Unterscheidungsmerkmal zwischen Zeugen und Sachverständigen lediglich in dem Grunde zu suchen, weshalb die Person im Prozesse aussagen soll.

[2] Daher fällt der *Bericht* des Sachverständigen über seine Information unter seine Begutachtungspflicht und wird infolgedessen auch von dem Sachverständigeneide gedeckt; RG. **43**, 438. **44**, 11. RMilG. **15**, 70 (ärztl. Anamnese). Mit den Angaben des Sachverständigen über seine Personalien ist Gleiches nicht der Fall.

Eigenschaft gemachten Wahrnehmungen vergangener Tatsachen und Zustände mitteilen, als auch dem Richter zur Kenntnis der Erfahrungssätze, die zur Beurteilung dieser Zeugenaussage erforderlich sind, verhelfen soll. Ein Kriterium dafür, ob man in Zweifelsfällen mit einem Zeugen oder einem Sachverständigen zu tun hat, ergibt sich auch, wenn man die Frage aufwirft: „Würde sich durch einräumende Erklärung des Beschuldigten die Vernehmung der fraglichen Person erübrigen?" Die Bejahung ist nur möglich, wenn es sich um einen Zeugen handelt; dagegen können Erfahrungssätze nicht Gegenstand eines Geständnisses sein.

II. Gewinnung der Sachverständigen. Zum Zeugen fähig ist jeder Mensch, der gedankliche Mitteilungen machen kann[3]; und jeder Fähige ist auch verpflichtet, auf Ladung die Zeugenrolle zu übernehmen. Zum Sachverständigen fähig ist nur, wer Erfahrungssätze mitzuteilen in der Lage ist. Aber nicht jeder Fähige ist auch verpflichtet, einer „Ernennung" zum Sachverständigen Folge zu leisten. Den Kreis der Verpflichteten machen vielmehr nach StPO. 75 nur folgende Gruppen aus: a) wer zur Erstattung einschlägiger Gutachten öffentlich bestellt ist; b) wer das einschlägige Fach öffentlich zum Gewerbe ausübt; c) wer zur Ausübung des Faches öffentlich bestellt; d) wer dazu öffentlich ermächtigt ist; e) wer sich zur Erstattung „des" Gutachtens vor Gericht speziell[4] bereit erklärt hat. Aus diesem Kreise erfolgt die Auswahl durch den Richter, wobei die Gruppe a ein Vorzugsrecht hat (§ 73 II). Die Parteien können den Ausgewählten aus denselben Gründen wie einen Richter — mit Ausnahme von StPO. 22 Z. 5 — ablehnen (§ 74)[5]. Das Verfahren ist dem früher geschilderten analog, nur daß keine Frist für die Anbringung des Ablehnungsgesuchs gesteckt ist (arg. 83 II, RG. bei Sörgel-Krause Jahrb. 1911, 151).

III. Auf den Sachverständigen finden im allgemeinen die gleichen Vorschriften Anwendung wie auf den Zeugen (StPO. 72). Ihm liegen ob: Erscheinenspflicht, Begutachtungspflicht, Schwurpflicht. Der Un-

[3] Auch der RG. **33**, 403 erwähnte taubstumme Brauknecht, der Analphabet war und keine Zeichensprache verstand, war Zeuge, da er durch gewandte mimische Darstellung ein anschauliches Bild des von ihm Wahrgenommenen zustande brachte, somit gedankliche Mitteilungen machte.

[4] bestritten, vgl. L.-H. § 75 N. 8. Nach John, Beling u. a. soll generelle Erklärung genügen.

[5] Über die Frage, wann ein Sachverständiger als Polizeibeamter tätig geworden, StPO. 22 Z. 4, vgl. RG. **17**, 415. **35**, 319. **36**, 209 — letztere beide betr. Nahrungsmittelchemiker. — MilStGO. 210 kennt auch Ausschließung kraft Gesetzes.

gehorsam wird minder hart[6] und bei allen drei Pflichten in gleicher Weise geahndet (StPO. 77). Den Zeugnisverweigerungsgründen entsprechen die Gutachtenweigerungsgründe (StPO. 76 S. 1): 1. wegen eines Angehörigenverhältnisses; 2. als Vertrauensperson in Vertrauenssachen; 3. wegen der Stellung als öffentlicher Beamter, — die Dienstbehörde darf die Genehmigung schon dann versagen, § 76 II, wenn die Vernehmung „den dienstlichen Interessen" Nachteil bereiten würde; 4. gegenüber verfänglichen Fragen; 5. clausula generalis, StPO. 76 S. 2: nach richterlichem Ermessen kann er auch aus andern Gründen von der Verpflichtung entbunden werden. — Den Verpflichtungen steht als Recht der Gebührenanspruch, StPO. 84, gegenüber.

IV. Was Form und Zeitpunkt der Beeidigung[7] angeht, so kennt StPO. 79 nur den Voreid[8], demnach nur promissorische Eidesnorm. Statt der allgemeinen Eidesformel tritt für Mennoniten und Philipponen auch hier die landesgesetzlich vorgesehene besondere ein (§ 64). Statt des Nachsprechens oder Ablesens tritt in den Fällen des § 71 auch hier das Unterschreiben ein. Ist der Sachverständige für einschlägige Gutachten ein für allemal beeidigt, so genügt die Berufung auf diesen Generaleid (§ 79 II)[9]. Die erleichterte Eideswiederholung des § 66 wird auch hier Platz greifen dürfen.

V. Die Tätigkeit des Richters beim Sachverständigenbeweise besteht darin, daß er dem Sachverständigen bei der Vorbereitung behilflich ist (§ 80), überhaupt dessen Tätigkeit leitet (§ 78), sein Gutachten würdigt und eventl. eine neue Begutachtung (§ 83 I), in wichtigeren Fällen durch eine Fachbehörde (§ 83 III) anordnet. Insbesondere bestimmt der Richter im Vorverfahren, ob das Gutachten schriftlich oder mündlich zu erstatten sei (§ 82). Im HVerf. schriftliche Begutachtung anzuordnen, hat für gewöhnlich keinen sachlichen Wert[10], weil die persönliche Vernehmung des Sachverständigen in der HVerh.

[6] Keine subsidiäre Haft. Keine Vorführung. Keine Zwangshaft.

[7] Gibt es auch unbeeidigt zu vernehmende Sachverständige? Gelten StPO. 56, 57 auch hier? Bejahend nur RG. **27**, 398 und L.-H. gegen die h. M.

[8] MilStO. 215 kennt auch hier nur den Nacheid. E 09 § 77 will die Wahl lassen; überh. ist die Beeidigung fakultativ.

[9] In Preußen erfolgt die Beeidigung in der Regel für den LGBezirk, Verfüg. v. 5. Febr. 1900. Ob der allgemeine Diensteid zugleich als solcher Generaleid gelten kann, muß von Fall zu Fall am Wortlaut der Fassung geprüft werden. Mehrfach zu lax ist RG., vgl. **3**, 321. **8**, 351. **28**, 41. **30**, 83. **42**, 369. Richtig **37**, 364. **43**, 158. (II., III., IV. StSen. jetzt übereinstimmend).

[10] verursacht im Gegenteil besonders hohe Kosten und meistens enormen Zeitverlust.

kraft des Grundsatzes der Mündlichkeit unerläßlich ist. Hiervon macht StPO. 225 zwei Ausnahmen a) für die Gutachten öffentlicher „Behörden" (nicht „Beamten"); b) für ärztliche Atteste über nicht schwere Körperverletzungen. Im Falle a ist indessen auf Ersuchen des Gerichts (nicht des StAnw., RG. 39, 140) die strenge Mündlichkeit dadurch zu wahren, daß die kollegiale Fachbehörde ein Mitglied zur Vertretung des Gutachtens entsendet. Die Auswahl des Sachverständigen liegt hier also nicht beim Gericht (RG. **44**, 400).

VI. Besondere Fälle, namentlich des mit Sachverständigenbeweis zusammengesetzten Augenscheins. a) Das Gutachten über den Geisteszustand eines „Angeschuldigten" kann in eigenartiger Weise vorbereitet werden (§ 81), nämlich durch einen singulären Eingriff in die persönliche Freiheit des Angeschuldigten. Dieser Eingriff besteht in Unterbringung und Verwahrung in einer öffentlichen (nicht privaten) Irrenanstalt auf höchstens sechs Wochen. Es bedarf dazu des Antrags[11] eines Sachverständigen, der Anhörung eines Verteidigers[12] und eines Gerichtsbeschlusses[13]. Letzterer ist ausnahmsweise durch sofortige Beschwerde mit Suspensiveffekt anfechtbar[14]. Der ablehnende Beschluß unterliegt den gewöhnlichen Regeln[15]. Auf das erstattete Gutachten finden die entwickelten allgemeinen Sätze, auch StPO. 83 I, Anwendung[16]. b) Leicheneröffnung (Sektion, Obduktion), nötigenfalls nach vorangegangener Exhumierung (§ 87 III) vollzieht sich nach

[11] = Verlangen des § 80; keine besondere prozessuale Befugnis, daher auch kein Beschwerderecht des Sachverständigen bei Ablehnung. So die hM. L.-H. § 81 N. 9. RMilR. **13**, 75.

[12] Event. muß ein solcher bestellt werden, oben § 40 Id.

[13] Der auch die konkrete Anstalt bezeichnet, arg. StPO. 73 I. Voß Seuff. BlRAnwend. **76**, 354.

[14] Daran wird durch StPO. 347 S 1 natürlich nichts geändert, da StPO. 81 III als lex specialis vorgeht. A. M. dennoch RG. **20**, 378 u. a. Dagegen B.-B. 372 N. 57. Bayr. Oberstes LG. SeuffBlRAnwend. **76**, 399. (Übersicht über die Kontroverse). Wie hier, E. 09 § 309. — Die sofortige Beschw. ist RM. und unterliegt deshalb den „allgemeinen Bestimmungen" der §§ 338—345 StPO. Das ist für § 339 bestritten. Der Verteidiger soll auch gegen den Willen des Angeschuldigten Beschwerde einlegen dürfen.

[15] Die Meinungen gehen stark auseinander, vgl. L.-H. N. 9, B.-B. 372, N. 59.

[16] also kann neue Begutachtung, abermalige Vorbereitung derselben und eine wiederholte Unterbringung in der Anstalt angeordnet werden. Das ist auch sachlich das einzig Richtige, weil 6 Wochen sehr oft zu abschließender Beobachtung nicht genügen; a. M. RG. **23**, 209. Natürlich ist aber auch vom Standpunkt des RG. eine neue Begutachtung zulässig, RG. **34**, 306.

StPO. 87—90[17]; sie ist eventuell auch zusammengesetzt zwar nicht mit einer Vernehmung im technischen Sinn, aber mit einer Befragung von Zeugen[18], Beschuldigten[19] und sachverständigen Zeugen[20]. c) Leichenschau (Autopsie), ohne oder nach Exhumierung, mit oder ohne Arzt (StPO. § 87 a. A. II, III). d) In Vergiftungsfällen ist Zuziehung eines Chemikers oder einer chemischen Fachbehörde obligatorisch, Beiordnung eines Arztes fakultativ (§ 91). e) Schriftvergleichung unter Zuziehung von Sachverständigen wird als zulässiges[21] Beweismittel in § 93 bezeichnet, das zu vergleichende Material wird häufig erst ad hoc als sog. Schriftprobe angefertigt[22]. f) Bei Münzfälschungen ist nach richterlichem Ermessen die behördliche Ausgabestelle der echten Münzen oder Papiere — an Stelle der ausländischen auch die deutsche — zu gutachtlicher Äußerung heranzuziehen (§ 92).

VII. Der Dolmetscher. Nicht mit Unrecht unterscheidet Beling[23] den Verkehrsdolmetscher (der verhandeln hilft, wo mit der deutschen Gerichtssprache nicht durchzukommen ist) vom Beweisdolmetscher (der durch seine Sprachkunde beweiserhebliche Tatsachen zutage fördert). Der letztere ist ein Sachverständiger gewöhnlicher Art. Daß der erstere aber überhaupt kein Sachverständiger sei, kann nicht zugegeben werden[24]. Er steht nur unter besonderen Regeln hin-

---

[17] Zwei Ärzte, mindestens ein Gerichtsarzt; der behandelnde Arzt ist inhabilis. Öffnung der drei großen Leibeshöhlen obligatorisch: Reihenfolge freistehend. Bei Neugeborenen Frage nach Leben und Vitalität zu beachten; obwohl letztere Frage materiell gleichgültig.

[18] § 88 S. 1.: Feststellung der Persönlichkeit des Verstorbenen, insbesondere durch Befragung von Personen, welche den Verstorbenen gekannt haben.

[19] § 88 S. 2: Die Leiche ist zur „Anerkennung" vorzuzeigen.

[20] § 87 I S. 2: Der behandelnde Arzt gibt event. Aufschlüsse aus der Krankheitsgeschichte.

[21] Daß es keineswegs zuverlässig ist, sollte man in der Praxis nie vergessen. Weit mehr als ein GerSchr., der nebenamtlich Schreibsachverständiger ist, wird oft ein Mikroskopiker, ein Photograph, auch ein Diplomatiker von Fach, Archivar u. dgl. sagen können.

[22] Natürlich sind weder der Beschuldigte noch gar andere Personen verpflichtet, Schriftproben abzugeben. Es hat den Anschein, als ob diese Erkenntnis der polizeilichen Praxis vielfach verloren gegangen sei.

[23] B.-B. 206 f., 36b N. 27. Ebenso Kallee Der Übersetzer im StProz., 1911, der noch weiter den Beweisverkehrsdolmetscher und den reinen Verkehrsdolmetscher unterscheidet. So dient z. B. die Übersetzung von Zeugenaussagen nicht nur dem Verständigungs-, sondern auch dem Beweisinteresse.

[24] Er teilt genau, wie der Beweisdolmetscher, Erfahrungssätze einer bestimmten Sprachwissenschaft in einer dem konkreten Prozeß angepaßten Form mit. Richterliche Hilfsperson ist er in nicht höherem Grade wie jeder andere Sach-

sichtlich seiner Zuziehung (GVG. 187 I S. 1, II) und seiner Vereidigung (GVG. 191, 192). Im übrigen finden die Grundsätze über Sachverständige auch hier Anwendung, so die über Ablehnung (GVG. 193), aber auch z. B. über Weigerungsgründe[25].

§ 55.

Der Augenschein.

Kries § 51. Birkm. § 69. B.-B. § 86. Ullm. § 85. Bind. § 79. Art. Mayer Augenscheinseinnahme und Durchsuchung, 1911.

I. Unter Augenscheinsobjekt ist zu verstehen jeder Gegenstand der Sinnenwelt (auch der Körper eines lebenden Menschen), der durch sein Dasein, seine Lage oder seine Beschaffenheit geeignet ist, auf die richterliche Überzeugung zu wirken; gleichgültig übrigens, ob die Vermittlung durch den Gesichtssinn, oder durch Gehör (Phonograph) oder Geruch usw. geschieht. Namentlich sind Photographien wichtige Augenscheinsobjekte (RG. 36, 55). Inwieweit der Gerichtszwang zur Verschaffung der Augenscheinsobjekte nach StPO. 94, 102, 103 verwendet werden darf (Editionspflicht, Beschlagnahme und Durchsuchung) ist später zu erörtern. Den eigenen Körper braucht jedenfalls nur der Verdächtige den Augenscheinspersonen bloßzustellen[1]; für „Gegenstände" besteht dagegen prinzipiell eine allgemeine Verpflichtung zur Herausgabe.

II. Die Einnahme des richterlichen Augenscheins erfolgt im Vorverfahren unter Hinzuziehung des GerSchr. (StPO. 166, 185) mit genauer Protokollierung auch nach der negativen Seite (StPO. 86) und mit Parteienöffentlichkeit (StPO. 191, 193); ebenso als antizipierter Akt zur Vorbereitung der HVerh. (StPO. 224). In der HVerh. kann Augenschein durch das erkennende Gericht eingenommen werden, und es wird dies die Regel sein, soweit sich Gegenstände bequem zur Gerichtsstelle bringen lassen[2]. Das Gericht hat aber auch

---

verständige. Gebunden ist der Richter an die Übersetzung des Verkehrsdolmetschers ebensowenig, wie sonst an ein Gutachten. — Vgl. Lb. 47 N. 3.

[25] Desgl. über Vereidigung, über Unmittelbarkeit und Mündlichkeit der Beweisaufnahme. Dagegen verstößt in einem Falle doppelter Verdolmetschung RG. **36**, 371.

[1] a. M. Mayer, der S. 41 ff., 52 ff. unbeschränkte, erzwingbare Augenscheinduldungspflicht annimmt. Vgl. Lb. § 59 IV. Sehr zu mißbilligen auch E. 09, 81 f.

[2] Nach StPO. 224 kann hier das Gericht auch zum Augenschein gezwungen werden. — Die Protokollierung bei dieser unmittelbaren Beweisaufnahme unterliegt den gewöhnlichen Regeln des § 273 für die HVerh. Die Aufnahme eines besonderen Protokolles, selbst wenn der Augenschein außerhalb der Gerichtsstelle eingenommen

die Möglichkeit, ein früheres Protokoll verlesen zu lassen (StPO. 248)[3]: der Grundsatz der Unmittelbarkeit gilt insoweit nicht. Endlich steht als dritter Weg der offen, einen Sachverständigen die nötigen Besichtigungen vornehmen und ihn darüber berichten zu lassen[4].

§ 56.

Die Urkunde.

Kries § 52. Birkm. § 75. B.-B. § 87. Ullm. § 94. Bind. § 83.

I. Urkunden sind Schriftstücke, die durch den ihnen aufgeprägten gedanklichen Inhalt[1] geeignet sind, auf die richterliche Überzeugung einzuwirken (StPO. 248). Beweisbestimmung oder Beweiserheblichkeit wird nicht gefordert (anders im materiellen Strafrecht, StGB. 267). Wir unterscheiden erklärende (lediglich eine Gedanken- oder Willensäußerung des Ausstellers enthaltende) und berichtende (referierende)[2] Urkunden. Letztere berichten entweder über eine Aussage des Beschuldigten, eines Zeugen oder Sachverständigen (indirekt berichtende Urkunden) oder über einen sonstigen Vorgang.

II. Als Eigenschaften der Urkunde die auf ihren Beweiswert wirken, kommen in Betracht die Echtheit[3], die Unverfälschtheit[4], bei berichtenden Urkunden auch die Berichttreue.

III. Die Beweiserhebung erfolgt nach StPO. 248 durch Verlesung der Urkunde; natürlich ist es gestattet, die Urkunde nur teilweise zu verlesen, nämlich soweit sie von Belang ist[5]. Es ist ferner

wird, und etwa dessen Verlesung nach § 248 wäre durchaus unzulässig. RG. **26**, 277. RMilG. **9**, 118.

[3] natürlich nur, wenn es den besagten Erfordernissen und in den Fällen des „zusammengesetzten Augenscheins" (S. 174) den hinzutretenden besonderen genügt. — Bei solcher Verlesung ist die Mitverlesung gewisser Aussagen nicht zu umgehen, z. B. StPO. 87, I a. E., 88 S. 1; vgl. RG. **12**, 308.

[4] Man denke etwa an die Untersuchung der Geschlechtsteile eines nach StGB. 176 Z. 3 gemißbrauchten Kindes. Eine Spezialvorschrift in E. 09 § 82.

[1] Kommt es nicht auf diesen, sondern auf die Beschaffenheit an, so liegt ein Augenscheinsobjekt vor.

[2] Diese sind stets insofern zugleich erklärende, als sie die Aussage des Berichterstatters enthalten.

[3] Eine Urkunde ist echt, wenn sie von demjenigen Aussteller herrührt, den sie benennt oder auf den sie hindeutet. Die Echtheit ist eine Hilfstatsache des Beweises, oben S. 159. Nicht immer kommt es auf sie an.

[4] Eine Urkunde ist unverfälscht, wenn nach der Ausstellung keine unbefugten Inhaltsänderungen durch fremde Hand vorgenommen sind.

[5] Solches teilweises Verlesen durch den Vorsitzenden, das gegenüber völliger Verlesung langatmiger Urkunden vor allem den Vorteil der Übersichtlichkeit hat,

statthaft, daneben (aber nicht statt dessen), den Beteiligten die Einsicht in die Urkunde zu gewähren (RG., SeuffBlRAnwend. **75**, 322).

IV. Der Urkundenbeweis ist in der Regel insofern nur subsidiär statthaft, als in erster Linie der Beweis durch Vernehmung von Personen zu versuchen ist, (StPO. 249, RG. **34**, 367, JurWochSchr. 09, 334[78], bedenklich **38**, 254). 1. Ausnahmen davon können nach freiem Ermessen gemacht werden durch Verlesung a) von richterlichen Augenscheinsprotokollen (§ 248), b) von Erklärungen öffentlicher Behörden, c) von ärztlichen Attesten über nicht schwere Körperverletzungen (§ 255, oben S. 174, RG. **35**, 162, **39**, 286). Die Urkunden zu b und c können bald ein Zeugnis, bald ein Gutachten enthalten. 2. Weitere Ausnahmen, aber nur in genauer Umgrenzung, werden für die über Aussagen referierenden Urkunden gemacht. Verlesungsfähig sind nur richterliche Protokolle. a) Handelt es sich um die Aussagen von Zeugen und Sachverständigen, so müssen diese Personen verstorben, geisteskrank, unermittelt, wegen Krankheit, Gebrechlichkeit und anderer Erscheinungshindernisse oder wegen großer Entfernung kommissarisch (oder unter Wahrung der Parteiöffentlichkeit im Vorverfahren) vernommen, oder Mitglieder landesherrlicher Familien, oder Minister u. dergl., Bundesratsmitglieder, Abgeordnete sein (StPO. 250, 71, 49). b) Handelt es sich um die Aussage des Beschuldigten, so muß er vom Erscheinen dispensiert oder auch, wenn noch weitere Beschuldigte abzuurteilen sind, verstorben, geisteskrank, unermittelt oder bereits verurteilt sein (StPO. 232, 250). 3. Etwas erleichtert ist die Verlesung der Aussagen von Zeugen und Sachverständigen (§ 252) und von Beschuldigten (§ 253)[6], wenn sie bloß zur Beweisunterstützung erfolgt.

§ 57.

Die Aussage des Beschuldigten und anderer Personen.

Kries § 50. Birkm. S. 335, 406, 457. B.-B. § 91. Ullm. § 92, 93. Bind. § 82.

I. Die Aussage des Beschuldigten, sofern sie — im Gegensatz zur Parteibehauptung — mit dem Anspruch auftritt, eine wahr-

---

versteckt sich meistens unter dem Ausdruck „aus den Akten konstatieren". Daß der Vorsitzende nur mitteilt, dies oder jenes stehe in den Akten oder Zeitungsartikeln usw., ist unzweifelhaft unzulässig. RG. **25**, 125. Daß diese ungesetzmäßige Behandlung so lange gesetzmäßig sei, bis Einwendungen dagegen erhoben und Anträge auf gesetzmäßige Behandlung gestellt würden — dieser wunderliche Gedanke wird vom I., IV. und jetzt auch II. StSen. des RG. vertreten: **3**, 142, 162, 282. **26**, 32. **35**, 198, und vom E. 09 § 239 leider akzeptiert.

[6] Es wird ein richterliches Protokoll verlangt. Wie steht es demnach mit

heitsgemäße Darstellung von Vorgängen und Zuständen auf Grund eigener sinnlicher Wahrnehmung zu sein, gehört ebenfalls zu den „Beweismitteln“[1], die Vernehmung des Beschuldigten ist „Beweiserhebung“ und fällt mit unter die „Beweisaufnahme“[2]. Daher ist es erlaubt, zur besseren Aufklärung vor Entscheidung über die Anklage eine Vernehmung des Beschuldigten anzuordnen (§ 200), und daher findet der Grundsatz freier Beweiswürdigung (§ 260) auch auf die Aussagen des Beschuldigten Anwendung: auch das Geständnis steht unter keinerlei das Gericht bindender Beweisregel.

II. Die Beweisaufnahme liegt in der HVerh. völlig in den Händen des Vorsitzenden, der sie nie an StAnw. oder Beisitzer überlassen und höchstens einem Sachverständigen unmittelbare Befragung gestatten darf (StPO. 237 I, 239, 80 II). Die Vernehmung (oben S. 122 f.) gliedert sich in solche zur Person und zur Sache (StPO. 242), und die letztere zieht sich als Leitmotiv durch die ganze HVerh. (StPO. 256, wegen des „soll“ nur instruktionell; Lb. § 81, 8). In der Vernehmung gibt es keine Vertretung des Angekl. durch den Verteidiger[3].

III. Auch die Aussage anderer Personen darf, da ein Verbot nicht entgegensteht, bei der Bildung der richterlichen Überzeugung verwertet werden. Können sie als Zeugen vernommen werden, so ist allerdings dieser Weg einzuschlagen[4]. Er ist überall da nicht angängig, wo die Betreffenden Auskunft in eigener Sache erteilen. Hierher gehören die Aussagen eines Privatklägers, eines Bußklägers, eines subsidiär Haftenden, eines Vertreters der klagenden Verwaltungsbehörde (StPO. 464 V), eines Kostenpflichtigen und zahlreicher Betroffener.

---

der Verlesbarkeit von Briefen des Angeklagten oder von Eingaben an den StAnw.? RG. **35**, 234 bejaht die Verlesbarkeit.

[1] z. B. im Sinne der §§ 170 II, 172 II, 210, 198 I; vgl. auch 250 I, 256; a. M. B.-B. S. 373/374.

[2] In einem engeren Sinn und im Gegensatz zur Vernehmung des Angeklagten wird das Wort „Beweisaufnahme“ in §§ 237, 243 gebraucht.

[3] Dieser hat daher auch keine selbständige Befugnis aus StPO. 256, RG. **44**, 284.

[4] Vernehmung der Mutter des jugendlichen Angekl. als „Auskunftsperson“, uneidlich und ohne Belehrung über ihr Zeugnisweigerungsrecht ist unzulässig. RG. **42**, 220; vgl. Arch. **52**, 387.

Drittes Kapitel.

Die Sicherung des Beweises.

§ 58.

Begriff der Beweissicherung.

Kries §§ 53, 41. Birkm. § 78 I, § 79 I. B.=B. § 50.

I. Ein Beweismittel kann verloren gehen. Die Gegenstände können vernichtet und unbrauchbar werden; die Menschen können versterben, fortziehen, entfliehen. Mit Rücksicht auf diese Gefahren ist häufig die Vornahme von Handlungen geboten, die den Beweis sichern. Und zwar kann Doppeltes in Betracht kommen. Nehmen wir an, daß die Untersuchung eines Flintenlaufes für einen Strafprozeß von Wichtigkeit ist, so kann einerseits die Befürchtung entstehen, daß etwa im Laufe der Zeit, die noch bis zur Hauptverhandlung verstreichen muß, die Spuren des Schusses sich verwischen; andrerseits kann die Besorgnis auftauchen, daß das Gewehr überhaupt bei Seite gebracht und jeder Untersuchung entzogen werde. Mittel, die das eine verhindern, wird man ebenso wie solche, die dem andern vorbeugen, als Mittel zur Sicherung des Beweises bezeichnen können.

II. In der ersten Beziehung — wenn also Gefahr vorliegt, daß das Beweismittel insbesondere für die HVerh. nicht mehr zu gebrauchen sein werde — ist das Mittel die antizipierte Beweisaufnahme. Es wird ein vereinzeltes Stück der Hauptverhandlung isoliert vorweggenommen, so daß dann in der HVerh. nur ein Bericht darüber verlesen wird. In dieser Hinsicht bestehen folgende Pflichten: Die Polizei hat der Verdunkelung vorzubeugen (StPO. 161, ob. S. 112). Der StAnw. hat für Erhebung derjenigen Beweise Sorge zu tragen, deren Verlust zu besorgen steht (StPO. 158 II a. E.). Ist der Verlust von Entlastungsbeweisen zu befürchten, so hat der den Beschuldigten vernehmende AR. auf Antrag die betreffenden Beweise zu erheben (StPO. 164). Überhaupt hat bei Gefahr im Verzuge der AR. zu den nötigen Beweisaufnahmen von Amts wegen zu schreiten (StPO. 163), und es kann alsdann auch schon im vorbereitenden Verfahren die Beeidigung von Zeugen erfolgen (StPO. 65 III)[1].

[1] Die Pflichten des StAnw. und des AR. (StPO. 158 II, 163) erstrecken sich jedoch über das Vorverf. hinaus auf alle Stadien des Prozesses. Es kann sich z. B. um Sicherung von Beweisen für die Wiederaufnahme des Verfahrens handeln. v. Kries, 421. B.=B. 469 N. 9.

Ferner sind in der Voruntersuchung Beweise, deren Verlust droht, auf alle Fälle zu erheben (StPO. 188 II). Für die Vernehmung von Zeugen und Sachverständigen, die wahrscheinlich in der HVerh. nicht erscheinen werden, ist Parteienöffentlichkeit (StPO. 191) vorgeschrieben und Beeidigung (StPO. 65 II.) gestattet. Überhaupt aber kann jede richterliche Vernehmung von Beschuldigten, Zeugen und Sachverständigen u. U. einen Sicherungsakt gegen gänzlichen Verlust des Beweismittels darstellen (vgl. StPO. 232 II, 250 I, II); desgl. der Augenschein (vgl. StPO. 248 a. E.). Ist der Beschuldigte „abwesend“ (StPO. 318) und darf eine HVerh. nicht stattfinden, so ist ein besonderes Verfahren zulässig, um für den Fall der Gestellung die Beweise zu sichern (StPO. 327—331); hierbei erfolgt Beeidigung der Zeugen und Sachverständigen auch ohne die Voraussetzung des § 65 (StPO. 328 II).

III. Die zweite Seite der Beweissicherung umfaßt alle Maßregeln, die darauf hinauslaufen, das Gericht des betreffenden Beweismittels (sei es ein Gegenstand, sei es eine Person) habhaft werden zu lassen. Im weitesten Sinne gehört hierher auch die Vorführung eines ausgebliebenen, die Zwangshaft gegen einen renitenten Zeugen. Im engeren Sinne verstehen wir darunter die Ergreifung des Beschuldigten und die sie vorbereitenden und unterstützenden Maßnahmen, sowie die Ergreifung bestimmter Sachen bezw. die Vorbereitungshandlungen dazu. Wir können somit Zwangsmittel gegen Personen und gegen Sachen unterscheiden und behandeln diese im folgenden. Zur Anwendung der Zwangsmittel wird der Regel nach richterliche Entscheidung gefordert, nur bei Gefahr im Verzuge steht die Handhabung häufig dem Staatsanwalt und bisweilen sogar seinen Hilfsbeamten oder überhaupt den Polizeibeamten frei. Die reale Ausführung des Zwanges wird in der Regel überhaupt nicht vom Richter, sondern von Exekutivbeamten vorgenommen.

IV. Die im folgenden behandelten Mittel der Zwangsgewalt sind durch den hier hervorgehobenen Gesichtspunkt der Beweissicherung nicht völlig erschöpft. Sie dienen z. T. auch dem Zweck der Vollstreckungssicherung. Als solche finden sie nach der Anlage dieses Lehrbuchs nur nebensächliche Erwähnung[2]. Die behandelten, den folgenden §§ 59—70 zugrunde liegenden Gesetzesstellen sind: StPO. 94—111 (MilStGO. 229—242), StPO. 112—130 (MilStGO. 174—182),

[2] Lehrb. § 59 V. § 60 IV, VI. § 61 N. 4. § 61 II. §§ 64 N. 7, 9, § 66 N. 1. § 67 I. § 69 I. § 70 N. 2.

StPO. 133—135 (MilStGO. 172), StPO. 332—337 (MilStGO. 360—362), StPO. 131, 132 (MilStGO. 183, 184).

§ 59.

Die Editionspflicht.

Kries § 42 I—III. Birkm. § 79 I. B.-B. § 51. Ullm. § 80 I. Bind. § 74 I—VI.

I. Sachen, welche als Beweismittel von Bedeutung sein können, also Augenscheinsobjekte und Urkunden, sind nach StPO. 94 I in Verwahrung zu nehmen oder sonst sicher zu stellen[1]. Um dies tun zu können, muß man aber vorerst die Sachen ergreifbar vor sich haben. Befinden sie sich im Gewahrsam einer Person, so müßte diese sie herausgeben — also eine positive Handlung vornehmen, nicht etwa nur die Handlungen anderer dulden. Eine solche Pflicht zu positivem Tun führt StPO 95 II in doppelter Form ein: Pflicht zur Vorlegung (Exhibition) und zur Auslieferung (Edition). Sie wird nach Analogie der Zeugnispflicht behandelt, woraus folgt, daß diese sog. Editionspflicht für den Beschuldigten nicht besteht.

II. Voraussetzung der Pflicht ist 1. daß es sich um einen Gegenstand der bezeichneten Art handelt; 2. daß es sicher feststeht und nicht abgeleugnet wird, daß der in Anspruch Genommene den Gegenstand wirklich in seinem Gewahrsam habe. Das Fehlen eines Editionseides (vgl. ZPO. 426) bricht praktisch in allen Zweifelsfällen diesen Bestimmungen die Spitze ab.

III. Die Zeugnisweigerungsrechte (Lehrb. § 53 III) gelten auch hier, StPO. 95 II S. 2: Angehörige[2] brauchen keinerlei Sachen Vertrauenspersonen[2] brauchen keine anvertrauten Sachen, niemand braucht ihn kompromittierende Sachen auszuliefern. Für die öffentlichen Beamten stellt § 96 die Parallele zu § 53 her[3].

IV. Die Folgen unberechtigter Weigerung sind theoretisch Strafe und Zwangshaft (StPO. 95 II S. 1, 69), die das Gesetz unter dem ungenauen Ausdruck „Zwangsmittel" zusammenfaßt. Aber praktisch wird es hierzu nie kommen, da die Durchsuchung (Lehrb. § 61) offen steht und dieses Mittel nicht nur sicherer zum Ziele führt, sondern auch in erster Linie versucht werden muß[4].

---

[1] z. B. durch Verfügungsverbot, das durch StGB. 137, oder durch Siegelanlegung, die durch StGB. 136 geschützt ist.

[2] § 97 läßt dieses Weigerungsrecht völlig unangetastet, da er sich auf die Editionspflicht überhaupt nicht bezieht.

[3] redet aber nur von „Schriftstücken". MilStGO. 231 und E. 09 § 92 setzen andere Gegenstände gleich.

[4] Weiß der Richter, daß X einen Gegenstand noch hat und nicht schon ver-

V. Die vorstehenden Regeln gelten nach StPO. 94 auch für Gegenstände, die der Einziehung unterliegen. Hier handelt es sich nicht um Beweissicherung, sondern um Vollstreckungssicherung.

§ 60.

Die Beschlagnahme.

Kries § 42 IV, V. Birkm. § 79 II B.-B. §§ 52, 53. Ullm. §§ 79, 80 II, III. Bind. § 74 IV—X. Mothes Die Beschlagnahme, 1903.

I. Wird ein Beweisgegenstand direkt erlangt oder auf Erfordern herausgegeben, so bedarf es keiner eigentlichen Beschlagnahme[1], wenn sie auch stattfinden kann. Dagegen bedarf es ihrer (StPO. 94 II, MilStGO. 229), wenn der Gegenstand erst durch Durchsuchung oder Strafe oder Zwangshaft erlangt worden ist. Immer aber bedeutet Beschlagnahme nur eine zu Zwecken der Strafverfolgung, also in repressivem Sinne geschehende sichernde Maßnahme. Beschlagnahme zu präventiven, polizeilichen Zwecken gehört nicht hierher. Beschlagnahme bedeutet 1. Erlangung des tatsächlichen Gewahrsams auf dem Wege amtlicher Verfügung; 2. diese Verfügung selbst.

II. Die Anordnung der Beschlagnahme steht dem Richter zu, bei Gefahr im Verzug auch der Staatsanwaltschaft und ihren Hilfsbeamten (StPO. 98 I)[2]. Ist bei der Ausführung der nichtrichterlichen Beschlagnahme der Betroffene oder ein erwachsener Angehöriger zugegen, ohne zu widersprechen, so steht die nichtrichterliche Beschlagnahme der richterlichen gleich. Andernfalls bedarf es richterlicher Bestätigung, die von dem Anordnenden binnen 3 Tagen nachgesucht werden soll (98 II S. 1). In jedem Fall, auch wenn eine Bestätigung unnötig ist, muß eine nichtrichterliche, nach Klagerhebung stattfindende

nichtet hat, so kann es nicht Sinn des Gesetzes sein, daß X, wenn der Richter nicht suchen lassen will, erst 6 Monate absitzt (§ 69). Es ist selbstverständlich, daß man, wenn ein direkter und ein indirekter Weg zugleich offen stehen, erst den direkten versucht. Wird der Gegenstand bei der Durchsuchung nicht gefunden, so kann man den X nicht einsperren, weil die Polizei schlecht gesucht hat. Sollte er aber den Gegenstand besonders raffiniert versteckt haben, so dürfte er selbst der Begünstigung verdächtig sein und hat folglich als Beschuldigter keine Editionspflicht. Vgl. namentlich John Komm. I, 764 ff., 772.

[1] Mit den Wirkungen der §§ 136, 137 StGB. — Private Beschlagnahme? RG. JurWochSchr., 07, 44, 3.

[2] MilStGO. 238. — Nach Nebengesetzen können auch andere Instanzen in Frage kommen, z. B. Kanalg. 1899 § 11. PostG. 1871 § 32. VerZollG. 1869 §§ 14, 19 f., 156, 165. Preuß. VerwStrVerfG. 1897 §§ 93 ff., bes. § 13 III. RG. 21, 47 (Gendarm).

Beschlagnahme binnen 3 Tagen dem Richter angezeigt werden (98 III). — Abweichend z. T. PreßG. §§ 23 ff.

Die richterliche Anordnung ist durch Beschwerde anfechtbar, ohne daß das Urteil abgewartet wird (StPO. 346 II, 347 S. 2); gegen die nichtrichterliche wird zunächst richterliche[3] Entscheidung nachgesucht (StPO. 98 II S. 2) und gegen diese event. der Beschwerdeweg beschritten. Diese Bekämpfung der Beschlagnahme ist auch dem gestattet, der zunächst die Sache freiwillig herausgegeben oder nicht widersprochen hat.

Die Ausführung geschieht durch Polizeiorgane oder Gerichtsdiener[4]. Der Assistenz des Richters oder StAnw. steht natürlich nichts entgegen[5]. Die beschlagnahmten Gegenstände sind vor Verwechselungen zu sichern und in einer Asservatenliste zu verzeichnen. Das Gleiche gilt für die ohne Beschlagnahme verwahrten Gegenstände (StPO. 109). Vor Klageerhebung gebührt die weitere Verfügung dem StAnw., nachher dem Richter (StPO. 98 III a. E).

III. Ein Beschlagnahmeverbot geht aus StPO. 97 für die Korrespondenz zwischen einem Beschuldigten und seinen unverdächtigen Angehörigen und „Vertrauenspersonen" hervor, falls die letzteren die Korrespondenz in Händen haben[6]. Noch weiter geht dem Sinne nach StPO. 148: die Korrespondenz des verhafteten Beschuldigten mit seinem Verteidiger ist, soweit[7] sie der Kontrolle nicht unterliegt (oben S. 126), auch der Beschlagnahme entzogen. Indirekt liegt in dem Beschlagnahmeverbot ein Beweisverbot, dessen Verletzung das auf ihr beruhende Urteil revisibel macht[8].

---

[3] Vor Klageerhebung bei dem AR, in dessen Bezirk die Beschlagnahme stattfand, § 98 II S. 3.

[4] Anders § 98 IV betr. militärische Dienstgebäude. Gegenstück dazu MilStGO. 238, 249.

[5] Sie muß daher auch geduldet werden, wo die Militärbehörde das ausführende Organ ist. StPO. 98 IV, vgl MilStGO. 239 III a. E.

[6] Die Beschlagn. ärztlicher Krankenjournale, durch den Moabiter Krawallprozeß zur Sprache gekommen, fällt allerdings nicht unter das Verbot des § 97. Indessen besteht keine Editionspflicht (StPO. 52 Z. 3, 95 II S. 2), und folglich darf „das Geheimnis auch nicht durch Beschlagnahme vereitelt werden", Beling BewVerbote S. 12; Ztsch. **31**, 743 gegen Alb. Hellwig DMedWochSchr. 1911 Nr. 46. Niemand wird für StPO. 96 anders entscheiden.

[7] Soweit Kontrolle gestattet ist, kann nur StPO. 97 der Beschlagnahme entgegenstehen, vgl. RG. **33**, 380.

[8] RMilG. **11**, 258. Auch die bloße Verwendung zur Schriftvergleichung ist verboten. RG. **20**, 91.

IV. Die Beschlagnahme ist aufzuheben, sobald die Sache 1. nicht mehr als Beweismittel von Bedeutung sein kann (insbesondere nach Rechtskraft des Urteils) und 2. auch nicht ein Einziehungsobjekt bildet. Sie ist dann dem früheren Inhaber oder dem Verletzten, dem sie durch die strafbare Handlung entzogen wurde, zurückzugeben. Die Zurückgabe an den Verletzten (StPO. 111) darf aber nur in die zivilrechtlichen Beziehungen zwischen Beschuldigtem und Verletztem eingreifen, und hat auch hier keine Rechtskraftwirkungen (Abs. 2). Sowie Ansprüche Dritter in Frage kommen, ist die Sache einfach dem früheren Gewahrsamsinhaber zurückzugeben[9].

V. Eine einstweilige Beschlagnahme kennt StPO. 108, wenn bei einer Durchsuchung Gegenstände gefunden werden, die auf die Verübung einer anderen Straftat hindeuten. Die definitive Beschlagnahme muß durch gewöhnliche Anordnung nach StPO. 98 I erfolgen.

VI. Die Beschlagnahme findet auch auf Einziehungsobjekte Anwendung (StPO. 94), also als Vollstreckungssicherung.

§ 61.

Die Durchsuchung.

Kries § 43 I–IV. Birkm. § 79 III. B.-B. §§ 54, 55. Ullm. § 81. Bind. § 73. Beling Ztsch. **15**, 471. Stenglein GerS. **57**, 1. Rosenmeyer GerS. **63**, 41. Mezger in Groß' Arch. **43**, 119.

I. Als Vorbereitung sowohl zur Ergreifung des Beschuldigten, wie zur Auffindung von sachlichen Beweismitteln ist die Durchsuchung nach StPO. 102, 103 zulässig. StPO. 102 bezieht sich auf die Durchsuchung bei Verdächtigen (Täter, Teilnehmer, Begünstiger, Hehler), StPO. 103 auf die bei Unverdächtigen. Welche Unterschiede zwischen beiden Fällen obwalten sollen, ist sehr dunkel; nach Ausweis von § 103 II soll im zweiten Fall eine Beschränkung Platz greifen. Der Unterschied liegt nicht in den allgemeinen Zwecken[1], auch nicht in dem Grade der Aussicht auf Erfolg[2] — in letzterem wenigstens

[9] Zu § 111 vgl. MilStGO. 242. E. 09 § 107. Fräb Ztsch. **31**, 899 und den Fall das. 904 f. OLG. Cassel in Arch. **53**, 300. KG. in Arch. **48**, 137. Pfleiderer Tübing. Diss. 1911 (geht in Ausfolgung an den Verletzten zu weit).

[1] Daß § 102 zwei Zwecke, § 103 trotz des einschränkenden „nur" dagegen 3 nennt, erklärt sich aus der im Text erörterten Auflösung des Ausdrucks „Auffindung von Beweismitteln".

[2] § 102: „wenn zu vermuten ist, daß die Durchsuchung zur . . . . führen werde"; § 103: „wenn Tatsachen vorliegen, aus denen zu schließen ist, daß . . . . sich befinde." Beide Wendungen sind gleichbedeutend. Die „Vermutung", daß man

nur teilweise. Die Durchsuchung zur Ergreifung von Beschuldigten kann nämlich bei Verdächtigen auch ins Blaue hinein, aufs Geratewohl vorgenommen werden, bei Unverdächtigten nur mit objektiven Anhaltspunkten. Die Durchsuchung zur Auffindung von Beweismitteln erfordert in beiden Fällen objektive Anhaltspunkte.

Der wirkliche Unterschied von StPO. 102 und 103 ist ein doppelter. Erstens: § 103 löst den Ausdruck des § 102: „Auffindung von Beweismitteln" auf in Verfolgung von Spuren einer strafbaren Handlung einerseits und in Beschlagnahme von Gegenständen andrerseits[3]. In der letzteren Untergruppe wird das Wort „bestimmter" zugefügt und dadurch eine weitere Einschränkung gewonnen[4]. Das Ergebnis ist: 1. bei Verdächtigen darf durchsucht werden nach irgendwelchen Spuren und nach irgendwelchen beschlagnahmbaren Beweismitteln; 2. bei Unverdächtigen darf durchsucht werden nach irgendwelchen Spuren, aber nur nach bestimmten beschlagnahmbaren Beweismitteln. Zweitens: Der Hauptunterschied liegt in den Objekten der Durchsuchung. Bei einem Verdächtigen können nach § 102 die Wohnung und andere Räume, seine Person und die ihm gehörigen Sachen durchsucht werden, während § 103 nur von den zu durchsuchenden „Räumen" redet. Hieraus folgt, daß ein Unverdächtiger sich eine Durchsuchung seiner Person, insbesondere seines nackten Körpers nicht gefallen zu lassen braucht[5]. Dagegen unterliegt der Leib des Verdächtigen jeder

---

ein Beweisstück an bestimmter Stelle finden werde, kann nur dann auftauchen, wenn „Tatsachen vorliegen, aus denen zu schließen ist", daß es sich dort befinde. John Komm., I 814.

[3] Daß diese Auflösung eine Einengung enthält, lehrt RG. **42**, 440.

[4] Die Beschlagnahme kann nach § 94 zwei Klassen von Gegenständen treffen: Beweismittel und Einziehungsobjekte. Da § 103 im Verhältnis zu § 102 höchstens enger, keinesfalls weiter sein kann, und da § 102 nur die Beweismittel nennt, so sind die Einziehungsobjekte weder unter § 102 noch unter § 103 einbegriffen. Es gibt keine Durchsuchung lediglich zur Auffindung von Einziehungsobjekten. Ebenso Geyer, v. Holtzendorff, v. Kries. Dagegen die hM.

[5] A. M. RG. **14**, 189. **16**, 218. **19**, 364. **42**, 440 und zahlreiche Schriftsteller. Danach ist event. eine anständige Frau verpflichtet, sich vor einem Polizeikommissar zu entkleiden, damit dieser sie besichtigen und betasten kann. Weigert sie sich dessen, so wird sie mit Gewalt entblößt und ihre Gegenwehr nach StGB. 113 bestraft. — Es fragt sich, ob das ungeheuerlich oder ob es selbstverständlich ist. Ist es das erstere, so muß man einen deutlichen Ausspruch im Gesetze verlangen, daß es Rechtens sein soll. Das RG. hält es aber für selbstverständlich und erwartet daher im Gesetz eine ausdrückliche Ausnahme der Unverdächtigen von solcher Duldungsfrist. Das RG. vertauscht Regel und Ausnahme, wie schlagend Beling Ztsch. **15**, 494 hervorhebt. Mit dem Text übereinstimmend auch Geyer,

ohne erhebliche, insbesondere dauernde Schädigung möglichen Durchsuchung[6].

An das Gesagte schließt sich § 103 II mit einem Wegfall der zum Vorteil Unverdächtiger getroffenen Beschränkung. Sie fällt fort für solche Räume, in welchen der Beschuldigte ergriffen worden ist, oder welche er während der Verfolgung betreten hat, oder in welchen eine unter Polizeiaufsicht stehende Person wohnt oder sich aufhält. Diese Räume dürfen also zum Zweck der Ergreifung eines Beschuldigten stets auch ohne objektive Anhaltspunkte aufs Geratewohl durchsucht werden, und sie dürfen bei objektiven Anhaltspunkten zum Zweck der Auffindung irgendwelcher (nicht nur bestimmter) Beweismittel durchsucht werden.

II. Die Haussuchung[7] zur Nachtzeit darf im allgemeinen nur in 3 Fällen vorgenommen werden: bei Verfolgung auf frischer Tat, — bei Gefahr im Verzuge, — zur Wiederergreifung eines entwichenen Gefangenen; ohne diese besonderen Voraussetzungen nur in den 6 Fällen des Abs. 2.[8]

III. Die Anordnung der Durchsuchung steht dem Richter zu, bei Gefahr im Verzug auch der Staatsanwaltschaft und ihren Hilfsbeamten (StPO. 105 I). Die Ausführung geschieht durch Gerichtsdiener oder Polizeiorgane, im Fall des Abs. 4 durch Organe der Militärbehörde. Das Gesetz erwartet, daß normalerweise der Richter oder Staatsanwalt (nicht Amtsanwalt) bei der Ausführung gegenwärtig ist (§ 105 II). Ist das nicht der Fall, und liegt keiner der Räume des § 104 II vor, so sind Repräsentanten der Öffentlichkeit (1 Gemeindebeamter oder 2 Gemeindemitglieder)[9] zuzuziehen, § 105 II, III.

IV. Die Stellung des Betroffenen regelt StPO. 106, 107[10][11].

---

v. Holtzendorff, Voitus, John, Bennecke, Frank, Ullmann, Rosenmeyer. Im Einklange mit der vertretenen Ansicht jetzt auch MilStGO. 235 II. Anders E. 09. §§ 98, 82.

[6] Ich halte Brechmittel, Magenpumpe Rasieren usw. für gestattet; aber auch z B eine Operation, um festzustellen, ob ein verschiebliches Körperchen im Fleisch des Unterarmes ein Schrotkorn ist; z. T. a. M. Beling Beweisverbote, S. 12.

[7] = Durchsuchung der Wohnung, der Geschäftsräume und des befriedeten Besitztums. StPO. 104 I. Nachtzeit s. 104 III.

[8] 1. Wohnungen von Leuten unter Polizeiaufsicht; 2. zur Nachtzeit jedem zugängliche Räume; 3. Verbrecherherbergen u. dergl.; 4. Niederlagen von Diebesgut; 5. Schlupfwinkel des Glückspieles; 6. Bordelle.

[9] Ein Fall der mittelbaren Öffentlichkeit, ob. S. 43 N. 1. Der Gemeindebeamte darf auch Polizei- und Sicherheitsbeamter sein; die Gemeindemitglieder dürfen es nicht sein. Das ist einigermaßen widerspruchsvoll.

[10] Er darf der Durchsuchung beiwohnen, aber nicht sie stören; über das Verhältnis zu StPO. 162 vgl. RG. **33**, 251. Ist er abwesend, so ist ein Vertreter

§ 62.

Die Durchsicht von Papieren.

Kries § 43 V. Birkm. S. 507 f. B.=B. § 55 IV. Ullm. § 81 V.

I. Die Durchsicht, d. h. Lektüre, beschriebener Papiere steht jeder amtlich mit den Papieren befaßten Person zu, wenn die Papiere zufällig aufgefunden oder freiwillig ausgeliefert werden. Anders, wenn sie durch Durchsuchung und Beschlagnahme erlangt sind: die Durchsicht ist alsdann ausschließliches Vorrecht des Richters (StPO. 110 I). Hierher gehören alle Papiere, die der Betroffene in Besitz hatte[1].

II. Voraussetzung ist, daß eine Durchsuchung stattfindet und Papiere aufgefunden werden. Entweder genehmigt der Inhaber[2] deren Lektüre durch den durchsuchenden Beamten (StPO. 110 II S. 1): dieser läßt dann die unerheblichen Papiere liegen, die übrigen beschlagnahmt er (StPO. 94 II). Die Durchsicht geht hier der Beschlagnahme voran. Oder der Inhaber genehmigt die Lektüre nicht. Dann soll der durchsuchende Beamte zwischen solchen Papieren, deren Durchsicht er nicht für geboten erachtet, und solchen Papieren, deren Durchsicht er für geboten erachtet, scheiden[3]. Die ersteren läßt er liegen, die letzteren muß er, da sie freiwillig nicht hergegeben werden, nach § 94 II beschlagnahmen, was durch Einschlageu und Versiegeln nach § 110 II, III geschieht. Alsdann erfolgt Ablieferung an den Richter, Anordnung der Durchsicht oder der verschlossenen Zurückgabe durch diesen, ersterenfalls Aufforderung an den Inhaber, der Entsiegelung

zuzuziehen. Dem Unverdächtigen oder seinem Vertreter ist vorher der Zweck der Durchsuchung mitzuteilen (es sei denn, daß es sich um die Räume des § 104 II handelt). Dem Verdächtigen, wie dem Unverdächtigen ist nachher auf Verlangen der Grund der Durchsuchung und ein Asservatenverzeichnis oder die Bescheinigung der Unverdächtigkeit schriftlich mitzuteilen. Dem Verdächtigen ist ferner die Straftat zu bezeichnen, wegen deren die Untersuchung stattfand. Daraus folgt **per argumentum e contrario**, daß der Unverdächtige überhaupt nicht zu erfahren braucht, wegen welcher Straftat bei ihm gesucht wurde.

[11] Nebengesetze: VerZollG. §§ 126, 127. SeuchenG. 1900 § 7. Brausteuerg. § 35 u. a. m.

[1] A. M. B.=B. 177. Damit wird aber die Entscheidung der gerade bei Papieren oft sehr schwierigen Eigentumsfrage subalternen Organen überlassen.

[2] Der Vertreter ist dazu nicht befugt. Das ergibt 110 II im Verhältnis zu III.

[3] und zwar nimmt er diese Scheidung vor, ohne die Papiere zu lesen; vgl. die satirischen Bemerkungen John Komm. I 831 f. über das Kunststück, das hier verlangt wird. In praxi wird der Beamte einfach alle aufgefundenen Papiere beschlagnahmen. Nun besteht aber nach StPO. 97 ein Verbot der Beschlagnahme gewisser Korrespondenzen! Wie soll der Beamte aber ohne Lektüre wissen, ob solche Korrespondenzen vorliegen? Hier wird das Gesetz perplex.

und Durchsicht beizuwohnen, endlich die Durchsicht selbst (§ 110, II, III. Hier geht also die Beschlagnahme der Durchsicht voran. Die Folge der Durchsicht ist entweder Rückgabe der Papiere (also Aufhebung der Beschlagnahme) oder Mitteilung[4] an die Staatsanwaltschaft (Abs. 4).

§ 63.

Die Anhaltung von Briefen und Telegrammen.

Kries § 43, VI, VII. Birkm. §§ 79, II 4. B.=B. § 53, II b. Ullm. § 89, III 3. Bind. § 74, VIII. Laband III § 73, III 4, S. 57 ff.

I. Das Briefgeheimnis (PostG. vom 24. Oktober 1871 § 5. StGB. 354) und das Telegraphengeheimnis (Telegr.G. vom 6. April 1892 § 8. StGB. 355) sind unverletzlich. Ausnahmen werden durch Reichsgesetz festgestellt. Das ist für den Strafprozeß durch StPO. 99 bis 101 geschehen[1]. Die hier angeordnete „Beschlagnahme" ist etwas anderes als die Beschlagnahme nach StPO. 94 (Lehrb. § 60), und wir belegen sie deshalb mit der Bezeichnung „Anhaltung". Sie bereitet eine eigentliche Beschlagnahme in entfernter Weise vor. Die angehaltenen Sendungen werden dem Richter vorgelegt[2], der zunächst eine Durchsuchung (Lehrb. § 61) vornimmt, da er sich entscheiden muß, ob er Eröffnung oder Ausantwortung anordnen soll (StPO. 95 II S. 1). Nach der Eröffnung nimmt der Richter eine Durchsicht (Lehrb. § 62) vor. Das Ergebnis der Lektüre ist dafür entscheidend, ob Zurückbehaltung oder Ausantwortung verfügt wird (StPO. 101 II S. 2). Erst die etwaige Zurückhaltung ist Beschlagnahme im technischen Sinn.

II. Zulässig ist a) die Anhaltung der Postsendungen und Telegramme, deren Adressat der Beschuldigte ist, ohne weiteres, auch ohne alle Anhaltspunkte aufs Geratewohl. Dagegen kann b) die Anhaltung der vermutlich vom Beschuldigten herrührenden oder vermutlich für ihn bestimmten Sendungen nur bei objektivem Anhalt für ihre Erheblichkeit verfügt werden (StPO. 99).

---

[4] In diesem Falle ist eine richterliche Entscheidung über die „Beschlagnahme" nach StPO. nicht nötig. Das zeigt deutlich, daß die „Beschlagnahme" bereits vollzogen ist.

[1] Über die Grenzen des „Geheimnisses" ist hier insofern hinausgegangen, als die privilegierte Behandlung sämtlichen Postsendungen zu teil wird. — MilStGO. 233.

[2] Die StAnw. kommt hier bei Gefahr im Verzuge für Telegramme in Verbrechens- und Vergehenssachen in Betracht (folglich nur in reinen SchGSachen der Amtsanwalt). StPO. 100 I, s. unten III.

III. Die Anhaltung wird a) vom Richter angeordnet: so in Übertretungssachen stets, in den übrigen in der Regel und definitiv lediglich durch ihn. b) Der Staatsanwalt und Amtsanwalt kann in Verbrechens- und Vergehenssachen bei Gefahr im Verzug provisorisch α) die Anhaltung verfügen, die außer Kraft tritt, wenn sie nicht binnen 3 Tagen[3] richterlich bestätigt wird; β) bei Telegrammen vermöge Durchsuchung über die Eröffnung und folgends vermöge Durchsicht über die Zurückbehaltung (§ 101 II) entscheiden; doch bedarf auch diese letztere technische Beschlagnahme richterlicher Bestätigung binnen 3 Tagen (§ 100 II, III). Die Postsendungen legt der StAnw. uneröffnet dem Richter[4] vor, dem hier Durchsuchung und Durchsicht allein zustehen. c) Die Polizei kann nie eine Anhaltung veranlassen; die Post hat ein etwaiges Ersuchen unbeachtet zu lassen.

IV. Die Betroffenen oder, wie StPO. 101 sagt, „Beteiligten" sind die Absender und die Adressaten der Sendungen (nicht die Post- und Telegraphenanstalten). Sie haben ein Recht a) auf gewöhnliche Beschwerde, StPO. 346 II, 347 S. 2; b) auf Nachricht von den Maßregeln, „sobald dies ohne Gefährdung des Untersuchungszweckes geschehen kann", nach § 101 I; c) auf Ausantwortung der nicht eröffneten oder nicht beschlagnahmten Sendungen, StPO. 101 II; d) die Adressaten auf abschriftliche Mitteilung der unverfänglichen Briefteile, StPO. 101 III.

§ 64.

Die Verhaftung.

Kries § 44. Birkm. § 78 III. 1—3. B.-B. §§ 56, 57. Ullm. § 76. Bind. § 70. Hetzel UH., 1899 (auch rechtsvergleichend).

I. Verhaftung ist der vom Richter verfügte Eingriff in die Freiheit eines Beschuldigten, durch welchen man sich seiner Person zum Zweck der Durchführung eines inländischen Strafverfahrens[1] versichert[2]. Die

[3] welche die Post- und Telegraphenanstalt vom Tage des Eingangs der staatsanwaltlichen Verfügung nach StPO. 42 berechnet, so daß sie mit Beginn des vierten folgenden Tages wieder die gewöhnliche Bestellung in Lauf setzt. Ob bereits inzwischen eine Sendung zufolge der Anhaltung an den StAnw. ausgeliefert ist, bleibt gleichgültig. StPO. 100 II.

[4] vor Klagerhebung dem AR., in dessen Sprengel die Postanstalt liegt, StPO. 100 III, 98 II a. E.

[1] einschl. der realen Vollstreckung, soweit diese in die Freiheit eingreift.

[2] Hiermit tritt sie in Gegensatz zu Zwangshaft, Freiheitsstrafe, Auslieferung, polizeilicher Präventivhaft, sowie Erzwingung nur zeitweiliger An- oder Abwesenheit (unten § 66), besonders durch Vorführung. Zum Begriff der anrechnungs-

Verfügung des Richters heißt Haftbefehl[3]. Ohne solchen liegt keine Verhaftung im Sinne der StPO. vor, sondern höchstens eine vorläufige Festnahme. Der Haftbefehl soll normalerweise erst nach Klagerhebung ergehen (StPO. 112). Ergeht er vorher (StPO. 125), so ist die Höchstdauer der Verhaftung bei Übertretungen 2, sonst 4 Wochen (StPO. 126).

II. Es sind zwei Arten zu unterscheiden, der Haftbefehl wegen Fluchtverdachts und der Haftbefehl wegen Kollusionsgefahr. Nur der erstere kann auch in Übertretungssachen erlassen werden. (StPO. 113), nur der erstere gestattet Freilassung gegen Sicherheitsleistung (StPO. 117); nur der letztere gestattet eine Kontrolle des mündlichen Verkehrs zwischen Verteidiger und Beschuldigtem (StPO. 148). Da somit beide nicht rechtlich genau die gleiche Bedeutung haben, so ist nach der Regel S. 134 f. alternative Begründung eines Haftbefehls unzulässig[4].

Beide Arten von Haftbefehl haben nach StPO. 112 die gemeinschaftliche Voraussetzung „dringenden" (nicht bloß „hinreichenden") Tatverdachtes. Die spezielle Voraussetzung der Verhaftung wegen Kollusionsgefahr ist, daß Tatsachen vorliegen und aktenkundig gemacht werden, aus denen zu schließen ist, daß der Beschuldigte Spuren der Tat vernichten oder daß er Zeugen oder Mitschuldige zu einer falschen Aussage oder Zeugen dazu verleiten werde, sich der Zeugnispflicht zu entziehen[5]. Ob Fluchtverdacht vorliegt, entscheidet der Richter stets nach freien Ermessen; keine Vorschrift zwingt ihn, solchen u. U. als

fähigen UH. StGB. 60, RG. **38**, 182, ebenso RMilG. **10**, 80; StPO. 482, Kreß Bayer. Ztsch. f. RPflege **2**, 409. Beling Ztsch. **27**, 801.

[3] Mehrere HBef (Superarrest) können gesondert, aber auch gleichzeitig vollstreckt werden. Unterbrechung der StrHaft zum Zwecke der UH. ist unstatthaft. Fluchtverdacht ist nicht vorhanden. Kollusionsgefahr zu vermeiden, ist Sache der Strafanstaltseinrichtungen. Zu den Kontroversen Kries 314, B.-B. 181 N. 15. Löwe-Hellweg § 114 N. 8. Damme GerSaal **44**, 120. Dronke Arch. **49**, 319. Konietzko Arch. **52**, 188. Olbricht Arch. **48**, 393. **54**, 218. Gottlieb Ztsch. **31**, 83.

[4] Unr. B.-B. 292, Ostern Altern. bei Will.-Erkl., S. 11, richt. Hümmer Recht **10**, 139. Wenn von drei Richtern A. Fluchtverdacht, B. Kollusionsgefahr annimmt, C beides verneint, so ist kein HBef. zu erlassen. — Wenn X. wegen Fluchtverdachts verhaftet wird und Beschwerde einlegt, so kann nicht das BeschwGer. seine Verhaftung wegen Kollusionsgefahr beschließen.

[5] „oder daß er seine Freiheit zur Begehung neuer strafbarer Handlungen mißbrauchen werde" fügt MilStGO. 176 Z. 4 a. E. hinzu. Das entspricht indessen dem obigen Begriff „Verhaftung" nicht, sondern fällt unter die Präventivhaft.

gegeben anzusehen. Wohl aber gibt das Gesetz mehrfach Beispiele dafür, wann Fluchtverdacht angenommen werden kann. So zunächst in StPO. 112 II bei Verbrechen; gegen Heimatlose, Landstreicher, Ausweislose, unzuverlässige Ausländer; aber auch in StPO. 229 II 370, 235 (unentschuldigtes Ausbleiben in der HVerh. trotz ordnungsmäßiger Ladung, und an sich erlaubtes Ausbleiben trotz Anordnung persönlichen Erscheinens)[6]. Bei den Delikten, die nur mit Haft oder Geldstrafe bedroht sind[7], ist nach StPO. 113 nur Haftbefehl wegen Fluchtverdachts zulässig. Es muß aber außerdem eine der folgenden Bedingungen zutreffen: der Beschuldigte muß ein Heimatloser, ein Landstreicher, ein Ausweisloser, ein unzuverlässiger Ausländer sein oder unter Polizeiaufsicht stehen, oder die Übertretung muß korrektionelle Nachhaft im Gefolge haben können[8].

Endlich ist als Voraussetzung jedes Haftbefehls das Vorliegen der Bedingungen der Strafverfolgung (Lehrb. §§ 10 I, 51) zu erfordern. Ausnahme hiervon StPO. 130: trotz mangelnden Strafantrages kann Verhaftung erfolgen; jedoch ist 1. diese Verhaftung auf die Höchstdauer von 2 Wochen bei Übertretungen, 4 Wochen bei Verbrechen und Vergehen begrenzt; 2. wenigstens ein Antragsberechtigter ist sofort vom Erlaß des Haftbefehls in Kenntnis zu setzen.

III. Die Anordnung der Verhaftung geschieht lediglich durch den Richter[9]. Der Haftbefehl muß schriftlich sein, den Beschuldigten genau bezeichnen, die Straftat angeben, endlich den Grund der Verhaftung enthalten, d. h. der Haftbefehl wegen Kollusionsgefahr muß sagen, warum Beweisverdunkelung gefürchtet werde; der Haftbefehl wegen Fluchtverdachts muß sagen, aus welchen Umständen dieser Verdacht hergeleitet werde[10], StPO. 114. Die Bekanntmachung an den Verhafteten erfolgt nach Abs. 3. Der Eingelieferte ist spätestens am

[6] Dazu StPO. 489 Haftbefehl „behufs Vollstreckung einer Freiheitsstrafe“, wenn der Verurteilte sich auf Ladung nicht zum Strafantritt gestellt hat.

[7] also bei sämtlichen Übertretungen, den meisten Gewerbe- und Steuerdelikten und z. B. StGB. 144, 145a, 285.

[8] StGB. 361 Z. 3—8, 362: Landstreichen, Bettel, Müßiggang, Prostitution, Arbeitsscheu, Obdachlosigkeit.

[9] im Falle StPO. 489 durch den strafvollstreckenden StAnwalt.

[10] Nur in den Fällen des § 112 II „bedarf“ der Fluchtversuch „keiner weiteren Begründung“; in den übrigen Fällen bedarf er folglich einer solchen. Spezielle Begründung, wie der Text verlangt, entspricht dem § 34 StPO. und der erhöhten Bedeutung des Eingriffs durch Verhaftung, der auch StPO. 352 durch Schaffung einer eigenen Instanz der weiteren Beschw. gerecht wird. Vgl. L.-H. § 114 N. 3.

folgenden Tage vom Richter zu hören, StPO. 115, 132; die Verletzung hat freilich keine Entlassung zur Folge (anders ob. S. 122 II). Die Vernehmung durch den „nächsten Amtsrichter", dem der Ergriffene auf Verlangen nach § 132 vorgeführt werden muß, bezweckt im wesentlichen nur Identitätsfeststellung. Daher ist der nächste AR. wohl zur Aufhebung der Verhaftung, aber niemals zur Aufhebung des Haftbefehls kompetent. — Die Aufhebung 1. jedes Haftbefehls erfolgt (StPO. 123): a) wenn der Verhaftungsgrund weggefallen ist, b) wenn der Angeschuldigte außer Verfolgung gesetzt, c) wenn er freigesprochen[11] wird. 2. Die Aufhebung des Haftbefehls vor Klagerhebung erfolgt (StPO. 126): a) auf Antrag der Staatsanwaltschaft; b) nach Ablauf einer Woche, es sei denn, daß α) entweder inzwischen die Klage erhoben, Haftfortdauer angeordnet und der AR., der den Haftbefehl erlassen hatte, davon in Kenntnis gesetzt ist; β) oder daß die Staatsanwaltschaft die Verlängerung der nicht genügenden Frist um 1 Woche beantragt und der AR. dem stattgegeben hat; c) nach Ablauf der zweiten Woche bei Übertretungen unbedingt, bei Verbrechen und Vergehen, falls nicht abermalige Verlängerung um 2 Wochen beantragt und verfügt ist; d) nach Ablauf von 4 Wochen auch bei Verbrechen und Vergehen unbedingt.

IV. Zuständig für Anordnung und Aufhebung des Haftbefehls vor Klagerhebung ist stets nur ein AR.[12], und zwar jeder, in dessen Bezirk ein Gerichtsstand begründet ist oder der zu Verhaftende betroffen wird (StPO. 125 II). Der AR. handelt bei der Erlassung im allgemeinen auf Antrag der Staatsanwaltschaft, nur bei Gefahr im Verzug von Amts wegen (StPO. 125 I, 163); bei der Aufhebung handelt er in den Fällen oben unter III 1 und 2 b—d von Amts wegen. In der VU. ist für den Erlaß des Haftbefehls der UR., für die Aufhebung der UR. mit Zustimmung des StAnw. oder die StK. (124 II) zuständig. Im Zwischenverfahren ist das eröffnende Gericht für Erlaß und Aufhebung zuständig; es hat sich von Amts wegen mit dieser Frage zu befassen (§ 205). Im Hauptverfahren kommt außer dem Gericht auch für dringende Fälle der Vorsitzende in Betracht: er

[11] mag auch das Urteil noch nicht rechtskräftig sein, § 123 II.

[12] Die StK. darf also niemals einen vor ihr vernommenen Zeugen wegen dringenden Verdachts des Meineides verhaften, wohl aber kann der StAnw eine vorläufige Festnahme vornehmen. Vgl. dagegen die Verhaftung des Zeugen v. Tausch im Leckert-Lützow-Prozeß (Dez. 96). Stenogr. Bericht, Berlin, Harrwitz, 1897, S. 226.

kann einen Haftbefehl erlassen, aber nur mit Zustimmung der Staatsanwaltschaft aufheben (124 III).

V. Die Vollstreckung der Untersuchungshaft[13] regelt sich nach StPO. 116 unter Berücksichtigung ihres Zweckes, welcher in Abschneidung der Flucht und der Kollusion besteht. Daher nur ausnahmsweise Fesselung. Weitere Beschränkungen, Versagung von Bequemlichkeiten und Beschäftigungen können definitiv nur durch den Richter verfügt und nur durch die Rücksicht auf die „Ordnung im Gefängnisse"[14] gerechtfertigt werden.

VI. Das Gesetz vom 14. Juli 1904[15] erkennt endlich, wenigstens prinzipiell, die Verpflichtung des Staates an, Personen, die zu Unrecht in Untersuchungshaft genommen waren, zu entschädigen (s. auch Lb. § 92 VII).

In der Durchführung hat der „einfache Billigkeitsgedanke" (so O. Mayer bei v. St.-Fl.) sehr starke Einschränkungen erlitten: A. Die UH. ist unbegründet, wie die logische Überlegung zeigt, wenn auch nur eine der Voraussetzungen: Tatverdacht, Fluchtverdacht, Kollusionsgefahr zu Unrecht angenommen wird. Das G. § 1 berücksichtigt aber nur die falsche Annahme des Tatverdachtes und nennt sich daher auch: G. betr. Entschäd. für „unschuldig" erlittene UH. — B. Nicht jede Beendigung des Strafverf. ohne Verurteilung genügt; vor allem nicht die bloße Einstellung des Verfahrens, sei es durch die Staatsanwaltschaft, sei es durch Urteil. Es wird gefordert Urteil auf Freisprechung oder Beschluß auf Außerverfolgungsetzung d. h. Ablehnung der VU. oder Nichteröffnung des HV. Diese Entscheidungen müssen ferner darauf beruhen, daß sich die Unschuld oder doch das Nichtbestehen begründeten Tatverdachtes ergeben hat. — C. Erstattet wird nur Vermögensschaden; er muß entstanden sein durch die UH. oder eine vorangegangene Vorführung oder vorläufige Festnahme (§ 3). — D. Trotz alledem wird ge-

[13] Klee Arch. **55**, 257. Vollstreckung durch Hausarrest? Hümmer Arch. **54**, 64.

[14] Entw. I sagte „Gefängnisordnung", Entw. II wie das Gesetz, Entw. III stellte den Entw. I wieder her, die Kommission wiederum den Entw. II. Also ist jedenfalls die konkrete paragraphierte Gefängnisordnung für den Richter nicht bindend. Über ungesetzliche Beschränkungen in Breslau Mamroth DtschJurZtg. **11**, 72.

[15] Ausgabe Romen; Kommentar Burlage 1905. — Zur Konstruktion: J. Goldschmidt Rechtsgrund und Rechtsnatur der staatl. Entschädigungspflicht ꝛc., 1910, nimmt einen publizistischen rechtswidrigen Staatsakt an und leitet daraus einen zivilistischen Entschädigungsanspruch ab. O. Mayer VerwR. II §§ 53, 54. Art. „Entschädigungspflicht" bei v. St.-Fl. I 731. Fleiner Institutionen des VerwR. 239 ff. (241, 243, 246, 249, 251 f.) ist mit Löning, Anschütz, v. Stengel, Fakultät Jena (Seuff. Arch. **37**, 312) gegen eine allgemeine Entschädigungspflicht, gibt aber zu, daß die Vorstellung, die staatliche Entschädigungspflicht entspreche der Gerechtigkeit, so allgemein geworden sei, daß sie sich bei gewissen Arten von Eingriffen zu einer festen Rechtsüberzeugung verdichtet habe; er vertritt grundsätzlich Beschränkung auf den Vermögensschaden (oben C).

wissen Kategorien von Personen die Entschädigung versagt: erstens fakultativ (§ 2 III) Ehrverlustigen, Polizeiobservaten, früheren Korrigenden (2 Jahre müssen verfließen); früheren Zuchthäuslern (3 Jahre müssen verfließen); zweitens obligatorisch (§ 12) Ausländern, falls nicht die Gegenseitigkeit verbürgt ist. — E. In concreto spielt der Gesichtspunkt der Gnade (statt des theoretisch allein haltbaren Rechtsanspruches) hinein in gewissen moralisierenden Einschränkungen fakultativer Art (§ 2 II): Versagung bei grober Unredlichkeit oder Unsittlichkeit der Tat, bei Unzurechenbarkeit der Tat wegen Trunkenheit, bei Vorliegen von Vorbereitungshandlungen zu einem Verbrechen oder Vergehen. Die Einzelheiten sind im ganzen dem G. vom 20. Mai 1898 betr. Entschäd. unschuldig Bestrafter nachgebildet, Lehrb. § 92 VII. Die Frist, innerhalb deren der Beschluß des Ger. (§§ 4, 5) — das Revisionsgericht soll nicht gemeint sein, RG. **39**, 292 — im Verwaltungsweg weiter zu verfolgen ist, beträgt aber hier 6 (nicht 3) Monate (§ 6). Die Ausschlußfrist für die Klagerhebung ist auch hier **3** Monate (§ 6 III). Das Gesetz findet analoge Anwendung auf die Militär- und Konsulargerichte (§§ 10—11); demnach auch auf die Kolonialgerichte (SchutzgebG. § 3).

VII. Äußerst wichtige neue Vorschriften über die Verhaftung finden sich in E. 09 §§ 110—127. Ist Fluchtgefahr der Verhaftungsgrund, so muß sie eine konkrete sein, und die Tatsachen, die den objektiven Anhalt bieten, sind im Haftbefehl zu bezeichnen. Freilich ist das bei richtiger Auffassung auch schon geltendes Recht. Die Kollusionshaft wird leider beibehalten, ja eigentlich sogar ausgedehnt; denn die Mutmaßung, der Verdächtige werde Mitschuldige dahin beeinflussen, nicht auszusagen, kann nach geltendem Recht kein Haftgrund sein, wohl aber nach E. 110 I a. E. — Es sind zu unterscheiden **a**) Straftaten, die höchstens mit 3 Mon. Gef. oder 3000 Mk. Geldstr. bedroht sind: Kollusionshaft ausgeschlossen; nur 5 Gründe für Fluchtgefahr: der Verdächtige *α*) ist bereits flüchtig, *β*) hat Fluchtanstalten getroffen, *γ*) hat im Inland keinen dauernden Aufenthalt, *δ*) ist Polizeiobservat, *ε*) ist ohne Ausweis. **b**) Schwerer bedrohte Straftaten, bei denen aber höchstens 1 Mon. Gef. oder 3000 M. Geldstr. zu erwarten sind. Es gilt das gleiche, aber nur instruktionell. **c**) Alle andern Straftaten einschl. der Korrektionshaftdelikte: Kollusionshaft und Fluchthaft zulässig. Die bisher so leichte schematische Begründung der Fluchtgefahr ex lege (oben N 10) wird aber eingeengt auf Fälle, wo Todes- oder Freiheitsstrafe über 1 J. zu erwarten ist. **d**) Antragsdelikte: der HBef. ist aufzuheben, wenn der Antrag nicht binnen einer Woche eingeht. **e**) Privatklagesachen: UH. ist gänzlich unstatthaft, E. 385 III. — Der HBef. hat die Straftat zu substanziieren und auch den Einlieferungsort zu bezeichnen (z. B. „nächstes Untersuchungsgefängnis" oder „Untersuchungsgefängnis Düsseldorf-Derendorf"). Die Einlieferung in die genannte Anstalt hat unverzüglich zu geschehen. Spätestens am Tage nach derselben hat die richterliche Vernehmung und die vollständige Bekanntgabe des HBef. zu erfolgen. Ist die Verbindung zwischen Verhaftungs- und Einlieferungsort so ungünstig, daß die Einlieferung nicht vor Ablauf des nächsten Tages geschehen kann, so erfolgt Vorführung vor den nächsten AR. Doch kann der Verhaftete direkten Transport zum Einlieferungsort verlangen. Damit ist das bisherige Verhältnis von Regel und Ausnahme in StPO. 132 umgedreht.

Als Schutzwälle gegen allzu häufige und lange UH. kennt der E. 116, 118, 122 f., 127: 1. Das Einwendungsverfahren. Steht der Verhaftete vor dem im jeweiligen Prozeßstadium kompetenten Richter und erhebt Einwendungen gegen den HBef., so findet eine Sitzung mit Parteienöffentlichkeit statt. 2. Die Haftsurrogate: Sicherheitsleistung (wie bisher bei Kollusionsgefahr ausgeschlossen), freies Geleit, aber auch andere Maßnahmen nach freiem Ermessen, namentlich Aufenthaltsbeschränkungen (z. B. Hausarrest, oben N. 13, Mot. 110). 3. Die Haftnachprüfung nach italienischem Vorbild (Mot. 113), jedoch nur während der VU. Der Vorentw. 08 wollte dies Verf. alle 2 Monate sich wiederholen lassen, nach dem E. 09 bestimmt die StK. die weiteren Fristen[16], während die erste auch hier 2 Mon. (seit Eröffn. der VU. oder Zurückweisung einer Einwendung oder Beschw.) beträgt. Der UR. hat demnach periodisch die Frage der Haftfortdauer dem Kollegium vorzulegen und seine Gründe für die Fortdauer darzulegen. Er rückt also in eine Parteirolle; der StAnw. wird daher auch nicht gehört. Für das Nachprüfungsverfahren gilt notwendige Verteidigung. Mündliche Verhandlung ist nicht vorgeschrieben, aber wohl statthaft. — Der HBef. vor Klagerhebung ist aufzuheben a) auf Antrag der StAnw.; diese kann sogleich von sich aus die Freilassung anordnen; b) nach 4, bei Übertretungen (ausgenommen die Korrektionshaftsdelikte) nach 2 Wochen. Das heutige komplizierte Verlängerungssystem fällt fort.

Kompetent zur Entscheidung über Haft, Haftsurrogate und Aufhebung ist a) vor Klagerhebung der UR., b) in der VU. stets der UR., c) sonst das mit der Sache befaßte Ger. I. oder II. Inst.; d) im Zwischenverf. und Hauptverf. in dringenden Fällen der Vorsitzende, indessen für Haftsurrogate und Aufhebung nur mit Zustimmung des StAnw.; e) in der RevInst. das Gericht der Vorinstanz, zur Aufhebung auch das RevGer., E. 112, 115. — Im Vollzug der UH. wird stärkere Rücksicht auf die Ehre und Person genommen und gleiche Behandlung auch dem vorläufig Festgenommenen und dem Vorgeführten garantiert, E. 117, 131, 136 II.

§ 65.

Die vorläufige Festnahme.

Kries § 44, I, III. Birkm. § 78 III 2. B.-B. § 60 I. Ullm. § 76 III. Bind. § 70 I 2.

I. Außer der richterlichen Verhaftung kennt das Gesetz der Sache nach auch eine nicht-richterliche, richterlicher Bestätigung bedürftige. Es belegt aber nicht, wie bei der Beschlagnahme, Durchsuchung und Anhaltung, beide Eingriffe mit dem gleichen Namen, sondern nennt die nicht-richterliche Verhaftung „vorläufige Festnahme". Sie erfolgt nach StPO. 127 II bei Gefahr im Verzuge unter den Voraussetzungen eines Haftbefehles, also regelrecht nicht bei Übertretungen. Zuständig ist nicht nur die Staatsanwaltschaft und ihre Hilfsbeamten, sondern alle Polizei- und Sicherheitsbeamten[1].

[16] Grund nach Motiven S. 113: weil eine 2-Monatsfrist nicht geräumig genug wäre! Die richterliche Fristsetzung unterliegt natürlich der Beschwerde.

[1] also auch Polizeisergeanten und Gendarmen; vgl. auch RG. **35**, 210 betr. preußische „Amtsdiener". — Strafantrag ist bei Antragsdelikten auch hier nicht erforderlich, § 127 III.

II. Eine wesentlich andere Art **vorläufiger Festnahme** wird in StPO. 127 I behandelt. Sie darf **auch von jedem Privaten** vorgenommen werden[2] und hat zwei je alternativ gefaßte Voraussetzungen: 1. der Sistierte wird auf frischer Tat, wenn auch nur auf einer Übertretung[3], betroffen oder auf frischer Tat verfolgt, 2. der Sistierte ist fluchtverdächtig oder seine Persönlichkeit kann nicht sofort festgestellt werden. Die Festnahme der Gattung II wird meist durch Zuführung an die Polizei in eine Festnahme der Gattung I verwandelt werden.

III. Die Polizeibeamten können selbstverständlich auch eine Festnahme der Gattung II vornehmen. Bei jeder Festnahme sind sie aber an die Voraussetzungen des § 127 StPO. gebunden und dürfen nicht etwa in Verfolgung des allgemeinen Zweckes des § 161 StPO. zu beliebigen Sistierungen oder Durchsuchungen usw. schreiten[4]. Unberührt steht daneben die praktisch, besonders in Prozessen aus StGB. 113 außerordentlich wichtige Verwahrung aus allgemeinem **präventivpolizeilichem** Gesichtspunkt nach Maßgabe des Landesrechts[5].

IV. Die Festnahme ist nur eine **vorläufige**. Der Festnehmende kann den Ergriffenen wieder in Freiheit setzen (StPO. 128 a. A.). Andernfalls gebührt dem Richter die Überleitung in die Verhaftung. Zu diesem Zweck muß **unverzügliche** Vorführung vor den Richter erfolgen[6], der spätestens am folgenden Tage zur Vernehmung zu schreiten hat. Es sind aber zwei Fälle zu unterscheiden: 1. daß die

[2] Sie stellt somit einen Rechtfertigungsgrund für Freiheitsberaubung, aber u. U. auch für Nötigung und Körperverletzung dar, RG. **34**, 444; für Bedrohung und Schießen an begangenen Orten, v. Rohland StProzFälle S. 78.

[3] anders MilStGO. 180 II, III.

[4] RG. **27**, 153. **32**, 271. **38**, 373. **39**, 190.

[5] **Für Preußen**: Verfass. Art. **5**: „Die persönliche Freiheit ist gewährleistet. Die Bedingungen und Formen, unter welchen eine Beschränkung derselben, insbesondere eine Verhaftung zulässig ist, werden durch das Gesetz bestimmt."

G. zum Schutze der persönlichen Freiheit, vom 12. Februar 1850, § 6: „Die im § 3 genannten Behörden, Beamten und Wachmannschaften sind befugt, Personen in polizeiliche Verwahrung zu nehmen, wenn der eigene Schutz dieser Personen oder die Aufrechterhaltung der öffentlichen Sittlichkeit, Sicherheit und Ruhe diese Maßregel dringend erfordern. Die polizeilich in Verwahrung genommenen Personen müssen jedoch spätestens im Laufe des folgenden Tages in Freiheit gesetzt, oder es muß in dieser Zeit das Erforderliche veranlaßt werden, um sie der zuständigen Behörde zu überweisen."

[6] Eine Vorführung zunächst vor den StAnw. ist gesetzwidrig. Selbst wenn dies auf Grund einer generellen Vereinbarung zwischen Polizei und StAnw. mit Zustimmung des LGPräs. geschieht, so ist dies Verfahren nicht minder gesetzwidrig und die Vereinbarung null und nichtig. Vgl. L.-H. § 128 N. 3.

öffentliche Klage noch nicht erhoben ist; 2. daß sie bereits erhoben ist. Im Falle 1 erfolgt (StPO. 128) Vorführung vor den AR. des Bezirks; dieser verfügt Freilassung oder Haftbefehl; die Verhaftung ist in der Höchstdauer auf 2 bzw. 4 Wochen begrenzt. Im Falle 2 erfolgt (StPO. 129) Vorführung vor den AR. des Bezirks; dieser verfügt ohne eigene Entscheidung Vorführung vor das zuständige Gericht oder den UR.[7]; diese verfügen Freilassung oder Haftbefehl; die Verhaftung ist in der Höchstdauer unbegrenzt.

§ 66.

Sonstige Freiheitsbeschränkungen.

Birkm. § 78 I, II. Ullm. § 75 I.

I. Die Vorführung des Beschuldigten zum Zweck der Vernehmung ist oben S. 122 behandelt. Durch Vorführungsbefehl kann das Gericht Anwesenheit in der HVerh. erzwingen nach StPO. 229, 370, 235[1], auch im Privatklageverfahren nach StPO. 427.

II. Der Vorsitzende hat die Befugnis, einen Angeklagten während einer Unterbrechung der HVerh., also event. bis zum vierten Tage, in Gewahrsam halten zu lassen (StPO. 230 I S. 2 a. E., MilStGO. 279 I S. 2; nach E. 09 nur bis zu 24 Stunden).

III. Eine Festhaltung kann von jedem Beamten[2], der außerhalb seiner Amtsstelle[3] in einem Strafverfahren Amtshandlungen vornimmt, gegen Beschuldigte oder andere Personen nach StPO. 162 verfügt werden. Voraussetzung ist, daß sie seine Tätigkeit stören oder sich seinen Anordnungen widersetzen. Die Festhaltung dauert bis zur Beendigung der Amtsverrichtung, jedoch nicht über den nächstfolgenden Tag hinaus.

IV. Ein eigentümlicher Eingriff in die persönliche Freiheit eines Angeschuldigten ist endlich seine Verbringung in eine öffentliche Irrenanstalt nach StPO. 81 (oben S. 174). Die höchste Dauer dieser Freiheitsbeschränkung[4] beträgt 6 Wochen.

---

[7] Diese Vorführung kann auch direkt, ohne Vermittlung des AR. erfolgen.

[1] oben S. 192. Dem Gericht steht die Wahl frei zwischen Verhaftung und Vorführung. Vgl. außerdem StPO. 489. — MilStGO. 172, 278, 389 II.

[2] nicht nur Richter oder StAnw.; z. B. von einem Polizeiinspektor RG. **33**, 251.

[3] im Amtslokal hat er, wenn nicht Sitzungspolizei, so jedenfalls Hausrecht.

[4] Die Vollstreckung geschieht durch den StAnw. nach StPO. 36, Lb. § 39 II, 4. OLG. Düsseldorf Arch. **58**, 257.

§ 67.

Die Sicherheitsleistung.

Kries § 45 I. Birkm. § 78 III. 4. B.-B. § 58. Ullm. § 77. Bind. § 71.

I. Ist ein Haftbefehl wegen Fluchtverdachtes ergangen, so kann die Vollstreckung desselben durch Sicherheitsleistung abgewendet werden (StPO. 117)[1]; ob schon Klage erhoben ist, bleibt gleich (StPO. 125 III). Der Beschuldigte wird alsdann mit der UH. „verschont". Es liegt hier kein fester Rechtsanspruch vor, sondern eine Wohltat. Beneficia non obtruduntur: daher muß der Beschuldigte seine Freilassung gegen Kaution beantragen (StPO. 119)[2]: daher kann er auch nach geleisteter Sicherheit deren Freigabe verlangen und sich in die Haft begeben. Die Sicherheit haftet zunächst dafür, daß der Beschuldigte sich zur Aburteilung stellen, sich „der Untersuchung" nicht entziehen werde; daher wird sie wirkungslos in den Fällen des § 120 StPO. Sie haftet aber weiter auch dafür, daß er sich nicht „dem Antritt der erkannten Freiheitsstrafe" entzieht (StPO. 122 I). Sie ist insoweit also nicht nur cautio judicio sisti, sondern auch cautio judicatum solvi. Aber auch nur insoweit; für Geldstrafen, Kosten, Buße usw. haftet sie nicht.

II. Wegen der Art der Sicherheitsleistung s. StPO. 118. Besonders bemerkenswert ist die „Bürgschaft geeigneter Personen", die wir (dritte) Kaventen nennen. Sie treten nicht nur zum Staate in ein eigentümliches Rechtsverhältnis, sondern auch zum Beschuldigten. Zur Aufhebung dieser Beziehungen ist nach allgemeinen obligationenrechtlichen Grundsätzen zweiseitige Willenserklärung erforderlich. Der Kavent darf nicht einseitig seine Sicherheit zurückziehen und Vollstreckung des Haftbefehls verlangen[3]. Ausnahmen in StPO. 121 II. — Der im Ausland wohnende Beschuldigte hat einen Zustellungsbevollmächtigten zu bestellen (StPO. 119).

III. Die Sicherheit wird frei nach § 121 I; sie verfällt nach § 122 I. Ersteres bedarf nach der StPO. keiner ausdrücklichen Entscheidung; wohl dagegen letzteres (§ 122 II). a) Es ist kein Kavent vorhanden: der Angeschuldigte wird vor der Verfallserklärung gehört (Ausnahme von StPO. 33); hat dagegen die sofortige Beschwerde[4];

---

[1] Der MilStGO. ist dieses Institut fremd; desgl. das sichere Geleit.

[2] Zur Freilassung kompetent ist der Richter, der zur Aufhebung des HBef. kompetent ist. Zur Ablehnung der Freilassung ist kompetent, wer zum Erlaß des HBef. kompetent ist. StPO. 124, 125.

[3] A. M. Löwe-Hellweg, John, v. Kries.

[4] Der StAnw. hat gegen den Verfall zugunsten des Besch. nach StPO.

in der Beschwerdeinstanz findet mündliche Verhandlung statt (Satz 3), — b) es ist ein Kavent vorhanden: auch er wird vor der Entscheidung gehört, auch er hat die sofortige Beschwerde; die Verfallserklärung wirkt gegen ihn wie ein Zivilendurteil (vorläufig vollstreckbares bzw. rechtskräftiges; § 122 III).

IV. Der dritte Kavent hat eine singuläre Befreiungsmöglichkeit nach § 121 II durch Bewirkung der Gestellung oder der Verhaftung des Beschuldigten. Hier tritt ausnahmsweise die an sich verwirkte Rechtsfolge des Verfalls nicht ein.

§ 68.

Das sichere Geleit.

Kries § 45 II. Birkm. § 78 V II. B.-B. § 59 II. Ullm. § 78 III 2. Bind. § 72 S. 127.

I. Sicheres Geleit (freies Geleit, salvus conductus) nennt man eine Befreiung von UH. in bestimmter Sache, die einem abwesenden Beschuldigten gewährt wird. (StPO. 337). „Abwesend" in technischem Sinn ist, a) wessen Aufenthalt unbekannt ist; b) wer sich im Ausland aufhält, ohne daß seine Gestellung ins Inland ausführbar oder angemessen erschiene (StPO. 318). Das Geleit wird, als Rechtswohltat, nur auf Antrag nach freiem Ermessen vom Gericht[1] erteilt (Geleitsbrief). Es steht unter der gesetzlichen Bedingung, daß der Beschuldigte keine Anstalten zur Flucht treffe; andere Bedingungen können hinzugefügt werden. Nichteinhaltung der Bedingungen läßt das Geleit ipso jure erlöschen. Auch wirkt es zeitlich nur bis zum Erlaß (nicht bis zur Rechtskraft) eines auf Freiheitsstrafe lautenden Urteils.

§ 69.

Die Vermögensbeschlagnahme.

Kries § 46 II. Birkm. § 78 V. 1. B.-B. § 59 III. Ullm. § 78 III. 1. Bind. § 72, S. 126.

I. Die Beschlagnahme des inländischen Vermögens (adnotatio bonorum) ist ein Mittel, auf den Beschuldigten einen Druck zu üben, damit er sich stelle und eine regelrechte HVerh. möglich werde — ein psychisch wirkendes Gegenstück zu der physisch zwingenden Verhaftung. Die Voraussetzungen der Maßregel sind nach StPO. 332: a) daß der

338 II die sofortige, für den Verfall nach gewöhnlicher Regel die einfache Beschw. Die Meinungen gehen stark auseinander. Vgl. L.-H. § 122 N. 11. B.-B. 190.

[1] Hier, wie oben S. 144, im Gegensatz zu Einzelrichter. Daher während der VU. durch die StK., nicht durch den UR. A. M. von Kries und Stenglein.

Beschuldigte im technischen Sinn „abwesend" ist; b) daß die öffentliche Klage erhoben ist; c) daß ein Haftbefehl ergehen **könnte**; d) daß kein reines SchGDelikt[1] vorliege. — Durchaus anderen Charakter trägt die Vermögensbeschlagnahme nach StPO. 325 zur Deckung von Geldstrafe und Kosten, s. Lehrb. § 103 II a. E.

II. Die Beschlagnahme erfolgt durch Gerichtsbeschluß, der obligatorisch im Reichsanzeiger, fakultativ in anderen Blättern veröffentlicht und dem Amtsgericht als Vormundschaftsgericht mitgeteilt wird (StPO. 332—334; Freiw. Ger.G. 35, 39). Die Wirkungen (StPO. 334) sind 1. Verlust der Verfügung unter Lebenden über das Vermögen; 2. Einleitung einer Güterpflege (BGB. 1911).

III. Die Beschlagnahme ist aufzuheben (StPO. 335) a) mit dem Wegfall des Strafanspruches (Tod, Begnadigung, Verjährung), b) mit dem des Strafverfahrens (Einstellung, Freisprechung, Abolition), c) mit dem der Abwesenheit (Ermittelung, Verhaftung, Gestellung), d) mit dem der Verhaftungsgründe. Die Kosten der Güterpflege gehören zu denen des Strafprozesses und werden von dem für diese Pflichtigen[2] getragen.

IV. Die Bestimmungen unter II. finden auch Anwendung auf die Vermögensbeschlagnahme wegen Hoch- und Landesverrats (StGB. 93, StPO. 480). Dagegen sind hier die Voraussetzungen unter I, a—d nicht nötig. Immerhin handelt es sich auch hier um ein Gestellungsmittel; es kann also vor allem dann keine Anwendung finden, wenn der Beschuldigte in UH. sitzt. Für die Aufhebung gilt III a und b, aber nicht III c und d.

§ 70.

Der Steckbrief.

Kries § 46 I. Birkm. § 78 IV 2. B.-B. § 60 II. Ullm. § 78 II 4. Bind. § 72. 2 d.

I. Ein **Steckbrief** (Fahndungsschreiben, literae arrestatoriae patentes) ist ein öffentliches schriftliches Ersuchen um Ergreifung und Ablieferung eines Beschuldigten, dem Sinne nach gerichtet an alle dazu fähigen Behörden. **Erster Fall**, StPO. 131 I: es ist ein

---

[1] A. M. v. **Kries** S. 331. Die Bestimmung hängt damit zusammen, daß das Verfahren in das Stadium der VU. eintritt oder zurücktritt, StPO. 336. Diese aber ist nur bei reinen SchG.-Delikten ausgeschlossen. Also ist die adnotatio bonorum bei Überweisungsdelikten statthaft.

[2] also bei späterer Freisprechung vom Staate; es liege denn StPO. 499 I vor. Eines besonderen Ausspruchs wegen der Kosten der Güterpflege bedarf es nicht, StPO. 496.

Haftbefehl erlassen, der zu Verhaftende, aber noch nicht Verhaftete ist flüchtig oder hält sich verborgen. Zweiter Fall, 131 II: ein Festgenommener[1] entweicht aus dem Gefängnisse oder entzieht sich sonst (etwa auf dem Transport) der Bewachung[2]. Im ersten Fall sind zur Erlassung des Steckbriefs Richter und Staatsanwaltschaft, im zweiten auch die Polizeibehörden kompetent.

II. Der Steckbrief soll nach Abs. 3 enthalten: Personalbeschreibung, Bezeichnung der Straftat und des Ablieferungsgefängnisses. Zur Verbreitung können dienen, außer Zeitungsinseraten, in Preußen: Steckbriefnachrichten (durch Rotzettel) an das Strafregister, Einrückungen in den Reichsanzeiger, Regierungsamtsblätter, das Zentral-Polizeiblatt (Berlin), das Deutsche Fahndungsblatt (Berlin), das Internationale Kriminalpolizeiblatt (Frankfurt a. M.), den Allgemeinen Polizeianzeiger (Dresden).

III. Der auf Grund eines Steckbriefes Ergriffene kann verlangen, dem nächsten Amtsrichter vorgeführt zu werden. Doch hat sich dieser nur mit der Identitätsfeststellung zu befassen (StPO. 132).

---

[1] nicht nur vorläufig Festgenommener, sondern auch Verhafteter; so HM.

[2] Dritter Fall 489 II: es handelt sich um Vollstreckung einer Freiheitsstrafe, der Verurteilte ist flüchtig oder hält sich verborgen. Hier ist der St.-Anw. oder der AR. kompetent.

Drittes Buch. Besonderer Teil.

Erster Abschnitt. Das typische Regelverfahren.

Erstes Kapitel.

Das vorbereitende Verfahren.

§ 71.

Der Anlaß zu Ermittelungen.

Kries § 59. Birkm. § 87. B.-B. S. 471 f. Ullm. § 95 I. Bind. § 96 I.

Das Legalitätsprinzip muß dazu führen, daß die Staatsanwaltschaft einzuschreiten hat, sofern nur die zwei in StPO. 152 bezeichneten Bedingungen (oben S. 54) gegeben sind, auf welchem Wege auch immer sie von dem Verdacht einer Straftat Kenntnis erhält. Somit sind verschiedene Anlässe oder Anstöße zur Ermittelungstätigkeit denkbar. 1. Mitteilungen von Behörden und Beamten des Polizei- und Sicherheitsdienstes, die in beschränktem Umfang Recht und Pflicht des „ersten Angriffs" haben (StPO. 161, Lehrb. § 40 II); ferner Mitteilungen von Gemeindebehörden[1], die dazu verpflichtet sind a) wenn jemand möglicherweise nicht natürlichen Todes gestorben ist; b) wenn der Leichnam eines Unbekannten gefunden wird[2], StPO. 157. 2. Mit-

---

[1] StPO. 157 nennt ebenfalls die Polizeibehörden. Das Verhältnis zu StPO. 161 stellt sich so: Im allgemeinen hat die Polizei das Recht des ersten Angriffs und die Pflicht der Abgabe an die StAnwschaft, bei Dringlichkeit auch an den AR. Bei verdächtigen Todesfällen hat sie kein Recht des ersten Angriffs, sondern Pflicht *sofortiger* Abgabe an den StAnw. oder auch (nicht nur bei Dringlichkeit) an den AR.

[2] Für diese Fälle eventuell gegenseitige Anzeigeverpflichtungen zwischen Zivil- und Militärbehörden nach MilStGO. 154, 155. Den Beerdigungsschein erteilt der StAnw., der Amtsanw. oder der AR., bei Militärpersonen die Militärbehörde, im Notfalle aber auch der AR.

teilungen des Richters nach StPO. 163, 165 (AR. nach einem wegen Gefahr im Verzuge von ihm vorgenommenen „ersten Angriff") 110 IV (Auffindung verdächtiger Papiere bei einer „Durchsicht"), 189 (UR., der auf die Spuren neuer Taten oder Täter kommt), GVG. 185 (Straftat in der Sitzung, gilt auch für Zivilgerichte). **3.** Private Anzeige[3], zu deren Entgegennahme und event. Weitergabe nach StPO. 156 I außer der Staatsanwaltschaft selbst die Behörden und Beamten des Polizei- und Sicherheitsdienstes und die Amtsgerichte verpflichtet sind. Die Anzeige kann schriftlich oder mündlich erfolgen. **4.** Der formelle Strafantrag im technischen Sinn[4]. Für ihn gilt die Formvorschrift[5] in StPO. 156 II. Er wird angebracht entweder bei einem beliebigen Gericht (auch Zivil-, Sonder- oder Militärgericht) schriftlich oder zu Protokoll, bei einem beliebigen Beamten der Staatsanwaltschaft schriftlich oder zu Protokoll, bei einer beliebigen Behörde (Polizei, Steueramt, Eisenbahndirektion, Postanstalt usw.)[6] schriftlich. **5.** Eigene Wahrnehmungen, wobei das Gesetz keinen Unterschied zwischen amtlichen Wahrnehmungen (während einer Sitzung, einer Durchsuchung u. dgl.) und außeramtlichen macht[7].

§ 72.

Die Ermittelungen.

Kries § 60 I—IV. Birkm. § 88. B.-B. § 110. Ullm. § 95 II—V. Bind. § 96 § 97, I, II. Ortloff, Das Vorverfahren, Gießen 1893.

I. Der Zweck des vorbereitenden Verfahrens ist 1. Ermittelung der Belastungs- und Entlastungsmomente; 2. Erhebung derjenigen Beweise, deren Verlust zu besorgen steht, StPO. 158 II. Welche Handlungen die StAnw. zur Erreichung dieses Zweckes vornehmen

---

[3] „Anträge auf Strafverfolgung" in weiterem und untechnischem Sinn. „Antragsteller" ist daher gleich Denunziant in StPO. 169, 170.

[4] Über sein Wesen s. oben S. 35, S. 134 N. 13, S. 140. B.-B. §§ 64, 65. Im MilVerfahren genügt u. U. auch mündliche Anbringung, MilStGO. § 151 I, II S. 2, § 152. — Einzelheiten: RG. **3**, 425. **15**, 144. **19**, 7. **35**, 267. **43**, 44.

[5] Der hiernach formgerechte Antrag braucht noch nicht fristgerecht zu sein. Das ist er nur, wenn er innerhalb der Frist bei der zuständigen StAnwschaft oder dem zuständigen Ger. eingeht.

[6] Diese Behörden sind aber zur Entgegennahme und Weitergabe nur verpflichtet, wenn sie auch unter StPO. 156 I fallen oder verwaltungsrechtlich mit der Sache befaßt sind.

[7] Ebenso Kries 470, Geyer 465, a. M. Bind. 176. L.-H. § 158, N. 2 b. Birkm. 577. B.-B. 471 N. 17, 472 zu N. 23, v. Marck-Kloß 55, Glaser II 324. Die Gegner differieren übrigens untereinander erheblich.

will, steht völlig bei ihr. Sie ist unbeschränkt Trägerin dieses sog. Skrutinialverfahrens; in ihrer Hand laufen, auch wenn Polizei-AR. oder Verwaltungsbehörden (Lehrb. § 43) den ersten Angriff vor, genommen haben, die sämtlichen Fäden zusammen, sie trifft die maßgebende Entscheidung über den Fortgang des Verfahrens. Keine einzige Handlung ist geboten, nicht einmal eine verantwortliche Vernehmung des Beschuldigten, vielleicht ist angesichts der Anzeige jede weitere Nachforschung unnötig[1]. Tritt der StAnw. in Aktion, so hat er drei Wege: 1. er kann die Ermittelungen selbst vornehmen[2]; 2. er kann sie durch die Polizei[3]; 3. er kann sie durch das AG. der Handlungsbereitschaft vornehmen lassen; StPO. 159, 160. Außerdem kann er von allen öffentlichen Behörden Auskunft verlangen[4]. Der Kreis der Befugnisse, die StAnw. und Polizei haben, ist begrenzt; die Anrufung des AR. ist deshalb mehrfach unentbehrlich.

II. Der von der StAnw. ersuchte AR. (Ermittelungs- oder Requisitionsrichter) ist gehalten[5], die verlangten Handlungen vorzunehmen, selbst wenn der einzig ersichtliche Sinn nur Entlastung der StAnw. ist, und sogar, wenn sie offenbar inopportun sind. Das Einzige, was er prüfen darf und soll, ist (StPO. 160 II), ob die beantragte Handlung eine „richterliche Untersuchungshandlung", und ob sie nach den Umständen des Falles gesetzlich zulässig ist[6]. Also hat er sich z. B. die Fragen aufzuwerfen: Wird Verletzung eines Strafgesetzes behauptet? Ist das angezogene Strafgesetz (insbesondere etwa eine Polizeiverordnung) gültig? Handelt es sich überhaupt um ein Strafverfahren im Sinne der StPO.? Oder, wenn Beeidigung, StPO. 65 III, begehrt wird: Handelt es sich um einen Zeugen?

---

[1] sei es, daß diese Anzeige für die Anklage, sei es, daß sie für den „Papierkorb" reif ist. In dem ersteren Falle muß im Mil.-Verf. unter allen Umständen noch eine „Erforschung" des Sachverhaltes, eine „Feststellung" des Tatbestandes erfolgen, MilStGO. 156 I S. 3, II. Dieses im allgemeinen (jedoch MilStGO. 170) unerläßliche Ermittelungsverfahren entspricht dem vorbereitenden Verf. und der Voruntersuchung der StPO. Eine VU. im technischen Sinne gibt es hier nicht. Vgl. MilStGO. 159—161, 163—169 einerseits, StPO. 158—160, 166—168 und 184 Abs. 3 bis 189, 191, 192, 194 andrerseits.

[2] Dieser sachlich vorteilhafteste Weg wird gleichwohl in praxi seltener beschritten. B.-B. 469.

[3] nicht nur durch seine Hilfsbeamten, vgl. Lehrb. 40, I, II.

[4] Die Verpflichtung zur Erteilung der Auskunft besteht natürlich nur in dem Umfange, wie überhaupt im StProz., also mit den Beschränkungen der §§ 96, 53 StPO. — MilStGO. 160 II, 231, 189.

[5] Streitig, Kreß GerS. **71**, 85.

[6] Laband III 421 N. 2 gegen John II 44.

Waltet Gefahr im Verzuge ob? Hängt die Klagerhebung von der bekundeten Tatsache ab? Ist die Aussage nicht ohnehin wahrheitsmäßig?.[7]

Der StAnw. kann des Requisitionsrichters da nicht entraten, wo er selbst nicht zum Handeln befugt ist. Hierher gehören: definitive Anhaltung von Telegrammen und Postsendungen, Eröffnung von Briefen, Durchsicht von Papieren, zwangsweise Gestellung von Zeugen[8], Vereidigung von Zeugen und Sachverständigen (StPO. 159)[9], Leichenöffnungen, Verhaftungen. Ferner können zur Erreichung des Zweckes einer Verhütung von Beweisverlust Beweissicherungen in Gestalt vorzeitiger (antizipierter) Beweisaufnahmen nur durch den Richter gemacht werden, wenn sie in der HVerh. benutzbar sein sollen (StPO. 158 II, 167, 190—193). Der AR. hat bei allen Vernehmungen und bei Augenschein einen Protokollführer zuzuziehen (StPO. 166, 185, 186). Wegen Parteienöffentlichkeit s. StPO. 167.

III. Wo der AR. eine selbständige Ermittelungstätigkeit nach StPO. 163, 164 einschlägt, ist er so lange als Notstaatsanwalt Träger des Ermittelungsverfahrens, als die Gefahr im Verzuge, die Besorgnis des Beweisverlustes, die Wahrscheinlichkeit einer Freilassung andauern. Nach StPO. 164 II kann er dann sogar ein auswärtiges AG. requirieren.

§ 73.

Abschluß des vorbereitenden Verfahrens.

Kries § 60, V, VI. Birkm. § 89. B.-B. §§ 111—112. Ullm. § 95, V, VI. Bind. § 97, III—VI. Lang Rechtshängigkeit im StrVerf., 1910.

I. Ist die Sammlung des Materials abgeschlossen, so befindet die Staatsanwaltschaft, welchen von zwei Schritten sie zu tun hat: Klagerhebung (StPO. 168 I) oder Einstellung des Verfahrens (Abs. 2). Die Klagerhebung kann doppelte Form haben; entweder geschieht sie durch Antrag auf gerichtliche Voruntersuchung oder durch Einreichung einer Anklageschrift bei Gericht, d. h. durch Antrag auf Eröffnung des Hauptverfahrens. Zwischen beiden Formen hat der StAnw. im typischen Regelverfahren (Strafkammerverfahren) die Wahl[1]. Durch

[7] Der AR. wird hier als erster unparteiischer Dritter tätig. Der Beschuldigte kann ihn ablehnen und hat gegen seine Verfügungen die Beschw. nach StPO. 346.

[8] Gegen die preußische Praxis, die sich über § 6 EG. StPO. unbekümmert hinwegsetzt, treffend B.-B. 470 f., 474 N. 32, auch 132 N. 10 (Bennecke). v. Holtum JurWochSchr. 09, 102. Ebenso die fast einstimmige Ansicht, vgl. L.-H. § 159, N. 3 b. Dagegen Friedrichs Arch. **54**, 394.

[9] Entgegennahme eidesstattlicher Versicherungen RG. **37**, 209.

[1] Im übrigen s. unten Lehrb. §§ 74, 77, 95.

die Klagerhebung wird die Strafsache in gewissem Sinne rechtshängig. Wirkungen dieser Rechtshängigkeit[2] sind 1. Nötigung des Gerichts zur Stellungnahme auf die Anklage (StPO. 178 ff., 200 ff.), 2. Festlegung der Grenzen des Prozeßstoffs nach Tat und Täter (StPO. 153 I), nicht aber in Rücksicht der rechtlichen Würdigung (StPO. 153 II, 204, 263); 3. Festlegung der örtlichen Zuständigkeit (perpetuatio fori) in einer Beziehung: Verlegung des Wohnortes durch den Beschuldigten verschiebt fortan die Kompetenz nicht mehr (StPO. 8). Andere Wirkungen knüpfen sich an diese Litispendenz nicht; weder a) die perpetuatio fori überhaupt, noch b) eine Unterbrechung der Verfolgungsverjährung, noch c) eine „exceptio" litis pendentis, die nochmalige Klagerhebung oder eine Untersuchungseröffnung hinderte. Wohl aber sind dieses alles Wirkungen der Rechtshängigkeit im engeren und eigentlichen Sinn, wie sie der gerichtlichen Entscheidung eignet, durch welche die Untersuchung (VU. oder HVerf.) eröffnet wird[3].

II. Die Einstellung des Verfahrens geschieht 1. im gewöhnlichen Fall durch bloße Aktennotiz; 2. dazu tritt Nachricht an den Beschuldigten, falls dieser vom Richter verantwortlich vernommen oder ein Haftbefehl gegen ihn erlassen war (StPO. 168 II); 3. wenn ein privater Anzeiger („Antragsteller") vorhanden ist, tritt außerdem ein mit Gründen versehener Bescheid hinzu (StPO. 169). – Die Einstellung ist zwar nicht unwiderruflich; sie zieht aber die Beseitigung aller Folgen der Verfahrenseinleitung nach sich.

III. Ist im Falle II 3 der Anzeiger zugleich der Verletzte, d. h. wird er durch die Straftat in seinen rechtlichen Interessen[4] in rechtlich erheblicher Weise berührt, so hat er nach StPO. 170 gegen den Bescheid eine Beschwerde an den (nächsten) vorgesetzten Staatsanwaltschaftsbeamten. Dies fällt beim ReichsAnw. fort, da der Reichskanzler kein Beamter der StAnw. ist[5]. Für die Beschwerde gilt eine Frist von zwei Wochen[6]. Gegen den zweiten ablehnenden Bescheid

[2] Vgl. B.-B. § 111, IV, bes. S. 480 f. Lang S. 11, 13, 68, 73.

[3] So mit Recht energisch Binding GerS. **72**, 23. Nur z. T. richtig RG. **36**, 5, **37**, 55, **41**, 108. Vgl. Lehrb. § 87 I.

[4] Er braucht nicht „Verletzter" in dem engeren Sinn der Strafantragsberechtigung zu sein. RMilG. **6**, 133, **8**, 14, **10**, 188. L.-H., § 170, N. 5 b; Rosenfeld Nebenkl., S. 113 f.; z. T. abweichend B.-B. 484. So gehören hierher die unter BGB. 844 fallenden Angehörigen eines Getöteten, ebenso der Dienstberechtigte nach BGB. 845. – Vgl. auch ob. Lehrb. § 42 I 2.

[5] Sehr kontrovers, B.-B. 485 N. 21; abweichend L.-H. § 170 N. 12.

[6] Ist der Anzeiger nicht der Verletzte, so hat er fristlose Beschwerde im

gibt es den oben S. 53 behandelten Antrag auf gerichtliche Entscheidung[7], der in der Form des § 170 I binnen einem Monat[8] an das OLG. (in RG.-Sachen an das RG.) einzureichen ist. Es folgt nach Ermessen des Gerichts ein Ermittelungsverfahren[9], im übrigen ein schriftliches Verfahren[10] mit beiderseitigem Gehör auf Grund der Akten. Die Entscheidung lautet[11] entweder „Der Antrag wird verworfen“ oder „Die Erhebung der öffentlichen Klage wird beschlossen“. Durch die erstere Entscheidung wird die Einstellung nach § 172 II insoweit bindend, daß Klagerhebung nur möglich ist, wenn Nova auftauchen. Durch die letztere Entscheidung wird die StAnw. trotz GVG. 151 verpflichtet, die Klage zu erheben (§ 173 S. 2), also entweder VU. oder HVerf. zu beantragen.

Zweites Kapitel.

Die Untersuchung.

A. Die Voruntersuchung.

Kries § 61. Birkm. § 90. B.-B. §§ 117, 118 Ullm. §§ 96–99. Bind. § 103. H. Groß Handb. für UR. [5]1908. ders., Erforschung des Sachverhalts, 3. Aufl., 1909. Weingart, Kriminaltaktik 1904.

§ 74.

Die Einleitung der Voruntersuchung.

I. Über die Terminologie der StPO. und den Begriff der VU. ist oben S. 34 gehandelt. Sie ist (StPO. 176) 1. notwendig[1] in

Dienstaufsichtswege bis hinauf zum Justizminister bzw. zum Reichskanzler. GVG. 148. Vgl. aber Beling und Peltasohn DtschJurZtg. 1904 Nr. 6, 7.

[7] Berechtigt ist nach Wortlaut und Sinn nur derjenige, der sowohl Antragsteller aus § 169, als auch Verletzter ist. Dagegen, wiederum die Anomalität erweiternd, RG. **44**, 7 (auch andere Verletzte dürfen den Antrag stellen und später nach § 435 II beitreten). — Berechtigt ist nicht, wer Privatklage erheben kann, KG. Arch. **57**, 413.

[8] 14 Tage und kein Anwaltszwang nach MilStGO., die in §§ 247—249 leider auch das verfehlte Institut übernommen hat; vgl. RMilG. **1**, 174, 229, **2**, 19, 277, **3**, 100, 127, **4**, 158, **6**, 86, 155, **7**, 244, 269, **8**, 3, 186, **10**, 188, **11**, 24, 178, 289, **12**, 23, **13**, 53, 263, **14**, 247, 276, **15**, 51, 165, 188.

[9] Dessen Träger ein OLGRat (bzw. RGRat), der UR. oder „der“ AR. ist. StPO. 171 III.

[10] StPO. 171—175. Beling nennt es Klageprüfungsverfahren.

[11] abgesehen von § 174 II: Erklärung für zurückgenommen.

[1] selbstverständlich: falls nicht Einstellung nach Lehrb. § 73 II erfolgt.

RG.- und SchwGSachen; 2. zulässig in StKSachen; 3. unzulässig in SchGSachen. Bei Zusammenhang entscheidet die Sache höherer Ordnung. Eine Abweichung von der „Notwendigkeit" kann durch Irrtum bei der Anhängigmachung entstehen[2].

Die „zulässige" Voruntersuchung in StKSachen hat nach StPO. 176 Z. 1 auf (motivierten oder unmotivierten) Antrag der StAnw. stattzufinden. Dies ist eben die eine Form der Klagerhebung. In diesem Falle geht die Voruntersuchung der Einreichung der Anklageschrift voran. Das ist das gewöhnliche Verhältnis. Es kann sich aber auch umdrehen, die Anklageschrift kann der Voruntersuchung vorangehen. Erste Möglichkeit: die eingereichte Anklageschrift wird dem Angeschuldigten mitgeteilt (StPO. 199), er beantragt motiviert (StPO. 176 Z. 2) Voruntersuchung, und das Gericht entspricht dem. Zweite Möglichkeit: der StAnw. reicht eine Anklageschrift ein, das Gericht wünscht noch bessere Aufklärung der Sache und ordnet proprio motu VU. an (StPO. 200).

II. 1. Der Antrag der StAnw. auf Eröffnung der Voruntersuchung[3] muß einen bestimmten Beschuldigten und ferner die ihm zur Last gelegte Tat bezeichnen. Er wird an den UR. gerichtet (StPO. 177, 182). 2. Mit ihm kann verbunden sein der Antrag, die Führung der VU. einem auswärtigen AR. zu übertragen (StPO. 183 S. 1 und 3). 3. Häufig wird in der Praxis damit auch der Antrag auf Verhaftung verbunden. — Über den Antrag 1 entscheidet stets, auch im Falle der Verbindung mit Antrag 2,[4] der UR. (Näheres unter III), — entweder sogleich von sich aus, oder „infolge des Beschlusses des Gerichts". Über den Antrag 2 entscheidet die StK, über den Antrag 3 der UR. (nicht etwa der auswärtige AR.).

III. Die Bestimmungen über die Anfechtbarkeit der Eröffnung sind äußerst kompliziert. Wir betrachten zunächst den Fall, daß der Staatsanwalt auf VU. anträgt.

1. Der UR. hat Bedenken. Dann entscheidet er nicht selbst, ondern legt die Akten der StK. vor, 178 I S. 2. Es gibt nur vier Bedenkensgründe (178 I): A. Unzuständigkeit des Gerichts,

[2] Es wird z. B. aus StGB. 163 vor der StK. angeklagt, ohne daß VU. vorangegangen. Die HVerh. ergibt, daß StGB. 153 vorliegt. Die StK. hat nun nach StPO. 270 vor das SchwG. zu verweisen. Dieser Beschluß eröffnet sogleich das HVerf. vor dem SchwG. Voruntersuchung hat also hier nicht stattgefunden, wiewohl es sich um eine SchwGSache handelt.

[3] in RG.-, SchwG- und StKSachen. — E. 09 will auch VU. „gegen Unbekannt" einführen.

[4] Seltsamerweise lebhaft bestritten; s. B.-B. 506 N. 22. Die Praxis kennt meines Wissens den Zweifel nicht. Der Wortlaut der §§ 182, 183 ist völlig deutlich.

sachliche oder örtliche oder gegenüber Sondergerichten: dieser Bedenkensgrund ist, soweit er auf die örtliche Unzuständigkeit geht, besonders privilegiert. B. Unzulässigkeit der Strafverfolgung wegen Fehlens des Strafantrages u. dgl. (auch wegen Strafunmündigkeit oder Verfolgungsverjährung, da beide Gründe nach StGB. 55, 66 auch prozessual wirken). C. Unzulässigkeit der Voruntersuchung. D. Fehlen eines Strafparagraphen für die bezeichnete Tat.

Nunmehr bestehen zwei Möglichkeiten.

a) Die StK. hört den Angeschuldigten (§ 178 II), und er erhebt einen der vier Einwände A bis D.

α) Die StK. lehnt die Eröffnung aus einem der vier Gründe A bis D ab (§ 178 II). Dann hat der StAnw. hiergegen sofortige Beschwerde (§ 181).

β) Die StK. beschließt Anordnung der Eröffnung unter Verwerfung des Einwandes des Angeschuldigten. Dann kommt es darauf an, ob der Angeschuldigte den privilegierten Einwand A der örtlichen Unzuständigkeit erhoben hatte oder nicht. Wenn ja, so hat er die sofortige Beschwerde (§ 180 I)[5]. Wenn nein, so ist der StK.-Beschluß unanfechtbar (§ 180 II).

b) Die StK. hört den Angeschuldigten nicht.

α) Sie lehnt aus einem der vier Gründe ab. Der StAnw. hat sofortige Beschwerde (§ 178 I, 181, genau wie aα).

β) Sie beschließt Anordnung der Eröffnung. Darauf eröffnet der UR. Jetzt erhebt der Angeschuldigte einen der vier Einwände. Der UR. legt darauf die Akten der StK. vor (§ 179 I).

αα) Die StK. widerruft nunmehr die Anordnung der Eröffnung und lehnt ab. Sofortige Beschwerde des StAnw. (§ 181).

ββ) Die StK. verwirft den Einwand. War dies der privilegierte Einwand A, so hat der Angeschuldigte sofortige Beschwerde (§ 180 I). Andernfalls ist der StKBeschluß unanfechtbar (§ 180 II).

2. Der UR. hat keine Bedenken und eröffnet. Dann kann der Angeschuldigte einen der vier Einwände erheben (§ 179 II). Es ergeben sich dann dieselben Eventualitäten, wie soeben unter αα und ββ.

IV. Trägt der Angeschuldigte nach StPO. 199, 176 Z. 2 auf Voruntersuchung an, so ist der eröffnende Beschluß unanfechtbar, gegen

[5] Dieselbe hat aber keinen Suspensiveffekt, StPO. 349.

den ablehnenden hat er die sofortige Beschwerde (§ 181). Ordnet die StA. aus freien Stücken die Eröffnung einer VU. an, so findet eine Anfechtung des Beschlusses nicht statt (§ 200 II).

§ 75.

Die Führung der Voruntersuchung.

I. Zweck der VU. ist nicht, eine feste und endgültige Ansicht über Schuld oder Unschuld der verfolgten Person zu gewinnen. Sie ist nach § 188 I „nicht weiter auszudehnen, als erforderlich ist, um eine Entscheidung darüber zu begründen, ob das Hauptverfahren zu eröffnen, oder der Angeschuldigte außer Verfolgung zu setzen sei". Da nun die Eröffnung des HVerf. bereits bei hinreichendem Verdacht stattfindet (§ 201), so ist die VU. auf eine nur unvollständige Ermittelung des Sachverhalts angelegt. Neben diesem Hauptzweck kommen nach § 188 II noch zwei Nebenzwecke in Betracht: 1. Beweiserhebung zur Beweissicherung; 2. Erhebung des Exkulpationsbeweises. — Endlich ist die sog. Ausdehnung der VU. auf eine neue Tat oder einen neuen Täter, StPO. 189, zu erwähnen. Ergibt sich hierzu Anlaß, so darf der UR. sich nicht etwa mit Rücksicht auf StPO. 153 passiv verhalten. Vielmehr muß er in dringenden Fällen die erforderlichen Untersuchungshandlungen von Amts wegen vornehmen (also als Notstaatsanwalt).

II. Der UR. kann die nötigen Handlungen 1. selbst vornehmen, was praktisch die Regel bildet, oder 2. speziell bezeichnete durch einen requirierten AR., § 183 S. 2, oder auch 3. durch die Polizei, § 187, vornehmen lassen. Die Polizei ist auch zur Vornahme nicht speziell bezeichneter Ermittelungen auf Ersuchen des UR. verpflichtet. Nimmt der UR. Vernehmungen vor oder Augenschein ein, so hat er einen Protokollführer zuzuziehen (§ 185: einen GerSchr. oder eine ad hoc beeidigte Person). Wegen des Protokolls s. § 186. — Eine einzige Handlung ist notwendig, die Vernehmung des Angeschuldigten, § 190, in Abwesenheit des StAnw. und des Verteidigers. Sie darf in keiner VU. fehlen, und möglicherweise beschränkt sich, wenn in einer SchwGSache die Ermittelungen des StAnw. bereits vollkommen erschöpfend waren, die ganze VU. auf die Formalität einer solchen Vernehmung. In Abweichung von StPO. 35 wird dem Angeschuldigten die eröffnende Verfügung nicht durch Zustellung, sondern bei dieser Vernehmung durch Verkündung mitgeteilt. Für den Schluß der VU. besteht eine entsprechende Vorschrift (StPO. 195 III).

III. Die Parteirechte während der VU. bestehen zum Teil in einem Anspruch auf Parteienöffentlichkeit[1] und zwar für folgende Akte: Augenschein (§ 191 I), zu dem der Angeschuldigte auch eigene Sachverständige laden lassen kann (§ 193), — Vernehmung voraussichtlich in der HVerh.[2] nicht erscheinender Zeugen, — Vernehmung solcher Sachverständiger. Das Recht auf Anwesenheit besteht für den Angeschuldigten nicht, 1. wenn er inhaftiert ist und der Termin nicht am Haftorte stattfindet (§ 191 IV); 2. bei Zeugenvernehmungen, wenn zu befürchten ist, daß ein Zeuge in seiner Gegenwart die Wahrheit nicht sagen werde (§ 192). Das Recht auf Akteneinsicht hat der StAnw., soweit es die Untersuchung nicht aufhält (§ 194), der Verteidiger nach StPO. 147.

IV. Der UR. ist nicht völlig souveräner Herr des Verfahrens; über manche Punkte ist ihm die Gewalt entzogen. Solche Vorbehalte für die StK. lernten wir schon für die Entscheidung über Verhaftung und Freilassung gegen Kaution (StPO. 124, S. 193 IV, 199 N. 2), für die Erteilung des sicheren Geleites (§ 68 N. 1), sowie für die Ablehnung der Eröffnung der VU. (StPO. 178 f., S. 209 III) kennen. Es gehören ferner dahin: die Bestellung eines Verteidigers (StPO. 141), die Auswahl eines solchen (StPO. 144), die Genehmigung zur Wahl eines nicht unbedingt wählbaren Verteidigers (StPO. 138 II, oben S. 124), das Verbringen des Angeschuldigten in eine Irrenanstalt (StPO. 81). Endlich rechnet hierher, daß der UR. eine Ergänzung der VU. nicht auf eigene Hand ablehnen kann (StPO. 195 II).

§ 76.

Der Schluß der Voruntersuchung.

I. Erachtet der UR. den bezeichneten Zweck der VU. für erreicht, so übersendet er, gleichviel auf wessen Initiative es zur VU. gekommen war, die Akten der StAnw. zur Stellung ihrer Anträge. Mit diesem Momente ist die VU. geschlossen[1]; es tritt eine Zäsur im Verfahren ein, an die sich u. a. folgende Rechtswirkungen anschließen: der Angeschuldete verliert seinen Unzuständigkeitseinwand (StPO. 16), der Verteidiger bekommt freie Akteneinsicht (StPO. 147), der UR. ist nicht mehr für Entscheidungen über Verhaftungen zuständig (StPO. 124 II). Der Wichtigkeit des Momentes entspricht nicht nur die Vorschrift des § 195 III (von dem Beschlusse der VU. ist der Angeschuldigte

[1] und dem entsprechend auch auf Notifikation vom Termin, § 191 III. — Beträchtlich ausgedehnt, auch auf das vorber. Verf., in E. 09.

[2] wegen Verhinderung oder wegen großer Entfernung; sie werden beeidigt, § 65 II, oben S. 169, das Protokoll wird nach § 250 II a. E. verlesen, vgl. auch Lehrb. § 82 III. A, S. 230 (Gerichtsbeschluß).

[1] A. M. John, Komm. II 543. RG. **33**, 200.

in Kenntnis zu setzen), sondern auch die herkömmliche Praxis, daß der UR. ausdrücklich verfügt: „Die VU. wird geschlossen".

II. Trotzdem ist der Schluß der VU. noch kein unwiderruflicher. Auf drei Wegen kann es noch zu einer Ergänzung der VU. kommen. Einmal, indem der StAnw. beim UR. eine Ergänzung beantragt, StPO. 195 I. Will dieser nicht stattgeben, so holt er die Entscheidung der StK. ein. Sodann, indem der StAnw. zwar einen Antrag auf sachliche Erledigung (StPO. 196) stellt, das Gericht aber von Amts wegen zur besseren Aufklärung eine Ergänzung der VU. anordnet, StPO. 200. Endlich, indem nach Mitteilung der Anklageschrift der Angeschuldigte eine Ergänzung der VU. beantragt, StPO. 199 II, und die StK. dem stattgibt. — Wird die VU. wieder aufgenommen, so lebt der frühere Rechtszustand wieder auf (der Angeklagte hat wieder seinen Unzuständigkeitseinwand usw.). Nach dem abermaligen Schlusse ist die StAnw. wieder völlig freigestellt. Sie kann jetzt Anträge stellen, die von denen nach dem ersten Schluß der VU. abweichen, z. B. jetzt auf Außer-Verfolgung-Setzung statt Eröffnung des Hauptverfahrens. Hierdurch kann es auch u. U. zu einer doppelten Anklageschrift kommen, indem die nach dem ersten Schlusse der VU. eingereichte den inzwischen ermittelten Umständen nicht mehr entspricht.

B. Das Zwischenverfahren.

§ 77.

Die Erklärungen der Parteien.

Kries § 62. Birkm. § 91 I. B.-B. §§ 111, 118. Ullm. §§ 100—102. Bind. § 100.

I. Allgemeine Regeln.

1. Die StAnw. reicht, wenn sie nicht einstellt, eine Anklageschrift ein, und zwar für RGSachen beim RG. (I. StSen.), für SchwG.-, StK.- und Überweisungssachen bei der StK., für SchG.-Sachen beim AR. (StPO. 197). Im typischen Regelverfahren geschieht die Einreichung demnach bei der 3-Männer-StK. Die Anklageschrift hat folgende Mußerfordernisse (StPO. 198): a) Bezeichnung des Angeschuldigten, so daß er mit anderen nicht verwechselt werden kann; b) Bezeichnung der Tat in gleicher Weise (sog. Individualisierung; eine darüber hinausgehende Spezialisierung, d. h. Subsumtion der konkreten Umstände des Falles unter die abstrakten Tatbestandsmerkmale, ist nicht erforderlich); c) Hervorhebung der gesetzlichen Merkmale (insbesondere bei Mischtatbeständen von Wert); d) An-

gabe der Beweismittel; e) Angabe des Hauptverhandlungsgerichtes; f) Ermittelungsergebnisse[1]. Bei Mängeln der Anklageschrift darf kein Eröffnungsbeschluß gefaßt werden[2]. Geschieht dies aber dennoch, so deckt der unanfechtbare Eröffnungsbeschluß jedenfalls die rein formalen Mängel[3] und bildet allein die Basis des weiteren Verfahrens. Sachlich ist ein Klagerhebungsakt unentbehrlich, Lb. § 18.

2. Eine Gegenerklärung des Angeschuldigten wird vom StKVorsitzenden veranlaßt[4]. Er läßt ihm die Anklageschrift zustellen, setzt ihm eine Frist (z. B. 5 Tage) und fordert ihn zu Erklärungen auf (§ 199); zugleich bestellt er den etwa notwendigen Verteidiger (§§ 140 III, 144). Der Angeschuldigte kann folgendes vorbringen: a) Antrag auf Voruntersuchung (besonders zu motivieren: 176 Z. 2); b) Einwand der örtlichen Unzuständigkeit (§ 16); c) sonstige Einwendungen gegen die Eröffnung des Hauptverfahrens (z. B. Mängel der Anklageschrift, Fehlen hinreichenden Verdachtes); d) Antrag auf Vornahme einzelner Beweiserhebungen vor der Hauptverhandlung — dies berechnet auf den Fall, daß das Hauptverfahren dennoch eröffnet werden sollte. Dieser Antrag hat einen sachlichen Wert nur, wenn er kommissarische Augenscheinseinnahme, Zeugen- und Sachverständigenvernehmung (StPO 224, 222) oder, unter gleichzeitiger Bitte um Dispensation vom Erscheinen, die eigene kommissarische Vernehmung des Angeschuldigten betrifft (StPO. 232 II). Nur in diesen Fällen ist ihm daher stattzugeben[5]. e) Ferner kann der Angeschuldigte in Verbrechenssachen einen Antrag auf Bestellung eines Verteidigers jetzt vorbringen (§ 140 III). Hierbei besteht aber nicht die richterliche Frist des § 199, sondern eine gesetzliche von 3 Tagen.

Über die Gegenvorbringen des Angeschuldigten faßt das Gericht Beschlüsse, die entweder isoliert oder mit dem Eröffnungsbeschluß zusammen als Teile eines Ganzen ergehen. Wir nennen sie **Nebenbeschlüsse**. In Beziehung auf Anfechtbarkeit sind sie dem Eröffn.-Beschluß gegenüber selbständig. Die Anfechtung kann zur Mitumstoßung des einer logischen Voraussetzung beraubten EBeschl. führen;

---

[1] Nicht nötig bei Überweisungs- und reinen SchG.-Delikten, StPO. 198 II.

[2] Das gilt auch im Falle II, bei Verf. mit VU.; a. M. L.-H. § 198 N. 11 a.

[3] A. M. RG. **37**, 407.

[4] Außer in Überweisungssachen, § 199 IV. In reinen SchGSachen findet § 199 überhaupt keine Anwendung.

[5] Diesen Antrag zu d darf der Angeklagte auch nach erfolgter Eröffnung stellen. Das Gericht braucht auf die nach §§ 222, 224 zu fassenden Beschlüsse nicht aus eigener Initiative zu kommen.

Lb. § 78 V. Ablehnung des Antrags a und des Einwandes b ist mit sofortiger, Ablehnung der Verteidigerbestellung mit einfacher Beschwerde anfechtbar (§§ 199 III, 346). Ablehnung einer Einwendung c ist unanfechtbar. Ablehnung des Antrags d ist an sich unanfechtbar, kann aber später für die Urteilsanfechtung die Grundlage abgeben. Für gewöhnlich wird allerdings der Angekl. in der HVerh. seine Anträge zu erneuern haben. Es ist jedoch denkbar, daß in der Unterlassung der Wiederholung kein Verzicht liegt (bei Unkenntnis seines Rechts) oder daß die Wiederholung unmöglich war (Absenzverfahren); RG. **44**, 381. Es ist übrigens anomal, daß über Antrag d die Eröffnungs-StK. und nicht die „erkennende" StK.[6] entscheidet. Alle diese Ablehnungen unterliegen dem Begründungszwang (Lb. S. 145).

II. Speziell: Verfahren mit Voruntersuchung.

1. Die Staatsanwaltschaft kann, da bereits Klage erhoben und die Untersuchung eröffnet ist (StPO. 168 I), nicht mehr von sich aus einstellen (StPO. 154, 196). Sie legt die Akten mit ihrem Antrag der StK.[7] zur Entscheidung vor. Der Antrag lautet entweder darauf: das Hauptverfahren zu eröffnen (dann wird die I 1 erörterte Anklageschrift eingereicht) oder: den Angeschuldigten außer Verfolgung zu setzen, oder: das Verfahren vorläufig einzustellen (StPO. 196, 198, 202, 203).

2. Eine Gegenerklärung des Angeschuldigten wird nur bei Einreichung einer Anklageschrift veranlaßt[8]. Es steht damit, wie unter I 2 dargestellt. Was die Gegenvorbringen angeht, so kann der Antrag a nur auf Ergänzung der Voruntersuchung lauten (ob. S. 213); der Einwand b ist bereits verloren gegangen (StPO. 16, 199 II, III).

§ 78.

Die Entscheidung des Gerichts.

Kries § 63. Birkm. § 91 II. B.-B. §§ 113—116. Ullm. § 103. Bind. §§ 102, 104. Ötker StProzBegründung u. Strafklageerhebung (Würzb. Festg. f. Dernburg) 1900; ders., GerS. **74**, 59, 67. Lang (Lit. zu § 73).

I. Das Gericht ist bei seiner Entscheidung im Zwischenverfahren[1] an die Erklärungen der Parteien, insbesondere an die Anträge der

[6] Diese entscheidet selbstverständlich, wenn Antrag d nach erfolgter Eröffnung gestellt wird. Es gilt dann StPO. 347 I. — s. auch Lb. § 85 N. 9.

[7] bzw. dem RG., I. StSen.

[8] und nur, wenn keine Überweisung an das SchG. beantragt ist.

[1] Völlig abweichend MilStGO. 245, 250, 254, 255, 258, 260, 272. Die Anklageverfügung des Gerichtsherrn bringt die Sache ohne Eröffnungsbeschluß sogleich zur Aburteilung vor das Gericht. Bis zum Beginn der Hauptverhandlung ist die Klagerhebung widerruflich. — Jn E. 09, 195 ff. ist das Zwischenverf. ver-

Staatsanwaltschaft nicht gebunden (StPO. 204), und kann, wenn es eröffnet, auch vor einem Gericht anderer Ordnung eröffnen (StPO. 207)[2]. Das Gericht kann entweder sogleich einen Sachbeschluß (unter II—V) oder zunächst einen dilatorischen Beschluß (StPO. 200) fassen. Dieser lautet bei der StK. im Verfahren mit VU. auf Ergänzung der VU., im Verfahren ohne VU. auf Eröffnung der VU., oder auf Anordnung einzelner Beweiserhebungen; beim AR. auf Anordnung einzelner Beweiserhebungen. Der dilatorische Beschluß ist unanfechtbar.

II. Die Sachbeschlüsse enthalten entweder eine Eröffnung des Hauptverfahrens (unter IV) oder sie enthalten keine Eröffnung. Dies letztere bedeutet nicht notwendig Ablehnung der Eröffnung; solche Ablehnung liegt nur vor, wenn Eröffnung beantragt, also Anklageschrift eingereicht war[3]. Die zweite Gruppe von Sachbeschlüssen lautet entweder auf Nicht-Eröffnung des Hauptverfahrens (unter III) oder auf vorläufige Einstellung des Verfahrens. Letztere kann in drei Fällen beschlossen werden: 1. wegen Abwesenheit des Angeschuldigten (§ 203); er muß im technischen Sinn abwesend sein (§ 318), und es muß dies die Hauptverhandlung verhindern[4]; 2. wegen Geisteskrankheit, in die der Angeschuldigte nach der Tat verfallen ist (§ 203), sofern ihn solche verhandlungsunfähig macht[5]; 3. wegen

wickelter geworden. Im Normalfall wird freilich die Sache einfacher verlaufen, da in der Regel der Vorsitzende allein eröffnet. Der in seiner Bedeutung somit geschwächte EBeschluß wird deshalb bei der Mitteilung an den Angekl., bei der Verlesung in der HVerh. und als Grundlage der Urteilsfindung künftig durch die „Anklageformel" der StAnw. ersetzt. Jedes Bedenken, jede Abweichung von der Anklageformel macht GerBeschl. erforderlich. Der EBeschluß ist im Einklang mit der StAnw. frei widerruflich. Sobald jedoch in eine HVerh. eingetreten ist, erlischt die Widerruflichkeit. In RG.- und SchwGSachen kann der Angesch. einen Vortermin verlangen, der auch von Amts wegen eingeschoben werden darf. Die Parteien, der Verteidiger und stets der Angesch. erscheinen in diesem mündl. Termin: ein GerMitglied trägt den Sachverhalt, der Angesch. seine Einwendungen vor. Die Parteienöffentlichkeit ist ausgedehnt.

[2] Nur kann der AR. nicht vor LG. (StK. oder SchwG.) oder RG., die StK. nicht vor dem RG. eröffnen: StPO. 207 I S. 2, II. Meint z. B. der AR., daß ein RG.Delikt vorliegt, so legt er die Akten dem LG., und dieses (falls es gleicher Meinung ist) dem RG. vor. Letzteres erläßt event. den EBeschl., L.-H. § 207 N. 2a.

[3] War dagegen vor der StAnw. keine Eröffnung beantragt (Lb. § 77 II 1), so stellt sich der entsprechende Beschluß nicht als Ablehnung der Eröffnung dar.

[4] Das ist nicht der Fall beim Verfahren gegen Abwesende (§§ 319 ff.) und gegen abwesende Wehrpflichtige (§ 470); unsere §§ 103, 104.

[5] Bayr. ObLG. bei Sörgel-Kr., Jahrb. 5, 178. Geisteskrankheit zur Zeit der Tat führt zur Nicht-Eröffnung, StGB. 51. Tritt Geisteskrankheit nach dem Eröffnungsbeschluß ein, so ist nach S. 104 N. 13 zu verfahren.

Unwesentlichkeit der Feststellung einzelner Straffälle (StPO. 208); diese kann namentlich vorliegen, wenn jemand wegen einer großen Reihe gleichartiger Straftaten[6] angeklagt ist, und voraussichtlich genau dieselbe Strafe verhängt wird, ob nun 25 oder ob 30 Fälle erwiesen werden. Die vorläufige Einstellung zu 3 setzt Anklageeinreichung und besonderen Antrag der Staatsanwaltschaft voraus. Wie die Erlassung, so hängt auch die Aufhebung dieses Beschlusses ad 3 von einem ausdrücklichen Antrag der Staatsanwaltschaft ab (StPO. 208 II). Solcher Antrag wird gestellt werden, wenn z. B. im Urteil statt der erwarteten 25 Fälle nur 1 oder 2 als erwiesen angesehen werden; hier würde die Strafe vermutlich anders ausfallen, wenn die fünf übrigen, ja ebenfalls anklagereifen, aber einstweilen noch zurückgestellten Fälle gleichfalls zur Kognition gelangten. Der Antrag[7] muß innerhalb dreier Monate (MilStGO. 253: 1 Mon.) nach Rechtskraft des Urteils gestellt werden.

III. Der Nichteröffnungsbeschluß (StPO. 202) lautet im Verfahren ohne VU.: „Das Hauptverfahren wird nicht eröffnet" und ist stets Ablehnung der Eröffnung. Im Verfahren mit VU. lautet er: „Der Angeschuldigte wird außer Verfolgung gesetzt" und ist bald Ablehnung des staatsanwaltschaftlichen Antrags, bald demselben konform. In allen Fällen muß der Beschluß angeben, ob er auf tatsächlichen oder auf Rechtsgründen beruht (StPO. 202 I); er ist dem Angeschuldigten zuzustellen (StPO. 202 III); er hat nur begrenzte Rechtskraft (StPO. 210): auf Grund neuer Tatsachen oder Beweismittel kann die Klage wieder aufgenommen werden. Diese Aufnahme kann in dreifacher Gestalt geschehen: als Antrag 1. auf VU., 2. auf Ergänzung der VU., 3. auf Eröffnung des HVerf. Wird ihm stattgegeben, so wird der frühere Nichteröffnungsbeschl. damit (ausdrücklich oder stillschweigend) aufgehoben, und das Verfahren kommt unter Wahrung seiner Identität[8] wieder in Gang.

IV. Der Eröffnungsbeschluß ergeht nur bei hinreichendem Verdacht (StPO. 201). Er hat folgenden Erfordernissen zu genügen (StPO. 205 I): a) Bezeichnung des Angeklagten und b) der Tat, so daß

[6] Milchpantschereien, Zechprellereien, Briefunterdrückungen durch Postbeamte, Amtsunterschlagungen unter gleichzeitigen Urkundenfälschungen, Überhebungen von Gebühren, Mißhandlungen von Schulkindern usw. — MilStGO. 253.

[7] der Antrag kann zwar nicht wegen Geringfügigkeit der zu erwartenden Strafe — so bei L.-H. N. 6 zitierte —, wohl aber nach §§ 202, 203 abgelehnt werden. — Unrichtige Anwendung des §, v. Bar Recht **15**, 209 (Fall Breuer).

[8] z. B. bleibt der Anschluß eines Nebenklägers bestehen, RG. **43**, 150.

sie mit anderen nicht verwechselt werden können (Individualisierung); c) Hervorhebung der gesetzlichen Merkmale; d) Angabe des Strafgesetzes und e) des Hauptverhandlungsgerichtes. Er muß von der Anklage getragen sein; andernfalls ist er nichtig. Eine Eröffnung über den Rahmen der Klage hinaus (StPO. 153) wäre unbeachtlich und könnte keine Rechtswirkungen äußern[9]. Mit der Eröffnung ist die Rechtshängigkeit im eigentlichen Sinne begründet (Wirkungen ob. S. 207)[10].

V. Die Anfechtbarkeit der Sachbeschlüsse. Der Angeklagte hat kein Rechtsmittel (StPO. 209 I); nur kann er indirekt eine Umstoßung des Eröffnungsbeschlusses dadurch erreichen, daß er einen Nebenbeschluß[11] über die oben § 77 I 2 a und b genannten Gegenanträge angreift. Was die RM. der Staatsanwaltschaft angeht, so muß man unterscheiden: 1. Die „Ablehnung der Eröffnung" in dem S. 216 II und N. 3 angegebenen Sinn ist nach StPO. 209 II a. A. mittels sofortiger Beschwerde anfechtbar. Die vorläufige Einstellung nach StPO. 203 ist danach ebenso angreifbar, wie die Nichteröffnung nach StPO. 202, sofern sie nicht etwa im Verfahren mit VU. auf ausdrücklichen staatsanwaltlichen Antrag erfolgen. Man wird aber auch die Anfechtung der Nichteröffnung, wenn vorläufige Einstellung beantragt ist, zulassen müssen. Ein Beschluß nach StPO. 208 ist unanfechtbar, weil er stets nur auf Antrag ergeht, also keine Eröffnung ablehnt[12]. 2. Die Eröffnung kann erfolgen a) vor dem beantragten Gericht, wenn auch vielleicht unter ganz abweichender Qualifizierung der Tat: dann ist sie stets unanfechtbar; b) vor einem Gericht höherer Ordnung, als beantragt: dann ist sie gleichfalls unanfechtbar; c) vor einem

---

[9] A. M. Glaser, Stenglein, Ullmann u. a. Grundsätzlich beistimmend B.-B. 295 N. 39, 490 N. 15—17, 498 N. 1. Doch will er mit John, Dalcke, L.-H. der StAnwschaft die Beschwerde geben, die er doch selbst (S. 499 ob.) für überflüssig erklärt. Mir scheint Kries 520 Recht zu haben: es ist lediglich Aufgabe des erkennenden Gerichts, zu dieser Sachlage Stellung zu nehmen. — Die Eröffnung in Gemäßheit der Anklage gegen eine der Gerichtsbarkeit nicht unterworfene Person gehört dagegen nicht hierher. Richtig RG. **27**, 233, wodurch das in mehrfacher Beziehung irrige Urteil desselben Senats **11**, 253 reprobiert erscheint.

[10] Über den Zeitpunkt der Rechtshängigkeit in den einzelnen VerfArten Lang 13 ff.; Verhältnis zu Sondergerichten 70 ff.

[11] Möglicherweise liegt im EBeschl. unausgesprochen der Nebenbeschl. über Ablehnung der VU. dann ist natürlich gegen diesen stillschweigenden Nebenbeschl. die sofortige Beschw. gegeben, RG. **44**, 382.

[12] Wie hier, Glaser II S. 447. Näheres über diese Streitfragen Birkm. S. 616 Anm. K 52 bis 56, B.-B. 500 N. 9, 10.

Gericht niederer Ordnung, als beantragt: dann steht sofortige Beschwerde zu. StPO. 209 II a. E.

VI. Nebenbeschlüsse können ergehen a) über Gegenerklärungen des Angesch., Lb. § 77 I 2 a, b, c; über ihre Anfechtbarkeit ist dort das Nötige gesagt; b) auf kommissarische Beweisaufnahme (nach Antrag des Angesch. § 77 I 2d) — von beiden Parteien erst mit dem Urteil zusammen anfechtbar; c) über Verhaftung des Angekl., StPO. 205 II — mit einfacher Beschw. und weiterer Beschw. anfechtbar (ob. S. 192 N. 10); d) auf Überweisung an das SchG., Lb. § 25b — nach GVV. 75 II unanfechtbar.

VII. Wenn im Verfahren mit VU. der StAnw. beantragt, den Angesch. außer Verfolgung zu setzen, die StK. (oder das RG., I StSen.) aber Eröffnung beschließt, so hat die StAnw.schaft nach StPO. 206 eine dem Beschluß entsprechende nachträgliche Anklageschrift einzureichen. Diese wird auch dem Angekl. zugestellt[13] und er wird aufgefordert, zu erklären, ob er die Vornahme einzelner Beweiserhebungen vor der HVerh. beantragen wolle (Lb. 77 I 2 d, StPO. 206 II, 199). Diese Vorschrift ist doktrinärer Natur, aus theoretischen Erwägungen abgeleitet und hat keinen wirklichen praktischen Wert. Sie ist deshalb über den Wortlaut hinaus in keiner Weise auszudehnen: weder auf den Fall, daß der StAnw. vorläufige Einstellung beantragte, die StK. aber Eröffnung beschloß; noch auf den, daß der EBeschl. die Tat gänzlich abweichend qualifizierte; noch auf den des § 270 StPO. Abw. L.-H. § 204 N. 3, 206 N. 3, 207 N. 6, 198 N. 9, Kries 505 und — innerlich unhaltbar — RG. **31**, 100.

§ 79.

C. Die Vorbereitung der Hauptverhandlung.

Kries § 65. Birkm. § 92. B.-B. § 119. Ullm. § 104. Bind. § 106.

I. Terminsanberaumung durch den Vorsitzenden, StPO. 212. Dem Angekl. muß eine Einlassungsfrist von 1 Woche bleiben, StPO. 216 I, auch nach Rückkehr der Sache aus der RevJ., RG. **42**, 408. Andernfalls hat er ein Recht auf Aussetzung der HVerh., StPO. 227 II, und ist hierüber zu belehren, StPO. 227 III. Das Recht geht verloren, wenn es nicht bis zum Beginn der Verlesung des EBeschl. geltend gemacht wird, StPO. 216 II a. E. (Gleicher präkludierender Zeitpunkt in StPO. 16, oben S. 85.) Ratio legis ist, dem Angekl. genügende Zeit zur Vorbereitung seiner Verteidigung zu lassen; daher gilt die Einlassungsfrist für eine zweite und fernere HVerh. nicht, RG. **15**, 113.

II. Ladungen der Angeklagten, Zeugen, Sachverständigen, Verteidiger, Einziehungsbetroffenen oder sonstiger Personen erfolgen im allgemeinen durch die StAnw., StPO. 213, bei SchG. durch den GerSchr., StPO. 36 II. Sehr bedenklich wegen der Konsequenzen RG. **35**, 232: Ladung des Angeklagten durch verkündeten Gerichtsbeschluß soll rechtswirksam sein! Der Angeklagte hat auch das Recht unmittelbarer Ladung von Zeugen und Sachverständigen, StPO. 219 I

---

[13] Da diese Mitteilung der einzige Zweck der Anfertigung des im übrigen von niemandem gelesenen Elaborates ist, so entfällt naturgemäß die Vorschrift, falls vor dem SchG. eröffnet wird. Aber selbst das wird von „Praktikern" bestritten; vgl. L.-H. N. 3.

S. 2. Über Zustellung oben S. 99, 147. Es muß notwendig geladen werden a) der Angekl. (Ladung verzichtbar, RG. **43**, 161), b) der bestellte Verteidiger, c) der gewählte Verteidiger, wenn die Wahl dem Gericht angezeigt worden ist, StPO. 215, 217; selbstverständlich auch der vom gesetzlichen Vertreter nach StPO. 137 II gewählte, RG. **36**, 316. Wird die Ladung unterlassen und die HVerh abgehalten, so ist gegen das Urteil die Revision begründet. RG. **1**, 405, **2**, 223, **19**, 436, **21**, 266, **27**, 425, **37**, 21, RMilG. **5**, 292. Die Anzeige zu c soll nach der hM. vom Verteidiger selbst nur mit Wirksamkeit erstattet werden können, wenn er Vollmacht beibringt, RG. **2**, 375, cf. aber **41**, 72; dagegen Kries, Bind. Der Angekl. wird schriftlich geladen; erstens: wenn er auf freiem Fuß ist und die Straftat nicht lediglich mit Geldstrafe oder Haft bedroht ist, unter der Warnung, daß im Falle seines unentschuldigten Ausbleibens seine Verhaftung oder Vorführung erfolgen werde, StPO. 215 I S. 1; zweitens: wenn er auf freiem Fuß ist und die Straftat lediglich mit Geldstrafe oder Haft bedroht ist, entweder aa) ebenso, StPO. 231 I, 215 I S. 2; oder bb) unter Hinweis, daß auch bei seinem Ausbleiben verhandelt werden würde, und mit der Warnung; oder cc) mit dem Hinweis, aber ohne die Warnung, StPO. 231 II, 215 I S. 2; drittens: wenn er nicht auf freiem Fuß ist, durch Zustellung der Terminsanberaumung, StPO. 215 II S. 1, 35 II, wozu auf Verlangen Verlesung dieses Schriftstückes, StPO. 35 III, sowie Befragung hinzutritt, ob und welche Anträge er in bezug auf seine Verteidigung für die HVerh. zu stellen habe, StPO. 215 II S. 2. Gleichzeitig mit der Ladung ist spätestens der EBeschl. zuzustellen, StPO. 214, und die Angabe der Beweismittel aus der Anklageschrift mitzuteilen, arg. StPO. 221 II; letzteres nur bei SchG.- und Überweisungsdelikten, da im übrigen die Anklageschrift bereits nach StPO. 199 zugestellt ist. — Der StAnw. liegt auch die Herbeischaffung der Augenscheinsobjekte (soweit sie nicht in Verwahrung des GerSchr. beim AG. sind) und der Urkunden (soweit sie sich nicht bei den Akten befinden) ob, StPO. 213.

III. Eine Erweiterung des Beweismaterials für die HVerh. über die Angaben der Anklageschrift hinaus kann ausgehen a) vom Vorsitzenden, StPO. 220; b) von der StAnw., StPO. 211 II a. E. „aus eigener Entschließung"; c) vom Angekl. durch Anträge beim Vorsitzenden, StPO. 218. Gibt der Vorsitzende dem statt, so erfolgt Mitteilung der Beweisanträge an die StAnw., StPO. 218 II. Lehnt er ab, so hat der Angekl. das Recht der unmittelbaren Ladung, StPO. 219, 38 (in MilStGO. 269 IV und durch RMilG. **10**, 34 bis zur Bedeutungslosigkeit beschnitten). Dies Recht hat er auch ohnehin.

IV. Zwischen den Parteien besteht gegenseitige Informationspflicht über die Ladung von Zeugen und Sachverständigen, StPO. 221. Diese Pflicht besteht für den Angekl. im Falle der unmittelbaren Ladung, für die StAnw. in den Fällen III a und b. Event. hat der Gegner ein Recht auf Aussetzung der HVerh., StPO. 245 II, III.

D. Die Hauptverhandlung bis zum Urteil.

§ 80.

Äußere Gestaltung der Hauptverhandlung.

Kries § 66 I—III. Birkm. § 93 I. B.-B. § 120. Ullm. § 106. Bind. § 106.

I. Unentbehrliche Personen, deren Anwesenheit während der ganzen HVerh. (RG. 38, 216) einschl. der Urteilsverkündung erforderlich

ist, sind die Richter, der Staatsanwalt, der Angeklagte, der notwendige[1] und der bestellte Verteidiger, der Gerichtsschreiber. Der Staatsanwalt, der Verteidiger und der Gerichtsschreiber sind auswechselbar: es können mehrere Personen successive hintereinander tätig sein. Als Staatsanwalt und als Verteidiger können auch mehrere Personen nebeneinander mitwirken, und zwar mit Teilung der Funktionen oder ohne solche. StPO. 225, 226, 145.

II. Die Anwesenheit des Angeklagten wird nicht durchgehends mit gleicher Strenge erheischt. Es kann in mehreren Fällen auch ohne ihn verhandelt werden und gegen den nicht anwesenden ein Urteil ergehen. In I. Instanz sind folgende Fälle zu unterscheiden: **1.** Der Angeklagte ist abwesend im techn. Sinn, StPO. 318 (Lehrb. §§ 103, 104). **2.** Er ist trotz ordnungsmäßiger Ladung ohne genügende Entschuldigung ausgeblieben; dann ist zu unterscheiden, a) ob die Tat nur mit Geldstrafe oder Haft bedroht und Ladung nach Lehrb. § 79 II bb, cc erfolgt ist, b) oder nicht. Im Fall a wird verhandelt, StPO. 231. Im Fall b wird Vorführungs- oder Haftbefehl erlassen, StPO. 229 II. 3. Er ist vom Erscheinen dispensiert (entbunden), StPO. 232. Solche Entbindung erfolgt nur auf Antrag wegen großer Entfernung des Aufenthaltsortes, wenn höchstens 6 Wochen Freiheitsstrafe oder Geldstrafe zu erwarten steht. Der Angeklagte muß bereits richterlich vernommen sein oder kommissarisch vernommen werden. Er darf zu keiner andern und höhern Strafe als der bezeichneten[2] und auf Grund keines anderen Strafgesetzes[3] als des ihm bei der Vernehmung angegebenen verurteilt werden. Die Entbindung kann stets zurückgenommen werden, StPO. 235. **4.** Der Angeklagte hat sich freiwillig entfernt, StPO. 230 II: die HVerh. kann trotzdem fortgesetzt und zu Ende geführt werden, wenn er bereits über die Anklage vernommen war und ein Gerichtsbeschluß seine fernere Anwesenheit nicht für erforderlich erachtet[4]. **5.** Der Angeklagte ist kraft Gerichtsbeschlusses

---

[1] Auch im Falle des § 81 II, RG. **37**, 21. — Eine „nicht unzeitige" Entfernung (§ 145) soll gestattet sein, RG. **44**, 16.

[2] RG. **15**, 337, **32**, 61, auch nicht bei Realkonkurrenz; dort und RG. **29**, 44, **35**, 17 wird auch Veröffentlichung des Urteils nach § 16 NahrungsmittelG., StGB. 200 und § 19 WarenZeich.G. als Strafe aufgefaßt. A. M. B.-B. 522 N. 26 Voitus Kontroversen I. 285—293.

[3] RG. **12**, 45, **17**, 19, **21**, 100. — Dieses Verfahren ist auch gegen Jugendliche zulässig RG. **24**, 411.

[4] RG. **9**, 341 (besonderer Beschluß sei unnötig), **22**, 247, **29**, 294 (unzulässig bei Erkrankung; falsche Anwendung kann, mangels ausdrücklichen Trennungsbeschlusses, auch von einem Mitangeklagten nach StPO. 229 I, 377 Z. 5 gerügt

unfreiwillig entfernt worden, entweder nur während der Vernehmung eines Mitangeklagten oder Zeugen, damit dieser die Wahrheit sage, StPO. 246 I; oder wegen ordnungswidrigen Benehmens während beliebiger Verhandlungsakte und auf beliebige Dauer GVG. 178, StPO. 246 II. Nach Rückkehr in das Sitzungszimmer wird er von dem wesentlichen Inhalt des inzwischen Vorgefallenen unterrichtet[5]. Abgesehen von diesen Fällen[6] ist Verhandeln ohne den Angekl. unzulässig und das Urteil relativ nichtig (StPO. 377 Z. 5)[7].

III. Die Hauptverhandlung geht uno actu vor sich, wenn auch mit Pausen, die StPO. 227 I, 228 als „kürzere Unterbrechung" in Gegensatz zur Aussetzung (= Vertagung) stellt. Unterbrechungen ordnet der Vorsitzende an, die Fortsetzung muß spätestens am vierten (E. 09: achten) Tage erfolgen. Vertagung beschließt das Gericht; anders als im Zivilprozeß muß hier die HVerh. stets von neuem beginnen.

IV. Sind mehrere Strafsachen bei dem Gericht anhängig, die in irgendwelchem Zusammenhang, wenn auch nicht technischem (S. 75), miteinander stehen, so kann ihre Verbindung zum Zweck gleichzeitiger Verhandlung beschlossen werden, StPO. 236. Den Beschluß faßt das erkennende Gericht, nicht etwa die eröffnende StK.

---

werden), **31**, 398, **32**, 96 (wenn auf Grund von StGB. 187 verhandelt war, darf nicht nach dem Weggehen des Angekl. aus StGB. 186 verurteilt werden), **42**, 245.

[5] u. zw. vor weiterer Verhandlung RG. **20**, 123, **32**, 120, 80, **38**, 433; selbst vor nachträglicher Beeidigung des Zeugen, RG. **39**, 356; vgl. aber noch RG. 8, 49, 153, **32**, 88, **34**, 332. Sehr bedenklich RMilG. **2**, 152 (161) (in der Sache betr. Ermordung des Rittmeisters v. Krosigk zu Gumbinnen). Korrekt **8**, 285, **11**, 21. Bei ordnungswidrigem Benehmen wird jedenfalls der Versuch zu machen sein, dem Angekl. das letzte Wort zu gönnen und die Urteilsverkündung in seiner Gegenwart vorzunehmen. Auch diesen Versuch hält RG. **35**, 433 nicht für nötig. Interessant aus der französischen Praxis die Verhandlung gegen den Abbé Verger, Mörder des Erzbischofs Sibour von Paris (1857), Neuer Pitaval, Bd. 26, S. 1—69.

[6] Weitere Fälle einer HVerh. ohne Angekl. gehören höheren Instanzen oder außerordentlichen Prozeßarten an; Lb. § 94 III, vgl. § 45 V.

[7] So in RG. **42**, 245: Angekl. in Krämpfe verfallen und bewußtlos, Urt. ohne seine Gegenwart verkündet; RG. **42**, 198: Ortsbesichtigung durch das SchwG. ohne den Angekl., der in Haft saß und auf seine Anwesenheit verzichtet hatte. Kreuser Ztsch. **30**, 21 und Beling ebd. 30, 39, 47 erörtern, ob ein Angekl. während der Vernehmung eines psychiatrischen Sachverständigen entfernt werden darf, wenn zu befürchten ist, daß das Gutachten auf seine Gesundheit nachteilig einwirkt. [Nein; anders E. 09, 236].

§ 81.

Der Gang der Hauptverhandlung.

Kries § 66 IV. Birkm. § 93 II. B.-B. § 120. Ullm. § 107.

Die einzelnen Akte der Hauptverhandlung haben teils den Zweck, die Anwesenheit der Beweispersonen, die Identität des Beschuldigten und der Sache festzulegen (Nr. 1—5), teils den Zweck der Beweiserhebung (Nr. 6—8), teils den der Deduktion und Schlußfolgerung daraus (Nr. 9—12).

1. Aufruf der Sache, Feststellung der Anwesenheit des Gerichts nebst Protokollführer, des Staatsanwaltes und des Beschuldigten, dem event. die Fesseln abgenommen werden (StPO. 116 IV S. 2).

2. Aufruf der Zeugen und Sachverständigen, StPO. 242 I. (RG. Dtsch. JurZtg. 16, 876). Der Ausdruck des Gesetzes, daß hiermit die HVerh. „beginnt", ist ungenau.

3. Abtreten der Zeugen, StPO. 242 IV, auch der sachverständigen Zeugen (S. 171, StPO. 85), auf demselben Grundgedanken wie StPO. 58 I beruhend. Die Sachverständigen dürfen den folgenden Akten beiwohnen; sind sie zugleich Zeugen, so ist die Anordnung des Vorsitzenden maßgebend (RG. 22, 434).

4. Vernehmung des Angeklagten über seine persönlichen Verhältnisse, StPO. 242 II.

5. Verlesung des Eröffnungsbeschlusses, StPO. 242 II. Keine Verlesung der Anklageschrift[1], kein informatorischer Vortrag des Anklägers. Kleine Ungenauigkeiten, Flüchtigkeitsfehler des Beschlusses können vom Vorsitzenden mündlich verbessert; auch kann bei der bloßen Individualisierung, wie der Beschluß sie bietet, eine anschaulichere Erläuterung nicht für unstatthaft gehalten werden, vorausgesetzt, daß sie weder der Beweisaufnahme, noch der Beweiswürdigung vorgreift[2]. Hiermit erhält die Verhandlung ihre feste Grundlage. Eben deshalb müssen auch solche Entscheidungen mitverlesen werden, welche Aufklärung über die prozessuale Situation geben; so im Falle des § 270 StPO. sowohl der ursprüngliche EBeschl. als der Verweisungsbeschluß, im Falle der Zurückverweisung aus höherer Instanz (StPO. 369, 394)

---

[1] RG. **41**, 216. Im MilProz. Verlesung der Anklage*verfügung* (des Gerichtsherrn, § 254), aber nicht der (nach § 255 vom Ger.Offizier oder Kriegsger.Rat angefertigten) Anklage*schrift*: MilStGO. 297 II, S. 2. Hier erhält die Verhandlung ihre feste Grundlage durch die Anklageverfügung, vgl. MilStGO. 317—319 = StPO. 263—265. Nach E. 09 Verlesung der Anklageformel.

[2] Eine Darstellung der Ergebnisse des Vorverfahrens ist verboten, RG. **32**, 318.

der frühere EBeschl. und die beiden Urteile, im Falle der Wiederaufnahme StPO. 410 II, 413) der alte EBeschl., das angegriffene Urteil und der die Wiederaufnahme anordnende Beschluß[3].

6. Vernehmung des Angeklagten zur Sache (vgl. oben S. 122 f.), StPO. 242 III; Vorrecht des Vorsitzenden, StPO. 237 I, neben dem nur ein Sachverständiger einzelne Fragen stellen darf, StPO. 80 II. Vor Beantwortung jeder Frage darf der Angeklagte sich mit seinem Verteidiger beraten; bedenklich RG. 32, 277. Vgl. auch Lb. 143 N. 6.

7. Beweisaufnahme im engeren Sinn, StPO. 243 I (oben S. 179 N. 2), falls solche noch nötig ist.

8. Fortgesetzte Befragung des Angeklagten, StPO. 256. Die Befragung ist instruktionell (RG. **15**, 172, **42**, 169), aber nicht die Anhörung des Angeklagten, wenn er etwas zu erklären hat (StPO. 377 Z. 8); Lb. S. 125 N. 13, 128 N. 21, 179.

9. Schlußvortrag (Plädoyer) des Staatsanwaltes, StPO. 257 I.

10. Schlußvortrag des Verteidigers oder des Angeklagten selbst, StPO. 257 I. Ist dieser Vortrag mit einem Antrag auf Wiedereintritt in die Beweisaufnahme verbunden und wird dem stattgegeben, so wiederholen sich die Akte von Nr. 7 ab; wird er abgelehnt, so von Nr. 9 ab[4]. Es besteht ein „Recht" der Erwiderung, StPO. 257 II. Öfteres Ergreifen des Wortes als zweimal braucht der Vorsitzende von keiner Seite zu dulden[5].

11. Das letzte Wort des Angeklagten selbst (falls vorher ein Vereidiger geredet hat), StPO. 257 III. Die Befragung ist bindend vorgeschrieben, doch brauchen nicht gerade die Worte des Gesetzes gebraucht zu werden[6]. Kann der Angeklagte nicht deutsch, so wird er durch den Dolmetscher von den Schlußanträgen unterrichtet, StPO. 258 I, und zum letzten Wort verstattet. Mit einem Tauben ist in erster Linie schriftliche Verständigung[7] zu suchen, StPO. 258 II.

12. Urteilsfindung und -verkündung StPO. 267, 268. Wegen ersterer Lb. § 35,[8] wegen letzterer S. 146. Die Verkündung kann aus-

---

[3] Im wesentlichen ebenso Kries 540. Abw. RG. **4**, 426, **21**, 436, **44**, 312.

[4] RG. **1**, 172, **20**, 380, **26**, 32.

[5] Dies sprach RG. **11**, 136 einem besonders hartnäckigen StAnw. gegenüber in einem interessanten Urteil aus. Vgl. L.-H. § 257 N. 3. B.-B. 530 N. 28.

[6] RG. **9**, 68, **23**, 319, **23**, 320, **32**, 321.

[7] worunter auch einseitige Benutzung der Schrift gehört, RG. **31**, 313 (der Angeklagte war taubstumm, hatte aber sprechen gelernt).

[8] Eine Beratung muß, ohne daß die Richter sich jedoch zurückzuziehen brauchen, stattfinden, und zwar nach den Schlußvorträgen. Das Gericht darf

gesetzt werden, doch höchstens auf eine Woche; in diesem Falle müssen die Urteilsgründe vor der Verkündung schriftlich festgestellt werden [9]. — An Stelle des Urteils ergeht bei sachlicher Unzuständigkeit, wenn ein Gericht höherer Ordnung kompetent ist, ein Beschluß nach StPO. 270.

§ 82.

Die Beweisaufnahme.

Kries § 67. Birkm. § 93 II 1. B.-B. § 121. Ullm. § 108. Bind. § 107. Ötk. § 73.

I. Die Aufnahme des Beweises ist grundsätzlich Recht und Pflicht des Vorsitzenden, StPO. 237 I; doch unter Kontrolle des Kollegiums, StPO. 237 II. [1] Der Regel nach „vernimmt" der Vorsitzende die Zeugen und Sachverständigen, d. h. er stellt die Personal- und Generalfragen, bezeichnet ihnen den Gegenstand der Untersuchung und veranlaßt sie zu zusammenhängender Auslassung (StPO. 67, 68). Die Stellung einzelner Fragen neben dieser Vernehmung hat er zunächst den Beisitzern zu gestatten, StPO. 239 I. Der Beisitzer hat ein Anrecht auf solche Befragung, aber nicht auf Überlassung der Vernehmung als solcher. Stellt er nach Meinung des Vorsitzenden (oder eines andern Beisitzers) unzulässige Fragen, so darf der Vorsitzende ihn nicht rektifizieren, sondern es ist die Entscheidung durch Gerichtsbeschluß herbeizuführen [2], StPO. 241. Das gleiche Fragerecht steht ferner den

---

nicht mit fertigem Urteil in die (fortgesetzte) Verhandlung kommen, RG. **22**, 396, **42**, 85. Abw. **43**, 51 für den Fall, daß vorher nur eine Beweisablehnung verkündet und tatsächlich von keiner Seite das Wort mehr ergriffen wurde. (Dies Urteil erging gegen den ORAnw., der die hier notwendige Formenstrenge vertrat.) Entstellt wiedergegeben JWochSchr. 1910, 864 [64] und Sörgel-Kr. Jahrb. **5**, 191.

[9] Die Frist (MilStGO. 327: 3 Tage) ist bindend; Nichtbeachtung begründet die Revision, RG. **27**, 117. Das RG. hält sich selbst indessen nicht für gebunden! Zu Abs. 2, der in MilStGO. fehlt, vgl. RG. **31**, 140. — Viel freier ZPO. 310, 311 II in beiden Beziehungen. — Auch E 09 erlaubt ausnahmsweise Aussetzung über eine Woche.

[1] a. M. RG. **42**, 157 (auch gegen StPO. 241). E. 09, 231 erlaubt, daß der Vorsitzende Vernehmung des Angekl. und Beweisaufnahme ganz oder teilweise einem Beisitzer überträgt. Für die Beweisaufnahme wird größere Objektivität eingeschärft und die Feststellung der Vorstrafen eingeengt.

[2] a. M. **10**, 378, das dem Beisitzer gewissermaßen eine „souveräne Stellung" anweist. Dagegen Stenglein § 240 N. 4. L.-H. § 240 N. **4a**; und mit anderer Begründung John Bd. III S. 91 f.

Schöffen und Geschworenen, sowie den Parteien und Parteivertretern zu, StPO. 239 II. Hier darf aber der Vorsitzende unzulässige, d. h. ungeeignete oder nicht zur Sache gehörige Fragen zurückweisen, StPO. 240 II. Diese Zurückweisung kann von dem Fragenden, dem Befragten oder andern Verhandlungsbeteiligten nach StPO. 237 II beanstandet werden; dann entscheidet das Kollegium. Dieses entscheidet ferner über alle Zweifel, die an der Zulässigkeit der Fragen von andern Personen als dem Vorsitzenden, z. B. dem Befragten, dem Gegner, erhoben werden, StPO. 241.

Die „Vernehmung" selbst ist der Staatsanwaltschaft und dem Verteidiger zu überlassen nach StPO. 238 I, wenn der Zeuge (oder Sachverständige) von einer der Parteien benannt ist, und die Parteien übereinstimmend solche Überlassung beantragen (sog. Kreuzverhör). Die benennende Partei hat in erster Reihe das Recht zur Vernehmung. Wird die Befugnis der „Vernehmung" mißbraucht, so kann der Vorsitzende sie entziehen, StPO. 240, event. StPO. 237 II; es tritt dann die gewöhnliche Art der Beweisaufnahme ein, die Befugnis der „Befragung" behält aber auch der Gemaßregelte[3]. Neben dieser Entziehung steht dem Vorsitzenden auch die Zurückweisung einzelner Fragen zu, StPO. 240 II; bei Beanstandung der Zurückweisung entscheidet das Gericht, StPO. 237 II. Auch wenn den Parteien die Vernehmung überlassen ist, hat nach deren Beendigung der Vorsitzende Fragerecht und Fragepflicht, StPO. 238 II, und hat den Beisitzern usw. Befragung zu gestatten, StPO. 239.

II. Der Umfang der Beweisaufnahme sollte sich nach dem Prinzip der materiellen Wahrheit richten. Welche Einschränkungen dies indessen erleidet, ist oben S. 57 f. (I, II) dargelegt. Hier ist zu verzeichnen, daß das Verhalten der Parteien grundsätzlich für das Minimum der Beweisaufnahme bestimmend ist. Erste Regel: Die Beweisaufnahme ist auf den Mindestumfang des § 244 I StPO. zu erstrecken. Falls nicht beide Parteien ausdrücklich verzichten[4], müssen.

1. sämtliche vorgeladenen Zeugen und Sachverständigen, die

[3] Die Entziehung der „Vernehmung" kann im Fall des § 239 II nicht in Frage kommen, weil hier nicht „Vernehmung", sondern „Befragung" stattfindet. A. M. RG. **18**, 365; zurückgenommen **38**, 58; vgl. RG. **29**, 149.

[4] RG. **4**, 398, Arch. **57**, 203. RMilG. **13**, 31. Der Verteidiger verzichtet in Vertretung (ob eigenes Recht? S. 128 N. 21) des Angekl., wenn dieser nicht widerspricht. RG. **1**, 198, **16**, 378. RMilG. **2**, 266.

erschienen sind[5], auch vernommen werden[6]. Auf die bloß gestellten (zum Termin sistierten) Zeugen bezieht sich diese Regel nicht[7]. Die Ladung der auf Anordnung des Vorsitzenden oder aus eigener Entschließung der Staatsanwaltschaft geladenen Zeugen (und Sachverständigen) befindet sich bei den Akten und bedarf keines besonderen Nachweises. Dagegen muß bei den unmittelbar geladenen Zeugen (des Angeklagten, Nebenklägers usw.) dargetan werden, daß sie nach StPO. 38 durch den Gerichtsvollzieher ordnungsmäßig geladen sind[8]. Andernfalls haben sie nicht die Eigenschaft geladener Zeugen, sondern gelten als gestellte;

2 müssen die „andern" herbeigeschafften Beweismittel zur Erhebung benutzt werden, also Augenscheinsobjekte und Urkunden. Als „herbeigeschaffte" Urkunden sind nach hM.[9] folgende Kategorien anzusehen: a) vom StAnw. bezeichnete und unter vorgängiger Information des Angeklagten (analog StPO. 221) zur Stelle gebrachte; b) solche, deren Herbeischaffung der Vorsitzende auf Antrag des Angeklagten zuläßt und dem StAnw. nach StPO. 218 II mitteilt; c) solche, deren Herbeischaffung der Vorsitzende von Amts wegen verordnet; d) solche, deren Herbeiziehung das Gericht in der Hauptverhandlung anordnet[10];

[5] Nichterscheinen der Zeugen gibt den Parteien kein Recht auf Aussetzung, RG. **1**, 35, 175, 196. § 244 ist verletzt, wenn Ladung und Erscheinen eines Zeugen vom Vorsitzenden und vom StAnw. ignoriert werden, dem Angekl. aber unbekannt sind, RG. **40**, 138.

[6] Gleichviel ob die Vernehmung unerheblich und zwecklos ist (a. M. Kries 554. MilStGO. 299 II S. 3, 4 läßt Ablehnung durch motivierten Beschluß zu, falls das Gericht einstimmig Unerheblichkeit annimmt); oder ob sie mit der Strafsache nichts zu tun hat (a. M. Ullmann S. 470. L.-H. § 244 N. 3). Nach RG. **26**, 388, **27**, 399 soll es genügen, wenn der geladene Sachverständige nur als Zeuge vernommen wird. Auch wenn wegen eines irrtümlich angenommenen Weigerungsgrundes die Vernehmung unterbleibt, soll das Urteil der Aufhebung unterliegen. RG. **32**, 157. Ähnlich RMilG. **2**, 40 bei irrtümlicher Annahme, daß ein Zeuge verstorben sei.

[7] RG. **1**, 198, a. M. Glaser Handb. I, S. 401. Aber bei derartigen Regeln ist stricta interpretatio geboten.

[8] RG. **1**, 297. Schweigt die Partei, wird die unmittelbare Ladung nicht von ihr spontan behauptet und nachgewiesen, so erlischt ihr Recht. Nachweis in der Revisionsinstanz hilft nicht mehr. RG. **17**, 440, **23**, 400. Mit dem Grundgedanken von RG. **32**, 157 (N. 6) stimmt das freilich nicht. — Warum in RG. **42**, 1 die Ladung eines Beisitzers und des StAnw. als Zeugen ignoriert werden durfte, ist unerfindlich.

[9] vgl. vor allem RG. **1**, 384, **5**, 268, **21**, 227, **39**, 140, 259, **41**, 13. Arch. **58**, 469. RMilG. **12**, 95. L.-H. N. 5b. B.-B. 526 N. 6.

[10] bzw. deren Herstellung es durch Anordnung kommissarischer Beweisauf-

e) solche, auf die sich der Angeklagte unter Information des StAnw. (StPO. 221) bezieht und die er vor der Hauptverhandlung zu den Akten einreicht (L.-H. N. 5 b), oder die sich bereits bei den Akten befinden[11]; endlich f) auch wohl solche, auf die der Angeklagte sich vor der Hauptverhandlung (unter Namhaftmachung gegenüber der Staatsanwaltschaft) berufen zu wollen erklärt, und die er dann zur Hauptverhandlung mitbringt[12]; dagegen **nicht** g) solche, die der Angeklagte ohne jede vorherige Ankündigung in die Hauptverhandlung mitbringt[13].

Die erörterte Regel greift nicht Platz, wo die Beweisaufnahme unzulässig wäre (unbeeidbare oder abgelehnte Sachverständige, unverlesbare Schriftstücke, Fall des § 190 StGB. usw.)[14].

Zweite Regel: Beweisanträge der Parteien dürfen vom Gericht nicht ignoriert werden[15]. Sie zwingen das Gericht, entweder den Beweis zu erheben, oder einen mit Gründen versehenen Ablehnungsbeschluß zu verkünden (StPO. 243 II, 34). Da die Ablehnungsgründe aber der Beweiswürdigung nicht vorgreifen dürfen[16], und zu spätes Vorbringen nach StPO. 245 I nichts schadet,

nahme verfügt, RG. SeuffBlRAnwend. **75**, 470; auch die vom eröffnenden Gericht verfügte Herstellung steht gleich. A. M. RG. **7**, 127.

[11] RG. **1**, 242. Pitaval der Gegenw., I 106 ff., a. M. RG. **41**, 13: es soll außerdem ein Prozeßbeteiligter den Willen zu erkennen geben, daß sie als Beweismittel benutzt werden.

[12] Diesen Schritt tun Birkmeyer S. 631, L.-H. N. 5b, RG. (Rechtspr. **2**, 122) nicht mehr mit, wohl aber B.-B. 526.

[13] Soweit geht John Bd. 3 S. 157.

[14] Hierher gehört auch Unausführbarkeit, weil der Zeuge bis zur Vernehmungsunfähigkeit betrunken ist, RG. **35**, 398; oder weil er sein Zeugnis verweigert, RG. **44**, 44 a. E.: es ist nicht nötig, daß hier die überhaupt nur fakultative Zwangshaft versucht werde, RG. **36**, 92.

[15] RG. **1**, 33 f., **1**, 36. SeuffBlRAnwend. **75**, 292, **76**, 206. RMilG. macht einen dem Gesetz völlig unbekannten Unterschied zwischen Beweisantrag und „Beweisermittelungsantrag". Letzterer soll frei ablehnbar sein. **7**, 38, **8**, 63, **10**, 194; vgl. RG. **24**, 422; dagegen Gerland GerS. **69**, 298. — Über Antrag auf Augenschein RG. JWochSchr. 1911, 248[30].

[16] Unzulässig ist die Ablehnung, „weil das Gericht die Sache für genügend aufgeklärt erachtet" RG. **1**, 417; „weil die behauptete außergerichtliche Erklärung gegenüber der eidlichen Aussage unerheblich sei" RG. **24**, 404; „weil andere Zeugen positiv das Gegenteil bekunden, und die Vernehmung daher für die Entscheidung einflußlos sein werde" RG. **1**, 189; „weil die Zeugen mitverdächtig und deshalb unglaubwürdig seien" RG. **5**, 312; „weil der Inhalt des Schriftstückes nicht beweise, von wem es herrühre" **39**, 259; „weil der Zeuge wahrsch. von seinem Weigerungsrecht Gebrauch machen würde" **40**, 346. Gelegentlich wird in Widerspruch hiermit für zulässig erklärt die Ablehnung, „weil der Anklagebeweis derart überzeugend sei, daß er durch das beantragte Zeugnis nicht entkräftet werden könne"

so sind nur vier Ablehnungsgründe denkbar: 1. weil der Sinn des Antrags, insbesondere das Beweisthema, schlechterdings unverständlich ist[17]; 2. weil die beantragte Beweisaufnahme gesetzlich unzulässig ist[18]; 3. weil das Behauptete vom Gericht als bereits erwiesen angenommen wird; 4. weil sich an der Entscheidung nichts ändert, wenn man das Beweisthema als wahr unterstellt[19].

Beide erörterte Regeln gelten nicht für die Verhandlungen vor Schöffengerichten und Drei-Männer-Strafkammern (Berufungsinstanz in Übertretungs- und Privatklagesachen). Nach StPO. 244 II bestimmt hier das Gericht den Umfang der Beweisaufnahme, ohne durch Anträge, Verzichte oder frühere Beschlüsse gebunden zu sein. Die Regeln gelten ferner nur, soweit der „Strafprozeß" i. e. S. und sein eigentliches Gebiet in Frage steht (z. B. nicht für die Buße, RG. **44**, 299) und soweit es sich um einen Gegenstand des Beweises (Lb. § 52) handelt[20].

RG. **1**, 140; „weil der benannte Zeuge als bereits verurteilter Mitschuldiger ganz unglaubwürdig sein würde" RG. **31**, 139. Bedenklich auch **39**, 363, Arch. **57**, 212, Sörgel-Kr. Jahrb. **5**, 211[7] (!), SeuffBlRAnwend. **76**, 35. Zweifelhaft auch RMilG. **1**, 269: richtig darin **1**, 32, **2**, 107, **3**, 45, 204, 273, **4**, 150, **10**, 118, **11**, 12, 63, **12**, 80, 94 f.

[17] Eine *gesetzliche* Pflicht des Vorsitzenden, auf Erläuterung von Unklarheiten hinzuwirken, ZPO. 139, besteht freilich nicht; aber *Beling* B.-B. 529 N. 18 hat völlig recht, wenn er dies als nobile officium judicis bezeichnet. Dem entspricht RG. **13**, 316, **37**, 371, **38**. 127, Arch. **58**, 184, SeuffBlRAnwend. **75**, 178. „Recht" 15 Nr. 957 (betont, daß die Hinwirkung auf Verbesserung gerade bei einem sog. Eventualantrag erst recht geboten ist, weil er nach der RGPraxis in den Urteilsgründen beschieden werden darf) — vgl. auch RMilG. **3**, 45, **14**, 103, während RG. **1**, 35 f., **27**, 95, **24**, 422 ungerechtfertigte Engherzigkeit in den Anforderungen an „Substanziierung" der Anträge an den Tag legen, das letzte Urt. überdies gerade den Wahrheitsbeweis abschneidet, wegen dessen Fehlens Verurteilung nach StGB. 186 eintrat. Bei *etwas* **benigna interpretatio** bestanden über den Sinn der Anträge in allen diesen Fällen keine Zweifel. Ablehnung wegen Unsubstanziiertheit läßt auch RMilG. **1**, 294, 2, 107 sehr rasch zu.

[18] z. B. nach StPO. 53, RG. **44**, 293; oder weil der betr. Punkt bereits rechtskräftig feststeht, **43**, 359, RMilG. **15**, 185.

[19] Nach allgemeinen Grundsätzen auch, wenn es an einem ernstlichen Willen des Antragstellers fehlt. Das ist aber ein sehr gefährliches Gebiet, vgl. ob. S. 133, N. 6. RG. Arch. **57**, 229. Sörgel-Kr. Jahrb. **5**, 209[3], 210[4,5] JWochSchr. 1911, 248[31]. Ein eklatantes Beispiel willkürlicher Annahme lag dem RG. in JurWochSchr. 08, 765, 17 vor. Ganz willkürlich wird mehrfach die Verschleppungsabsicht einfach daraus gefolgert, daß das Gegenteil der behaupteten Tatsachen bereits erwiesen sei (nach der subjektiven Auffassung des Gerichts!).

[20] E. 09, 232 ändert an den Regeln, nicht durchweg im Sinne des Grund-

Eine Ausdehnung der Beweisaufnahme über das bezeichnete Minimum hinaus steht dem Gerichte stets frei (StPO. 153 II, 220, 243 III).

III. Über die Verlesung von berichtenden Urkunden in der Hauptverhandlung s. oben S. 178. Das Prinzip ist: Keine Urkundenverlesung, solange Zeugen für das gleiche Beweisthema zur Verfügung stehen! Dies findet in den beiden Sätzen des § 249 einen ungleichen Ausdruck. Unter den in StPO. 248—255 enthaltenen Ausnahmen[21] lassen sich zwei Gruppen scheiden.

A. In einigen Fällen darf die Verlesung nur auf Grund eines besonderen Gerichtsbeschlusses stattfinden, nämlich wenn es sich um die Aussagen folgender Personen handelt: verstorbener, geisteskranker, unermittelter[22] Zeugen, Sachverständiger oder Mitbeschuldigter, bereits verurteilter Mitschuldiger, wegen vorhandener Erscheinenshindernisse oder vorliegender großer Entfernung kommissarisch vernommener Zeugen und Sachverständiger, sowie wegen voraussichtlicher Erscheinenshindernisse oder voraussichtlicher großer Entfernung im Vorverfahren unter Wahrung der Parteienöffentlichkeit[23] vernommener Zeugen und Sachverständiger, StPO. 250 I II. Nur gerichtliche Protokolle dürfen verlesen werden[24]. Der Gerichtsbeschluß muß in der HVerh. gefaßt werden und sich darauf stützen, daß die gesetzlichen Gründe zur Abweichung vom Prinzip der Unmittelbarkeit auch jetzt noch vorliegen (RG. **43**, 336,

satzes materieller Wahrheit, folgendes: Die heutige fundamentale Regel I soll künftig nur für RG.- und SchwG.-Sachen gelten; StK. und BerSen. können sie durch einstimmigen Beschluß eliminieren; vor AR. und SchG. gilt sie nicht. Im übrigen ist jede Beweisablehnung vor jedem Ger. nur aus folgenden Gründen statthaft: weil das Beweisthema oder sein Gegenteil offenkundig, weil das Beweisthema irrelevant oder schon erwiesen, weil das Beweismittel unerreichbar oder ungeeignet ist. Insofern ist also unsere Regel II sogar verschärft worden. Dagegen fällt sie ganz fort für Sachverständigenbeweis und für Augenschein an Ort und Stelle. Hier steht das Ger. ganz frei. — Für die Aufnahme des Urkundenbeweises wird die berüchtigte „Konstatierung aus den Akten" (Lb. 177 f. N. 5) legalisiert. Die Parteien können aber widersprechen.

[21] Natürlich liegt hier niemals ein Gebot vor, den Urkundenbeweis jetzt umgekehrt dem Zeugenbeweis vorzuziehen, RG. **35**, 162.

[22] Die Ermittelung muß versucht worden sein, RG. **12**, 104. RMilG. **3**, 181.

[23] Davon kann bei der Ausnahmenatur der ganzen Stelle unter keinen Umständen abgesehen werden, RG. **15**, 409, RMilG. **13**, 156, **14**, 141; cf. jedoch RG. **40**, 189 ob. S. 156 N. 3.

[24] u. zw. einschl. der Beurkundungen über die Hergänge bei der Zeugenbefragung u. ähnl. RG. **37**, 212.

Arch. 57, 214); er muß mit Gründen verkündet, auch muß bemerkt werden, ob die Beeidigung der vernommenen Personen stattgefunden hat, StPO. 250 III. Alles dies ist wesentliche Förmlichkeit, deren Beobachtung das Protokoll ersichtlich machen muß, StPO. 273 I.[25] Durch die mittelbare Entgegennahme der Zeugenaussage bleibt an sich die Anwendung der Vorschriften über Zeugenaussagen unberührt. Soll die verlesene Aussage benutzbar sein, so muß sie im allgemeinen beeidigt sein, in den Fällen StPO. 56 darf sie nicht beeidigt sein; ein Zeuge der in StPO. 51 genannten Art muß über sein Weigerungsrecht belehrt sein, bei Beamten muß nach StPO. 53 die Genehmigung der vorgesetzten Dienstbehörde eingeholt sein usw. Hiervon ergibt sich aus StPO. 250 III S. 2 eine einzige Ausnahme: ist der Zeuge nicht beeidigt und ist eine nochmalige Vernehmung unausführbar[26], so darf auch die unbeschworene Aussage verlesen und verwertet werden. — Das Gesagte findet auf die Verlesung von Aussagen höchster Staatsbeamter, Bundesratsmitglieder, Abgeordneter analoge Anwendung, StPO. 49, RG. 26, 253.

B. Bei allen andern berichtenden Urkunden fordert die Verlesung keinen besonderen Gerichtsbeschluß; es genügt mithin die Anordnung des Vorsitzenden oder die Vornahme der Verlesung durch ihn selbst. Hierher gehören: Zeugen und Sachverständigenprotokolle über die Vernehmung souveräner Personen, StPO. 71 III, 72; Protokolle über die verantwortliche Vernehmung des dispensierten Angeklagten, StPO. 231 III, S. 2; richterliche Augenscheinsprotokolle, StPO. 248 S. 2 a. E.; Erklärungen von Behörden[27], Arztatteste nach StPO. 255; endlich überhaupt alle in StPO. 248 S. 2 genannten Urkunden und alle sonstigen durch das Beweisverbot in StPO. 249 nicht getroffenen Schriftstücke. In diese Gruppe gehören ferner die nur mit Einschränkung verlesbaren Protokollteile, StPO. 252—254, nämlich erstens aus richterlichen und nichtrichterlichen Zeugen- und Sachverständigenprotokollen[28] und zweitens aus richterlichen Protokollen über verantwortliche

[25] Formlose Verlesung kann aber durch Nachholung der Formalien und nochmalige Verlesung geheilt werden, RMilG. **6**, 305.

[26] Hierin geht RG. Arch. **59**, 119 offenbar fehl: Die kommissarisch vernommene Zeugin hatte den Eid geweigert. Die Anwendung des § 69 I (anders 69 II) steht nicht im Ermessen des Gerichts, und unbeeidigte Zeugenaussagen dürfen im Urt. nicht verwendet werden. Gerade diese ungesetzliche Verwertung war aber von der Revision gerügt worden. Vgl. JurWochSchr. 1910, 202[13].

[27] MilStGO. 310 ist strenger, RMilG. **5**, 276, **6**, 28, **9**, 209.

[28] Zulässig 1. zum Zweck der Gedächtnisauffrischung eben bei diesem Zeugen; er selbst muß erklären, sich einer Tatsache nicht mehr zu erinnern; 2. zum Zweck

Vernehmung des Angeklagten[29]. Inwiefern ein polizeiliches Protokoll durch Bezugnahme integrierender Teil eines richterlichen Protokolls werden kann, darüber RG. 25, 32, SeuffBlRAnwend. 75, 470.

Aus dem Zusammenhalte dieser Bestimmungen lassen sich eine Reihe von Beweisverboten ableiten: 1. StPO. 249 S. 2 (und S. 1); 2. StPO. 251;[30] 3. Verbot der Verlesung polizeilicher, staatsanwaltlicher und anderer nichtrichterlicher Protokolle a) über Zeugen- und Sachverständigenaussagen, auch in den Fällen des § 250;[31] b) über verantwortliche Vernehmungen, auch zur bloßen Beweisunterstützung nach StPO. 253; c) über Augenscheinseinnahmen, StPO. 248 S. 2, solange nach der allgemeinen Regel des § 249 Zeugen zur Verfügung stehen; 4. Verbot, Leumundszeugnisse (nach E. 09 auch Führungszeugnisse) zu verlesen, StPO. 255;[32] 5. Verbot, andere Gutachten zu verlesen, als die öffentlicher Behörden, StPO 252.[33]

Soweit Protokolle benützt werden, müssen sie vorschriftsmäßig aufgenommen, von wesentlichen[34] Mängeln frei sein und dem Gericht im Original[35] vorliegen.

Die sämtlichen hier erörterten Vorschriften hängen mit dem Grund-

der Klärung oder wenigstens der Konstatierung eines Widerspruchs, nicht zwischen diesem Zeugen und andern Personen (RG. **35**, 5), sondern zwischen der jetzigen und der früheren Aussage dieses Zeugen; aber auch nur subsidiär: ist ein andrer Weg ohne Unterbrechung der HVerh. möglich, so muß er eingeschlagen werden. Zulässig ist aber nur Verlesung, nicht die unkontrollierbare Lektüre durch den Zeugen selbst, a. M. RG. **36**, 53. Ebenso unzulässig Verlesung früherer Privatnotizen des Zeugen, a. M. RG. SeuffBl. **74**, 737 (geht ganz fehl mit der Berufung auf StPO. 68 II!). Protokollierung auf Parteiantrag obligatorisch.

[29] Zulässig 1. zum Zweck eines Geständnisnachweises; 2. zum Zweck der Klärung oder wenigstens der Konstatierung eines Widerspruches zwischen der jetzigen und der früheren Aussage des Angeklagten; aber nur subsidiär; obligatorische Protokollierung auf Parteiantrag. — E. 09, 244 schränkt in den beiden Fällen der N. 28 und 29 die Verlesbarkeit auf richterliche Protokolle ein, streicht aber die Subsidiarität und gestattet außerdem Vorhalt früherer Aussagen auch aus unverlesbaren (z. B. polizeilichen) Protokollen!

[30] Hierüber oben § 53 N. 10, und besonders Beling Beweisverbote, S. 24ff.

[31] Erlaubt zur bloßen Beweisunterstützung nach StPO. 252.

[32] Entgegenstehendes Landesrecht ist ungültig, RG. **36**, 205. Private Leumundszeugnisse fallen unter 1, nicht unter 4, RG. **25**, 93, **41**, 429.

[33] Ein schriftliches Gutachten genügt stets im Vorverfahren, StPO. 82. In der HVerh. muß der Sachverständige dagegen mündlich vernommen werden, auch der Beweisdolmetscher. Dagegen verstößt m. E. RG. **36**, 371.

[34] Unwesentlich wird die Unterschrift der Beteiligten, aber im allgemeinen nicht deren Genehmigung sein, StPO. 186 III. RG. **34**, 367.

[35] oder in rechtlich gleichstehender Abschrift; nicht in unbeglaubigter Abschrift RG. **34**, 48; auch nicht in Übersetzung, a. M. RG. **36**, 371, **38**, 323.

satz der Unmittelbarkeit[36] zusammen, sind also vom öffentlichen Interesse diktiert und unterliegen daher nicht dem Verzicht der Parteien[37].

§ 83.

Die Protokollierung.

Kries § 66 V. Birkm. § 81. B.-B. § 107 III. Ullm. § 122.

I. Die Gerichtstätigkeit der Beurkundung (Lb. § 47) zeigt sich vor allem in dem Sitzungsprotokoll. Seine äußerlichen Mußerfordernisse sind durch die Ziffern 1 bis 5 StPO. 272 bestimmt. Ferner hat es sechstens nach § 271 die Unterschriften des Vorsitzenden und des Gerichtsschreibers aufzuweisen. Die letztere ist unentbehrlich, die erstere kann nach § 271 II ersetzt werden oder auch (beim AR.) allenfalls fehlen. Nach seiner inhaltlichen Beschaffenheit kann das Protokoll entweder eine Wiedergabe des Verhandelten im wesentlichen oder eine vollständige Niederschreibung sein. Letztere erfolgt nur ausnahmsweise nach § 273 III, nämlich wenn es auf die Feststellung eines Vorgangs (in der Hauptverhandlung) oder des Wortlautes einer Aussage oder Äußerung (innerhalb oder außerhalb der Hauptverhandlung) ankommt. Die Anordnung steht dem Vorsitzenden zu, er ist aber dazu bei relevantem Anlaß verpflichtet; Weigerung der Anordnung ist in solchem Falle „unzulässig" und unterliegt der Kontrolle durch das Gericht (§ 237 II).[1] Die Niederschreibung muß verlesen und, daß dies geschehen, im Protokoll vermerkt werden; ebenso, ob das Verlesene genehmigt ist oder welche Einwendungen erhoben sind.

II. Was das Sitzungsprotokoll inhaltlich zu geben hat, ist aus StPO. 273 I, II zu entnehmen. Es muß den „Gang" der HVerh. im wesentlichen wiedergeben. Also muß darin im einzelnen zu finden sein: a) die richtige Reihenfolge der Vorgänge; b) Ersichtlichmachung der Beobachtung aller wesentlichen Förmlichkeiten, d. h. aller Umstände, deren Vernachlässigung die Rechtsbeständigkeit des Urteils oder des Verfahrens in Frage stellen könnte, so Beweisaufnahmen und Teilakte von solchen, wie Beeidigung von Zeugen, Vorlegung von Augenscheinsobjekten;[2] ferner Fassung von Beschlüssen, Verkündung solcher, Verkündung von Gründen, Ausschluß und Wiederherstellung der Öffentlichkeit, Hinweis auf veränderten rechtlichen Gesichtspunkt, Verzichte auf Beweisaufnahme, Behauptungen, die sachlich eine besondere prozessuale Behandlung erfordern[3]; c) die Bezeichnung

---

[36] Sie widersprechen aber der freien Beweglichkeit der Gerichte (Offizialprinzip, bes. oben S. 57 f.). Die Praxis zeigt daher fortwährend Ansätze, die lästigen Fesseln abzustreifen. So vielfach auch die Judikatur des RG.; vgl. auch Kleinfeller bei Mittermaier-Liepmann **1**, Heft 3, S. 168 ff., 173, 193 f.

[37] RG. **9**, 49, 88, **34**, 48.

[1] MStGO. 334 gibt u. U. ein Recht auf Protokollierung, dessen Kehrseite freilich eine Einschränkung der Anfechtbarkeit ist; durch Schweigen tritt Verlust des Rügerechts ein. Zur Illustrierung RMilG. **1**, 72, 155, **14**, 224, 262. Beling Ztsch. **24**, 270. Gerland Ger.S. **69**, 300. Ähnliche Tendenz RG. **35**, 165.

[2] RG. **37**, 253, **39**, 257, Arch. **56**, 89.

[3] RG. **8**, 143. Die Bekundungen müssen im Protokoll selbst stehen; eine bloße Anlage, die im Protokoll nicht in Bezug genommen und nicht äußerlich mit

der verlesenen Schriftstücke; d) in SchGSachen auch die wesentlichen Ergebnisse der Vernehmungen (des Angeklagten, der Zeugen und Sachverständigen); e) die gestellten Anträge; f) die ergangenen Entscheidungen; g) die Urteilsformel. — Weitere denkbare Bestandteile sind: a) auf Antrag obligatorisch, der Bericht über Verlesungen zur Beweisunterstützung, StPO. 254, Lb. § 82, III B; — b) vollständiger Wortlaut des Urteils mit Gründen, StPO. 275, I, falls dieser Modus vorgezogen wird; — c) auf Anordnung des Vorsitzenden Aussagen und Erklärungen in fremder Sprache, GVG. 187; — d) bei Ausübung der Sitzungspolizei bei Beschluß des Ger. und dessen Veranlassung, GVG. 184; hierzu Harburger ZtschRPflege in Bayern 8, 150. Celle Arch. 59, 368. — e) Feststellung des Tatbestandes einer in der Sitzung begangenen strafbaren Handlung, GVG. 185.

III. Dem HVerhProtokoll sind durch StPO. 274 ganz besonders starke rechtliche Wirkungen beigelegt. Mit Rücksicht hierauf müssen auch besonders hohe Anforderungen an die ordnungsmäßige Beschaffenheit dieses Protokolls gestellt werden. Es muß auf Grund der eigenen unmittelbaren Wahrnehmungen in der Verhandlung aufgenommen sein und sich als amtliche Bezeugung beider Urkundspersonen darstellen. Als Bezeugung muß es klar erkennen lassen, was bezeugt werden soll; jeder Zweifel daran, wie er durch Rasuren, Durchstreichungen, Hineinschreiben, Überkleben, Rand-, Fuß-, Endvermerke oder Unterpunktieren[4] leicht hervorgerufen werden kann, macht die Bezeugung unbrauchbar; ebenso kann der Einwand eines Schreibfehlers[5] nicht gelten, wenn das Geschriebene nicht selbst dazu drängt, sondern einen vernünftigen Sinn gibt. Als Bezeugung beider Personen darf das Protokoll kein bloßes Diktat sein, bei dem der Gerichtsschreiber unter Verzicht auf eigene geistige Tätigkeit nur mechanisch nachgeschrieben hat; es darf auch keine Meinungsverschiedenheiten[6] zwischen beiden aufweisen. Eine einseitige nachträgliche Korrektur durch den Vorsitzenden ist nicht gestattet; bei etwaigen Ergänzungen „muß aus dem Protokoll selbst unzweideutig zu erkennen sein, daß beide Urkundspersonen die Verantwortlichkeit für die Richtigkeit der Veränderung übernommen haben".[7] Sobald einer der beiden Bezeugenden tot ist oder sonst nicht mehr mitwirken kann, ist überhaupt keine Korrektur mehr möglich.

Wie lange die zweiseitige Nachbesserung erlaubt ist, darüber herrschte längere Zeit Zweifel. Prinzipiell ist eine zeitliche Grenze nicht gezogen; demnach dürfte die Richtigstellung der Bezeugung jederzeit gestattet sein, auch nachdem das Schriftstück „als abgeschlossen" zur weiteren geschäftlichen Behandlung zu den Akten gegeben ist.[8] Den Parteien ist das Recht zuzubilligen, Anträge auf Protokoll-

---

Merkmalen der inneren Zusammengehörigkeit versehen ist, kann nicht genügen, RG. 25, 248.

[4] RG. 27, 169 erklärte ein Protokoll für nicht beweiskräftig, in dem an der relevanten Stelle erst ein Satzteil herübergeschrieben, dann der Text teilweise ausgestrichen und endlich alles unterpunktiert war.

[5] RG. 1, 50 bietet ein lehrreiches Beispiel.

[6] Liegen solche vor, so müssen sie freilich auch zum Ausdruck kommen; die Autorität des Vorsitzenden darf den Gerichtsschreiber nicht zum Verstummen bringen. Aber in dem betreffenden Punkte kann dann § 274 nicht Platz greifen.

[7] RG. 22, 246 (II. StSen.), wodurch 20, 425 als überholt anzusehen sein wird. RMilG. 6, 230, 10, 11, 185.

[8] Den bezeichneten Zeitpunkt wollten als präkludierend für Verbesserungen

berichtigung beim Vorsitzenden zu stellen und die etwaige Weigerung mit der Beschwerde (OLG. Düsseldorf Arch. **57**, 500) anzugreifen[9]. Denn sonst würde jedes Versehen, jede Vergeßlichkeit der beiden Bezeugenden irreparabel sein. Die solchergestalt extrahierten Ergänzungsprotokolle bilden mit dem ursprünglichen Protokoll eine untrennbare Einheit und haben in dem berichtigten Punkte natürlich den Vorzug. Wird indessen gegen das Urteil ein Rechtsmittel eingelegt, so darf diesem nicht nachträglich durch Protokollberichtigung der Boden unter den Füßen weggezogen werden[10]; denn der Umstand, daß die Anfechtung auf einen durch die ursprüngliche Protokollfassung bezeugten Umstand gestützt wird, spricht zu stark dafür, daß die ursprüngliche Fassung nicht nur auf Irrtum beruhte[11].

Fehler des Protokolls beeinträchtigen das Verfahren und das Urteil in keiner Weise: das Urteil beruht ja nicht auf dem zur Zeit der Urteilsfällung häufig noch nicht abgeschlossenen Protokoll, sondern auf den Hergängen selbst[12]. Wohl aber schließen solche Fehler die eigentümlichen intensiven Wirkungen des Hauptverhandlungsprotokolles aus. Diese sind nach StPO. 274:

1. Die wesentlichen Förmlichkeiten[13] können nur durch das Protokoll bewiesen werden. Für sie gibt es kein anderes Beweismittel, als das Protokoll. Schweigt dieses oder leidet es an Mängeln, die ihm die Beweiskraft entziehen, so ist der Beweis für jene Förmlichkeiten überhaupt unmöglich[14]. Dadurch kann das Urteil zu Falle kommen[15]. Die bezeichnete Beweiskraft erstreckt sich nicht auf den Inhalt

---

ansehen RG. **8**, 143, **17**, 348 (beide vom II. StSen.), deren Standpunkt in RG. **19**, 367 aufgegeben ist. Die richtige Ansicht vertrat von je der III. StSen., RG. **3**, 47; der I. adoptiert sie in RG. **21**, 200.

[9] So RG. **3**, 47 (III. Sen.). Ebenso V. Sen. in Arch. **57**, 396.

[10] Eine nachträgliche Protokollberichtigung liegt nicht vor, wenn das Protokoll bisher nur entworfen und nicht unterzeichnet war. Dann kann auch nach der RevEinlegung ein von dem Entwurf abweichendes Protokoll angefertigt und die RevBegründung dadurch unterhöhlt werden. So RG., I Sen., Arch. **56**, 95.

[11] a. M. John, v. Kries, Beling, RMilG. **9**, 35. Übereinstimmend mit dem Text RG. **2**, 76, **3**, 47, **12**, 119, **19**, 367, **21**, 200, 323, **24**, 214, **28**, 247, **43**, 1 (VerStSen. im Einklang mit ORAnw.); jetzt auch RMilG. **14**, 256. Protokolle (1905) I 252. JurWochSchr. 08, 766. Die Nachholung der Unterschrift soll aber nachträglich selbst dann gestattet sein, wenn die Anfechtung auf ihr Fehlen gestützt wurde. RG. **13**, 351. Vgl. L.-H. § 271 N. 4a, § 274 N. 3b.

[12] Daher Wirkungslosigkeit der sog. Protokollrügen. RG. **12**, 119 und mit besonderer Schärfe **42**, 170, vgl. Sörgel-Kr.Jahrb. **3**, 257[6]. RMilG. **2**, 49.

[13] Begriff oben sub II; Kries 445 (Entscheidungen, Stellung von Anträgen). Zu weit geht RG. **34**, 386 (Schweigen des Protokolls über Anwesenheit eines Vertreters des Nebenklägers bei der Urteilsverkündung). Richtig RG. **35**, 164 (keine Beweiskraft betr. Vorhalt aus Polizeiprotokoll).

[14] Die Urteilsgründe spielen keine Rolle (anders ZPO. 314). Während RG. **17**, 349 (II. StSen.) bei Schweigen des Protokolls den Urteilsgründen Berücksichtigung zugestehen wollte, hat RG. **1**, 86 (III. StSen.) gelegentlich und RG. **31**, 163 (IV. StSen.), **35**, 61 (II. StSen. selbst) ausdrücklich diese Möglichkeit abgelehnt. Ebenso RMilG. **4**, 172, **6**, 211, **7**, 38. Dagegen neuerdings wieder unrichtig IV. StSen., JurWochSchr. 08, 765, 18.

[15] Notwendig ist dies nicht; denn möglicherweise beruht das Urt. nicht auf der unbezeugten Förmlichkeit, RG. **39**, 257.

von Aussagen (RMilG. **4**, 49)[16], nicht auf Vorgänge im Beratungszimmer (RG. **17**, 287, **27**, 3), nicht auf Erklärungen nach Beendigung der Verhandlung, z. B. über den Verzicht auf Rechtsmittel (RG. **40**, 133).

2. Die dargestellte Beweiskraft kann dem Protokoll nur durch Nachweis der **Fälschung** entzogen werden. Gefälscht ist ein Protokoll, wenn es gar nicht oder teilweise nicht von den benannten Urkundspersonen herrührt; ferner aber auch, wenn diese Personen einen unwahren Inhalt bewußt hineingeschrieben haben[17]. Hierher gehört aber auch der Fall, daß man etwas als sicher bezeugt, obwohl man es nicht genau weiß.

§ 84.

E. Das Außenverfahren.

Kries § 65 III. Birkm. § 93 III 1. § 75 I 2b. B.-B. § 119 IV. § 121, S. 526 Ullm. § 104 IV, V.

Als Außenverfahren läßt sich derjenige Teil des HVerf. bezeichnen, der sich nicht vor dem erkennenden Gericht, sondern außerhalb vor einem beauftragten oder ersuchten Richter abspielt. Über den ersteren ob. S. 88, über letzteren (AG. der Handlungsbereitschaft) S. 77 N. 1, S. 153 f. Diese sog. kommissarische Beweisaufnahme kann stattfinden 1. beim Augenschein nach freiem Ermessen, StPO. 224; 2. bei Vernehmung von Zeugen oder Sachverständigen, a) wenn dem Erscheinen in der Hauptverhandlung für längere oder ungewisse Zeit Krankheit oder Gebrechlichkeit oder andere nicht zu beseitigende Hindernisse entgegenstehen, StPO. 222 I; b) wenn ihr Erscheinen wegen großer Entfernung besonders erschwert ist, 222 II, vgl. RG. **18**, 261, **44**, 9; c) wenn sie Landesherren oder Mitglieder souveräner Familien sind, StPO. 71; d) wenn sie Minister oder andere Personen des § 49 StPO. sind und es an der Genehmigung zu abweichendem Verfahren fehlt; 3. bei der Vernehmung des Angeklagten, wenn er dispensiert wird und noch nicht im Vorverfahren richterlich vernommen ist, StPO. 232 II. Das Außenverfahren setzt mit Ausnahme der Fälle 2 c und d stets einen Beschluß des Ger. voraus, der entweder im Stadium der Vorbereitung der HVerh. oder in dieser selbst, ausnahmsweise (ob. S. 214 sub d, 215) schon im Zwischenverfahren entsprechend einem Antrag des nach StPO. 199 befragten Angeschuldigten ergeht. Die Termine (außer 2 c und d) sind parteienöffentlich, StPO. 223 I, 232 III; den Parteien geht daher Notifikation zu. Ausnahme bei Gefahr im Verzuge: Begriff RG. **43**, 336. Etwas abweichend 223 II, wenn der Angeklagte inhaftiert ist. In den Fällen 1, 2 a und b haben StAnw.schaft und Verteidiger ein Anrecht auf Vorlegung des Protokolles, StPO. 223 I S. 2.

---

[16] wohl aber auf die Tatsache der Vernehmung zur Sache, und ob über Tatsachen oder über Erfahrungssätze, RG. **36**, 93, **43**, 437. Ganz entsprechend wohl auf die durch GVG. 187 f. gebotene Zuziehung eines Dolmetschers, auch auf seine Beeidigung, GVG. 191, aber nicht auf die Übersetzungstätigkeit im einzelnen, RG. **1**, 137, **43**, 441. Hier bildet StPO. 258 I jedoch wieder eine Ausnahme.

[17] Es umfaßt also Fälschung, Verfälschung und Falschbeurkundung, RG. **7**, 388, **20**, 166. Dagegen B.-B. S. 457. Nach MilStGO. 335 genügt Nachweis der **Unrichtigkeit.** RMilG. **3**, 288.

F. Das Urteil.

§ 85.

Gegenstand und Voraussetzungen der Urteilsfindung.

Kries §§ 69, 70 II. Birkm. § 96 I, II A. B.-B. §§ 92, 94, 122. Ullm. §§ 111, 112. Bind. §§ 113, 101.

I. Ist es zum Eröffnungsbeschluß gekommen, so muß es auch zur Hauptverhandlung kommen. Ist solche aus tatsächlichen Gründen unmöglich[1], so schläft das Verfahren ohne besonderen Ausspruch stillschweigend ein.[2] Denn eine Aufhebung des Eröffnungsbeschlusses durch einen anderen Beschluß außerhalb der HVerh. ist der StPO. unbekannt; auch eine „vorläufige Einstellung" durch Beschluß gibt es nur im Zwischenverfahren, StPO. 203.[3] Kommt es aber zur HVerh. so muß es nach der in StPO. 259 I S. 1 normierten Regel[4] auch zu einem Urteil kommen[5]. Gerade um diese Regel durchführen zu können, schafft das Gesetz in StPO. 259 I S. 2 die Urteile auf „Einstellung des Verfahrens"[6]. Das Urteil braucht also kein Sachurteil zu sein, es kann ein Formalurteil sein[7]. Nur in Fällen,

---

[1] Nur zwei solche Hemmnisse sind denkbar: 1. Tod des Angeklagten; 2. dessen unermittelter Aufenthalt in Fällen, wo seine Anwesenheit unentbehrlich ist. — Geisteskrankheit des Angeklagten hindert die HVerh. nicht, erst in der HV. kann festgestellt werden, ob er verhandlungsfähig ist oder nicht. — Ebenso muß Termin angesetzt werden, wenn nach Abschluß des Zwischenverfahrens das Fehlen des Strafantrages erkannt wird oder derselbe zurückgenommen wird.

[2] Im Fall 1 wird sogleich, im Fall 2 nach Ablauf der Verjährung Weglegung und spätere Vernichtung der Akten verfügt.

[3] Ganz anders u. a. L.-H., 5. Abschn., N. 3 a und b. Die Praxis wendet vielfach StPO. 203 analog an. Richtig Feisenberger Arch. **57**, 175; vgl. auch die von demselben erzählte Prozeßgeschichte GerS. **74**, 257.

[4] Hierauf legt B.-B. § 93, bes. S. 384 N. 18 zu wenig Gewicht.

[5] z. T. a. M. RG. **24**, 65, **37**, 407. — E. 09, 251 will bei nicht genügend geklärter Sachlage die Möglichkeit eines Rückwärtssprunges in das vorbereitende Verf. oder die VU. schaffen. Das rüttelt an einem Fundament unseres Prozesses, Lb. 32 N. 6.

[6] Dies verkennt Birkm. 665 ff., indem er das Einstellungsurteil gleichfalls als einen Ausspruch über den staatlichen Strafanspruch auffaßt. Treffend gegen ihn B.-B. S. 396 N. 16.

[7] Lehrb. § 10 I. StPO. 295 II gibt nur ein Beispiel, wenn er den Mangel des Strafantrags behandelt; er wählt gerade dieses Beispiel, um klarzumachen, daß der Strafantrag nicht Strafanspruchsbedingung ist. Das Einstellungsurteil ist also nicht etwa nur bei Mangel des Antrags und allenfalls analog der Ermächtigung zulässig, wie B.-B. 384 meint; denn das Wörtchen „nur", das Beling so stark betont, steht in § 259 I S. 2, nicht in § 259 II. Eine andere Frage ist, ob das, was sachlich ein Einstellungsurteil ist, auch notwendig in die Fassung: „Das Verfahren wird eingestellt" einzukleiden sei. Ich halte allerdings diese Ein-

die das Gesetz bestimmt, kann der Hauptverhandlungsschluß statt durch Urteil durch Beschluß erfolgen. Es ist das außer der Vertagung der HVerh. (StPO. 227, 243) der Fall des § 270: das Gericht zu niedriger Ordnung stellt nicht (wie theoretisch folgerichtig wäre) das Verfahren durch Urteil ein, sondern verweist — ein gesunder praktischer Gedanke — die Sache an das zuständige Gericht. Dem Verweisungsbeschlusse kommen die Mußerfordernisse, die Wirkung[8], und die Anfechtbarkeit eines Eröffnungsbeschlusses zu[9] [10].

II. Der Gegenstand der Urteilsfindung, StPO. 263, ist die im Eröffnungsbeschluß[11] bezeichnete Tat, ohne daß jedoch die tatsächliche oder die rechtliche Beurteilung in diesem Beschluß maßgebend ist. Nach dem Ergebnis der Verhandlung kann sich die Tat in anderem Lichte darstellen. Wir können das den Grundsatz der allseitigen Kognition nennen. Gewahrt bleiben muß aber die Identität des Täters und die Identität der Tat, d. h. es muß sich um die Beteiligung gerade des Angeklagten gerade an dem im Eröffn.Beschl. bezeichneten Vorgang handeln[12]. Der Verurteilung auf Grund eines anderen, im Eröffn.-

kleidung für das Korrekte. Abweichungen hat die StPO. in §§ 429, 458 selbst bestimmt. — Übereinstimmend die Praxis des RG. **33**, 11, bes. treffend **41**, 153. MilStGO. 314 II hat das Wort „insbesondere" eingefügt und dadurch die Zweifel beseitigt. RMilG. **9**, 223. Durchaus im Sinne des Textes E. 09, 254.

[8] Daher gilt nicht StPO. 23 III bez. des Berichterstatters beim alten Eröffn.Beschl., RG. SeuffBlRAnwend. 07, 945.

[9] Verweist das SchG. vor StK. oder SchwG., so ist StPO 199 an sich nicht gewahrt Diesem doktrinären Gesichtspunkt trägt die sachlich wertlose Bestimmung § 270 IV Rechnung. Der Angeklagte darf danach den S. 214 behandelten Antrag d stellen. Über denselben entscheidet nicht, wie es normal wäre, das erkennende Gericht in seiner Besetzung außerhalb der HVerh., auch nicht nach der anomalen Vorschrift StPO. 199, 206 II das eröffnende Gericht, sondern in weiterer Steigerung der Anomalität der Vorsitzende des Gerichts, an welches die Sache verwiesen ist. — Für den Antrag auf Verteidigerbestellung, S. 123, 214 e, läuft auch hier die gesetzliche Frist, RG. **41**, 414.

[10] Ein einziger Fall ist denkbar, wo die HV. ohne Urteil und ohne Beschluß ihr Ende erfährt: Tod des Angekl. in der Sitzung. Mit diesem Moment entschwindet jede Möglichkeit weiteren Prozedierens. Das Protokoll wird einfach mit dem Vermerk des Todes geschlossen und Weglegung der Akten verfügt.

[11] StPO. sagt ungenau „Anklage", vgl. dazu RG. **4**, 192. L.-H. N. 1. B.-B. 531; a. M. Kries 565. MilStGO. 317 sagt korrekt „Anklageverfügung".

[12] Das Urteil kann also etwa ungenauere Zeit-, Orts-, Modalität-, Quantität-, Gegenstandsgaben durch genauere ersetzen und umgekehrt; es kann den Erfolg genauer, besonders in erleichternder oder erschwerender Richtung spezialisieren oder auch vager beschreiben; der subjektive Tatbestand kann sich anders darstellen, namentlich unter Hinzutritt einer gewissen gesetzlich hervorgehobenen Kenntnis,

Beschl. nicht zitierten § eines Strafgesetzes[13] steht nichts im Wege. Nur muß der Angeklagte vor der Urteilsfällung nach StPO. 264 stets auf diese „Veränderung des rechtlichen Gesichtspunktes"[14], mag sie ihm nun zum Vorteil oder zum Nachteil gereichen, durch den Vorsitzenden ausdrücklich hingewiesen werden[15]. Nach Ermessen beschließt das Gericht auch Vertagung (Abs. 4). Ein Recht auf Vertagung hat, außer in der Verhandlung vor dem SchG. und der 3-Männer-StK. (Abs. 5), der Angeklagte, wenn er unter der Behauptung, auf die Verteidigung nicht genügend vorbereitet zu sein, neu hervorgetretene Umstände (RG. **39**, 17) bestreitet, welche die Anwendung eines schwereren Strafgesetzes gegen ihn zulassen oder die Strafbarkeit erhöhen. Über die eine und identische Tat im erörterten Sinn kann nur ein Urteil ergehen. Unmöglich ist es, etwa unter dem einen Gesichtswinkel freizusprechen, unter dem andern gleichzeitig zu verurteilen[16].

Wenn die Grenzen für die Identität der Tat überschritten sind, kann Aburteilung in dem gleichen Verfahren nicht erfolgen. Doch gestattet StPO. 265 für Vergehen und Übertretungen ein eigenartiges summarisches Schnellverfahren in Verbindung mit dem ursprünglichen Prozeß (Lb. § 102).

Absicht, Gesinnung usw.; auch die Körperbewegung kann eine andere werden. Aber es kann nicht zugleich eine andere Körperbewegung und ein juristisch anderer Erfolg an Stelle der im Eröffn.Beschl. beschriebenen gesetzt werden. Die Judikatur ist reich an Beispielen: RG. **2**, 361, **3**, 95, **5**, 249 (und **33**, 388), **8**, 135, **9**, 161, 344, 420, **14**, 78 (und **28**, 12), **24**, 370, **30**, 11, **33**, 11, **33**, 405 (über die Grenzen zwischen ordentl. und Sonder-Gerichtsbarkeit), **36**, 275, **41**, 164, **44**, 28, 117. RMilG. **4**, 144, **10**, 149, **14**, 57, **15**, 295. Zu weit geht **25**, 334 in Annahme der Identität zwischen Mittäterschaft beim Mord und Begünstigung des Mörders

[13] auch eines § aus dem allgemeinen Teil: Vollendung statt Versuches; Fahrlässigkeit statt Vorsatzes; Anstiftung statt Beihilfe oder Alleintäterschaft oder Mittäterschaft oder mittelbarer Täterschaft (RG. DJurZtg. **15**, 595); Realkonkurrenz statt fortgesetzter Handlung (RG. Arch. **58**, 194) usw., a. M. B.-B. 533 und (durchaus isoliert) RG. **29**, 12.

[14] Manche sprechen von Klagänderung, Klagumgestaltung (RG. **29**, 270), Klagbesserung; — wenig korrekt, da das Verhalten des Klägers ohne Einfluß ist, auch die Klage prozessual schon durch den EBeschl. überholt ist.

[15] Über Einzelfragen L.-H. N. 3b, c, d, 5a, b. RG. **37**, 102, 353, **39**, 107. Ist der Angekl. nicht anwesend, so entfällt StPO. 264 nicht: RG. **12**, 45, **32**, 96, **35**, 66, Arch. **56**, 75, **57**, 194, abw. **57**, 442. — Hinweis ist auch bei völliger Gleichwertigkeit beider rechtlichen Gesichtspunkte geboten. RG. **36**, 23, 266.

[16] a. M. Bayr. ObLG., Arch. **58**, 224. Das ist eine Verkennung des materiellen Begriffes der Idealkonkurrenz und ebenso des Sinnes unserer deutschen Bestimmungen. Anders in England. Jemand hatte (nach deutscher Auffassung)

III. Vor Erlassung eines Sachurteils sind die allgemeinen Prozeßvoraussetzungen, soweit sie nicht ihre Rolle ausgespielt haben[17], und ferner die spezifischen Sachurteilsvoraussetzungen zu prüfen. Letztere fallen nicht unter die ersteren; ihr Mangel hat die bisherige Prozedur nicht gehindert, er hindert aber die Entscheidung über Existenz oder Nichtexistenz des staatlichen Strafanspruchs durch Verurteilung oder Freisprechung. Hierher ist zu rechnen 1. das Vorliegen eines ordnungsmäßigen, d. h. den Mußerfordernissen des § 205 StPO. genügenden, auf einer entsprechenden Anklage fußenden und nicht unter Mißachtung prozessualer Vorschriften[18] zustande gekommenen Eröffnungsbeschlusses[19]; 2. die Prozeßfähigkeit des Angeklagten[20]; 3. die spezifische Gerichtsbarkeit[21] des Gerichtes über die betreffende Sache (die z. B. nicht vor ein Militärgericht gehören darf); 4. der Nichtverbrauch des Strafklagerechts. Etwas anders liegt es mit der auch vielfach[22] hierher gezogenen Voraussetzung der Anwesenheit aller für die HVerh. nötigen Personen einschl. vorschriftsmäßiger Gerichtsbesetzung. Der Mangel dieser Voraussetzung hindert nicht bloß ein Sachurteil, sondern auch

einen Brandversicherungsbetrug begangen, bei dem ein Mensch ums Leben gekommen war. Er wurde (Kenny Cases 106; gegen Serné und Goldfinch) wegen Mordes (mit engl. dolus indirectus) angeklagt und freigesprochen. Im folgenden Jahr wurde er wegen Brandstiftung (arson) angeklagt und verurteilt. Will man in England die Kognitionsschranken erweitern, so muß die Anklageschrift (bill of indictment) mehrere Tatsachenerzählungen (counts), neben einander setzen. Jeder dieser Absätze der Anklage steht dann zur gesonderten Aburteilung bzw. Beantwortung durch die Jury — der Form nach kumulativ, der Sache nach vielleicht alternativ. Man sieht, das ist ein uns ganz fremdes System. Kenny, Outlines 461 f.

[17] Ausdruck von Beling B.-B. 382. So die sachliche Zuständigkeit wegen StPO. 269, 270, oben S. 76 und S. 238; die örtliche nach StPO. 16, 18, oben S. 85 — vgl. auch S. 139.

[18] Dies ist die einzige Art, die Mitwirkung eines judex inhabilis beim EBeschl., die Eröffnung vor Ablauf der Frist des § 199 StPO. u. dergl. m. zu rügen: a. M. Kries 579. Protokolle (1905) I 502. RG. **10**, 56 (nur im Ergebnis nicht zu billigen), **24**, 64, **32**, 79, grunds. auch **37**, 407. Im Sinne des Textes RG. **1**, 66, **27**, 125. Seuff. BlRAnwend. 07, 947: es war übersehen worden, daß der Angekl. wegen dieser Tat 1 Woche vorher außer Verfolgung gesetzt war und § 210 nicht vorlag; **43**, 118: EBeschl. war von nur 2 Richtern gefaßt (wenigstens konnte diese Behauptung nicht widerlegt werden). Anders JurWochSchr 1911, 247,[29]: EBeschl. war von 3 gefaßt, aber nur von 2 unterschrieben.

[19] Wegen „Verzichtbarkeit" des EBeschl. vgl. Lb. 56 N. 4, 52 N. 2.

[20] genauer ist zu sagen: bei voraussichtlich unbehebbarer Prozeßunfähigkeit liegt Mangel einer Sachurteilsvoraussetzung vor, vgl. ob S. 104 N. 13.

[21] Maßgebend ist der Augenblick der Aburteilung durch das Instanzgericht, RG. **38**, 70, **43**, 2[illegible]4.

[22] Kries 580 Nr. 2, 4, B.-B. 385 Nr. 2, 3 u. a. m.

ein Formalurteil und überhaupt jede Fortführung der HVerh.: es muß Vertagung eintreten. Mithin handelt es sich hier nicht um eine spezifische Sachurteilsvoraussetzung.

§ 86.

Die Urteilsfassung.

Kries § 70. Birkm. § 96 II B. B.-B. §§ 95, 96. Ullm. § 113 III, IV. Bind. § 90. Kroschel Abfassung der Urt. in Strafs. [7]1911.

I. Wird das Urteil nicht mit Gründen vollständig in das Protokoll aufgenommen[1], so ist es binnen drei Tagen[2] als besondere Urkunde zu den Akten zu bringen, StPO. 275 I. Es zerfällt dann in folgende Teile: Kopf, Tenor, Gründe, Unterschrift. Der Kopf (Rubrum, Eingang) enthält a) Angabe, in wessen Namen das Urteil erlassen ist[3]; b) Bezeichnung der Strafsache nach Namen des Angeklagten[4] und inkriminierter Tat; c) Sitzungstag; d) Namen der Richter, Schöffen, Staatsanwaltschaftsbeamten und GerSchr., StPO. 275 III.

II. Der Tenor (Urteilsformel, entscheidender Teil, Dezisive) ist der eigentliche, sachlich oder formal entscheidende Ausspruch des Gerichts, der stets durch Verlesung öffentlich verkündet wird, StPO. 267, GVG. 174. Mit Rücksicht hierauf muß eine möglichst jedermann leicht verständliche Formulierung gewählt werden[5].

---

[1] Lb. § 83 II (bis). Dann bedarf es unter den Gründen zunächst der Unterschrift der Richter und sodann des Protokollabschlusses durch Vorsitzenden und GerSchr.

[2] Dienstfrist, S. 137 N. 2, deren Verletzung nicht revisibel ist, RG. **31**, 349.

[3] „Im Namen des Reichs" Geschäfts-Odg. des RG. § 17. „Im Namen des Königs" Preuß. Verfassung Art. 86.

[4] Zweckmäßig auch die zur Feststellung der Identität erforderlichen Personalien (Vorname, Stand, Wohnort, Geburtstag und -ort, aber nicht Vorstrafen), so vorgeschrieben in Preußen, Allg. Verf. v. 7. Juli 1881 (JustMinBl. S. 152). Diese Angaben sollen nicht in den Tenor kommen, wie in der Praxis öfter geschieht. Daß der Tenor nicht die geeignete Stelle hierfür ist, sagt die Allg. Verf. v. 10. Jan. 1888 (JustMinBl. S. 10) in Abs. 3 a. E. ausdrücklich.

[5] Als korrekt erscheint daher eine Fassung 1. in direkter Rede; 2. mit Trennung des Schuldigspruches und der Straffestsetzung (oder Straffreierklärung, StGB. 199, 233); 3. mit Bezeichnung der Straftat möglichst nicht nur nach Paragraphenziffern; 4. mit tunlichster Vermeidung von Fremdwörtern. Z. B.: „Der Angeklagte ist der gefährlichen Körperverletzung im Zusammentreffen mit Widerstand gegen die Staatsgewalt schuldig, und wird deshalb unter Auferlegung der Kosten zu drei Monaten Gefängnis verurteilt. Dagegen ist er der öffentlichen Beleidigung nicht schuldig und wird insoweit freigesprochen".

III. Die Urteilsgründe 1. eines verurteilenden Erkenntnisses müssen enthalten (StPO. 266 I—III) a) die Angabe der direkt erwiesenen für den Strafanspruch relevanten[6] Tatsachen; b) nur instruktionell die Angabe der Indizien, Hilfstatsachen und Erfahrungssätze, aus denen auf direkt relevante Tatsachen geschlossen worden ist; c) die Subsumtion der direkt relevant erachteten Tatsachen unter die gesetzlichen Merkmale der strafbaren Handlung[7]; d) den Ausspruch, ob solche vom Strafgesetz „besonders" vorgesehenen[8] und in der Verhandlung behaupteten (S. 58 II) Umstände, welche die Strafbarkeit (oder Rechtswidrigkeit) ausschließen, vermindern oder erhöhen, als festgestellt erachtet sind, oder ob ihr Nichtvorliegen als festgestellt erachtet wird[9]; e) die Bezeichnung aller Strafgesetze, in der Regel nach Paragraphen[10], die auf Strafrahmen, -art und -maß eingewirkt haben, sowohl in der Hauptstrafe, wie in Nebenstrafen; f) nur instruktionell, die Angabe der Strafzumessungsgründe[11]; g) bei Annahme mildernder Umstände, oder bei Versagung solcher trotz Antrages, die Entscheidung hierüber[12]. Weitere Begründung ist nicht vorgeschrieben, aber wünschenswert; natürlich kann sie zur Aufhebung des Urteils führen, wenn sie einen Rechtsirrtum des Gerichts enthüllt. Übrigens ist StPO. 34 (S. 145 f.) auch hier in Geltung, soweit StPO. 266 schweigt; mithin, da die Entscheidung über einen Bußanspruch (RG. **43**, 75 a. E.), über subsidiäre Haftbarkeit Dritter oder über den Kostenanspruch selbständig anfechtbar ist, so bedarf sie auch der Begründung. — 2. Die Urteilsgründe eines freisprechenden Erkenntnisses, StPO 266 IV, können bedeutend kürzer gefaßt werden. Sie müssen nur ergeben, ob der Angeklagte für

---

[6] Dahin ist auch die Einsicht des StGB. 57, das discernement, zu rechnen; a. M. RG. **36**, 112, vgl. jedoch **29**, 99, **31**, 161.

[7] RG. **36**, 135, **41**, 20. RMilG. **1**, 105, **3**, 50, **4**, 153, **5**, 145, 180, 207.

[8] Die mildere Bestrafung der Beihilfe gegenüber der Mittäterschaft ist kein „besonders", sondern ein „allgemein" vorgesehener Umstand solcher Art, RG. **20**, 351.

[9] RMilG. **2**, 12, 82.

[10] RG. **32**, 351. — Bei Gesamtstrafe müssen die Einzelstrafen angegeben sein RG. **25**, 301 (ORAnw., mit Angabe der früheren Judikatur, und VerStSen.).

[11] Daher ist gleichgültig die Übergehung des Antrags auf Anrechnung der Untersuchungshaft, RG. **35**, 234. Vgl. dagegen Entw. 1909, 259 II S. 1 a. E.

[12] Gehen die Gründe über den Antrag mit Stillschweigen hinweg, so ist StPO. 266 III S. 2 verletzt. Ist das ein absoluter Revisionsgrund? (insbes. nach 377 Z. 7 wegen teilweisen Fehlens der Entscheidungsgründe?) Oder ist die Frage zu erörtern, ob das Urt. auf dem Fehler „beruht"? Im ersten und richtigen Sinn jetzt RG., I. (Arch. **56**, 76), III. (Arch. **56**, 320) und IV. Sen. Im zweiten Sinn II. (RG. **43**, 29) und V. Sen.

nicht überführt, oder ob und aus welchen Gründen die für erwiesen angenommene Tat für nicht strafbar erachtet worden ist. — 3. Die Urteilsgründe eines einstellenden Erkenntnisses oder einer sonstigen Formalentscheidung richten sich nur nach den allgemeinen Regeln (StPO. 34).

IV. Die **Unterschriften** aller mitwirkenden Richter (außer den Schöffen) sind erforderlich, StPO. 275 II.[13] Statt eines verhinderten unterzeichnet der Vorsitzende unter Angabe des Verhinderungsgrundes. Statt des verhinderten Vorsitzenden unterzeichnet der älteste Beisitzer. Auch mehrere können verhindert sein. Es genügt demnach im Notfall **eine** Unterschrift.

§ 87.

Die Rechtskraft des Urteils.

Kries § 71. Birkm. § 97. B.-B. § 98. Ullm. § 147 I—III. Bind. § 126.

I. Wir nennen ein Urteil formell rechtskräftig, wenn es durch Rechtsmittel nicht angreifbar ist. Der Prozeß ist dann regelrecht[1] beendet. Der Rechtskraft kommt aber noch eine weitergehende Wirkung auf künftige, erst anzustrengende Prozesse zu. Liegt ein rechtskräftiges Urteil vor, so dürfen die Parteien über das Entschiedene keine abermalige Verhandlung und Entscheidung verlangen. Hier reden wir von **materieller Rechtskraft**. Dieselbe Strafsache — individualisiert durch die Person des Beschuldigten und die ihm zur Last gelegte Tat (StPO. 263) — darf nicht nochmals Gegenstand eines Strafprozesses werden: ne bis in idem. Erkennt das Gericht[2], daß bereits res iudicata vorliegt, so ist dem weiteren Prozedieren ein Riegel vorge-

[13] Blanko-Unterschrift ist nach der ratio legis (L.-H. § 275 N. 4b) unstatthaft, a. M. RMilG. **5**, 180 (182); richtig **8**, 58, **11**, 15 (17); ebenso einseitige Abänderungen durch den Vorsitzenden nach Unterschrift durch einen Beisitzer, RG. **44**, 121.

[1] bis auf die außerordentlichen Behelfe der Wiederaufnahme und der Wiedereinsetzung.

[2] Einen besonderen „Einwand", wie vielfach auch vom RG. gesagt wird, braucht der Beschuldigte nicht zu machen. Ob res judicata vorliegt, ist auch in der Revisionsinstanz zu beachten, RG. **18**, 272, **25**, 27, **30**, 341, **35**, 368, **41**, 153, **43**, 168, a. M. betr. res in judicium deducta **37**, 55, vgl. auch **41**, 278. Es handelt sich dabei um eine Prozeßvoraussetzung; also sind die Geschw. hierüber nicht zu befragen. So RG. **43**, 60, wo zwar noch mit der unhaltbaren „Doppelnatur" (Lb. 36 N. 2) operiert wird, innerlich aber dieses Schlagwort überwunden erscheint. Wie hier, **Beling**, **Birkm.**, v. **Kries** u. a. (dort zit.) A. M. (Doppelnatur) Bayr. ObLG., Seuff. BlRAnwend. **76**, 138. OLG. Hamburg, Sörgel-Kr. Jahrb. **6**, 181[5]. RMilG. **15**, 259.

schoben und es ist auf Einstellung des Verfahrens zu erkennen. Diese Kraft kommt dem verurteilenden, wie dem freisprechenden Erkenntnis in gleicher Weise und in vollem Umfang zu[3]. Sie eignet aber auch dem Einstellungsurteil mit folgender Maßgabe: wurde eingestellt, weil die Prozeßvoraussetzung X fehlte, so kann ein neuer Prozeß, sobald X hinterher eintritt, wegen der gleichen Tat gegen den gleichen Täter insoweit angestrengt werden, als das Fehlen von X bisher der sachlichen Aburteilung entgegenstand[4].

II. Die materielle Rechtskraft kommt nur dem ausdrücklich vom Willen getragenen Ausspruch[5] eines Strafgerichts[6] zu. Sie bezieht sich auf den ganzen Umfang des Prozeßgegenstandes, wie er bei Kenntnis aller einschlägigen Tatsachen[7] im Augenblick der Urteilsfällung hätte

---

[3] Ein zweites Urteil de eadem re muß als nichtig angesehen werden, Beling Ztsch. **30**, 962, **31**, 279 u. dort zit.

[4] Jemand ist aus StGB. 226 angeklagt. Es ergibt sich, daß zwischen der Tat und dem Tode kein Kausalzusammenhang besteht. Strafantrag wegen einfacher Körperverletzung ist nicht gestellt, das Urteil lautet auf Einstellung des Verfahrens. Damit ist auch eine neue Verfolgung aus StGB. 223a ausgeschlossen; denn das Fehlen des Strafantrags stand der sachlichen Aburteilung insoweit nicht entgegen. So RG. **7**, 355, a. M. Kries 602. — Ebenso ergäbe sich: Wird jemand aus StGB. 236 angeklagt, heiratet er während des Prozesses die Entführte, und erfolgt nun wegen StGB. 238 Einstellung des Verfahrens durch Urteil, so kann eine neue Anklage nur durch Nichtigerklärung der Ehe und nur aus StGB. 236 erfolgen; nicht etwa aus StGB. 240, 241, 223 oder etwa wegen Notzuchtsversuches — denn nach allen diesen Richtungen stand die spätere Eheschließung einer sachlichen Aburteilung im ersten Prozeß nicht entgegen.

[5] Schreib- oder Fassungsfehler erwachsen nicht in RKraft, RG. **13**, 267. Keine RKraft, soweit versehentlich die Aburteilung unterblieb, RG. **19**, 227.

[6] Nicht durch Aburteilung im Disziplinarwege. Doch greift nach § 3 EG. z. MilStGB. Ahndung im Disziplinarwege und gerichtliche Strafverfolgung ineinander über, Lb. 30 N. 3, I b. Daher muß in diesem Verhältnis der Satz „ne bis in idem" gelten; so MilStGO. 157 I, 251, RMilG. **8**, 39 und schon vorher RG. **21**, 1. Anders, wenn der Disziplinarweg gesetzlich unzulässig war. Ein Unteroffizier hatte sich gegen MilStGB. 122 (Stoßen und Schlagen Untergebener) vergangen. Sein Hauptmann hatte diese Tat ungesetzlicherweise im Disziplinarwege durch einen Verweis geahndet. Später wurde der Unteroffizier vom LG. Prenzlau nach MilStGB. 122 verurteilt. Er berief sich auf res judicata. Das RG. **21, 1** verwarf seine Revision. Ein ähnlicher Fall RMilG. **6**, 244.

[7] Die Einheit der Tat (z. B. Dauerverbrechen) entscheidet (bedenklich daher RG. **33**, 46). Sind fortgesetztes Verbrechen und Kollektivdelikt mit der hM. als einheitliche Verbrechen anzusehen, so ist das am 1. Okt. 1901 aburteilende Gericht in der Lage, alle Einzelhandlungen bis zu diesem Tage mit abzuurteilen. Vor dem 1. Oktober 1901 liegende Einzelhandlungen können dann, auch wenn sie bei der Urteilsfällung völlig unbekannt waren, nicht zum Gegenstand einer neuen

gewürdigt werden können. Wer wegen unbefugten Schießens nach StGB. 367 Z. 8 oder 368 Z. 7 verurteilt oder auch freigesprochen wird, ist gegen Verfolgung wegen vorsätzlicher oder fahrlässiger Körperverletzung oder Tötung, auch wegen Mordes, desgl. wegen Sachbeschädigung, Brandstiftung, Jagdvergehens usw. gesichert[8]. Aburteilung wegen fahrlässiger Begehung deckt gegen Anklagen wegen Vorsatzes, ebenso Aburteilung wegen Versuchs gegen Anklage wegen Vollendung, und umgekehrt. Dieser Grundsatz der allseitigen Kognition (oben S. 238) ist jedoch nicht überall durchführbar. Wo er seine Grenzen findet, erheben sich auch Schranken der Rechtskraft. So kann die Spezialität der Auslieferung die Betrachtung der abzuurteilenden Tat unter anderen Gesichtspunkten hindern. Jemand ist wegen Mordes ausgeliefert und wird, da Aburteilung nur wegen Mordes statthaft ist, freigesprochen. Er verbleibt sodann noch über 3 Monate im Inlande (Lb. § 51 IV N. 6). Nunmehr kann er wegen fahrlässiger Tötung verurteilt werden[9]. Ähnlich, wenn die Kognitionsschranke daraus erwächst, daß sich die Tat als im Ausland begangen darstellt, der StAnw. aber keinen Verfolgungswillen kundgibt (StGB. 4 Z. 3), sondern vom Opportunitätsprinzip Gebrauch macht[10]. Genau das gleiche muß gelten, wenn sich die Tat als Privatklage-Delikt herausstellt und der StAnw. erklärt, die Verfolgung liege nicht im öffentlichen Interesse (StPO. 416)[11]. Dagegen unterliegt das Prinzip nicht der Disposition des Gerichtes. Wenn das Gericht die Sache absichtlich inhaltlich nicht erschöpft, sondern sich das Zurückkommen auf einen andern rechtlichen Gesichtspunkt vorbehält, so ist dieser Vorbehalt vollständig unwirksam[12].

III. In Rechtskraft erwächst der **Urteilsausspruch**, nicht die Urteilselemente (oder, was sich meistens damit decken wird, der Tenor,

Anklage gemacht werden. RG. **7**, 229 (Kuppelei), **26**, 299 (Glücksspiel), **36**, 42 (unlauterer Wettbewerb durch fortgesetztes Annoncieren). RMilG. **5**, 177 (falsche dienstliche Meldung durch Überreichung einer fortgesetzt falsch geführten Schießkladde). a. M. Kries 599. Anders, wenn Fassung eines neuen Vorsatzes und somit Nicht-Identität der Tat ausdrücklich festgestellt wird, RG. **35**, 1, **44**, 397; abweichend auch **41**, 108. Sinngemäße Schranke, bes. wegen § 398, in **42**, 373.

[8] Die eadem res muß nach allen ideell konkurrierenden Gesichtspunkten erschöpft sein, RMilG. **4**, 230, 243, 289, **2**, 142, **3**, 53, 166, 229. Auch wenn fälschlich freigesprochen, statt eingestellt ist, entsteht absolute Rechtskraft, RG. **35**, 368 (371 f.); dagegen **37**, 91. Unr. **44**, 255 durch Verneinung der Identität (extreme Durchführung der Ansicht des RG. über StGB. 265).

[9] RG. **37**, 91, **38**, 112 (118), **41**, 275 a. E. PreußJustMinBl. 1878 S 137).

[10] RG. **44**, 119. Vgl. Lb. 52 N. 3.

[11] hier a. M. RG. **11**, 128, **44** (119).

[12] RG. **15**, 133, **21**, 78. RMilG. **15**, 259.

nicht die Gründe). Abweichungen können sich ergeben durch die relative Rechtskraft, durch das Verbot der reformatio in pejus, sowie durch teilweise Aufhebung des Urteils in der Revisionsinstanz. Aus dem Grundsatz folgt, daß die Rechtskraft inhaltlich widersprechende Urteile nicht hindert [13]. Es ist möglich, daß wegen Begehung einer Tat, die nur einer verübt haben kann, erst der A und später der B verurteilt werden.

IV. Die Rechtskraft kommt auch den Entscheidungen der Sondergerichte [14] und denen in besonderen Verfahrensarten zu. Sie ist auch dem amtsrichterlichen Strafbefehl nicht abzusprechen, StPO. 450; wohl dagegen den Strafverfügungen der Polizei und den Strafbescheiden der Verwaltungsbehörden [15]. Die hier erörterten Wirkungen kommen ferner dem Nicht-Eröffnungs-Beschluß zu, sofern er sachlich einem freisprechenden Urteil gleichsteht.

Drittes Kapitel.

Die Rechtsbehelfe.

§ 88.

Allgemeine Sätze.

Kries § 74. Birkm. § 98. B.-B. §§ 104, 105. Ullm. §§ 140, 141. Bind. §§ 116 bis 121. v. Kries, Rechtsmittel des Ziv.- und des Str.-Proz. Bresl. 1880.

I. Unter dem Ausdruck „Rechtsbehelfe“ fasse ich die Rechtsmittel, die Wiederaufnahme des Verfahrens und die Wiedereinsetzung in den

[13] A hat im Aug. 1908 das Buch „Geheimnisse einer Brautnacht“ feilgehalten. Aus StGB. 184 Z. 1 angeklagt, wird er im Okt. rechtskräftig freigesprochen, da das Buch nicht unzüchtig sei. Er hält das Buch im Nov. wiederum feil. Aufs neue angeklagt, kann er verurteilt werden; die Begründung, das Buch sei nicht unzüchtig, erwächst nicht in Rechtskraft.

[14] Lb. § 11 I, II. — Ausländische Urteile werden nur insoweit zu beachten sein, als das deutsche Recht dies vorschreibt: StGB. 4 Z. 3, 5 Z. 1, 7, 37.

[15] Hierzu Ötker in BayrZtschRPfl. **7**, 1. — Richtig hinsichtlich der StrBescheide eines Seemannsamtes RG. **22**, 232. A. M. hinsichtlich der Strafbefehle RG. **4**, 243, **9**, 321, **14**, 358, **15**, 112, **28**, 83, Bayr. ObLG. in Seuff. BlRAnwend. **76**, 138, soweit ein anderer Gesichtspunkt auftauche. Als Grund gibt RG. an, der AR. sei nicht in der Lage, die Tat nach allen Richtungen hin so zu prüfen, wie es nach StPO. 263 in der HVerh. zu geschehen habe. Das ist falsch: der AR. hat die Möglichkeit und die Pflicht solcher allseitigen Prüfung, StPO. 448. So folgt aus dem Ausgangspunkt des RG. gerade die gegenteilige Entscheidung. Ebenso B.-B. 424 und mit anderen Gründen Kries, 596 f., sowie überhaupt die hM. — Hinsichtlich der Strafverfügungen und Strafbescheide a. M. Kries 597, Birkm. 775, 781, und teilweise, nämlich soweit der gleiche rechtliche Gesichtspunkt in Betracht kommt, RG. **34**, 165, **37**, 427, **41**, 153, **43**, 168. Die prozessualen

vorigen Stand zusammen. Als **Rechtsmittel** bezeichnet die StPO. Berufung, Revision, Beschwerde. Dem Begriffe nach sind RM. solche Prozeßhandlungen, die die Parteien vornehmen, um die Abänderung einer nachteiligen noch nicht rechtskräftigen [1a] richterlichen [1b] Entscheidung [1c] auf dem Wege der Nachprüfung [1d] durch einen höheren Richter [1e] (Devolutiveffekt) herbeizuführen. Die angefochtene Entscheidung muß den rechtlichen Interessen der Partei nachteilig sein; Voraussetzung jedes Rechtsmittels ist das Vorliegen einer **Beschwer**, eines gravamen [2]. Für die RM. gelten eine Reihe allgemeiner Sätze

---

Vorschriften des § 10 preuß. G. v. 23. April 1883 können nur z. T. für gültig erachtet werden.

[1] Daher fallen nicht unter diesen Begriff a) Wiederaufnahme StPO. 399, 402, nachträgliche Festsetzung einer hilfsweisen Freiheits-, einer Gesamtstrafe StPO. 491, 492, 494; b) Antrag auf gerichtliche Entscheidung gegen Strafverfügung StPO. 454, gegen Strafbescheid StPO. 460, gegen ablehnenden Bescheid des StAnw. StPO. 170; c) Wiedereinsetzung StPO. 44, soweit gegen Fristversäumung gerichtet; d) Wiedereinsetzung, StPO. 44, da zu der etwa ergangenen Entscheidung in der neuen Verhandlung und Entscheidung gar keine Stellung genommen wird; e) Einspruch StPO. 449, Einwand StPO. 179, Wiederaufnahme, Wiedereinsetzung. — Dagegen weist der Antrag auf Entscheidung des Berufungs- bzw. Revisionsgerichtes StPO. 360 II, 386 II alle obigen Merkmale eines RM. auf. Ebenso v. Spindler Ztsch. **27**, 454. Lucas Anleit. 301. Daher darf auch der Ehemann diesen Antrag stellen; hiergegen RG. **38**, 9. Ausgleichend E. 09.

[2] Keine Beschwer, wenn das freisprechende Urteil auf eine in den StProz. hineinspielende Besitzstörungsfrage gegen den Antrag des Angekl. nicht eingeht, RG. **4**, 355, **13**, 324. Keine Beschwer des Angekl., wenn er freigesprochen statt verurteilt ist, oder wenn er strengere Strafe wünscht, L-H. § 338 N. 2b. Kries 637. Kries Rechtsm., 49. B.-B. 441. RMilG. **7**, 302, **11**, 142, 297, **14**, 191. Keine Beschwer, wenn mangels Strafantrages Einstellung nach StPO. 259 II und nicht Freisprechung erfolgt, Kries Rechtsm. 50. Ullm. 584; Bind. G. 238, VI, 3; a. M. gelegentlich RG. **4**, 358, **20**, **46**, **42**, 399 (Ergebnis richtig). Überhaupt niemals über Einstellung, wenn der Angekl. Freisprechung begehrt, Ullm. 584; a. M. folgerichtig Birkm. 694, da er ja die Einstellung als eine andere Art der Verneinung des Strafanspr. auffaßt; anscheinend auch L.-H. a. O. B.-B. 414 N. 27. Keine Beschwer, wenn man nur wegen tätiger Reue (StGB. 163, 310) freigesprochen ist, a. M. Bind., Kries, Ullm., Ötker; oder wenn man nur wegen Verjährung freigesprochen ist, a. M. Kries, Rechtsm., Ullm., RG. **4**, 358, **42**, 399 (401) (gelegentlich). Überhaupt im allgemeinen keine Beschwer, um nur eine Abänderung der Gründe ohne Änderung der Entsch. zu erzielen; kein RM. des mangels Beweises Freigesprochenen, um für unschuldig oder doch unverdächtig erklärt zu werden, so v. Schwarze, Holtzend. Handb. II 250. Geyer, Lehrb. 792. Keller, Komm. § 338 N. 5. L.-H., 338 N. 2b. RG. **13**, 324. Bennecke 718. Bind. G. 237 VI 1. B.-B. 442. Darin keine Änderung durch § 1 G. betr. Entschäd. der im Wiederaufn. Freigesprochenen, da das Unterbleiben des Entschädigungsbeschlusses die einzige praktische Folge und diese selbständig anfechtbar. — Dagegen Beschwer, wenn Straffreierklärung statt

(StPO. 338—345, unten II), die aber nach StPO. 405 auch auf den Antrag auf Wiederaufnahme, den man daher als außerordentliches Rechtsmittel bezeichnen darf, Anwendung finden. Daneben stehen aber die Behelfe der Berufung und der Revision in engerer Beziehung und eine Reihe gemeinsamer Sätze (unter III) bringt sie einander besonders nahe.

II. Gemeinsame Sätze für Beschwerde, Berufung, Revision und Wiederaufnahme.

1. Die Befugnis zur Einlegung der Rechtsbehelfe, das Rechtsmittelrecht, steht der Staatsanwaltschaft und dem Beschuldigten zu, StPO. 338 I; natürlich aber auch denen, die, wenn auch nicht in der eigentlichen Strafsache, vice actoris (Privatkläger, Verwaltungsbehörde, Neben-Ankläger, Bußkläger) oder vice rei (Einziehungsbetroffene, subsidiär Haftende, Kostenpflichtige) stehen (S. 101 ff., 105 f., 129). Der Staatsanwaltschaft ist in Verkennung ihrer Parteistellung[3] die Befugnis eingeräumt, auch zu Gunsten des Beschuldigten RM. zu ergreifen, StPO. 338 II. Ein gleiches selbständiges RM. haben der gesetzliche Vertreter[4] und der Ehemann, StPO. 340; nur an die Frist, die für den Beschuldigten läuft, sind auch sie gebunden, außer dem gesetzlichen Vertreter im Falle StPO. 268 (Überweisung des Jugendlichen in eine Erziehungs- oder Besserungsanstalt, StGB. 56 II)[5]. Abhängig ist dagegen das Rechtsmittelrecht des Verteidigers, StPO. 339, oben S. 128. Wegen Angehöriger vgl. StPO. 322, 324, 401 II, oben § 33 V.

2. Die Form der Einlegung[6] ist a) zu Protokoll oder b) schriftlich, StPO. 348 I, 355 I, 381 I; die schriftliche Einlegung ist für die Revisionsanträge[7] und den Antrag auf Wiederaufnahme erschwert

Freispr.; wenn Überweisung in eine Erziehungs- oder Besserungsanstalt nach StGB. 56 II verhängt ist, RG. **7**, 180. Vgl. noch RMilG. **6**, 300.

[3] S. 105. Daher nicht über den Wortlaut auszudehnen. Keine gleiche Befugnis des Privatklägers und des Neben-Anklägers, S. 114 N. 5, S. 118. Keine Einlegung zu Gunsten anderer Personen, als des Beschuldigten, a. M. RG. **7**, 410. Kries 637. — Über RMRecht des amtlichen Vorgesetzten s. RG. DJurZtg. **15**, 1028.

[4] RG. **42**, 342 nimmt (gegen den ObRAnw.) an, daß das RM. mit Erlöschen der Vertretungsbefugnis derart hinfällig wird, daß das vorher wirksam eingelegte nicht mehr nachher von dem Exvertreter wirksam begründet werden kann.

[5] Unabhängig ist auch die Verwaltungsbehörde als Nebenklägerin, gemäß StPO. 469 I, s. Lb. § 110 V.

[6] Telephon oder Telegraph sind nicht ausgeschlossen, gewähren aber keine erleichterten Erfordernisse. RG. **38**, 282. RMilG. **15**, 107.

[7] Weit humaner MilStGO. 404.

durch das Erfordernis der Unterzeichnung durch den Verteidiger oder einen RAnw. (StPO. 385 II, 406 II)[8].

3. Eine Erleichterung der Einlegung besteht für den Inhaftierten, StPO. 341, MilStGO. 369 III, IV, bezüglich des Ortes und der Wahrung der Frist

4. Ein Irrtum in der Bezeichnung des zulässigen Rechtsmittels ist unschädlich, StPO. 342.[9]

5. Die Zurücknahme ist stets zulässig und tritt in Wirksamkeit, sobald die Erklärung dem Gericht zugeht. Soweit eine Frist für die Einlegung besteht, kann die Zurücknahme auch schon vor Fristablauf wirksam erfolgen, StPO. 344 S. 1. Der Verteidiger darf, da er kein selbständiges Rechtsmittelrecht hat, auch nicht selbständig zurücknehmen[10], sondern bedarf dazu einer ausdrücklichen Ermächtigung[11], StPO. 344 II. Die Personen des § 340 dürfen dagegen die Rechtsbehelfe, wie selbstständig einlegen, so auch selbständig zurücknehmen[12]. Abweichend ist das anomale Rechtsmittelrecht der Staatsanwaltschaft zu Gunsten des Beschuldigten ausgestaltet: ohne seine Zustimmung können die Rechtsbehelfe nicht zurückgenommen werden: StPO. 344 I S. 2. Im übrigen nimmt auch die Staatsanwaltschaft des Rechtsmittelgerichtes die staatsanwaltschaftliche Einlegung wirksam zurück[13]. Zur Zurücknahme genügt

---

[8] Freymuth Arch. **56**, 279. Vgl. oben S. 138 f. wegen des Sinnes der Unterzeichnung oder Aufnahme zu Protokoll.

[9] Falsa demonstratio non nocet. Anwendbar auch auf die WE., Bayer. ObLG., Sörgel-Kr. 1910, 204. — Aber falsche Form schadet! Legt jemand gegen ein SchwGUrt. die Beschw. ein, so ist sie gültig, wenn es in Revisionsform (Rechtfertigung zu Protokoll) geschieht; ungültig, wenn es in Beschwerdeform (privatschriftliche Rechtfertigung) geschieht. Dafür, welches RM. zu ergreifen sei, ist die äußere Form der Entsch. maßgebend, RG. **23**, 156 (statt Beschl. aus StPO. 270 war Urt. des LG. ergangen, Revision zulässig); **32**, 92 (statt Einstellungsurt. weil der Angekl. der Austrägalgerichtsbarkeit unterfiel, erging Beschl., gegen den Beschwerde ergriffen wurde; die später ergriffene Revision war unzulässig), vgl. auch **40**, 272, RMilG. **3**, 268 und dazu Beling Ztsch. **24**, 272. Im allgemeinen entgegengesetzt ist die Judikatur des RG. in Zivilsachen, Gaupp-Stein Komm. Bd. II 2 ff.

[10] Der Beschuldigte kann aber das vom Verteidiger eingelegte RM. seinerseits selbständig zurücknehmen.

[11] Die m. E. erst nach der Einlegung erteilt werden kann, a. M. L.-H. § 344 N. 9, RG. **28**, 142.

[12] a. M. L.-H., N. 8. Bind. 239. Eigentümliche Unterscheidung in RG. **24**, 385.

[13] wegen der Einheitlichkeit der StAnw., oben S. 108 f. Daher kann die Reichsanwaltschaft dies nicht tun, a. M. Puchelt, v. Kries, Ullmann, Isenbart, Binding, Ötker.

der Regel nach einseitige Erklärung. Hat aber die etwaige Hauptverhandlung bereits begonnen, so ist die Zustimmung des Gegners erforderlich, StPO. 345.[14] — Neben der Zurücknahme kennt StPO. 344 auch den Verzicht auf ein noch nicht eingelegtes RM.[15]. Diese Bestimmung bezieht sich nicht auf die Wiederaufnahme.

6. Suspensiveffekt kommt unbedingt nur der Berufung und der Revision zu, StPO. 357, 383; der Beschwerde und Wiederaufnahme dagegen nur fakultativ, StPO. 349, 400, und auch dieses ist in den Beschwerdefällen der §§ 360 II, 386 II a. E. ausgeschlossen.

7. Das Gericht, welches über den Rechtsbehelf entscheidet, ist entsprechend dem Prinzip der materiellen Wahrheit (Lehrb. § 21) durch StPO. 343 freigestellt: jedes RM. zu Ungunsten des Beschuldigten hat die Wirkung, daß die angefochtene Entscheidung auch zu Gunsten des Beschuldigten abgeändert oder aufgehoben werden kann[16]. Die relative oder partielle RKraft begründet Ausnahmen von diesem Grundsatz (Lb. 252 N. 26)[17].

8. Für den umgekehrten Fall gilt nicht das gleiche, sondern es ist prinzipwidrig ein Verbot der reformatio in pejus aufgestellt. Ist eine Berufung, Revision oder Wiederaufnahme zu Gunsten des Beschuldigten ergriffen worden, so darf das neue Urteil keine härtere Strafe als das frühere verhängen[18]: StPO. 372, 398 II, 413 II. Insofern besteht also dann eine relative RKraft (RG. **42**, 423). Dieser anomale Satz darf nicht ausdehnend interpretiert werden[19]. Sonach darf das neue Urteil die Tat des Angeklagten schwerer qualifizieren, und es darf bei Realkonkurrenz trotz teilweiser Freisprechung die frühere Gesamtstrafe beibehalten[20]. Für die Beschwerde gilt das Verbot nicht.

---

[14] Nach MilStGO. 372 ist dann Zurücknahme unzulässig.

[15] Verzicht vor dem erkennenden Ger.? Rissom Aschaffenburgs MonSchr. 6, 407.

[16] Findet auch auf RM. des Nebenkl. Anwendung, RG. **41**, 349 (351). JurWSchr. 1910, 203[15].

[17] Scheint verkannt vom KG. in Sörgel-Kr. Jahrb. 1910, 205[4].

[18] So die korrektere Formulierung in §§ 398, 413. Der erst von der Reichstagskommission eingefügte § 372 hat einen irreführenden Wortlaut, der in MilStGO. 396 verbessert worden ist, vgl. RMilG. **1**, 46. Unrichtig über die Entstehungsgeschichte B.-B. 592 N. 17. Wie hier E. 09, 330. — In Oldenburg scheint die Praxis das Verbot tot machen zu wollen, DJurZtg. 04, 545. Ztsch. **30**, 803. Lb. S. 109, N. 4.

[19] Er verschwindet aber auch nicht automatisch durch eine Kombination zweier RM.; so aber RMilG. **15**, 127 (Plen.), Lb. § 90 N. 2.

[20] So die hM. Die einzelnen Einsatzstrafen dürfen aber nicht höher als früher bemessen werden, RG. **26**, 167. Abweichend vom Text u. a. Ullm. 599

III. Gemeinsame Sätze für Berufung und Revision.

1. Für sie gilt eine Frist von einer Woche, die von der Verkündung des Urteils an läuft. War der Angeklagte (und im Falle des § 268 StPO. der gesetzliche Vertreter) bei der Verkündung nicht anwesend, so beginnt für ihn die Frist mit der Zustellung, StPO. 355, 381. Ebenso für die Verwaltungsbehörde als Privat- oder Nebenklägerin, StPO. 469 I. In diesem Falle steht möglicherweise auch die Wiedereinsetzung gegen das Urteil offen. Dann sind beide Behelfe zu verbinden; Berufung und Revision, für die die Frist sogleich beginnt, können bedingt eingelegt werden, StPO. 356, 382.

2. Sie können nur beim Gericht der Vorinstanz, beim judex a quo eingelegt werden, StPO. 355 I, 381 I.

3. War dem Beschwerdeführer bisher das Urteil mit Gründen noch nicht zugestellt, so hat das nun sofort zu geschehen, StPO. 357 II, 383 II.

4. Vom Fristende ab oder von der Zustellung (Nr. 3) ab läuft eine weitere Frist von 1 Woche für Rechtsmittelanträge. Solche Rechtfertigung und Begründung „kann" für die Berufung erfolgen, für die Revision „hat" sie bei Verlust des Rechtsmittels zu erfolgen, StPO 358, 384, 385. Zu E. 09 vgl. Lb. 255 N. 2.

5. Verspätete Berufung und Revision, nicht gerechtfertigte oder nicht rechtzeitig oder nicht formgerecht gerechtfertigte Revision[21] wird vom judex a quo durch Beschluß als unzulässig verworfen, StPO. 360, 386. Gegen diesen Beschluß gibt es als Rechtsbehelf einen Antrag auf Entscheidung des höheren Richters, des judex ad quem. StPO. 360 II, 386 II. Dieser Rechtsbehelf stellt sich als Beschwerde dar, wenn auch das Gesetz diesen Namen nicht gebraucht. Doch hat diese Beschwerde folgende Eigentümlichkeiten: a) sie ist an die Frist von einer Woche gebunden, ohne daß sie aber sofortige Beschwerde ist; b) der judex a quo darf seinen Beschluß nicht zurücknehmen[22]; c) der

---

(nur für die Berufung), Bind. 263 f., sowie neuerdings B.-B. 443 f. — Nimmt die erste Instanz StGB. 246, die zweite StGB. 242 an, so muß es bei der erkannten Geldstrafe verbleiben. So erklären sich die Verhängungen von Geldstrafen wegen Diebstahls und schweren Diebstahls, welche die Reichskriminalstatistik jährlich aufweist; desgl. Verweis wegen schweren Diebstahls. — Verhängung anderer Rechtsfolgen als der Strafe (z. B. einer Buße) ist durch das Verbot nicht ausgeschlossen, RG **44**, 294.

[21] Nur in diesen Fällen ist das Verfahren statthaft, L.-H. § 360 N. 2, § 386 N. 1. Unrichtig die Praxis, soweit sie dazu neigt, ein trotz voraufgegangenen Verzichtes eingelegtes RM. durch den judex a quo verwerfen zu lassen.

[22] RG. **37**, 292, **38**, 157, a. M. v. Kries, Ullmann u. a.

Suspensiveffekt tritt auch nicht fakultativ ein; d) es ist weitere Beschwerde als einfache Beschwerde zulässig[23].

6. Ist kein Anlaß, nach Nr. 5 vorzugehen, so findet nunmehr zur Wahrung gleicher Parteirechte Mitteilung an den Gegner statt, und zwar geschieht die Zustellung an den Angeklagten bei der Berufung durch die Staatsanwaltschaft, im übrigen durch den Gerichtsschreiber[24], StPO. 361, 387. Dann[25] erfolgt die Aktenübersendung von Staatsanwaltschaft zu Staatsanwaltschaft und die Übergabe an den Vorsitzenden des RMGer., StPO. 362, 387 II.

7. Das Rechtsmittelgericht kann das RM. durch Beschluß als unzulässig verwerfen, StPO. 363, 389. Der Beschluß des Berufungsgerichts ist durch sofortige Beschwerde anfechtbar, StPO. 363 II.

8. Die Tätigkeit des Rechtsmittelgerichts ist auf den Umfang begrenzt, in dem das Urteil des Vorgerichts angefochten wird, StPO. 368, 383, 392. Sie beruht demnach an sich auf dem Privatwillen des RMKlägers (so ObMilAnw. in RMilG. **15**, 134; vgl. Lb. § 90 N. 3), für dessen Auslegung natürlich wie überall der Wortlaut allein nicht entscheidend ist (RMilG. **12**, 87). Im übrigen erwächst das Urteil des Vorgerichts demnach in Rechtskraft[26]. Ist bei Realkonkurrenz nur eine Verurteilung angegriffen worden, so tritt für die übrigen relative RKraft ein[27].

---

[23] bestritten, L.-H. § 360 N. 3, N. 6. Vielfach wird StPO. 363 II auch auf diesen Fall bezogen und sofortige Beschwerde gegeben, so auch von Birkmeyer und Beling. — Die Entsch. des RevGer. ist stets unanfechtbar, StPO. 346 III.

[24] Ebenso OLG. Düsseldorf Arch. **58**, 258; a. M. Köln s. ebd.

[25] Bei der Rev. ist noch 1 Woche Frist für eine „Gegenerklärung" vorgesehen. StPO. 387. Doch ist solche für die Rev. nicht vorgeschrieben und für die Ber. nicht verboten.

[26] Greift z. B. der Angekl. nur das Strafmaß mit der Berufung an, so kann demnach in der Schuldfrage nichts mehr geändert werden, selbst wenn die Berufungsverhandlung die Unschuld des Angekl. ergibt. Vgl. L.-H. § 368 N. 2, B.-B. § 104 IV; a. M. v. Kries, Rechtsm. S. 97, 160 ff. Lehrb. S. 658 ff. Vgl. zu der Frage noch RMilG. **1**, 162, 241, 258, **2**, 136 u. unten S. 256 N. 3. Ist nur wegen Fehlens einer obligatorisch auszusprechenden Einziehung die Rev. eingelegt, so kann auch § 343 nicht angewendet und die unrichtige Schuldfeststellung nicht aufgehoben werden. So, gegen den Antrag des ObRAnw., RG. **42**, 30 (mit Übersicht über die ganze Judikatur des RG. zur Lehre von der partiellen RKraft; vgl. auch ObRAnw. in RG. **25**, 305). Ein beschränktes RM. wird als teilweiser Verzicht angesehen in RG. **39**, 393, **42**, 242 — letzteres insoweit nicht einwandfrei, als die RevAnträge doch wohl als Ganzes zu würdigen und zu interpretieren sind. So mit Recht RMilG. **12**, 87.

[27] So, nach Vorgang des III. Sen., **4**, 142, die VerStSen., RG. **25**, 298

9. Ist Nr. 7 nicht gegeben, so muß stets ein Urteil des Rechtsmittelgerichts ergehen, StPO. 363 S. 2, 389 II. Im ungünstigen Falle wird das RM. als unbegründet zurückgewiesen. Im günstigen[28] Falle lautet das Urteil stets auf Aufhebung des Vorderurteils, und es enthält ferner das Berufungsurteil regelmäßig eine Entscheidung in der Sache, ausnahmsweise eine Zurückverweisung in die Vorinstanz; das Revisionsurteil regelmäßig eine Zurückverweisung in die Vorinstanz, ausnahmsweise eine Entscheidung in der Sache. StPO. 369, 393–295, näheres unten.

§ 89.

Die Beschwerde.

Kries § 77. Birkm. § 101. B.-B. § 106. Ullm. § 146. Bind. § 124. Ferdinand Das RM. der Beschw. 1908.

I. Die Beschwerde ist das Rechtsmittel gegen andere Entscheidungen, als Urteile, um deren Nachprüfung in tatsächlicher wie rechtlicher Hinsicht herbeizuführen. Sie richtet sich also, StPO. 346, gegen die Beschlüsse des erstinstanzlichen oder des Berufungsgerichts und gegen die Verfügungen des Vorsitzenden, des UR., des AR., des beauftragten und des ersuchten Richters. Sie hat nur fakultativen Suspensiveffekt[1]. — Sie ist ferner das Rechtsmittel für Betroffene (StPO. 346 II)[2].

(mit dem ObRAnw.). — Andere Fälle, Beschränkung auf eine Nebenstr., auf den Strafantrag RG. **42**, 241, **43**, 363. — Dagegen kann es hinsichtlich des haftenden Dritten (Lb. § 33) keine relative RKraft geben. Vgl. über Einzelfragen, über Auslegung der RMErklärung, über deren spätere Ausdehnung Schneidler Württemb. Ztsch. für Rechtspflege und Verwaltung, Bd. 2, S. 81 ff.

[28] Es ist nur ein „Entweder — Oder" denkbar, RMilG. **8**, 181, **4**, 274. Das OKriegsGer. hatte erkannt: „Die Berufung wird verworfen, das Urteil wird aufgehoben. Das Verfahren wird eingestellt"

[1] StPO. 349. Abweichungen: a) stets aufschiebende Wirkung nach StPO. 81 III (Unterbringung in eine Irrenanstalt), GVG. 183 II (gegen Ordnungsstrafen wegen Ungebühr, die außerhalb der Sitzung oder gegen Anwälte verhängt werden); b) nie aufschiebende Wirkung nach GVG. 179 (gegen sonstige Ungebührstrafen), StPO. 123 (gegen Aufhebung des Haftbefehls), StPO. 360 II, 386 II (S. 247 N. 1 a. E., 251, 5).

[2] Nach der Justizstatistik für 1909 (Jahrg. XV, 1911) S. 211, wurden Beschw. erhoben beim LG. 24316, beim OLG. 8552, beim Bayr. ObLG. 943. Unter 8815 nach S. 286 beim OLG. anhängig gewordenen Beschw. war die I. Instanz gewesen das AG. oder SchG. in 2121, die StK. in 6277, das SchwG. in 417 Fällen. Es wurden 986 weitere Beschw. in Verhaftungssachen gegen die StK. erhoben.

Ausgeschlossen[3] ist die Beschwerde, a) soweit das Gesetz Entscheidungen ausdrücklich der Anfechtung entzieht[4], StPO. 346 I; b) gegen Entscheidungen des OLG.[5] und des RG., StPO. 346 III; c) gegen Beschlüsse des erkennenden Gerichts und gegen Verfügungen des Vorsitzenden des erkennenden Gerichts[6], soweit diese Entscheidungen der Urteilsfällung vorausgehen[7], StPO. 347, S. 1; d) gegen Beschlüsse des Beschwerdegerichts d. h. der StK. StPO. 352, 346 III. Die einzige Ausnahme, in welcher die von der StPO. 352 selbst so genannte „weitere Beschwerde", vgl. ZPO. 568 IV, zulässig ist, bilden die Beschlüsse und Verfügungen, welche Verhaftungen betreffen, StPO. 112—126.

II. Nach StPO. 353 ist einfache und sofortige Beschwerde zu unterscheiden. Die Fälle der letzteren s. in der Note[8]. Beide Arten der Beschwerde unterscheiden sich nur in folgenden Punkten: 1. Für die sofortige Beschwerde gilt eine Frist von 1 Woche, die ein-

---

[3] Soweit die Beschwerde nicht ausdrücklich ausgeschlossen, ist sie zulässig. Gerade umgekehrt die „Rechtsbeschwerde" nach MilStGO. 373 und die Beschwerde in Zivilsachen ZPO. 567.

[4] GVG. 75 II (Überweisung an SchG.). StPO. 28 (Zulassung einer Ablehnung), 46 II (Gewährung der Wiedereinsetzung), 200 (Aufklärung vor Eröffn.), GVG. 94 I, StPO. 279 II (Ausscheiden von Geschworenen, S. 97, **4 B c, 5 A b**), StPO. 388 (Unzuständigkeitserkl. des angegangenen Revis.Ger.), G. vom 20. Mai 1898 § 4 (Verpfl. der Staatskasse zur Entschäd. des im Wiederaufn.Verf. Freigesprochenen), G. vom 14. Juli 1904 § 4 (desgl. bez. des unschuldig Verhafteten). Teilweise oder einseitige Unanfechtbark.: StPO. 180 (Eröffn. der VU., S. 210 f.), 199 III (Beschl. über Gegenerkl. des Angesch.), 209, 270 (Eröffn.Beschl.).

[5] Einzige Ausnahme GVG. 160, Lb. S. 154, III.

[6] auch außerhalb der HVerh., so RG. **43**, 180. Sehr bestritten; beweisend erscheint namentlich die Berufung auf GVG. 82, vgl. L.-H. § 347 N. 2; s. aber auch StPO. 23 II.

[7] Ausnahme StPO. 347 S. 2; Entsch. über Verhaftungen, Beschlagnahmen, Straffestsetzungen, sowie gegen dritte Betroffene. Fernere Ausnahme StPO. 81 III, oben S. 174 N. 14, N. 15. Endlich muß als Ausnahme auch ein solcher Beschl. gelten, der die Inst. beendigen will, also dem Urt. nicht „vorausgeht", sondern es hindert, RG. **43**, 182.

[8] StPO. 28 I: Verwerfung eines Ablehnungsgesuches; 46 III, 455 III, 161: Verwerfung des Wiedereinsetzungsgesuches; 81 III: Beobachtung in einer Irrenanstalt; 122 II: Verfall einer Sicherheit; 180, 181: Eröffn. der VU.; 199 III: Ablehnung der VU., Verwerfung des örtl. Unzuständ.-Einwandes; 209 II, 270 III: Eröffn. des HVerf. bzw. Verweisungsbeschluß; 363 II: Verwerfung der Berufung als unzulässig; 412: Entscheidungen aus Anlaß eines Wiederaufn.-Antrags; 463 III: Festsetzung subsidiärer Freiheitsstr. bei Strafbescheid; 494 IV: nachträgl. Festsetzung einer Gesamtstr.; 501 III: Verurt. des Anzeigenden in die Kosten.

fache Beschwerde ist fristlos[9], d. h. sie kann solange eingelegt werden, als die Abänderung der Entscheidung noch ein gravamen beseitigt. 2. Die einfache Beschwerde ist beim judex a quo einzulegen, Einlegung beim Beschwerdegericht gilt nur in dringenden Fällen, StPO. 348 I; die sofortige Beschwerde kann bei beiden Stellen gültig eingelegt werden, StPO. 353 II S. 2. 3. Die mit einfacher Beschwerde angefochtene Entscheidung ist für den judex a quo abänderlich[10], StPO. 348 II, III; die mit sofortiger Beschwerde angefochtene ist es nicht, StPO. 353 III.

III. Für beide Arten der Beschwerde gilt: 1. Der Vorderrichter hat die Beschwerde, wenn ihr nicht abgeholfen wird oder werden darf, vor Ablauf von drei Tagen dem Beschwerdegericht[11] vorzulegen, StPO. 348 II. 2. Das Beschwerdegericht entscheidet ohne mündliche Verhandlung (jedoch StPO. 122, S. 200 III); Anhörung des Gegners wie der Staatsanwaltschaft steht ihm frei; es kann Ermittelungen anordnen oder vornehmen, StPO. 350, 351 I. 3. Das Beschwerdegericht verwirft entweder die Beschwerde als unzulässig oder als unbegründet oder es erläßt selbst die Entscheidung in der Sache[12].

§ 90.

Die Berufung.

Kries § 75. Birkm. § 99. B.-B. §§ 129, 130. Ullm. § 142. Bind. § 122.

I. Die Berufung ist das RM. gegen SchGUrteile[1], um deren Nachprüfung in tatsächlicher und rechtlicher Hinsicht herbeizuführen, StPO. 354, 364 III. Neue Beweismittel sind zulässig (beneficium novorum). Eine Bezeichnung der angefochtenen Punkte, eine Begründung des RM. ist nicht nötig[2]. Erfolgt sie, so ist die Berufungs-

---

[9] Ausnahmen: GVG. 183 (Ungebührstrafe); StPO. 360 II, 386 II (Verwerfung des RM. durch judex a quo). Hier besteht 1 Woche Frist.

[10] Er hat sogar abzuhelfen, wenn er die Beschw. für begründet erachtet, und er wird auch abhelfen dürfen, ohne daß Beschwerde eingelegt ist. Regel ist also: Zurücknehmbarkeit, RG. **37**, 112. — Abweichend StPO. 360 II, 386 II.

[11] Dies ist gegenüber AR. und SchG. die StK., gegenüber StK., UR. und Mitgliedern des LG. das OLG. Nur in Rechtshilfesachen, GVG. 160, und Sitzungspolizeisachen, GVG. 183, geht die Beschwerde stets an das OLG.

[12] Zurückverweisung in die Vorinstanz ist also, anders als nach ZPO. 575, ausgeschlossen, a. M. RG. **19**, 337. L.-H. N. 4. Birkm. 733. Kries 700.

[1] und gegen Urteile des AR., StPO. 211 a. E. Keine Berufung gegen Urteile der StK. und des SchwG. Anders die MilStGO., die im nichtsummarischen Verfahren stets Berufung kennt, §§ 378, 419.

[2] Dagegen nach E. 09, 316 ff. Begründungszwang. Belehrung des Angekl.

verhandlung und die Tätigkeit des Gerichts auf diese Punkte beschränkt, StPO. 359, 368, und alle übrigen Punkte erwachsen, soweit sie gesonderter Gegenstand einer Entscheidung sein können, in Rechtskraft[3]. Erfolgt sie nicht, so gilt der ganze Inhalt des Vorderurteils als angefochten, StPO. 359 S. 2. RG. 33, 339.

II. Die Vorbereitung der Hauptverhandlung erfolgt, da die Berufung grundsätzlich wie eine erstinstanzliche Verhandlung (vollständige Neuaufrollung und Neuprüfung des Beweismaterials) behandelt wird, genau wie in erster Instanz, StPO. 373, 364 I. Die Ladung des Angeklagten enthält einen Hinweis auf § 370 (unten V); sie muß auch erfolgen, wenn Angehörige die Berufung ergriffen haben, StPO. 364 I S. 2, 371. Die in erster Instanz vernommenen Zeugen und Sachverständigen müssen stets geladen werden; es sei denn, daß ihre wiederholte Vernehmung zur Aufklärung der Sache nicht erforderlich erscheint, StPO. 364 II. Im übrigen gilt alles in unserem § 79 Gesagte. Auch wenn der Angeklagte keinen förmlichen Ladungsantrag nach StPO. 218 stellt, ist auf die bloße Benennung von Personen in der Berufungsrechtfertigung Rücksicht zu nehmen, StPO. 364 IV.

III. Der Gang der Hauptverhandlung bewegt sich nach der Darstellung unseres § 81. Doch schiebt sich zwischen Nr. 3 und 4 ein Vortrag des Berichterstatters über die Ergebnisse des bisherigen

---

darüber durch den GerSchr. Frist 1 Woche, Form wie heute bei der RevEinlegung. Sonst Verwerfung durch den judex a quo; dagegen sofortige Beschw.

[3] oben S. 252 N. 26, 27. Natürlich kann nicht die Tatfrage oder die Rechtsfrage allein in RKraft übergehen und ähnl.; B.-B. 572. Beling Ztsch. **30**, 479 N. RMilG. **14**, 3. Sonst aber erwächst das Urteil in „objektiv relative Rechtskraft", B.-B. 440, z. T. abweichend RMilG. **2**, 184; dagegen Beling Ztsch. **24**, 273. Inzwischen ist RMilG. durch die Plenarentsch. **8**, 115 voll auf den Boden der Lehre von der rel. RKraft getreten; vgl. noch **6**, 151, **8**, 172, 239, **10**, 216, **11**, 17. Eine Abweichung enthält jedoch die neue Plenarentsch. **15**, 127. Dasselbe Urt. erster Inst. ist vom Angekl. hins. der Schuldfrage, vom Ankläger mit Beschränkung auf die Straffrage angefochten worden. Das BerGer. findet, daß die Tat schwerer zu qualifizieren ist, als in I. Inst. geschehen, und unter ein härteres StrGes. fällt. Hat nun das BerGer. die Strafe diesem härteren Paragraphen oder dem in I. Inst. angewendeten milderen Paragraphen zu entnehmen? Das Plenum nimmt das erstere an. Mit Unrecht; denn es verletzt damit sowohl das Verbot der reform. in pejus, wie die Schranke der relativen RKraft, und verkennt vor allem, daß die ganze Grundlage für die Tätigkeit des RMGer. der Privatwille des RMKlägers (Lb. § 88 III 8) ist. In einleuchtender Klarheit setzt dieses im Gegensatz zum Plenum der Obermilitäranwalt (ebd. 133 ff.) auseinander. Er betont auch, daß ein Ergebnis, das durch keines der beiden ergriffenen RM. isoliert zu gewinnen wäre, unmöglich durch eine Kombination beider erreicht werden dürfe.

Verfahrens ein, bei welchem das Urteil erster Instanz stets zu verlesen ist, StPO. 365. — Nr. 5, Verlesung des Eröffnungsbeschlusses, fällt fort. Nr. 9 und 10 sind hier: Schlußvortrag des Beschwerdeführers (Appellanten, Provokanten), und: Schlußvortrag des Gegners (Appellaten, Provokaten), StPO. 367. Die Beweisaufnahme weicht ebenfalls von dem in unserem § 82 Erörterten nicht grundsätzlich ab. Doch gelten die Regeln S. 226, 228 in Privatklage- und Übertretungssachen (in welchen die BerufungsStK. mit 3 Richtern besetzt ist) nicht, StPO. 244 II. Im übrigen aber besteht Gebundenheit des Gerichts, trotz der Freiheit in erster Instanz (da für die SchG. § 244 I nicht gilt). — Die nochmalige Vernehmung von Zeugen und Sachverständigen darf — eine erhebliche Beeinträchtigung der Unmittelbarkeit — durch Verlesung der Aussageprotokolle aus erster Instanz[4] ersetzt werden, StPO. 366, MilStGO. 392; es sei denn, daß die wiederholte Vorladung erfolgt oder von dem Angeklagten rechtzeitig vor der HVerh. beantragt ist. In diesen Fällen darf die Verlesung nur stattfinden, wenn Staatsanwaltschaft und Angeklagter zustimmen[5]. Endlich enthält StPO. 366 a. A. noch den Satz, daß verlesbare Schriftstücke schon bei der Berichterstattung, also vor der eigentlichen Beweisaufnahme, verlesen werden können[6].

IV. Das Urteil des Berufungsgerichts (vgl. unseren § 88 III Nr. 9) lautet nach Ermessen auf Zurückverweisung in die Vorinstanz, wenn das erste Urteil an einem revisiblen prozessualen Mangel leidet[7], StPO. 369 II. Eine Besonderheit gilt für den Fall, daß die erste Instanz ihre Zuständigkeit mit Unrecht angenommen hat, StPO. 369 III. Es erfolgt dann Aufhebung des Urteils und Verweisung an das zu-

---

[4] Daher die Vorschrift über Protokollierung dieser Aussagen in StPO. 273, oben S. 234 d. — Vgl. RMilG. **13**, 95.

[5] Stillschweigen soll genügen nach RMilG. **13**, 249.

[6] E 09 gestaltet die Ber. mehr zum judicium novum. Das Resümé des Berichterstatters, die eingeflochtene Verlesung von Schriftstücken, die Verlesung von Protokollen I. Inst. fallen fort. Das Novenrecht beider Teile ist auch für Tatsachen, nicht bloß für Beweismittel ausdrücklich ausgesprochen.

[7] d. h. an einem Mangel, welcher die Revision wegen Verletzung einer Rechtsnorm über das Verfahren (StPO. 376—378) begründen würde, falls nämlich das erste Urteil mit der Revision statt mit der Berufung anfechtbar wäre. Das Revisionsrecht gilt insoweit demnach auch für die Berufungsinstanz. Die Fassung von StPO. 377 Z. 2 und 3 trägt dem durch die (sonst sinnlose) Erwähnung des Schöffen Rechnung. — Ob der Mangel gerügt ist, bleibt gleichgültig, falls er nur nicht durch den Eintritt relativer Rechtskraft gedeckt ist, vgl. Bind. 248, RG. **39**, 393.

ständige Gericht[8]. Diese Entscheidung ergeht in Urteilsform. Ist die StK. selbst örtlich und sachlich zuständig, so fällt die Verweisung fort und die StK. erkennt sofort[9] in der Sache selbst, ebenfalls unter Aufhebung des früheren Urteils. Hierbei ist aber die StK. als Gericht erster Instanz tätig, danach bestimmt sich Gang der HVerh., Art der Beweisaufnahme und Anfechtbarkeit des Urteils[10].

V. Ausbleiben des Angeklagten: 1. Ein echtes Kontumazialverfahren schreibt StPO. 370 dann vor, wenn er als Appellant unentschuldigt ausbleibt und auch keinen zulässigen Vertreter (S. 127) sendet. Seine Berufung wird alsdann sofort verworfen. 2. Ist er nicht Appellant, so kann, auch wenn die Berufung zu seinen Gunsten ergriffen ist, ohne seine Gegenwart verhandelt werden[11]. Es kann aber auch Vorführungs- oder Haftbefehl ergehen, StPO. 370 I a. E., 371 a. E. — Gegen jedes ohne seine Gegenwart ergangene Urteil hat der Angeklagte die Möglichkeit der Wiedereinsetzung, StPO. 370 II.

§ 91.

Die Revision.

Kries § 76. Birkm. § 100. B.-B. §§ 131—133. Ullm. §§ 143—145. Bind. § 123. Löwenstein, Revision in Strafsachen, Berlin 1900. O. Mayer GerS. **73**, 238 (nach MilStGO.). Beling Revision wegen „Verletzung einer Rechtsnorm über das Verfahren" im Str.Proz. Ein Beitrag zur Systematik der Urteilsmängel. (Festschr. für Binding) 1911.

I. Die Revision[1] richtet sich gegen alle Urteile der StK. und der SchwG., sowie gegen diejenigen dem Urteil vorausgegangenen Entscheidungen, welche vermutlich auf das Urteil von Einfluß gewesen sind, StPO. 374, 375. Sie will eine Nachprüfung in rechtlicher Hinsicht, aber nur in Beziehung auf einzelne ausdrücklich gerügte Punkte herbeiführen, StPO. 376, 384.[2] Während die Berufung im Zweifel

[8] also bei bloß örtlicher Unzuständigkeit an ein anderes SchG., sei es im gleichen, sei es in einem andern LGBezirk; bei bloß sachlicher Unzuständigkeit an das SchwG. oder das RG. — wegen der StK. s. Text; bei örtlicher und sachlicher Unzuständigkeit an ein anderes LG., sei es StK., sei es SchwG.

[9] Ohne Verweisungsbeschluß, aber event. mit Zuziehung von 2 weiteren Richtern, vgl. GVG. 77, RG. **19**, 173.

[10] RG. **9**, 282, **20**, 390, **22**, 113, **35**, 157.

[11] im ersten Fall ohne Beweisaufnahme — Kontumazialverfahren; im zweiten mit Beweisaufnahme — Eremodizialverfahren; B.-B. 520, 578.

[1] Der Name paßt nicht; „Richtigkeitsbeschwerde" wäre die bessere Bezeichnung. L.-H. N. 1 vor § 374. Bind. 261 f.

[2] Sie ist, nach Bindingschem Ausdruck, stets echtes Zweitinstanzverfahren, während die Berufung ebensogut ein zweites Erstinstanzverfahren sein kann.

unbeschränkt den ganzen Umfang des Vorderurteils ergreift, ist die Revision stets beschränkt. Es ist daher stets eine Bezeichnung der angefochtenen Punkte, eine Begründung der Revision durch sog. Revisionsanträge, StPO. 384, notwendig.

II. Die Voraussetzungen jeder Revision, und zwar sowohl im Zivil- wie im Strafprozesse, ZPO. 549, StPO. 376, sind 1. Behauptung (RMilG. **15**, 22) einer Gesetzesverletzung[3]; 2. Behauptung eines Kausalzusammenhanges zwischen der Gesetzesverletzung und dem Urteil[4]. Der Nachweis einer Gesetzesverletzung reicht demnach nicht zum Erfolg der Revision aus, wenn die Verletzung keinen Einfluß auf das Urteil gehabt haben kann[5]. Dagegen stellt StPO. 377 in einer Reihe von Fällen eine unwiderlegliche Rechtsvermutung für den Kausalzusammenhang auf. Bei zusammenhängenden Strafsachen ist es natürlich möglich, daß nur die eine oder die andere betroffen ist. Diese Fälle decken sich im Straf- und Zivilprozeß (ZPO. 551) zum Teil: a) ungehörige

---

[3] Nichtanwendung des Gesetzes wird ausdrücklich als „Gesetzesverletzung" bezeichnet. Unterschiede, wie sie ZPO. 549 u. die Kais. Vdg. v. 20. Sept. 1879 machen, kommen hier nicht in Betracht. Vgl. aber GVG. 123 Z. 3, oben S. 86. — „Gesetz" ist nach StPO. 376 II gleichbedeutend mit Rechtsnorm, also mit Gesetz im materiellen Sinn. Es gehören in diese Kategorie daher auch Staatsverträge (z. B. AusliefVerträge, vgl. RVerfass. Art. 11 III, PreußVerfass. Art. 48; RG. **12**, 381 [384], **21**, 180, **43**, 264 [268, ObRAnw.], RMilG. **14**, 148), Gewohnheitsrecht (RG. **9**, 299), Rechtsverordnungen (nicht nur Polizeiverordnungen, RG. **28**, 196), autonome Satzungen. Nicht revisibel sind dagegen Verwaltungsnormen, Dienstbefehle, instruktionelle, reglementsmäßige, geschäftsdienstliche Vorschriften (RG. **1**, 125, **29**, 180, **42**, 169, letzteres betr. StPO. 256, RMilG. **12**, 164 zu MilStGO. 192 I). Unlogik bei der Gesetzesanwendung ist selbstverständlich ebenfalls unrichtige Gesetzesanwendung. Auch der Verstoß gegen die Denkgesetze begründet somit die Rev., RMilG. **12**, 124 f., **13**, 27 f.

[4] Das „Beruhen" auf der Gesetzesverletzung wird sich vielfach nicht exakt nachweisen lassen. Denn, wie die Vorinstanz bei richtiger Auffassung des Gesetzes entschieden haben würde, weiß man eben meistens nicht. Demnach muß die Möglichkeit des Kausalzusammenhanges innerhalb vernünftiger Schranken praktisch ausreichen, um der Revision zum Siege zu verhelfen. Hieran hält RG. nicht immer fest; sehr bedenklich z. B. **44**, 346, wo die falsche Ablehnung einer Hilfsfrage für unwesentlich (§ 377 Z. 8) erklärt wurde: die Geschworenen würden nach Überzeugung des RevGer. nicht anders geantwortet haben. Und das in einer Kapitalsache! Vgl. auch Arch. **57**, 440.

[5] so RG. **1**, 210, 254, **9**, 69, 310, **10**, 135, **20**, 33, **23**, 77, **29**, 294 (299), **31**, 135, **39**, 257, **42**, 95, 105, **44**, 381; fraglich **42**, 8 f. RMilG. **1**, 232, **4**, 5, **5**, 184, **6**, 30, 307, **11**, 142. Insbesondere, wenn die Verletzung in der Vorinstanz saniert ist, **41**, 217, 404.

Zusammensetzung[6] des Hauptverhandlungspersonals; b) irrige Annahme der örtlichen oder sachlichen Zuständigkeit[7]; c) Verletzung der Vorschriften über die Öffentlichkeit[8]; d) Fehlen der Entscheidungsgründe[9]. Dazu tritt e) speziell für den Strafprozeß als Z. 8 in § 377 der Fall, daß die Verteidigung in einem für die Entscheidung wesentlichen Punkte durch einen Beschluß des Gerichts unzulässig beschränkt worden ist.

III. Revisionsbeschränkungen finden sich in folgenden Bestimmungen: 1. Die Revision zu Ungunsten des Angeklagten kann nicht auf prozessuale Rechtsnormen gestützt werden, welche lediglich zu Gunsten des Angeklagten gegeben sind, StPO. 378[10]. 2. Wenn der Angeklagte von den Geschworenen für nicht schuldig erklärt worden ist[11], so hat der StAnw. die Revision nur wegen unrichtiger Fragestellung und wegen ungehöriger Zusammensetzung des HVerhPersonals (oben II a); wegen anderer prozessualer Mängel niemals, StPO. 379. 3. Die Urteile der BerufungsStK. sind wegen prozessualer Mängel überhaupt nicht anfechtbar[12], StPO. 380. Eine Ausnahme bildet die

---

[6] Z. 1, 2, 3, 5 in StPO. 377 und ZPO. 551. — Z. 1: nicht vorschriftsmäßige Besetzung des Gerichts, vgl. S. 68 N. 3, 90 N. 2, oder der Geschworenenbank, S. 97 f. Nr. 5. — Z. 2: Mitwirkung eines judex inhabilis, Lb. § 29 III. — Z. 3: Mitwirkung eines abgelehnten Richters, wenn das Ablehnungsgesuch entweder für begründet erklärt war oder (diese Alternative fehlt in ZPO.) mit Unrecht verworfen worden ist, Lb. § 29 IV. — Z. 5: Abwesenheit der StAnw.schaft oder einer Person, deren Anwesenheit das Ges. vorschreibt, Lb. § 80 I, II. ZPO. ist natürlich abweichend formuliert.

[7] Z. 4. ZPO. nennt auch die Unzuständigkeit, was nach StPO. 16, 18, 270 unnötig ist.

[8] Z. 6, Lb. § 14, S. 44, N 2, S. 45 N. 12.

[9] Z. 7. Vgl. S. 145, 241 f.; RG. **40**, 184 (hier war nur die Formel vorhanden). Auf bloße Mängel der vorhandenen Gründe ist Z. 7 nicht auszudehnen, RG. **43**, 298.

[10] RG. **5**, 218, und (kaum zutreffend) **3**, 384, **29**, 44.

[11] Durch einen korrekt zustande gekommenen Spruch, bei dem das Berichtigungsverfahren weder fälschlich angewendet, noch fälschlich unterlassen ist, vgl. L.-H. N. 4. 5, B.-B. § 132, I 2. RG. **6**, 317, **2**, 95.

[12] Die Beruf.StK. können sich somit ohne Gefahr für ihr Urteil über sämtliche Vorschriften der StPO. hinwegsetzen und diese Souveränität ist der Praxis nicht unbewußt geblieben. Scharf gegen die verfehlte Bestimmung L.-H. N. 4. K. Schmidt § 380 erläutert und beurteilt, 1885. E. 09 streicht den § 380. (Mot. 184 f.) Einige Einzelfragen seien nach Entscheidungen der OLG. (aus Arch. und Sörgel-Kr., letzte Bde.) hervorgehoben: Sind die Sätze über den Strafantrag materiell- (Braunschw., Bayern, Köln) oder prozeßrechtlich (Breslau, Colmar, Karlsruhe, Oldenburg, Rostock)? Gehört die Kostenpflicht zum materiellen (Darmstadt, Jena, Stuttgart) oder zum Prozeßrecht (Dresden)? Rechtskraft und „ne bis

Verletzung des § 398,[13] also der Fall, daß eine BerufungsStK., nachdem ihr früheres Urteil vom Revisionsgericht aufgehoben und die Sache zurückverwiesen ist, entweder a) sich nicht an die Rechtsansicht des Revisionsgerichts bindet; oder b) in dem neuen Urteil eine härtere Strafe verhängt, wiewohl das frühere Urteil nur von dem Angeklagten (bzw. zu seinen Gunsten) angefochten worden war.

IV. Die prozeßrechtliche (d. h. auf Verletzung einer Rechtsnorm über das Verfahren — einschl. der Gerichtsverfassung — gestützte) und die materiellrechtliche Revision („wegen Verletzung einer andern Rechtsnorm")[14] unterscheiden sich außer in der Zulässigkeit[15] auch in der Begründung, die ersehen lassen muß, welche von beiden Revisionen gemeint ist, StPO. 384 II. Auch tritt für die erstere noch ein Mußerfordernis hinzu: Bezeichnung der den Mangel enthaltenden Tatsachen, StPO. 384 II S. 2. Im Fall der Unterlassung würde Verwerfung des RM. als unzulässig durch das Revisionsgericht nach § 389 I erfolgen. Die bezeichneten Tatsachen unterliegen der Beweisaufnahme und Prüfung in der Revisionsinstanz, StPO. 392 I.[16]

---

in idem" — sind sie materiell- (KG., Bayern, Hamburg) oder prozeßrechtlicher Natur Breslau)?

[13] Verletzung des § 372 ist dagegen an sich irrevisibel. Jedoch wird häufig zugleich materielles Recht verletzt sein, Gerland Ztsch. f. RPfl. in Bayern 7, 125. Ebenso grundsätzlich L.-H. N 1c, a. M. jedoch K. Schmidt S. 62, Kries 678, N. 3. — Für materiellrechtlich (s. N. 12) erklären die Vorschrift KG., Colmar, Darmstadt; für prozessual Bayern, Breslau, Dresden, Hamm.

[14] Beling Rev. usw., unterwirft die Scheidung einer scharfen Kritik (bes. S. 11 f., 45 f., 50, 74, 76 f.). Er will unterscheiden, ob äußere Umstände das Urteil verboten, oder ob es innerlich nicht zulässig war (äußerer — innerer Urteilsverstoß). Die übliche Scheidung sei unhaltbar, weil alle in Betracht kommenden Gesetzesverletzungen Verstöße in procedendo, und zwar in judicando, seien. Das ist zwar richtig, hindert aber die fragliche weitere Scheidung gerade so wenig, wie uns die Auffassung des Verbrechens als Verletzung staatlicher Interessen daran hindert, eine weitere Scheidung in Verbrechen gegen Rechtsgüter des Einzelnen und der Gesamtheit vorzunehmen. Diese Polemik hat also nur terminologischen Wert. Genau genommen ist auch der Ausdruck „Gesetzesverletzung" angreifbar; denn er gibt nur ein Bild, und sogar ein schiefes. Daß die übliche Scheidung, wonach jede Rechtsnorm ganz abstrakt und ohne eine Rücksicht auf den Einzelfall (wie Beling sie nimmt) in die eine oder die andere Klasse (prozessuale — materiellrechtliche) zu rechnen ist, dem Sinne der StPO. entspricht, das geht aus dem in § 380 gegebenen abstrakten Beispiel des § 398, sowie auch aus § 397 hervor.

[15] oben II, III. Begünstigung der prozeßrechtlichen Revision durch § 377, Beschränkung durch §§ 378—380. Beling Rev. usw. S. 7 f.

[16] Auch hier gilt StPO. 153 II und Prinzip der materiellen Wahrheit. Das

Dies ist die einzige Möglichkeit, wie ein Revisionsgericht in das Gebiet tatsächlicher Feststellungen hinübergreifen darf[17]. — Bei der materiellrechtlichen (sachlichen) Revision ist eine gleich genaue Bezeichnung des gerügten Fehlers nicht nötig. Wird nur gesagt, der Diebstahlsbegriff sei verkannt, oder StGB. 242 sei unrichtig angewendet, so genügt das. Das Revisionsgericht hat nunmehr von Amts wegen zu prüfen, ob bei der Verwendung des Diebstahlsbegriffes oder des § 242 StGB. irgend ein nur erdenklicher Rechtsirrtum untergelaufen sei[18]. Jedes Mehr von Begründung ist überflüssig, aber auch, wenn unrichtig, unschädlich[19], StPO. 384 II, 392 II.

scheint verkannt RMilG. **11**, 15 (17). Über Einzelheiten s. B.-B. 590 N. 12. 13. Seltsame Einschränkungen in RG. **11**, 261, **35**, 164. In beiden Fällen entzieht sich das RG. der Pflicht, die korrekt bezeichneten Tatsachen zu prüfen. Im ersten Fall war die Verstandesschwäche einer Zeugin, die demnach nicht hätte beeidigt werden dürfen, — im zweiten Fall eine unzulässige Vorhaltung an den Angekl., hinsichtlich deren das Sitzungsprotokoll keine Beweiskraft besaß, unter Beweis gestellt. In beiden Fällen und ebenso in **25**, 362 weigerte das RG. die Beweisaufnahme, im ersten Fall in unzweifelhaftem Widerspruch mit früheren, dort zit. Entscheidungen. Wie RG., auch RMilG. **14**, 203 in gleicher Frage. Grundsätzlich anders RMilG. **15**, 194. Wie hier Beling Rev. usw. S. 9, 33. B.-B. 590, N. 13. Desgl. RG. selbst in **20**, 163, **27**, 144, **31**, 232. Ein Gegenstück in N. 19.

[17] „ausnahmsweise" sage ich nicht (Beling Rev. usw., S. 7 N. 3).

[18] z. B. Unlogik und Denkfehler, RMilG. **13**, 21 (27), 211. Trotz Unhaltbarkeit der RevRüge kann sich das Urt. aus andern Gründen als materiell verfehlt darstellen, RG. **43**, 11, 72. Umgekehrter Fall: „Recht" **15** Nr. 1857. Beschränkung der Revision auf die Frage der Gesamtstrafe ist möglich, RG. **37**, 284.

[19] So RG. **5**, 186, **12**, 434, **25**, 27, **35**, 367. Rügt der Angekl. also Verletzung des § 242 StGB., „weil er zur Zeit des Diebstahls meilenweit entfernt gewesen sei", so läuft der Satz mit „weil . . ." offenbar auf eine Bekämpfung der tatsächlichen Feststellung hinaus; er enthält also eine unrichtige und sogar unlogische Begründung der voranstehenden Behauptung. Aber nach § 392 II ist er unschädlich; es ist also so anzusehen, als wenn er gar nicht da stünde. Demnach hat das RevGer. nach allen Richtungen die Anwendung des § 242 StGB. durch die Vorinstanz zu prüfen und also stets durch Urteil, nicht etwa durch Beschluß zu entscheiden. Abweichend die Praxis mancher OLG. und RG. **40**, 99 (entgegen dem Antrag des ORAnw.), sowie RMilG. **9**, 241. — Anders liegt die Sache natürlich, wenn der Angekl. lediglich anführt, „er sei unschuldig verurteilt worden", RG. **1**, 257. — Sehr eigentümlich RG. **35**, 368 durch die Berücksichtigung nicht festgestellter Tatsachen, die durch andere vom ORAnw. ad hoc herbeigezogene Akten bewiesen wurden. Somit bei materiellrechtlicher Rev.Veranstaltung einer neuen Beweisaufnahme! Dies erscheint mir als der Hauptfehler dieser Entsch. Daß sie durch und durch unhaltbar ist, zeigt Beling Rev. usw., S. 89 ff. Unr. auch RG. **42**,

V. Als **Revisionsgericht** kann (S. 86, 87) das RGer., das zentrale OLG., oder das lokale OLG. in Betracht kommen. Der StAnw. sendet (§ 387) die Akten an das seiner Meinung nach zuständige RevGer. Findet dieses, es sei unzuständig, so erläßt es einen Beschluß (StPO. 388), in dem es a) seine Unzuständigkeit ausspricht, b) das zuständige RevGer. bezeichnet. Der Beschluß ist unanfechtbar, wie schon aus StPO. 346 III folgen würde, und er bindet das bezeichnete Gericht[20].

VI. Für die **Hauptverhandlung** gilt außer § 396 keine dem § 373 analoge Vorschrift, sie steht daher weder unter dem Prinzip der Unmittelbarkeit (S. 49 N. 9), noch unter den Regeln für die Beweisaufnahme. Der Angeklagte braucht in der Revisionsverhandlung nicht zu erscheinen und wird daher auch nicht förmlich geladen, StPO. 390; wenn er nicht auf freiem Fuße ist, hat er nicht einmal einen Anspruch auf Anwesenheit[21]. Doch darf er sich stets durch einen Verteidiger vertreten lassen. Die HVerh. beginnt mit dem Vortrag eines Berichterstatters; dann folgen die Plädoyers und die Urteilsfällung, StPO. 391.

VII. Ist die Revision nicht als unzulässig zu verwerfen (§ 88 III 7), so kommt es zum **Urteil**. Dieses lautet, wenn und soweit an dem Vorderurteil nichts auszusetzen ist, auf Zurückweisung (Verwerfung) der Revision als unbegründet. Andernfalls ist das angefochtene Urteil jedenfalls aufzuheben, StPO. 393 I, im übrigen aber zu unterscheiden: 1. Bei prozeßrechtlicher Revision kommt es darauf an, inwieweit das frühere Verfahren auf dem gemachten Fehler beruht. In dieser Ausdehnung (RG. **43**, 19) ist es ebenfalls aufzuheben. Das spricht StPO. 393 II zwar nur für die dem Urteil zugrunde liegenden Feststellungen aus, es ist aber auf jeden Teil des früheren Verfahrens zu erstrecken. Bei Aufhebung wegen unrichtig angenommener Zuständigkeit wird auf **Verweisung** der Sache an das zuständige Gericht erkannt,

---

340: hier wird, ebenf. bei „sachlicher" Rev., eine *inzwischen* neu eingetretene Tatsache berücksichtigt, nämlich daß mittlerweile ein Patent für nichtig erklärt worden ist; es sei dies ein nicht schuldhafter *Rechtsirrtum* der Vorinstanz! Ebenso RGZ. **63**, 140, **65**, 303; dagegen L. *Seuffert* Komm. ZPO. 561 N. 2c. Die richtige Meinung vertreten RG. **22**, 347, **38**, 70, **43**, 294 (inzwischen erfolgtes Inkrafttreten eines Gesetzes oder Erlöschen der Soldateneigenschaft sind in der RevJ. *nicht* zu berücksichtigen).

[20] RG. **35**, 157. Dagegen heftig Binding u. a., cf. auch **40**, 272.

[21] Als gleichgültig muß daher auch seine „Verhandlungsfähigkeit" erscheinen; anscheinend a. M. **34**, 308.

StPO. 395. 2. Bei der materiellrechtlichen Revision — wenn also die tatsächlichen Feststellungen an sich in legaler Weise getroffen sind, jedoch bei Anwendung des materiellen Strafgesetzes auf sie ein Subsumtionsfehler begangen ist — hat das RevGer., ohne weitere tatsächliche Erörterungen, in der Sache selbst zu entscheiden, wenn a) auf Freisprechung[22], b) auf Einstellung (RG. 36, 64), c) auf eine absolut bestimmte Strafe[23] zu erkennen ist, oder wenn d) das RevGer. in Übereinstimmung mit dem Antrage der Staatsanwaltschaft die gesetzlich niedrigste Strafe für angemessen erachtet, StPO. 394 I (in MilStGO. 412 fehlt c und d). In allen übrigen Fällen wird die Sache „zur anderweiten Verhandlung und Entscheidung" — also implicite unter Aufhebung der dem Urteil zugrunde liegenden Feststellungen und überhaupt des HVerf. vom Beginn der HVerh. ab — zurückverwiesen[24] und zwar entweder α) an das gleiche Gericht[25], oder β) an ein benachbartes Gericht gleicher Ordnung in demselben Bundesstaat[26], oder γ) an ein Gericht niederer Ordnung, wenn die noch in Frage kommende strafbare Handlung zu dessen sachlicher oder örtlicher (RG. 40, 355) Zuständigkeit gehört, StPO. 394 II, III[27].

[22] Wenn im SchwG. eine unzulässige Hilfsfrage gestellt ist und das RevG. deswegen das Urt. aufhebt: ist die Sachlage dann so zu beurteilen, als ob die Hilfsfrage gar nicht gestellt wäre, und ist demnach wegen Verneinung der Hauptfrage freizusprechen? So RG. **37**, 88 (II. Sen.), **41**, 272 (V. Sen.) Oder ist zu prüfen, ob möglicherweise die Geschw. durch die unzulässige Hilfsfrage tatsächlich dahin beeinflußt worden sind, die Hauptfrage zu verneinen, und ist demnach zurückzuverweisen? So RG. **42**, 105 (III. Sen.) und ganz kurz und ohne Skrupel **37**, 412 (I. Sen., zugleich unter Wegdeutung des Gegensatzes zu **37**, 88, in dem bekannten „horror pleni"). Die zweite Meinung erscheint als abwegig; sie führt ein Moniturverfahren (Lb. § 97 III und S 247 N. 3) durch, wo der Wahrspruch völlig korrekt war. Daß die Geschw. sich einer Pflichtverletzung schuldig gemacht haben sollten, wird von **42**, 105 ohne weiteres vorausgesetzt, von **37**, 90 dagegen mit Recht abgelehnt.

[23] oder auf eine andere eindeutige Rechtsfolge, z. B. Einziehung (freilich vielfach als Strafe angesehen), RG. **43**, 30, 123 a. E. („sinngemäße Anwendung").

[24] Wegen des Charakters der neuen Verhandlung s. RG. **2**, 234, 289, **3**, 319, **5**, 134, **9**, 98, **18**, 417, **20**, 411, **40**, 4. JurWochSchr. 08, 767, 20, 21. Ein exzeptioneller Fall, wo das RevGer. weder selbst erkannte, noch zurückverwies, sondern nur ein unzulässiges Urteil aufhob, lag RMilG. **13**, 104 vor.

[25] nicht an eine andere Abteilung desselben Gerichts, wie ZPO. 565 I S 2. So aber E 09, 346 II.

[26] Begründung einer bislang nicht vorhandenen örtlichen Zuständigkeit. So einleuchtend RG. **43**, 263. Oben Lb. § 26, VI 4, S. 83 N. 19. Nach E. 09, 346 II an jedes Nachbargericht, sofern es zum Bezirk des RevGer. gehört, also gleichviel, ob in demselben Bundesstaat.

[27] Zurückverweisung an SchwG. oder StK.? RG. **41**, 186 (Übersicht 189)

VIII. Gehen Vorderrichter und Revisionsrichter in der rechtlichen Beurteilung der Sache auseinander, so muß einer von beiden endgültig Recht behalten. Demgemäß ordnet StPO. 398 I an, daß das Vorgericht in der erneuten HVerh., ebenso aber auch jedes sonstige Gericht, an welches die Sache aus der Revisionsinstanz verwiesen oder zurückgewiesen ist, die rechtliche Beurteilung, welche der Aufhebung des Urteils zugrunde gelegt ist, auch seiner Entscheidung zugrunde zu legen hat[28]. Soweit abstrakte Rechtsfragen ins Spiel kommen, ist in diesem Zusammenhang zu erwähnen, daß das RG. (nicht aber ein sonstiges RevGer.) durch GVG. 137 gebunden ist. Sobald die gleiche Rechtsfrage bereits einen andren StrSen. oder ZivSen., oder die vereinigten StrSen. oder ZivSen. oder das Plenum beschäftigt hat, kann der betreffende Senat nicht mehr allein entscheiden[29].

IX. Eine Durchbrechung der relativen Rechtskraft führt StPO. 397 durch die Revisionserstreckung ein. Erfolgt auf eine materiellrechtliche Revision hin die Aufhebung eines Urteils zugunsten eines Angeklagten, und erstreckt sich das Urteil, soweit es aufgehoben wird, noch auf andere Angeklagte, welche die Revision nicht eingelegt haben, so ist zu erkennen, als ob sie gleichfalls die Revision eingelegt hätten[30].

§ 92.

Die Wiederaufnahme.

Kries § 78. Birkm. § 102. B.-B. §§ 131—136, 138. Ullm. §§ 147—149. Bind. § 125. Woermann Wiederaufn.-Verf. und Entschäd. unsch. Verurteilter. Berlin 1899.

I. Das außerordentliche Rechtsmittel der Wiederaufnahme des Verfahrens setzt allgemein ein rechtskräftiges Urteil voraus. Im übrigen ist WA. zu Gunsten (§ 399) und zu Ungunsten (§ 402) des

---

[28] Wird gegen das neu ergehende Urteil abermals Rev., möglicherweise (GVG. 123 Z. 3) an ein anderes RevGer. eingelegt, so ist auch dieses für gebunden zu erachten, RG. **6**, 358, **22**, 156. RMilG. **14**, 130.

[29] Wegen der Besetzung s. GVG. 139, 140. Die vereinigten StrSen. mußten danach bisher mit mindestens 19 Räten besetzt sein. Nunmehr müssen es 24 sein.

[30] Es wird ein gravamen commune verlangt. Über Einzelfragen Kries 691, L.-H. N. 2b, d, 4. B.-B. 593 N. 20, 21. RG. **3**, 283, **16**, 417, **34**, 239, **36**, 33, 247, **40**, 219, **42**, 68 (72), **43**, 11, 169 (bei res judicata Erstreckung bejaht wegen „Doppelnatur", vgl. Lb. 36 N. 2, 243 N. 2). RMilG. **13**, 41 (48), mit Zurückverweisung in die I. Inst. MilGO. 414 II erweitert das Institut beträchtlich; es gilt auch bei sukzessiver oder sonst getrennter Aburteilung.

Verurteilten zu unterscheiden. Gemeinsame Gründe für beide sind: Z. 1: Urkundenfälschung oder -verfälschung[1]; Z. 2: vorsätzlicher oder fahrlässiger Meineid eines Zeugen oder Sachverständigen; Z. 3: strafbare Verletzung der Amtspflichten durch Richter, Geschworene oder Schöffen, namentlich Bestechung (StGB. 334) und Rechtsbeugung (StGB. 336)[2]. Wegen dieser Straftaten muß rechtskräftige Verurteilung ergangen sein oder die Einleitung oder Durchführung des Strafverfahrens aus anderen Gründen als wegen Mangels an Beweis nicht erfolgen können; sonst ist der Antrag auf WA. nicht zulässig, StPO. 404. Besondere Gründe a) für die WA. zu Gunsten des Verurteilten sind § 399 Z. 4: wenn ein zivilgerichtliches Urteil, auf welches das Strafurteil (nach StPO. 261 II, Lb. S. 60) gegründet ist, durch ein anderes rechtskräftiges Urteil aufgehoben ist; Z. 5: wenn neue Tatsachen oder Beweismittel beigebracht sind, welche allein oder in Verbindung mit den früher erhobenen Beweisen die Freisprechung[3] des Angeklagten oder in Anwendung eines milderen Strafgesetzes eine geringere Bestrafung zu begründen geeignet sind[4]; b) für die WA. zu Ungunsten des Verurteilten § 402 Z. 4: wenn von dem Freigesprochenen vor Gericht oder außergerichtlich ein glaubwürdiges Geständnis der strafbaren Handlung abgelegt wird. Eingeschränkt ist die WA. durch § 403: dem Zwecke[5] bloßer Strafänderung innerhalb des gleichen Strafrahmens dient sie nicht. Vgl. auch § 411 I, unten VI. Das Ziel der WA. ist die Umstoßung des angefochtenen Urteils, keineswegs bloß die Neuprüfung der Schuldfrage (so allerdings in dem Spezialfall des § 399 Z. 5).

II. Der Antrag auf WA. (§ 406) hat keinen Devolutiveffekt. Es entscheidet diejenige Instanz, die das angefochtene Urteil erlassen hat; die Revisionsinstanz jedoch nur, wenn Straftaten der Richter

[1] Die Straftat muß zu Ungunsten des Verurt. begangen sein, um die WA. zu seinen Gunsten zu begründen, und umgekehrt. — Ob es in N. 1 stets eine strafbare Tat sein muß, ist bestritten, vgl. L.-H. N. 7. B.-B. 600 N. 15. Wie der Text Voitus, Thilo, v. Kries, Birkmeyer.

[2] Hat der Verurteilte diese Straftat selbst veranlaßt, so findet WA. zu seinen Gunsten nicht statt. E. 09 streicht diese Klausel (Mot. 189).

[3] Kahl Bayr. Ztsch. f. RPfl. 5, 187 will als Ziel auch Einstellung des Verf. gelten lassen (z. B. wenn wegen res judicata die Strafverfolgung unzulässig war).

[4] Einschränkung der Nova bei Anfechtung von SchGUrteilen durch § 399 Z. 5 S. 2, gestrichen im E. 09 (Mot. 190).

[5] Wohl aber hat sie möglicherweise diesen Erfolg, RG. 30, 421.

behauptet werden, sonst die vorhergehende Instanz, § 407 I S. 2. Zunächst ist über die Zulassung des Antrags zu entscheiden (§ 407 I), ohne mündliche Verhandlung, doch event. nach Erklärung der StAnwschaft (§ 33). Der Antrag wird entweder als unzulässig verworfen (§ 408 I: wegen mangelnder Form oder mangelnder Anführung eines Grundes oder Beweismittels) oder ausdrücklich zugelassen[6] und dem Gegner mit Fristbestimmung zur Erklärung mitgeteilt (§ 408 II). — Wegen des Suspensiveffektes s. § 400; Lehrb. § 88 II, 6.

III. Im günstigen Fall erfolgt nunmehr ein Vorverfahren durch Beweiserhebung vor einem beauftragten Richter (bezw. beim AG. vor dem AR.), wobei die gleiche Parteienöffentlichkeit wie in der Voruntersuchung gilt, StPO. 409. Das Gericht (nicht der beauftragte Richter) entscheidet nach freiem Ermessen über die Beeidigung der Zeugen und Sachverständigen (abweichend von StPO. 65). Unter abermaliger Fristsetzung werden alsdann die Parteien zur ferneren Erklärung aufgefordert.

IV. Das Gericht trifft jetzt eine zweite Entscheidung[7] über den Antrag; nicht über seine Zulässigkeit (RMilG. **13**, 85), sondern über seine Aussichten. Er wird als unbegründet verworfen, wenn entweder der behauptete WA.-Grund keine Bestätigung gefunden hat, oder wenn die etwa vorliegenden Verbrechen der Urkundenfälschung oder des Meineids für das Urteil nicht kausal gewesen sein können, StPO. 410. Andernfalls wird die WA. des Verfahrens und die Erneuerung der HVerh. verordnet.

V. Die erneute Hauptverhandlung ist von der früheren durchaus unabhängig und sachlich so zu handhaben, als wenn die frühere gar nicht stattgefunden hätte[8]. Eine Bezugnahme auf sie liegt nur in dem Verbot der reformatio in pejus, StPO. 413 II, sowie in der Fassung des Urteils. Dieses lautet günstigen Falles auf Aufhebung des früheren Urteils und entscheidet dann zugleich anderweit in der Sache; ungünstigen Falles erhält das neue Urteil das frühere aufrecht.

VI. Ohne Erneuerung der HVerh. kann entschieden werden[9],

---

[6] Dieser „Zulässigkeitsbeschluß" wird für unnötig erklärt durch v. Kries, Stenglein, Beling; s. dagegen § 409 I a. A. Teilweise Zulässigkeit kann es nicht geben, KG. Arch. **57**, 414.

[7] Sie ist unerläßliche Prozeßvoraussetzung, RG. **35**, 351.

[8] vgl. hierzu RG. **2**, 323, **4**, 426 (jedoch oben S. 224 und **5**, 429), **18**, 417 (ob. S. 170 N. 36), **22**, 98, **29**, 279/280, **30**, 421, **35**, 409.

[9] § 411, durch Beschluß vgl S. 144 N. 12. Die Gegner sind uneins, ob

a) wenn der Verurteilte bereits verstorben ist (§ 401): kann nicht auf glatte Freisprechung erkannt werden, so ist der Antrag hier überhaupt als unstatthaft anzusehen und daher abzulehnen (RMilG. **14**, 181). b) Wenn sonst genügende Beweise vorliegen, kann bei Privatklagen ohne weiteres, bei öffentlichen Klagen mit Zustimmung der StAnw. sofortige Freisprechung erfolgen. Die Aufhebung des früheren Urteils ist in diesen Fällen unter VI auf Verlangen öffentlich bekannt zu machen[10]. Gegen alle Entscheidungen unter II—IV und VI gibt es sofortige Beschwerde, StPO. 412.[11] [12]

VII. Die Entschädigung unschuldig Bestrafter entspricht einem einfachen Gedanken der Gerechtigkeit, der indes erst durch das G. v. 20. Mai 1898 bei uns Gestalt gewonnen hat. **1.** Aktiv legitimiert ist zunächst der frühere Verurteilte unter folgenden Voraussetzungen, a) wenn er freigesprochen oder aus milderem Strafgesetz geringer bestraft ist; b) wenn er die frühere Strafe wenigstens teilweise verbüßt hat; c) wenn die WA. seine Unschuld oder doch die Abwesenheit begründeten Verdachts zu mindest in Hinsicht auf einen qualifizierenden Umstand ergeben hat; d) wenn er die frühere Verurteilung nicht vorsätzlich oder grob fahrlässig verschuldet hat, § 1 I, III, IV. Versäumung eines RM. fällt nicht darunter. **2.** Aktiv legitimiert ist ferner, falls nicht 1d gegeben, wer gegenüber dem Verurteilten unterhaltsberechtigt war, § 1 II, III. **3.** Passiv legitimiert ist die Reichskasse oder die Kasse desjenigen Bundesstaates, dessen Gericht in erster Instanz erkannt hat, §§ 2, 6. Übergang etwaiger Entschädigungsforderungen gegen Dritte von Gesetzes wegen an die zahlende Kasse, § 3 II, § 5 IV. **4.** Gegenstand des Ersatzes ist nur der durch die Strafvollstreckung dem Verurteilten entstandene Vermögensschaden, bzw. dem Unterhaltungsberechtigten entzogene Unterhalt. **5.** Die Etappen der Entschädigungsfeststellung sind: a) Beschluß des WAGer, der nur ausspricht, daß die Staatskasse entschädigungspflichtig sei. Dieser Beschluß ist ein „besonderer", er wird gleichzeitig mit dem Urteil gefaßt, tritt mit dessen Aufhebung auch außer Kraft, wird aber nicht mitverkündet, sondern zugestellt, § 4. Der Beschluß ist unanfechtbar, seine Unterlassung ist dagegen anfechtbar. b) Entscheidung im Verwaltungswege. Von der Zustellung des Beschlusses a läuft eine Frist von 3 Monaten, innerhalb deren der aktiv Legitimierte einen Antrag auf Entschädigung beim StAnw. bzw. Reichsanwalt zu stellen hat. Über denselben entscheidet der Justizminister bzw. der Reichskanzler, §§ 5, 6. c) Entscheidung im Rechtswege, Von der Zustellung der Entscheidung b läuft eine Ausschlußfrist von 3 Monaten.

---

auch die Ablehnung durch Urteil zu geschehen habe. Zu MilStGO. 447 s. Romen-Rissom S. 833.

[10] § 411 III, IV; weil sie hier eben nicht durch Urteil erfolgt, also nicht öffentlich verkündet wird; vgl. RG. **42**, 115.

[11] Im Reiche fanden im Jahr 1909 548 WAVerf. statt, davon 44 zuungunsten des Angekl. Der § 411 wurde bei AG. 65, bei LG. 155mal angewendet.

[12] E. 09 bringt unannehmbare Verschlechterungen unserer bisher geradezu mustergültigen WA. Er ist ebenso, wie vielfach die Praxis, in Feindseligkeit befangen gegen diesen gerechtesten und natürlichsten aller Behelfe gegen die unvermeidlichen Irrtümer der Justiz.

innerhalb deren die Berufung auf den Rechtsweg durch Klagerhebung verfolgt werden muß. Ausschließlich zuständig sind die Zivilkammern der LG., § 5 III. GVG. 70 II. ZPO. 547 Z. 2.

§ 93.

Absolut nichtige Urteile.

Kries S. 708, 709. B.-B. § 77 III, § 139 VIII. Bind. § 119 III 1, 2, § 120 III. Friedländer GerS. 58, 339. Mumm Arch. 47, 360. Löffler Unheilbare Nichtigkeit im österr. StrVerfahren, 1904 (auch in Grünhuts Ztschr., Bd. 31; dazu Schötensack GerS. 58, 464). Krug Ztsch. 25, 408. Michel Abs. Nicht. v. Ziv.- u. StrUrt., 1906. Kroschel GerS. 69, 137. Voß Arch. 54, 247. Kriegsmann Nichtigkeit des StrUrt., 1907, dazu Beling Ztsch. 28, 740. v. Baligand GerS. 72, 171. W. Jellinek Der fehlerhafte Staatsakt und seine Wirkungen, 1908 S. 119 ff. (konstruktiv wertvoll). K. Kormann System der rechtsgeschäftlichen Staatsakte, 1910, S. 203 ff., 232 ff., 248, 279 ff. Fleiner Institutionen des Verwaltungsrechts, 1911, S. 171 f.

I. Die zurzeit noch herrschende Lehre bestreitet die Möglichkeit nichtiger Urteile. Aber wenn ein ordentliches deutsches Strafgericht auf Prügelstrafe oder auf 20 Jahre Zuchthaus erkennen oder einen 10 jährigen zu Gefängnis, einen 16 jährigen zu Zuchthaus verurteilen würde, so könnten solche Urteile keinen Bestand haben, schon weil die Vollstreckung ein Verbrechen gegen StGB. 345 darstellen würde[1]. Deshalb muß mit Binding, Ötker, Beling u. a. das Vorkommen absoluter Nichtigkeit anerkannt werden[2], und zwar nicht nur bei

[1] Ebenso Friedländer, Mumm, Binding (S. 245), Olshausen-Zweigert Komm. zu StGB. 345 N. 7, Köhler Vgl. Darst., Bes. T., 9, 441, W. Jellinek und jetzt auch Kormann 234[15]. Dagegen Thon GerS. 26, 109, 115 f. (1874), Michel, 50. Auch das unbestimmte und das unsinnige Urteil gehören hierher, Kohler Enzykl. II 144, Ötker Konkursrechtl. Grundbegriffe 1891, S. 47 ff., 50, 82, Kormann 281 III. Das gleiche gilt für Strafbefehle, Strafverfügungen und überhaupt Beschlüsse. Hier ist die hM. eher geneigt, Zugeständnisse zu machen. Es ist aber genau dieselbe Frage.

[2] Ötker Deutsches Wochenblatt 1896, 87 ff., Göttingische Gelehrte Anzeigen 1898, 606 und sonst. Beling auch Ztsch. 33, 309 (bei Fehlen der 2/3-Majorität). — Gelegentlich auch RG. 29, 422, 23, 417. In einer Privatklageverhandlung zeigte sich, daß Vergehen gegen StGB. 223 a, 241 vorlag, das SchG. erließ, statt Urteils nach StPO. 429, Beschluß nach StPO. 270. Die StK. erkannte daraufhin, statt den Beschluß als nichtig zu behandeln. RG. bemerkt dazu: „Daß ein Beschluß, der dem Gesetze zuwider gefaßt worden, der rechtlichen Gültigkeit entbehrt und deshalb auch rechtsgültige Wirkungen nicht haben kann, kann nicht in Frage gestellt werden". Ferner KG. Arch. 59, 169 (nichtiger Beschl.), RMilG. 15, 1 (nichtiger StrBefehl). Besonders aber RG. 40, 272 (IV. Sen.), woselbst prinzipiell unheilbare Nichtigkeit als möglich eingeräumt wird. Mit Recht hebt auch Kormann S. 323 hervor, daß in EG. MilStGO. 14 I die absolute Nichtigkeit von

eklatanter Mißachtung des materiellen Rechtes, sondern auch der prozessualen Bestimmungen. So wird man, wenn etwa ein deutsches Gericht den König von Belgien verurteilt, schon aus völkerrechtlichen Gründen dem Urteil kein Gewicht beilegen können[3]. Und ebensowenig darf das von einem SchG. oder einer StK. gefällte Todesurteil zur Vollstreckung gebracht werden[4].

II. Andererseits kann es keinem Zweifel unterliegen, daß viele materiellrechtliche wie prozessuale Verstöße dadurch heilen, daß das Urteil in formelle Rechtskraft erwächst. Insbesondere dürften drei Gesichtspunkte nicht außer acht zu lassen sein: **1.** Die in StPO. 377 erwähnten prozessualen Verstöße werden durch die Rechtskraft geheilt, oben S. 90 N. 2.[5] **2.** Ein äußerlich inkorrektes Urteil ist niemals nichtig, falls es auch auf legalem Wege gewonnen werden könnte. So Verhängung eines Verweises bei schwerem Diebstahl, einer Geldstrafe bei Diebstahl (denn das Verbot der reformatio in pejus könnte ebenfalls dazu führen, S. 250). So Verurteilung zu Zuchthaus wegen

---

Strafurteilen positivrechtlich anerkannt ist. — Von Publizisten sei noch für die allgemeine theoretische öffentlichrechtliche Auffassung Fleiner S. 171 f. angeführt: Das öffentliche Recht läßt die Wirkung der Nichtigkeit nur bei den gröbsten Verstößen gegen das Gesetz eintreten. Zu den wesentlichen Elementen jeder Verfügung [im Sinne von Verwaltungs- bzw. Justizakt überhaupt, s. oben Lb. § 42, S. 131] gehört 1. daß die verfügende Behörde sachlich und örtlich zuständig gewesen [und, wie vor allem hinzuzufügen, daß ihr der betr. Teil der Staatsgewalt delegiert gewesen, daß sie insbesondere die nötige „Gerichtsbarkeit" besessen habe]; 2. daß die Vfg. in die vom Gesetz vorgeschriebene Form gekleidet und unter Beobachtung der wesentlichen VerfVorschriften erlassen ist; 3. daß sie etwas anordnet, was tatsächlich möglich ist und gegen kein Verbotsgesetz verstößt. Die nichtige Vfg. ist auch nicht dem Schein nach rechtsbeständig; sie kann von jedermann als nicht vorhanden betrachtet werden: einer förmlichen Kraftloserklärung bedarf es nicht.

[3] Binding Lehrb. d. Strafr. II 569 N. 4. Kormann 237 N. 30—33, mit bedenklicher Begründung; ich nehme „absolute Unzuständigkeit" an, K. 247, 250 f. Noten 54, 62—70.

[4] Binding a. O. gebraucht als Bsp. eine Polizeistrafvfg. auf 1 Jahr Gefängnis. Kormann 252 N. 71 f. Löffler 58. Jellinek 123. a. M. Friedländer 345. Michel 57.

[5] Für den dort u. a. gemeinten Fall Brausewetter ist a. M. auch Löffler S. 23. Prinzipiell stimmt er S. 10 f. mit mir überein. Vgl. auch Hegler Juristisch-Psychiatrische Grenzfragen IV Heft 7/8, S. 35, 1907. — Namentlich bedeutsam ist, daß das RG. **40**, 272 genau den Standpunkt des Textes einnimmt (bezügl der sachlichen und geschäftlichen [s. Lb. § 94 N. 3] Zuständigkeit, § 377 Z. 4). Ebenso ist ein Urteil ohne Gründe (§ 377 Z. 7) nicht absolut nichtig, a. M. Kormann 264; richtig 282 N. 29. Im übrigen steht K. S. 217 ff., 282 f., 304 auf unserer Seite.

Beleidigung (denn eine Zusatzstrafe könnte so lauten). Dagegen ist nichtig Verurteilung wegen Bettelns zu Gefängnis. 3. Nur manifeste Fehler sind insanabel, d. h. aus dem Urteil selbst offensichtlich hervorgehende Widersprüche des festgestellten Sachverhaltes mit der ausgesprochenen Rechtsfolge. Ihnen sind gleichzustellen solche Diskrepanzen, die bei eingehenderer Begründung oder genauerer Feststellung hervorgehen würden. Beispiel: Verurteilung eines Elfjährigen zu Strafe. Dagegen machen latente Fehler, d. h. solche, bei denen erst eine nachträgliche tatsächliche Aufklärung den Widerspruch mit dem Gesetz darlegt, das Urteil niemals absolut nichtig[6]. Beispiel: Das Urteil stellt tatsächlich fest, der Angeklagte sei 12 Jahre alt, und verhängt Strafe; hinterher ergibt sich, daß die tatsächliche Feststellung auf einem Irrtum beruht, daß der Angeklagte in Wahrheit erst 11 Jahre alt war. Es muß, falls nicht Wiederaufnahme möglich ist, bei der Strafverhängung bleiben, zumal ja auch Revisionseinlegung nichts an dem Resultat würde ändern können.

III. Unser Prozeß kennt leider keinen spezifischen Behelf zur Aufdeckung der absoluten Nichtigkeit eines Urteils. Auf indirektem Wege ist solche Aufdeckung aber immer möglich. Denn dem nichtigen Urteil kommt keine materielle Rechtskraft zu. a) Lautet es auf Freisprechung, so begründet es keine exceptio rei judicatae gegenüber der Erhebung einer neuen Strafklage[7]. Die Entscheidungen des neuen Verfahrens werden sich dann mit der Frage der Nichtigkeit zu befassen haben und der gewöhnliche Instanzenzug wird zu ihrer Erörterung offen stehen. b) Ein absolut nichtiges verurteilendes Erkenntnis kann nicht als Grundlage der Strafvollstreckung dienen. Die Zulässigkeit der Voll-

---

[6] Ähnliche Unterscheidung bei Löffler S. 62 f. Ist irrig festgestellt, daß die Tat im Juni (statt „Juli") begangen und daher verjährt sei, so kann der Freispruch nicht im Wege der österr. Aufsichtsbeschwerde als nichtig beseitigt werden; denn „ein Verstoß gegen Regeln des Verfahrens, eine Ordnungswidrigkeit lag überhaupt nicht vor". Ferner S. 71: der Richter verurteilt einen Vorgeführten wegen Vagabondage, ohne zu ahnen, daß er als Deserteur unter Militärgerichtsbarkeit steht. Eine Verletzung oder unrichtige Anwendung des Gesetzes liegt nicht vor; die österr. „Nichtigkeitsbeschwerde" hätte daher als unzulässig angesehen werden müssen. Bei Urteilen der bürgerlichen Strafgerichte liegt keine „absolute" Unzuständigkeit vor. Präsumtiv und subsidiär haben die „ordentlichen" Gerichte die volle Gerichtsbarkeit. Ebenso Hellwig Lb. des ZivProzR. I 88 f., 93, 95. Kormann 237 N. 34; a. M. B.-B. 294, Bind. § 119. Umgekehrt wäre allerdings ein in die ordentliche Gerichtsbarkeit eingreifendes Erkenntnis eines Sondergerichts, z. B. eines MilGer. über einen Nichtsoldaten, null und nichtig. Lb. 139 N. 1.

[7] Ebenso Löffler S. 22, 59 f.

streckung ist dann nach StPO. 490 zu bestreiten; das Gericht erster Instanz hat ohne mündliche Verhandlung, doch nach Anhörung beider Parteien (abweichend von StPO. 33) über die Einwendung zu befinden, StPO. 494 I, II; gegen die Entscheidung findet sofortige Beschwerde statt, StPO. 494 IV. Der hier unter b) besprochene Ausweg ist aber ein Notbehelf, keine der Wichtigkeit der Sachlage entsprechende Regelung. Gerade hier müßte die Möglichkeit, die höchsten reichsrechtlichen Instanzen anzurufen, geschaffen werden (Vorschlag Ötkers).

§ 94.

Die Wiedereinsetzung.

Kries § 57. Birkm. § 84 IV, 2. B.-B. S. 305 f., S. 308. Ullm. § 69. Bind. § 94.

I. Der Rechtsbehelf der Wiedereinsetzung in den vorigen Stand richtet sich prinzipiell nur gegen die Versäumung einer Frist, welche bei einem Gericht[1] durch Vornahme einer Handlung wahrzunehmen gewesen wäre, StPO. 44, 45. a) Dem Gesuch um WE. kommt kein Devolutiveffekt, StPO. 46, und nur fakultativer Suspensiveffekt, StPO. 47, zu. b) Voraussetzung der WE. ist, daß der Antragsteller durch einen unabwendbaren Zufall (insbesondere Naturereignisse, sowie unverschuldete Unkenntnis von einer Zustellung)[2] an der Einhaltung der Frist verhindert wurde, StPO. 44. c) Die Anbringung des Gesuches geschieht zwar formlos, jedoch α) binnen einer Woche nach Beseitigung des Hindernisses, β) bei demjenigen Gericht, bei dem die Frist wahrzunehmen gewesen wäre, γ) unter Angabe und Glaubhaftmachung (S. 161) der Versäumungsgründe, δ) unter gleichzeitiger Nachholung der versäumten Handlung, StPO. 45. d) Es entscheidet das Ger., welches in der Sache zu entscheiden gehabt haben würde[3]. Die stattgebende Entscheidung ist nicht, die verwerfende ist mit sofortiger Beschwerde anfechtbar, StPO. 46. Die Kosten hat regelrecht der Gesuchsteller zu tragen, StPO. 505 III.

---

[1] Daher nicht gegen Versäumung der Strafantragsfrist, selbst wenn man diese als Prozeßfrist ansieht, B.-B. 305 N. 17.

[2] auch Verschulden des Verteidigers? Bejaht von Ullm., B.-B., Bind., Birkm. RG. **40**, 118 hat in einem Fall, wo der Verteidiger entgegen § 385 die RevAnträge direkt an das RG. geschickt hatte, die WE. zugelassen. Der unabwendbare Zufall wurde darin gesehen, daß dem Angekl. gerade ein Referendar als Verteidiger bestellt war.

[3] Also z. B. das RG. als RevGer. In RG. **40**, 272 hatte statt dessen das LG. Graudenz entschieden. Wegen Unanfechtbarkeit der ergangenen Entsch. sieht jedoch das RG. die Überschreitung der geschäftlichen Zuständigkeit als geheilt an.

II. Besondere Fälle stellen StPO. 455, 461 insofern dar, als hier nicht-gerichtliche Fristen versäumt sind.

III. Die Wiedereinsetzung richtet sich aber ferner auch gegen alle Urteile, die ohne Anwesenheit des Angeklagten ergangen sind[4], falls ihn ein unabwendbarer Zufall an der Einhaltung des Termins gehindert hat. Wer vice rei steht, z. B. der haftende Dritte, hat ebenfalls die WE. Die verfolgte Partei besitzt hier also neben dem ordentlichen RM. oder anstatt dessen einen eigenartigen Behelf. Es zählen hierher die Fälle: 1. der Angeklagte ist ausgeblieben, StPO. 231, Lehrb. § 80, II 2; 2. er hat sich freiwillig entfernt[5], StPO. 230 II, Lehrb. § 80 II 4; 3. er ist unfreiwillig entfernt worden, StPO. 246, Lehrb. § 80 II 5;[6] 4. er ist abwesend im technischen Sinn, StPO. 319, 470,[7] Lehrb. §§ 80, II 1, 103, 104; 5. er versäumt im Strafbefehlsverfahren die Einspruchsverhandlung, und sein Einspruch wird durch Kontumazurteil verworfen, StPO. 452; 6. er bleibt in der Berufungsinstanz aus, ohne selbst der Appellant zu sein (Eremodizialverfahren), StPO. 370 I Teil II, 371, Lehrb. § 90 V a. E. In allen bisher genannten Fällen ist gegen das Urteil auch Berufung oder Revision zulässig, daher stellen StPO. 356, 382 den Angeklagten vor die Wahl, entweder beide Rechtsbehelfe verbunden zu ergreifen, oder nur einen geltend zu machen, womit auf den andern verzichtet wird; getrennte Ergreifung beider Behelfe ist unstatthaft. Weitere Fälle sind: 7. Der Angeklagte ist in der Berufungsinstanz ausgeblieben, wiewohl er selbst der Appellant ist, und seine Berufung wird durch Kontumazurteil verworfen, StPO. 370, Lehrb. § 90 V a. A. 8. Ganz singulärer Weise hat der Privatkläger, also die verfolgende Partei, den Rechtsbehelf der WE., wenn er in der Berufungsinstanz (durch Ver-

[4] StPO. 234 I. Ebenso B.-B. 303 f. Ausgeschlossen sind aber nach Abs. 2 einmal der Fall des Dispenses, StPO. 232, und sodann alle Fälle, in denen der Angekl. vertreten war. Damit scheiden die Urteile im Privatklageverf. I. Instanz, im Verf. auf Klage der Verwaltungsbehörde, im Strafbefehlsverf. nach eingelegtem Einspruch, im Strafverfügungsverf. nach eingelegtem Widerspruch aus; denn in allen diesen Fällen muß der Angekl. entweder selbst kommen oder einen Vertreter schicken, sonst kann ein Sachurteil nicht ergehen; StPO. 427, 466, 451 II, 457 II.

[5] Diesen Fall leugnet OLG. Breslau Arch. **59**, 174 (ebd. Lit. zu der Kontroverse).

[6] Das wird nur ausnahmsweise denkbar sein, ist aber doch nicht ganz unmöglich: es kann z. B. ein krankhafter Erregungszustand des Angekl. vom Gericht verkannt und als Simulation aufgefaßt worden sein.

[7] Über die wenigen Dissentienten s. L.-H. zu § 323 N. 3, zu § 476 N. 2. Zu dem letzteren (Verfahren gegen abwesende Wehrpflichtige) äußern sich die Motive S. 230 irreführend.

werfung seiner Berufung oder Abänderung des Urteils zugunsten des Angeklagten) kontumaziert worden ist, StPO. 431 III, IV; Lehrb. § 109, VI 1. Gegen diese Kontumazurteile in der Berufungsinstanz kann es wegen StPO. 380 keine Revision geben; somit ist hier die WE. der einzige Rechtsbehelf. Das Gleiche ist endlich in dem letzten Fall zutreffend: 9. Es ist in der Revisionsinstanz Urteil ohne Anwesenheit des Angeklagten ergangen, StPO. 390. — Bemerkenswert ist noch StPO. 452 II: hat jemand gegen einen Strafbefehl den Einspruch versäumt und WE. erhalten, und versäumt er nun wiederum die Einspruchsverhandlung, so daß ein Kontumazurteil auf Verwerfung des Einspruchs ergeht, so wird ihm gegen solche doppelte mora die Restitution versagt; es bleibt ihm somit nur die Berufung.

Zweiter Abschnitt. **Abweichendes Verfahren.**

Erstes Kapitel.

Ordentliche Prozeßarten.

§ 95.

Gang des Verfahrens vor dem Schwurgericht.

Kries § 72 I, II. § 73 I, II, IV. Birkm. § 94. B-B. §§ 123, 126—128. Ullm. §§ 110, 114, 120, 121. Bind. § 109. Ötk. § 7, §§ 62—67. Kalau vom Hofe, Der Vorsitz im Schw.G., 1901. Kleinfeller Der SchwGVorsitzende, Mitterm.-Liepm. I Heft 3. Feddersen Das SchwG., 1907.

I. Die Eigentümlichkeiten des schwurgerichtlichen Verfahrens machen sich natürlich erst von der Eröffnung des Hauptverfahrens an geltend. Im allgemeinen stehen aber sowohl Vorbereitung der Hauptverhandlung, wie diese selbst, wie das Außenverfahren unter den Regeln Lehrb. §§ 79 ff., StPO. 276. Auch das RM. der Revision unterliegt keinen Abweichungen, als den in § 91 III hervorgehobenen. Zur Vorbereitung der HVerh. gehört die Herstellung und weitere Behandlung der Spruchliste (S. 97 f.), namentlich deren Mitteilung an den Angeklagten (StPO. 277, durch Zustellung oder Niederlegung auf der Gerichtsschreiberei).

II. Die Hauptverhandlung bewegt sich nach dem Schema unseres § 81. Hinter Nr. 1 ist einzuschalten die Bildung der Geschworenenbank, StPO. 280-288, S. 97 f., zu 5. Dann folgen Nr. 2—8 wie gewöhnlich, StPO. 289.[1] Nunmehr reiht sich an a) Verlesung der vom Vorsitzenden entworfenen Fragen, die den Geschworenen zur Beantwortung vorgelegt werden sollen, StPO. 290 I, II S. 1; b) auf Antrag abschriftliche Mitteilung an Geschw., StAnw. und Angekl., StPO. 290 II S. 2: c) auf Verlangen derselben Personen kurze Unterbrechung zur Prüfung der Fragen, StPO. 290 III; d) event. Einwendungen, Abänderungs- oder Ergänzungsanträge derselben Personen, StPO. 291 I; e) in diesem Falle oder auf Verlangen eines Richters Feststellung der Fragen durch Gerichtsbeschluß, StPO 291 II S. 1; f) nochmalige Verlesung der festgestellten Fragen, StPO. 291 II S. 2. Hierauf kommen die Plädoyers, Nr. 9—11, jedoch unter Beschränkung auf die Schuldfrage, StPO. 299. Die weiteren Akte bedürfen näherer Betrachtung.

12. Rechtsbelehrung durch den Vorsitzenden, StPO. 300. Sie darf in eine Würdigung der Beweise nicht eingehen; Zuwiderhandlung würde, wiewohl der Erörterung im Prozeß entzogen, disziplinarisch strafbar sein.

13. Unterzeichnung der Fragen durch den Vorsitzenden, StPO. 301 S. 1.[2]

14. Übergabe der Fragen an die Geschworenen StPO. 301 S. 1.

15. Die Geschworenen ziehen sich in das Beratungszimmer zurück, wohin ihnen Augenscheinsobjekte[3] mit verabfolgt werden können, StPO. 301 S. 2, 302. Gleichzeitig wird der Angeklagte aus dem Sitzungszimmer entfernt, StPO. 301 S. 3.

16. Beratung und Abstimmung der Geschworenen in Absperrung vom Verkehr mit der Außenwelt[4], StPO. 303, doch möglicherweise unterbrochen durch eine *weitere Rechtsbelehrung* auf ihren Antrag, StPO. 306. Hierbei kann sich auch Anlaß zur Ergänzung oder Änderung der Fragen ergeben Dann wird der Angeklagte hinzuge-

---

[1] Über das Verhältnis der Geschw. zu Beweisanträgen vgl. RG. einerseits Arch. **48**, 455 (IV. Sen.), andrerseits **26**, 274, SeuffBlRAnwend. **75**, 360 (I. und III. Sen., verbieten förmliche Beschlußfassung). Unten N. 9.

[2] Anwesenheit des Angekl. ist hierbei notwendig, RG. **35**, 407. Sanierung eines Verstoßes durch Wiederholung der ungültigen Verhandlungsteile, Arch. **58**, 198.

[3] falls sie ihnen in der Verh. zur Besichtigung vorgelegt worden waren, RG. **37**, 253 und bei Sörgel-Kr. **4**, 202. SeuffBlRAnwend. **74**, 738 (Aktenteile als Augenscheinsobjekte). Zu weitgehend RG. **5**, 398, **10**, 161. Mitgabe von Akten ist unstatthaft, RG. **10**, 115, **16**, 187, **22**, 368. JurWochSchr. 1911, 250[35]. Mitgabe von Lehrbüchern usw. steht im Ermessen des Vorsitzenden, RG. **13**, 248. Ötk. 380.

[4] Dünne Wände allein sind gleichgültig, RG. JurWochSchr. 1911, 510[14].

zogen[5] und das Verfahren wiederholt sich von Nr. 8e ab, StPO. 306 II.[6] — Wenn die Geschworenen sich zurückgezogen haben, wählen sie zunächst mit relativer Majorität und Stimmzetteln ihren Obmann, StPO. 304. Dieser leitet die Beratung und Abstimmung, schreibt neben jeder Frage den Spruch nieder und unterzeichnet das Ganze[7], StPO. 307.

17. „Kundgebung" des Wahrspruches durch den Obmann nach näherer Maßgabe des § 308 I.

18. Hier oder auch später, bis zur Urteilsverkündung (StPO. 300 II), kann sich ein Berichtigungsverfahren einschieben, StPO. 309 bis 312, Lb. § 97, III.

19. Unterzeichnung des verlesenen Wahrspruches durch Vorsitzenden und GerSchr., StPO. 308 II.

20. Der Angeklagte tritt wieder in das Sitzungszimmer ein, StPO. 313.

21. Der Wahrspruch wird dem Angeklagten durch Verlesung verkündet, StPO. 313.[8]

22. Plädoyers der Parteien zur Straffrage, StPO. 314 II, soweit solche in Betracht kommt: haben die Geschworenen ihren Spruch auf Nichtschuldig abgegeben, so ergeht ohne weiteres das freisprechende Urteil, StPO. 314 I.

23. Urteilsfindung und -verkündung, oben S. 224 Nr. 12. Die Verkündung darf hier nicht ausgesetzt werden, StPO. 315.

III. Die Urteilsfassung richtet sich im allgemeinen nach Lehrb. § 86. Dem Urteil ist aber stets die Urschrift des Wahrspruchs anzufügen, und in den Gründen ist auf den Spruch Bezug zu nehmen, StPO. 316. Hierdurch werden insbesondere beim verurteilenden Erkenntnis die oben S. 242 erörterten Punkte a, b, c, d und g ersetzt.

IV. Durch StPO. 317 ist dem Gericht die singuläre Möglichkeit eingeräumt, seiner Überzeugung hinsichtlich der Schuldfrage Ausdruck zu

---

[5] Aufhebung wegen Nichtzuziehung trotz Fragenänderung in RG. **45**, 133.

[6] Kommt es aus irgend einem Grunde zum Wiedereintritt in die BewAufnahme, so ist natürlich von neuem Gelegenheit zum Plädoyer. In diesem darf die nunmehr hinfällig gewordene frühere RBelehrung trotz § 300 II einer Erörterung unterzogen werden. Wortentziehung aus diesem Grunde ist Beschränkung der Verteidigung in einem wesentlichen Punkt (§ 377 Z. 8), RG. Arch. **56**, 215.

[7] oder die einzelnen Antworten, dann aber jede. RG. **2**, 201, **8**, 10, **26**, 214.

[8] Damit der Spruch verständlich sei, müssen gegebenenfalls auch die Fragen verlesen werden. Gegen die weit verbreitete abweichende Unsitte der Praxis mit Recht Höpfner DJurZtg. **16**, 270.

verleihen[9]. Sind nämlich die drei Richter einstimmig der Ansicht, daß sich die Geschworenen in der Hauptsache[10] zum Nachteil[11] des Angeklagten geirrt haben, so können sie den Wahrspruch von Amts wegen „kassieren". Dies geschieht durch einen Gerichtsbeschluß ohne Begründung, der die Sache zu neuer Verhandlung vor das SchwG. der nächsten Sitzungsperiode verweist. Die Kassation erstreckt sich nur soweit, als der Einfluß des Irrtums der Geschworenen reicht. Bei der neuen Verhandlung sind die früheren Geschworenen inhabil. Eine nochmalige Verweisung ist verboten, selbst wenn der neue Spruch sich als reformatio in pejus darstellen würde (RG. **33**, 94).

§ 96.

Die Fragestellung an die Geschworenen.

Kries § 72. Birkm. § 95. B.-B. §§ 124, 125. Ullm. §§ 115—117. Bind. § 109 Ötk. §§ 8—43. Glaser Fragestellung im SchwGVerf., Wien, 1863. v. Bar Recht u. Beweis im GeschwGer., 1865. Zacke Fragestellung u. Wahrspruch in den preuß. SchwGer., 1867. Dalcke Fragestellung und Verdikt, [2]1898. Ötker Arch. **48**, 321. Th. Rittler Fragestellung, Wahrspruch und Urteil, in Mittermaier-Liepmann I, 457—620. W. Lazarus (Lit. zu § 49), 1911. Ders., Ztsch. **33**, 400 (Fragestell. bei Körperv. mit tödl. Erfolg).

I. Die Geschworenen sind zur Entscheidung der Schuldfrage berufen, GVG. 81. Was das Gesetz unter Schuldfrage versteht, StPO. 262, ist Lb. § 49 II ausführlich erörtert. Zwischen Tatfrage und Rechtsfrage ist nicht geschieden; die Geschw. haben sowohl über das Vorliegen der tatsächlichen Umstände, wie über deren Subsumtion unter die gesetzlichen Begriffsmerkmale ihr Votum abzugeben. Als Anleitung bei der Lösung dieser Aufgabe dient ihnen die Stellung bestimmt formulierter Fragen, auf die sie mit Ja oder Nein zu antworten haben, und die Rechtsbelehrung durch den Vorsitzenden. Dem Gerichtshofe bleibt die Frage nach dem Vorliegen der Prozeßvoraus-

---

[9] In der Ablehnung von Beweisanträgen, besonders in der Unterstellung von Behauptungen als wahr (RG. **35**, 389), kann ebenfalls die Überzeugung der Richter hinsichtlich der Schuldfrage deutlich zutage treten. Für die Geschw. ist die Begründung solcher Gerichtsbeschlüsse völlig unverbindlich! Das Gesetz ist hier sehr unzweckmäßig vorgegangen. Eine Verständigung mit den Geschw. ist nicht nur nicht geboten, a. M. L.-H. § 243 N 8a, sondern m. E. geradezu gesetzwidrig, weil es sich hier um Prozeßleitung (Sachleitung) handelt, a. M. Ötk. 105. Wegen des RG. s. oben N. 1.

[10] Gegensatz: hinsichtlich der mildernden Umstände; so Geyer, v. Kries, Bennecke, Beling, Löwe-Hellweg. Abweichend namentlich Stenglein.

[11] vgl. RG. **17**, 31, **31**, 241.

setzungen[1] und die Straffrage[2] (außer den mildernden Umständen StPO. 297) überlassen, vgl. ferner StPO. 262 III ob. S. 150 (Rückfall, Verjährung). Die Fragen an die Geschw. unterscheidet das Gesetz in Haupt-, Hilfs- und Nebenfragen.

II. Die Hauptfrage, StPO. 293, ist die Frage, ob der Angeklagte der ihm im Eröffnungsbeschlusse zur Last gelegten Tat schuldig ist. Ist nur ein Angeklagter vorhanden und nur einer Tat bezichtigt, so hat die Hauptfrage dem Eröffnungsbeschluß zu entsprechen und ihn zu erschöpfen[3]. Sie beginnt mit den Worten „Ist der Angeklagte schuldig?" (RG. **41**, 188) und richtet sich auf die sämtlichen Voraussetzungen[4] eines gegenwärtig[5] bestehenden Strafanspruches[6]. **Mit ihrer Bejahung werden alle Merkmale des allgemeinen und des besonderen, des objektiven und des subjektiven Tatbestandes in ungetrennter Einheit bejaht.** Besondere Fragen nach Zurechnungsfähigkeit, Notwehr, Vorsatz

---

[1] Da diese gegenüber dem sachlichen Eingehen auf die Schuldfrage das logische prius darstellen, so ist z. B. bei einer Anklage aus StGB. 308, falls eine Hilfsfrage aus StGB. 303 beantragt wird, deren Stellung abzulehnen, wenn es an einem Strafantrag wegen Sachbeschädigung fehlt. RG. **5**, 327, **37**, 413, a. M. Kries 608.

[2] einschl. derjenigen tatsächlichen Feststellungen, die nur für die Straffrage von Belang sind; z. B. der genauen ziffermäßigen Höhe eines Schadens- oder sonstigen Betrages, von welchem das Strafmaß (oder etwa die Verfallserklärung nach StGB. 335) abhängt. RG. **12**, 150. L.-H. § 293 N. 2c; ferner die Frage, ob ein besonders leichter (StGB. 57 Z. 4) oder ein minder schwerer (StGB. 90 II, 94 I S. 1 a. E., 96 I a. E.) Fall vorliegt; ebenso der Frage nach ehrloser Gesinnung wegen StGB. 20, so Ötk. 185 mit Recht gegen L.-H., Stenglein, Dalcke.

[3] Absplitterung von Nebenfragen ist aber nach StPO. 295 gestattet, doch niemals geboten. RG. **19**, 146. B.-B. 554. In diesem Fall müssen Haupt- und Nebenfragen zusammen den Eröffnungs-Beschluß erschöpfen. Die Absplitterung ist streng logisch nicht zu rechtfertigen, wohl aber u. U. praktisch, oben S. 152.

[4] Genaueres oben S. 148 f. Hierher gehört auch die inländische Begehung, RG. **43**, 85.

[5] Auch die Existenz von Strafaufhebungsgründen wird mit der Hauptfrage implicite mitbejaht oder mitverneint, entsprechend dem S. 150 Gesagten. a M. Dalcke 98, Kries 611 und teilw. L.-H. StPO. 295 N. 9b; GVG. 196, N. 3d α mit willkürlicher Scheidung und ebenso Ötk. 212 N. 7; vgl. aber 211 N. 5. Richtig B.-B. 554c, Lazarus 126 und gelegentlich bez. StGB. 310 RG. **4**, 191.

[6] vorbehaltlich 1. der Verjährung, 2. des Rückfalls, 3. der erforderlichen Einsicht eines Jugendlichen. Die ersten beiden Punkte sind durch StPO. 262 III den Geschworenen ganz entzogen; der letzte muß zum Gegenstand einer Nebenfrage gemacht werden, wird also aus der Hauptfrage ausgelöst, StPO. 298. Die Zerreißung der einheitlichen Schuldfrage ist insoweit nicht bloß, wie nach N. 3, fakultativ, sondern obligatorisch, was freilich an der Unlogik nichts ändert, B.-B. 553 u. Ötk. S. 188 N. 11, S. 203, 206, Lazarus 93.

und dergl. sind völlig unzulässig[7]. Was die Formulierung der Hauptfrage angeht, so muß sie die Tat bezeichnen 1. nach ihren gesetzlichen Merkmalen und 2. unter Hervorhebung der zu ihrer Unterscheidung erforderlichen Umstände. Das Erfordernis 1 verlangt genauen und wörtlichen Anschluß an den einschlägigen Paragraphen des besonderen Teils[8] und, soweit dieser Paragraph ausdrücklich oder stillschweigend auf einen anderswo genauer formulierten Deliktsbegriff hinweist, gleichen Anschluß an die genauere Formulierung[9]. Nur wo die präzise Formulierung schon in einer anderen der mehreren den Geschworenen gestellten Fragen erfolgt ist, wird eine Abbreviatur durch unmißverständlichen Hinweis auf die genauere Frage als unbedenklich erlaubt anzusehen sein[10]. Endlich wird es, wiewohl in der Regel die abstrakten Ausdrücke des Gesetzes zu verwenden sind, nicht als schlechthin unstatthaft gelten können, dieselben durch tatsächliche Bezeichnungen da zu ersetzen, wo absolut selbstverständliche Tatsachen und Rechtsbegriffe in Frage stehen[11]. Bei den

---

[7] RG. **1**, 70, **4**, 400, **11**, 277, **12**, 237, **9**, 105 (keine Nebenfrage über StGB. 193). Ötk. 184, Lazarus 83, 86.

[8] Beim Meineid, StGB. 154, die Worte „vor einer zur Abnahme von Eiden zuständigen Behörde" RG. **16**, 186; oder beim Widerstand, StGB. 113, die Worte „einen Beamten, welcher zur Vollstreckung von Befehlen und Anordnungen der Verwaltungsbehörden berufen ist". Ob ein AG. unter den ersteren, ob ein Polizeisergeant unter den letzteren Rechtsbegriff fällt, soll eben der Kognition der Geschw. überlassen bleiben. Bei der Urkundenfälschung, StGB. 267, 268, die Worte „in rechtswidriger Absicht" RG. **3**, 169; beim Mord die Hervorhebung, daß die Überlegung während der Ausführung vorlag, RG. **8**, 276; bei StGB. 218 III die Worte „mit Einwilligung der Schwangeren" RG. **33**, 131. Vgl. ferner RG. **34**, 238, **36**, 26 (Fragefassung bei Mordversuch), **36**, 277 (Verhältnis der KörpVerl. mit Todeserfolg zu der mittelst lebensgefährl. Behandlung).

[9] So verweist StGB. 351 auf StGB. 246, RG. **2**, 280, **37**, 8, Kries 617; StGB. 159 auf StGB. 153, 154, RG. **2**, 283; StGB. 268, 270 auf StGB. 267, RG. **3**, 169, **12**, 112. In die Frage aus StGB. 214 muß die gesetzliche Definition des betreffenden konkreten strafbaren Unternehmens hineingezogen werden, RG. **23**, 78 (trotz Protestes im Widerspruch zu **4**, 231), **44**, 270. In der Frage wegen Anstiftung oder Beihilfe muß das Hauptdelikt nicht nur als „Verbrechen" oder „Vergehen" bezeichnet, sondern in seine gesetzlichen Merkmale aufgelöst werden, RG. **13**, 234 f. Bei Begehung im Ausland muß, falls StGB. 4 Z. 3 zutrifft, auch die Fassung des fremden Rechts neben der des einheimischen zugrunde gelegt werden, RG. **42**, 331. Unnötig soll bei Frage aus StGB. 147 die Aufnahme der Merkmale aus StGB. 146 sein. RG. **43**, 311.

[10] RG. **2**, 134. L.-H. § 292 N. 7.

[11] So verbo tenus RG. **8**, 234 f. Ebenso L.-H. § 293 N. 3 d. Man wird also in StGB. 211 „Friedrich Schultze" statt „Mensch" in StGB. 242 „Taschenuhr" statt „bewegliche Sache" sagen dürfen; a. M. Kries 616. B.-B. 547. Dagegen

Tatbestandsvarianten des Versuchs, der Mittäterschaft, der Idealkonkurrenz u. ä. muß sich die Fragefassung auch an die betreffenden Paragraphen des allgemeinen Teils anlehnen. — Das Erfordernis 2 verlangt trotz der von StPO. 198, 205 abweichenden Fassung das gleiche, nämlich Individualisierung. Dagegen ist Aufnahme der sämtlichen tatsächlichen Umstände, in denen die gesetzlichen Merkmale gefunden werden, unter Vorwegnahme der Subsumtionstätigkeit — sog. Spezialisierung — nicht geboten[12]. Sie ist aber auch nicht verboten[13], und soweit sie geschieht, ermöglicht sie eine Nachprüfung in der Revisionsinstanz auf untergelaufene Rechtsirrtümer[14].

III Eine Hilfsfrage. StPO. 294, ist dem Wesen nach von einer Hauptfrage nicht verschieden; bei ihrer Fassung sind die eben erörterten Erfordernisse zu beachten[15], und sie beginnt gleichfalls mit den Worten „Ist der Angeklagte schuldig?". Der Unterschied gegenüber der Hauptfrage liegt darin, daß sie eine vom Eröffnungsbeschluß abweichende Beurteilung der Tat zum Ausdruck bringt[16].

IV. Im Gegensatz zu Haupt- und Hilfsfragen stehen die Nebenfragen. Sie sind jenen gegenüber unselbständig, setzen jene voraus

---

darf man in StGB. 308 nicht „Vorrat von landwirtschaftlichen Erzeugnissen" durch „Strohdiemen", nicht „Gebäude" durch „Scheune" ersetzen, RG. 8, 233.

[12] Auf die Unterlassung trotz Antrages kann nicht die Revision gestützt werden selbst wenn ein Subsumtionsirrtum wahrscheinlich ist; RG. **2**, 136, 138, **3**, 51, **4**, 231, 313, **27**, 66. Insoweit hat RG. zweifellos recht, obwohl die Konsequenzen wider die Billigkeit laufen. Die Regelung in StPO. 293 ist eben verfehlt, Kries 615, bes. N. 2.

[13] so die hM., abweichend Stenglein N. 6, 12 und z. T. das RG.

[14] Dies will das RG. in mehreren Entsch. nicht zugeben, von denen die frappanteste **3**, 250 ist. RG. **27**, 369 ist im Ergebnis zu billigen. Mit dem RG. gehen L.-H. und Stenglein. Dagegen u. a. Kries 615, B.-B. 548 (der gerade wegen der Nachprüfung die Spezialisierung für zweckmäßig hält), wohl auch Birkm. 653.

[15] Die Mangelhaftigkeit einer Hilfsfrage kann selbst dann die Revision begründen, wenn die Hauptfrage bejaht worden ist, so RG. **33**, 131.

[16] z. B. Mord statt Körperverletzung mit tödlichem Ausgang; Diebstahl statt Raubes; einfachen Totschlag statt Aszendententotschlages. Soweit es sich dabei gegenüber der Hauptfrage lediglich um Hinzutritt einer Qualifizierung oder Privilegierung handelt, kann auch der Weg einer Nebenfrage nach StPO. 295 I gewählt werden, so jetzt auch Löwe-Hellweg, N. 2a. Könnte die abweichende Beurteilung durch teilweise Verneinung der Hauptfrage ausgedrückt werden (auf die Frage aus StGB. 249 wird geantwortet: Ja, aber nicht Gewalt usw., so daß Diebstahl übrig bleibt), so darf doch wegen solcher Möglichkeit nicht die Stellung einer Hilfsfrage abgelehnt werden.

und lehnen sich an sie an. Sie bringen niemals eine volle rechtliche Beurteilung der Tat zum Ausdruck. Das Gesetz kennt vier Arten:

1. über solche vom Strafgesetze besonders vorgesehenen Umstände, welche die Strafbarkeit vermindern oder erhöhen, also über Qualifizierungs- und Privilegierungsgründe, StPO. 295 I, vgl. oben S. 149 sub b, 152;

2. über Strafaufhebungsgründe, StPO. 295 II (oben N. 5)[17];

3. über mildernde Umstände[18], StPO. 297;

4. bei Jugendlichen und Taubstummen (StGB. 57, 58) über die zur Erkenntnis der Strafbarkeit erforderliche Einsicht, StPO. 298.[19]

V. Fernere Grundsätze über die Fragestellung sind: **1.** Für jede Tat eines jeden Täters ist eine besondere Hauptfrage (nebst event. anschließenden Hilfs- und Nebenfragen) zu stellen, StPO. 292 III. **2.** Die Fragen sind so zu stellen, daß sie mit Ja oder mit Nein sich beantworten lassen, StPO. 292 I. Disjunktive (eigentliche alternative) Fragen sind also verboten. Erlaubt aber ist eine alternative Fassung der Fragen („ganz oder teilweise zerstört", „verheimlicht oder beiseite geschafft" und dergl.), d. h. eine zu alternativer Feststellung führende Fassung. Inwieweit alternative Feststellung erlaubt ist, s. Lehrb. § 42 VI.[20] **3.** Wenn Fragen in einem Eventualverhältnis zueinander stehen, so muß dies genau[21] bezeichnet werden, StPO. 292 II, indem z. B. gefragt wird (abgekürzt): I. Ist der An-

---

[17] Nach Lazarus' 163 ganz isolierter Meinung hat diese Frage keine selbständige, sondern nur eine kontrollierende Bedeutung.

[18] Übergriff in die Straffrage, daher einfache Majorität, StPO. 297 II. Ein Konstruktionsfehler im SchwGInstitut, Ötk. § 27, B.-B. 544 N. 25, 557 f. N. 25. L.-H. § 297 N. 5. Bei Rückfallsdelikten liegt die Entscheidung über mildernde Umstände m. E. beim Gerichtshof. Ebenso Dalcke a. O. S. 105; a. M. RG. **39**, 97, Ötk. 221. — Diese Nebenfrage wird nur von Amts wegen oder auf Antrag der Parteien gestellt, StPO. 297; abweichend von StPO. 291 haben die Geschw. kein Antragsrecht. Selbst eine in ihrer Antwort liegende Initiative ist unbeachtlich, RG. **33**, 140. Wegen E. 09 s. N. 37.

[19] Ötker, Prozessuale Konsequenzen des Einsichterfordernisses, Arch. **47**, 321.

[20] B.-B. 548, N. 19. Ötk. § 36. Löwe-H. § 292 N. 2 geht zu weit, wenn er auch bei Gruppierung unter verschiedenen Paragraphen ohne besondere Verweisung alternative Fragestellung zuläßt. RG. **9**, 22, **15**, 304 (Mittel der Anstiftung), **28**, 98 (nicht: Widerstandleistung und tätlicher Angriff in StGB. 113, 117), **32**, 86 (nicht: die beiden Tatbestände in StGB. 132). Was die Ziff. des StGB. 243 angeht, so vgl. einerseits Arch. **39**, 60, andererseits RG. **23**, 47 (letzteres richtig). Abw. Ötk. 277. Zu StGB. 351: RG. **43**, 382.

[21] Kries 613. L.-H. § 292 N. 5. Bloße Einleitung der nachfolgenden Frage mit „eventuell" genügt nicht, wie RG. **7**, 434 drastisch zeigt.

geklagte des Mordes schuldig? II. Für den Fall, daß Frage I verneint wird: Ist der Angeklagte der Körperverletzung mit tödlichem Ausgang schuldig? — In einem Eventualverhältnisse stehen Hilfsfragen zur Hauptfrage, Hilfsfragen untereinander, Nebenfragen zu Haupt- und Hilfsfragen, aber niemals Hauptfragen untereinander[22]. 4. Die Reihenfolge der Fragen richtet sich nach ihrem logischen Verhältnis (oben S. 152, 151 sub V): Grunddelikt am Ende[23], Straffrage hinter der Schuldfrage[24], Nebenfrage hinter der Hauptfrage. StPO. 294 II stellt den Grundsatz auf, der indessen aus Gründen der Logik und Übersichtlichkeit nicht überall durchgeführt werden kann[25], daß im allgemeinen die Hauptfrage vorangeht, die Hilfsfrage nachfolgt; daß dagegen, wenn die vom Eröffnungsbeschluß abweichende Beurteilung eine erhöhte Strafbarkeit begründet, die Hilfsfrage vorangeht, die Hauptfrage nachfolgt. 5. Eine Ablehnung von Hilfs- oder Nebenfragen kann nur aus Rechtsgründen erfolgen, StPO. 296. Also nicht, weil der betreffende Umstand in der Verhandlung nicht hervorgetreten sei[26], oder weil der Angekl. kein Interesse daran habe, oder weil die Frage ohne Irrtum in der Subsumtion nicht bejaht werden könne[7].

---

[22] Also ist nicht etwa die Frage nach der Schuld des Gehilfen Eventualfrage hinter der nach der Schuld des Täters. RG. **24**, 302. L.-H. § 292 N. 3.

[23] RG. **6**, 243. Es war gefragt worden: I. Diebstahl, StGB. 242? II. Wenn zu I ja: mild. Umst.? III. Wenn zu I ja: auch gewaltsame Erhaltung im Besitz, also Quasiraub, StGB. 252? IV. Wenn zu III ja: mild. Umst.? Die Antwort lautete: I. Ja, II. Nein, III. Ja, IV. Ja. Frage II war wegen des in Betracht kommenden Rückfalles gestellt, s. oben N. 18. Der StAnw. verlangte Verurteilung nach StGB. 244 I; das Ger. verurteilte nach StGB. 252, 249 II. Das RG. hielt dies aufrecht, da die Fragestellung in der Revision des StAnw. nicht gerügt war, StPO. 392 I. Korrekt wäre indessen gefragt worden: I. Quasiraub? II. Wenn ja: mild. Umst.? III. Wenn zu I nein: Diebstahl? Die Frage des Rückfalls und der mild. Umst. hierbei war den Geschw. nicht vorzulegen.

[24] RG. **33**, 298. Ein Jugendlicher war aus StGB. 177, 43 angeklagt. Es wurde gefragt: I. Notzuchtsversuch? II. mild. Umst.? III. Einsicht, StGB. 57? Das war falsch, Frage III gehörte vor Frage II.

[25] nicht z. B. wenn Mord, Totschlag und Kindestötung in Frage kommen, s. unten N. 36. RG. **24**, 280 erklärt bei Idealkonkurrenz von StGB. 263 und 266 die Reihenfolge für gleichgültig.

[26] L.-H. § 296 N. 1, B.-B. 549 N. 7. RG. **1**, 425, **3**, 67, **8**, 22, **44**, 338 (Mordprozeß Breuer, dazu mit treffender Kritik auch an dem RGUrteil v. Bar Recht **15**, 209). Arch. **59**, 127. Lazarus 93, 105 folgert aus dem Grundsatz die Unablehnbarkeit einer beantragten Einsichtsfrage bei angeblicher Taubstummheit.

[27] Kries 618 f. Unrichtig RG. **18**, 337, das den Geschworenen die Freiheit, rechtlich zu irren, abschneiden will.

Wohl aber, weil der Antrag zu spät gestellt sei[28], von einem nicht dazu Legitimierten ausgehe[29], eine andere Tat betreffe, die nicht den Gegenstand der Verhandlung bilde[30]; oder weil die Fragestellung die beantragte Frage bereits mitbetreffe und erledige[31], oder weil das Gesetz die beantragte Nebenfrage für den konkreten Fall ausschließe[32], oder weil nicht die Geschworenen, sondern das Gericht über die Frage zu entscheiden hätten[33], oder endlich, weil aus prozessualen Gründen die Strafverfolgung nach der betreffenden Richtung hin ausgeschlossen sei[34].

VI. Eine Reihe von Einzelheiten sind lebhaft bestritten; so, wie es zum Ausdruck zu bringen sei, ob Idealkonkurrenz vorliegt oder nicht, ob fortgesetzte Handlung oder Realkonkurrenz. Die Zweifel sind hier berechtigt, weil das Gesetz an diesen Fall nicht gedacht und seine

---

[28] nämlich nach der Verkündung eines korrekten Wahrspruches, RG. **7**, 345, **11**, 168, **16**, 126. Wenn die Geschw. mit dem Wahrspr. zurückkehren, ihn aber noch nicht verkündet haben, ist es noch nicht zu spät, RG. **30**, 403, B.-B. 546 N. 9; ebenso dann noch nicht, wenn der verkündete Wahrspr. sachliche Mängel aufweist.

[29] z. B. dem Verteidiger des A, wenn die Frage nur den B trifft; vom Angekl., wenn sie auf schwerere Strafbarkeit abzielt; vom Neben-Ankläger, wenn sie einen Gesichtspunkt hervorkehrt, der die Neben-Anklage ausschließt.

[30] und StPO. 265 nicht vorliege, RG. **12**, 409 (Anklage wegen Kindesmords, StAnw. beantragte Hilfsfrage wegen Abtreibung). So auch RG. **44**, 338 (jedoch zu Unrecht Tateinheit ausgeschlossen, vgl. N. 26 und v. Bar).

[31] RG. **1**, 70: Ablehnung einer besonderen Frage nach der Zurechnungsfähigkeit. RG. **14**, 75: Ablehnung einer Frage, ob fortgesetzte Handlung vorliege, da das gleiche Resultat durch Verneinung der Worte „durch eine fernere selbständige Handlung" in einer gestellten Frage herauskomme. Diese Entscheidung ist richtig, wenn es zulässig ist, den Zweifel, ob Handlungseinheit oder -mehrheit, je nach Ermessen durch Stellung einer Hilfsfrage oder durch Abstellung der Hauptfrage auf teilweise Verneinung zu erledigen; und wenn ferner mehrere Verbrechen, von denen durch den Wahrspruch nicht festgestellt ist, daß sie je durch eine selbständige Handlung begangen seien, als durch eine einzige Haltung begangen anzusehen sind. Diese Prämissen sind freilich nicht zuzugeben, Löwe-Hellweg § 294 N. 2b; unten N. 35 und Lb. § 97 N. 9 a. E.

[32] Frage nach der Einsicht, StPO. 298, bei einem Erwachsenen. Frage nach mild. Umst bei Verbrechen aus StGB. 214, RG. **18**, 400.

[33] ob Verjährung, ob Abolition vorliege; ob Rückfall gegeben, ob bejahendenfalls mild. Umst. zuzubilligen, vgl. N. 18.

[34] z. B wegen mangelnden Antrags, RG. **5**, 327, **37**, 413, **42**, 105, oben N. 1; oder weil insoweit Verjährung eingetreten sei, RG. **23**, 327: Jemand war wegen eines 10 Jahre zurückliegenden Mordversuchs angeklagt; Hilfsfrage, ob Körperverletzung oder Sachbeschädigung vorliege, wurde abgelehnt. Oder weil die Auslief. sich hierauf nicht erstreckte **29**, 270, **37**, 88, **41**, 273. Vgl. RG. **39**, 136: Berücksichtigung ausländischen Strafrechts irrelevant.

Regeln ihm nicht angepaßt hat[35]. Viel Streit besteht auch über das Verhältnis gewisser Verbrechensbegriffe zueinander; so von Mord zu Totschlag, von beiden zu Kindestötung oder zu Tötung des Verlangenden. Hier können aber bei richtiger systematischer Auffassung keine Zweifel entstehen[36 37].

---

[35] Kries 612. L.-H. § 292 N. 6a, § 294 N. 2b. B.-B. 549 N. 24, 25, 553, bes. N. 13, 556 N. 24. Ötk. §§ 12, 13. RG. **4**, 190, **4**, 287, **5**, 155, **14**, 75, **21**, 405, **29**, 327, **33**, 317, **35**, 70, **41**, 239, **42**, 330. Handelt es sich z. B. um Brandstiftung, StGB. 306 Z. 2, event. in Idealkonkurrenz mit Versicherungsbetrug, StGB. 265 Fall I, so dürfte zu fragen sein entweder: I. Ist der Angeklagte schuldig, durch eine und dieselbe Handlung Brandstiftung und zugleich Versicherungsbetrug begangen zu haben? II. Wenn zu I nein: Ist der Angeklagte der Brandstiftung schuldig? III. Wenn zu II nein: Ist der Angeklagte des Versicherungsbetrugs schuldig? — oder auch je nach der tatsächlichen Lagerung der Sache: I. Ist der Angeklagte der Brandstiftung schuldig? II. Wenn zu I ja: Ist der Angeklagte zugleich eines durch dieselbe Handlung begangenen Versicherungsbetruges schuldig? — Gegen die erstere Gestaltung Ötk. 143.

[36] StGB. 211 bezeichnet gerade die Anwesenheit desjenigen Moments als wesentlich für den Mord, dessen Abwesenheit StGB. 212 ausdrücklich als wesentlich für den Totschlag hervorhebt. Folglich ist der Mord kein qualifizierter Fall des Totschlags und steht nicht im Verhältnis der Spezialität zu demselben, sondern beide Verbrechensbegriffe schließen einander aus, sie stehen im Verhältnis der Exklusivität. Danach muß für jede Auffassung eine volle selbständige Schuldfrage gestellt werden, von denen die Mordfrage, mag sie Haupt- oder Hilfsfrage sein, stets nach StPO. 294 II voransteht, während die Totschlagsfrage stets nur für den Fall der Verneinung der Mordfrage gestellt wird. Diese Anordnung gibt RG. **13**, 345, **16**, 214, **18**, 400, **31**, 253 jetzt wenigstens als statthaft zu, während **9**, 401 (vgl. auch **20**, 171 zu StGB. 217; **26**, 363 zu 216) nur eine Nebenfrage erlauben wollte. Die falsche Fragestellung fand sich auch in dem Trierer Breuerprozeß (RG. **44**, 338) und in dem Karlsruher Hauprozeß (Lb. S. 156 N. 16). Was Kindestötung und Tötung auf Verlangen (hierzu jetzt **45**, 247) angeht, so sind sie Unterfälle nicht zu Mord oder zu Totschlag, sondern zu einem Mord und Totschlag gemeinsam umfassenden Oberbegriff vorsätzlicher Tötung, der aber nicht zu einem selbständigen Verbrechensbegriff ausgestaltet ist. Deshalb kann auf diesen Oberbegriff nicht, wie RG. **20**, 174 vorschlägt, eine Hauptfrage abgestellt werden, an die dann Nebenfragen angehängt werden, also: I. Vorsätzliche Tötung? II. Wenn zu I ja: durch die uneheliche Mutter in der Geburt? III. Wenn zu II nein: mit Überlegung ausgeführt? Dies wird schon durch die Möglichkeit, daß I bejaht, II und III verneint wird, ad absurdum geführt. Denn weder dürfen die zusammengehörigen Merkmale des Totschlags zerrissen und auf 2 Fragen verteilt werden (hier I und III); noch darf eines der Merkmale (die Ausführung ohne Überlegung) eine Feststellung erfahren, bei der die Zweidrittelmajorität unbeachtet bleibt (hier durch Verneinung von III). Zu richtiger Fragestellung kann man aber, wie jetzt auch Ötk. 175 ausführt, nur unter Verzicht auf die in StPO. 294 II beliebte Anordnung gelangen: I. Liegt Kindestötung vor? II. Wenn zu I nein, liegt Mord vor? III. Wenn zu II nein, liegt Totschlag vor? Im wesentlichen wohl ebenso B.-B. 555 ff.

§ 97.

Der Wahrspruch der Geschworenen.

Kries § 73. Birkm. § 94 II, 5—7. B.=B. §§ 126, 127. Ullm. §§ 118 119. Ötk. §§ 44—57.

I. Die Antwort der Geschworenen darf sachlich nicht zu wenig und nicht zu viel bieten. Sie muß auf alle gestellten Fragen eingehen, sie darf aber keine neuen Zusätze bringen[1]. Sie hat prinzipiell nur Ja oder Nein zu lauten; doch sind die Geschworenen nach StPO. 305 II berechtigt, eine Frage teilweise zu bejahen und teilweise zu verneinen. Einen Unterschied zwischen abändernden (qualifizierenden und privilegierenden) Merkmalen und konstitutiven Merkmalen macht das Gesetz dabei nicht. Es ist also möglich, daß infolge der Verneinung eines einzelnen Umstandes überhaupt kein Verbrechenstatbestand mehr übrig bleibt[2]. Die Bestimmung trägt gerade hierdurch der Rechtsungelehrtheit der Geschworenen Rechnung.

II. Die Antworten müssen formell dem § 307 II entsprechen.

N. 20—22: vgl. L.=H. § 293 N. 9b, § 294 N. 2a. Stenglein § 294 N. 4. Löwenstein DJurZtg. **12**, 1076; Ötk. S. 168, 173, 190; Lazarus Ztsch. **33**, 401; Dietz Arch. **56**, 49. Schwierig ist auch die Fassung der Mordversuchsfrage; RG. **44**, 378 muß als innerlich unlogisch erscheinen.

[37] Im E. 09 bleibt das SchwG. trotz seiner Fehler. Der Gesetzgeber hält dies Institut für unverbesserlich, kann sich aber mit Rücksicht auf die Doktrin des politischen Liberalismus nicht zu seiner Abschaffung aufraffen. Immerhin erwies es sich als verschlechterbar, und das ist durch Einräumung eines Rechts an die Geschw., die Frage nach mildernden Umständen zu verlangen, und durch die obligatorische (oder doch auf Antrag obligatorische) Zerspaltung der Schuldfrage bei Qualifizierungs= und Privilegierungsgründen zum großen Nachteil des Angekl. geschehen.

[1] RG. **33**, 140: die Geschw. beantworteten die Frage, ob Raub vorliegt: „Ja, mit mehr als 7 Stimmen, aber unter Zubilligung mildernder Umstände." Der Zusatz war einfach unberücksichtigt zu lassen. RG. **34**, 413: Frage aus StGB. 267. Die Antwort besagte: Ja, aber es liegt nicht § 267, sondern 270 vor.

[2] Alsdann ist trotz Bejahung der Schuldfrage freizusprechen. So, wenn die Frage nach Urkundenfälschung, StGB. 267, 268, beantwortet wird: Ja, aber nicht in rechtswidriger Absicht. Oder auf die Frage aus StGB. 226, 47: Ja, aber nicht in Gemeinschaft mit einem andern, auch nicht derart, daß der Tod eingetreten (RG. **11**, 168; hier war einzustellen). RG. **2**, 95, **10**, 315, **28**, 408, **41**, 241, **42**, 286, **45**, 133; L.=H. § 293 N. 3a, Birkm. 654, Lazarus 65 f. a. M. Kries 629, Stenglein GerS. **44**, 413. B.=B 565 N. 10, 569 N. 11, 12, die in dem Ja unter Verneinung konstitutiver Merkmale einen inneren Widerspruch sehen und Berichtigungsverfahren verlangen. Gelegentlich so RG. **40**, 203 (gegen OKAnw.). — Bei teilweiser Bejahung kann die Subsumtionsfrage gesondert hervortreten, Lb. S. 149 N. 8 a. E. Für die Subsumtion durch das Ger. gilt natürlich die ²/₃=Majorität, Ötk. 619, Lazarus 67 (dort auch Gegner genannt).

Danach muß die Bejahung von Hauptfragen, Hilfsfragen und Nebenfragen nach qualifizierenden Umständen und nach der erforderlichen Einsicht lauten „Ja, mit mehr als 7 Stimmen"; die Verneinung lautet „Nein". Bei Nebenfragen nach privilegierenden Umständen und nach Strafaufhebungsgründen lautet die Bejahung „Ja", die Verneinung „Nein, mit mehr als 7 Stimmen". Die Nebenfrage nach mildernden Umständen wird bejaht mit „Ja", verneint mit „Nein, mit mehr als 6 Stimmen". Alles dies entspricht den Grundsätzen über die Beantwortung der Schuld- und Straffragen, Lehrb. § 49 II, StPO. 262, 267 II, GVG. 198 I. Im übrigen darf das Stimmenverhältnis nicht ausgedrückt werden.

III. Auf einen korrekten Spruch ergeht das Urteil oder der Kassationsbeschluß[3], auf einen inkorrekten Wahrspruch hat das Berichtigungs- oder Moniturverfahren, StPO. 309—312, zu folgen[4]. Es setzt stets einen Gerichtsbeschluß voraus (unr. RG. **39**, 245), der bis zur Urteilsverkündung gefaßt werden kann. Der Vorsitzende erteilt die nötige Belehrung und fordert die Geschworenen auf, sich in das Beratungszimmer zurück zu begeben, um dem gerügten Mangel abzuhelfen. Dabei sind formelle und sachliche Mängel zu unterscheiden. **1.** Ist der Spruch in der Form nicht vorschriftsmäßig[5], so ist ihm lediglich die gesetzliche Form zu geben; eine sachliche Änderung darf nicht vorgenommen werden, StPO. 309, 310. **2.** Bei sachlichem Mangel des Spruches sind die Geschworenen an keinen Teil ihres früheren Spruches gebunden, StPO. 309, 311. Sie können also nicht nur die mangelhafte Antwort abändern, sondern auch die Antworten auf alle übrigen Fragen, selbst wenn diese eine andere Tat oder einen anderen Täter betreffen. Das Stadium der Beratung ist also damit aufs neue

---

[3] Recht des Angeklagten aus dem Spruch, RG. **41**, 238, 188, 273; doch nur bei richtiger Fragestellung **42**, 286, **45**, 133 (136). Lb. § 91 N. 22.

[4] In Abwesenheit des Angekl. Wegen etwaiger Zuziehung s. Lb. 276 N. 5, StPO. 311 II, RG. **28**, 340, **44**, 39.

[5] Etwa: nicht neben den Fragen niedergeschrieben, oder nicht unterzeichnet, oder nicht mit Verwendung von Ja und Nein, oder mit unzulässiger Angabe des Stimmenverhältnisses, z. B. Ja, einstimmig. Oder bei einer Nebenfrage aus StGB. 157: Ja, mit mehr als 6 Stimmen, RG. **11**, 42. Oder, bei der Frage nach mild. Umst.: Nein, mit mehr als 7 Stimmen; RG. **32**, 373 will hierin überhaupt keinen Mangel sehen. Oder, nachdem der erste Spruch auf Ja gelautet und Berichtigungsverfahren angeordnet, wird beim zweiten Spruch kein neues Ja hingeschrieben, RG. **4**, 123; unrichtig **39**, 278.

eröffnet. Der Spruch[6] leidet an einem sachlichen Mangel, wenn er a) undeutlich[7], oder b) unvollständig[8], oder c) sich widersprechend[9] ist.

IV. Der neue Spruch wird ebenso wie der alte, von diesem unterscheidbar, niedergeschrieben; der frühere Spruch muß ebenfalls erkennbar bleiben, StPO. 312, damit das Revisionsgericht nachprüfen kann, ob das Moniturverfahren nötig war.

---

[6] = Gesamtheit aller Antworten, RG. **20**, 188, **44**, 225.

[7] Wenn zweifelhaft ist, was die Geschw. sagen wollen, oder ob sie die Fragen verstanden haben. RG. **9**, 107: Ja mit 7, Nein mit 5 Stimmen. RG. **2**, 361: Frage aus StGB 154, Antwort: Meineid, Ja mit mehr als 7 Stimmen; wissentlich, Nein. Die übrigen Merkmale schwebten dadurch in der Luft; ähnlich RG. **7**, 194, **11**, 103. In RG. **7**, 434 war mit „eventuell" gefragt worden, oben S. 281 N. 21. Das hatten die Geschworenen falsch aufgefaßt, wie aus den mündlichen Erklärungen hervorging, mit denen der Obmann die Verkündung unterbrach. RG. **35**, 284: Bejahung von Mord und von mild. Umst. Hier war aber auch falsch gefragt worden; vgl. S. 284 N. 36. RG. **39**, 137: Bejahung der Frage aus KonkO. 239 Z. 1, 2 mit dem Zusatz: jedoch nicht in der Absicht, den Gläubiger P. zu schädigen; aber er hat dadurch auch noch andere Gläubiger geschädigt. RG. **40**, 203.

[8] Eine Frage ist ohne Antwort geblieben, RG. **27**, 412; selbst wenn dies auf die falsche Anweisung des Vorsitzenden geschah, RG. **24**, 302. Oder die gebotene Angabe des Stimmenverhältnisses ist unterblieben, die Hauptfrage schlankweg mit Ja, die Frage nach mild. Umst mit Nein beantwortet, RG. **4**, 123, **23**, 402, **31**, 425; a. M. in diesem Punkte Beling.

[9] Beispiele: RG. **4**, 278, Frage I: Kindesmord, StGB. 217? Ja, mit 7 gegen 5 Stimmen; Frage II: mild. Umst.? Ja, mit mehr als 7 Stimmen. Es lag innerlicher Widerspruch von I und Widerspruch zwischen I und II vor. RG. **5**, 155, Fragen: I. Schuldig nach StGB. 174 Z. 1? II. mild. Umst.? III. Schuldig durch dieselbe Handlung nach StGB. 176 Z. 1? IV. mild. Umst.? V. Schuldig durch dieselbe Handlung nach StGB. 176 Z. 3? VI. mild. Umst.? Antworten (kurz): I. Ja, II. Ja, III. Nein, IV. —, V. Ja, VI. Nein. Widerspruch zwischen II und VI, doch war schon die Fragestellung unkorrekt. RG. **28**, 343, Fragen: I. Ist A schuldig, in Gemeinschaft mit B den X mißhandelt zu haben? II Ist B schuldig, in Gemeinschaft mit A den X mißhandelt zu haben? Antworten: I. Nein, II. Ja. Widerspruch zwischen beiden. Ähnlich **37**, 417. Zustimmend Kries 629 für den Fall, daß der Name des Angestifteten in die den Anstifter betreffende Frage aufgenommen wird, und die Geschw. beim Täter mit Nein, beim Anstifter mit Ja antworten. A. M. B.-B. 565 Anm. 10. In **37**, 248 erklärte der Obmann, sich verschrieben zu haben; RG. nimmt auch hier Fall c an. Dagegen **39**, 245, das aber überhaupt nach allen Richtungen unhaltbar. Kein Widerspruch lag nach RG. **27**, 392 in folgendem Falle vor: Ein Jugendl. ist wegen Beihilfe zur Notzucht angeklagt; Fragen: I. StGB. 176 Z. 1, 49? II. Einsicht? III. mild. Umst.? Antworten I. Ja, II. Nein, III. Ja. Ähnlich RG. **2**, 95, **10**, 315: konstituierende Merkmale wurden verneint, aber mild. Umst. bejaht. Dagegen v. Kries, Beling, s. oben N. 2. Stenglein, § 305 N. 3 stimmt dem RG. zu.

§ 98.

Das schöffengerichtliche Verfahren.

Kries § 64 I. Ötker §§ 72—74.

I. Im allgemeinen. Eine VU. findet nicht statt, StPO. 176 III. Die Anklageschrift, welche keine Ermittelungsergebnisse (S. 214 N. 1) enthält, wird in reinen SchGSachen beim AR., in Überweisungssachen bei der StK. eingereicht, §§ 197 f.; dem Angeschuldigten wird sie nicht mitgeteilt, § 199 IV. Für das Zwischenverfahren gelten keine Besonderheiten; doch vgl. § 200 I S. 2, 207 II, ob. S. 216 N. 2. Zustellungen und Ladungen kann der AR. unmittelbar veranlassen, § 36 II, und dies ist in der Praxis die Regel. Wird der AR. abgelehnt und hält er das Gesuch für begründet, so bedarf es keiner Entscheidung; andernfalls entscheidet die StK., § 27 II. Über Ausschließung und Ablehnung von Schöffen beschließt der AR., § 31 II S. 1. In der HVerh. bestimmt das Ger. selbstherrlich den Umfang der Beweisaufnahme (StPO. 244 II, die beiden Regeln S. 226, 228 gelten nicht) und braucht sich vom Eingehen auf neue rechtliche Gesichtspunkte niemals durch den Angeklagten abhalten zu lassen, § 264 V. In das Protokoll sind die wesentlichen Ergebnisse der Vernehmungen aufzunehmen, § 273 II. Schließt die HVerh. mit einem Verweisungsbeschluß wegen sachlicher Unzuständigkeit, so ist dem Angeklagten eine Frist zu Beweisanträgen zu setzen, § 270 IV, ob. S. 238 N. 9. Das Urteil bedarf der Unterschrift der Schöffen nicht, § 275 II. Nur in SchGSachen hat das RM. der Berufung seinen Platz, § 354 ff., Lehrb. § 90: die Anrufung der dritten Instanz ist durch § 380 stark beschnitten (S. 260 f.). Die Wiederaufnahme von Nova ist erschwert, § 399 Z. 5. Eine Vermögensbeschlagnahme als Gestellungsmittel ist nur in Überweisungssachen zulässig, § 332, S. 261 N. 1.

II. Speziell in Übertretungssachen. Auch wenn eine Anklageschrift eingereicht wird (Lehrb. §§ 99, 100), braucht niemals ein förmlicher Eröffnungsbeschluß gefaßt zu werden, § 211 I: Anberaumung des HVerhTermins genügt. Auch in der Berufungsinstanz ist das Gericht frei hinsichtlich der Beweisaufnahme und des Eingehens auf neue rechtliche Gesichtspunkte, §§ 244 II, 264 V. Für alle Übertretungen, außer den Korrektionshaft-Sachen (StGB. 361 Z. 3—8) gilt ferner: Verhaftung ist nur gegen besonders unsichere Personen statthaft, § 113 (S. 192); der Angekl. kann nach Lehrb. § 79 bb oder cc geladen werden, er kann sich (S. 127) vertreten lassen, es kann alsdann bei seinem Ausbleiben verhandelt werden

---

Ebenso lag kein Widerspruch vor RG. **1**, 263. **6**, 318, **33**, 286, **41**, 239 (Schluß m. E. widerspruchsvoll), **44**, 321, 410. Arch. **57**, 400. Über die Frage, ob bei der Beurteilung des Widerspruches die abstrakte oder die konkrete Möglichkeit, die Antworten zu vereinbaren, heranzuziehen sei, entscheidet RG. **44**, 166 (materiell kaum richtig). — In RG. **44**, 244 lag der Sachverhalt vor, daß ein Gastwirt (I) und seine Ehefrau (II) getötet waren. Fragen: I. a) StGB. 211? b) Zugleich StGB. 251, 73? II. a) StGB. 211? b) Zugleich StGB. 251, 73? III. Falls zu I b und II b ja, ist es dieselbe Handlung? Alle Fragen wurden bejaht. RG. leugnet einen Widerspruch, der jedoch eklatant ist. Außerdem war die Fragestellung schwer falsch: das Eventualverhältnis zwischen I a und I b (ebenso zwischen II a und II b), die als gesonderte Fragen gestellt und beantwortet wurden, war nicht angedeutet. Eine Frage wie III ist gesetzlich ganz unzulässig. Mit welcher Majorität sollte sie eigentlich beantwortet werden?

(S. 221, II 2); auch ist stets Dispens vom Erscheinen wegen großer Entfernung zulässig (S. 221, II 3), StPO. 231, 232, 233. Endlich kann, soweit nur Geldstrafe angedroht ist, auch gegen den „Abwesenden" im technischen Sinn verhandelt werden, § 319.

§ 99.

Das abgekürzte schöffengerichtliche Verfahren.

Kries § 64 II. Birkm. § 106. B.-B. § 109 VI 1. Bind. § 110.

StPO. 211 I gibt die Möglichkeit an die Hand, ohne schriftliche Anklage und ohne Eröffnungsbeschluß, möglicherweise sogar ohne vorbereitendes Verfahren zur HVerh. vor dem SchG. zu schreiten. Diese Möglichkeit besteht in drei Fällen: 1. wenn der Beschuldigte sich freiwillig stellt; 2. wenn er infolge einer vorläufigen Festnahme dem Gericht vorgeführt wird; 3. wenn er nur wegen Übertretung verfolgt wird. Immer muß ein reines SchGDelikt vorliegen, das aber in den Fällen 1 und 2 auch ein Vergehen sein kann. In diesen beiden Fällen findet keine Ladung des Angekl. statt, der wesentliche Inhalt der Anklage (die also mindestens mündlich erhoben wird) ist in das Sitzungsprotokoll aufzunehmen. Ist Fall 1 und 2 nicht gegeben, wohl aber Fall 3, so findet Ladung statt (Lehrb. § 79), und der Inhalt der Anklage wird in dieser mitgeteilt. In den Grundsätzen der Verhandlung und der RM. besteht kein Unterschied gegenüber dem gewöhnlichen Verfahren.

§ 100.

Das Verfahren vor dem Amtsrichter.

Kries § 64 III. Birkm. § 106. B.-B. § 109 VI 2. Bind. § 110. Ötk. § 75.

Eine noch weitere Vereinfachung ist nach StPO. 211 II dadurch möglich, daß keine Schöffen hinzugezogen werden. Hier entscheidet der AR. allein und, ohne daß er einen regelrechten Sitzungstag abzuwarten braucht, auf der Stelle. Es müssen aber folgende 4 Voraussetzungen zusammentreffen: 1. der Beschuldigte wird infolge einer vorläufigen Festnahme vorgeführt; 2. er wird nur wegen Übertretung verfolgt; 3. er gesteht die Tat ein; 4. der Amtsanwalt stimmt zu. Die Verhandlung ist die gewöhnliche, steht namentlich unter der Regel der Öffentlichkeit; auch eine Beweisaufnahme, z. B. über Strafzumessungsgründe oder über die Glaubwürdigkeit des Geständnisses, ist nicht ausgeschlossen. Widerruf des Geständnisses macht jedoch die Zuziehung von Schöffen notwendig; desgl. eine Vertagung, weil dann für die neue HVerh. die Voraussetzung zu 1 nicht mehr zutrifft[1].

---

[1] Nach E. 09 sind zu scheiden: I. gewöhnliche ARSachen. Unter ihren Besonderheiten seien erwähnt: es gibt kein Legalitätsprinzip, die Fluchthaft ist stark eingeengt, ausgeschlossen ist Kollusionshaft, Zeugniszwangshaft, Verbringung in Irrenanstalt, Anhaltung von Postsendungen durch die StAnw. Die Ladefrist beträgt 3 Tage, Absenzverf. ist stets möglich, die Zeugenbeeidigung ist nur fakultativ. — II. Dazu tritt als neue große Eigentümlichkeit ein schleuniges Verfahren, E. 410—420. Der AR. entscheidet dann ohne Schöffen auch über unbedingte und selbst bedingte SchGDelikte. Die Fälle sind: 1. Ein auf frischer Tat Be-

§ 101.

Das Verfahren in Reichsgerichtssachen.

I. Wegen der Zuständigkeit s. § 25a, IV, S. 72 f., wegen der Stellung des Oberreichsanwaltes § 34 III, S. 110.

II. VU. ist notwendig, StPO. 176 I. Der UR., nötigenfalls auch ein Vertreter für einen Teil der Geschäfte, wird durch den RGPräs. für die einzelne Sache auf Anregung des Reichsanwalts besonders bestellt, StPO. 184. Dazu kann ausgewählt werden ein Mitglied des RG. oder ein Mitglied eines anderen deutschen Gerichts oder ein AR. Während der VU. und des Zwischenverfahrens werden die StKGeschäfte durch den I. StSen. erledigt, GVG. 138 I.

III. Die Verteidigung ist stets notwendig, StPO. 140 I. Den Verteidiger bestellt während des vorbereitenden Verf. (wenn nötig) auch hier der AR., § 144 I S. 2; während der VU. und des Zwischenverfahrens der Präsident des I. StSen., § 144 I S. 1.

IV. Das HVerf., insbesondere die HVerh. findet vor dem vereinigten II. und III. StSen. nach den gewöhnlichen Regeln, auch der des § 244 I (S. 226) statt, GVG. 138 II. Besetzt ist das Gericht mit elf oder mit dreizehn stimmberechtigten Räten (GVG. 139, 140); die Zweidrittel-Majorität beträgt 8 bezw. 9.

---

troffener oder Verfolgter wird vorläufig festgenommen und vorgeführt. 2. Ein sonst vorläufig Festgenommener und Vorgeführter ist geständig. 3. Ein auf Haftbef. oder Steckbr. Ergriffener und Vorgeführter ist geständig. 4. Wegen einer Tat auf deutschem Schiff im Ausland oder auf offener See wird ein Verdächtiger dem AG. des Heimats- oder des Auskunftshafens vorgeführt. In den Fällen 1–4 muß ein motivierter Antrag des Amts- oder StAnw. spätestens am 3. Tag nach der Vorführung gestellt werden. 5. Der eines AG.- oder SchGDeliktes Verdächtige beantragt vor oder nach Klagerhebung schleunige Aburteilung und die StAnw. stimmt zu. — Regel für die HVerh. ist, daß sie sofort stattfindet, namentlich, wenn in Vorführungsfällen die Beweismittel zur Stelle sind. Wenn angängig, wird sie gleich mit dem Erstverhör Ergriffener verbunden. Doch kann sie auch auf den nächsten Werktag verschoben werden. Freilassung des Festgenommenen vor der HVerh. ist statthaft. Mündliche Ladung reicht aus, auch bei Zeugen und Sachv., auch durch jede Gerichtsperson, jeden Polizeibeamten. Die Verweisung zum Ordinarverfahren muß eintreten a) bei begründeten Einwendungen des Angekl. gegen das schleunige Verf. — worüber obligatorische Befragung; b) wenn Ehrverlust, oder c) Zuchthaus für angemessen erachtet wird — bei c Verweisung an das LG.; d) wenn der Angekl. ungenügende Vorbereitung glaubhaft macht oder e) sonst die Sache nicht spruchreif ist; doch kann bei d und e versucht werden, mit einer Aussetzung (auf höchstens 3 Tage) auszukommen; f) wenn nach der Aussetzung die Sache noch nicht spruchreif ist.

Zweites Kapitel.

Außerordentliche Prozeßarten.

§ 102.

Das summarische Verfahren nach StPO. 265.

Kries § 69 V. Birkm. S. 114, 629. B.-B. § 111 II, § 113 I. Ullm. § 112 VI, VII. Ötk. § 68. Ötker Würzb. Festschrift f. Dernburg, 1900, S. 136 ff.

Bereits in uns. § 85 II ist erwähnt, daß der Angeklagte, der im Laufe der HVerh. noch einer andern Tat beschuldigt wird, als der im EBeschl. bezeichneten, wegen dieser andern Tat mit abgeurteilt werden kann, obwohl die Identität der Tat nicht mehr gewahrt ist, StPO. 265, MilStGO. 319. Es wird also hier mit der ursprünglichen Strafsache eine neue Strafsache verbunden, die aber nur ein Vergehen oder eine Übertretung betreffen darf. Ohne Vorverfahren und Zwischenverfahren tritt die neue Sache sogleich in das Stadium der HVerh., — ein eigener Schnellprozeß (bei dem manche Schriftsteller von Zusatzanklage oder Inzidentanklage sprechen). Das Gericht der ursprünglichen Sache ist für die neue stets örtlich zuständig (forum connexitatis, Lb. § 26 V); sachlich muß es zuständig sein entweder nach der regulären Verteilung oder durch Zusammenhang (Lb. § 25a, 25b II). Die StAnw. muß einen Antrag auf die verbundene Aburteilung stellen, — darin liegt die Klagerhebung in der neuen Sache[2]. Der Angekl. muß zustimmen[3], — damit werden wichtige Verfahrensvorschriften wie dispositives Recht behandelt. Vor dem SchG. ist die Zustimmung gleichgültig, wenn die neue Sache eine Übertretung betrifft, weil sich hier die Bestimmung StPO. 211 I mit der des § 265 kreuzt. Die Verbindung steht im Ermessen des Gerichts; das Gericht muß sich also darüber schlüssig werden, — hierin liegt das Analogon des EBeschl.: individualisierende Bezeichnung der Tat und Angabe des Strafgesetzes wird auch hier zu erfordern sein. Endlich verlangt das Gesetz, daß beide Sachen Gegenstand derselben Aburteilung werden. Daraus folgt: 1. Die neue Sache

[1] Gleichviel vor welchem Gericht. Das SchwG. ist nicht ausgenommen, wie Dalcke (Lit. zu § 96) S. 88 meint. — Aber es muß selbstverständlich ein Ger. I. Instanz sein, auch nach StPO. 369 III a. E., B.-B. 576. L.-H. N. 11. RG. **12**, 164, **42**, 91. RMilG. **13**, 198, **14**, 62.

[2] Die neue Sache darf also noch nicht rechtshängig sein, L.-H. N. 3.

[3] nicht bloß sich passiv verhalten, wie RG. **4**, 76 vermeinte; doch hat der II. StSen. selbst diese Meinung jetzt aufgegeben (Arch. **47**, 154).

darf nur durch Urteil (auch auf Einstellung) erledigt werden, nicht durch Beschluß nach StPO. 270. In diesem Falle wird vielmehr die Verbindung wieder aufgehoben, und es ist normales Vorverfahren und regelrechte Anklage nötig. 2. Ist die ursprüngliche Sache spruchreif, die neue nicht, so wird ebenfalls die Verbindung mit allen Wirkungen annulliert.

§ 103.

Das Verfahren gegen Abwesende.

Kries § 79, I—III. Birkm. § 112, I—IV. B.-B. § 151. Ullmann § 124. Bind. § 111. Forrer Verf. geg. Abwes. (Geschichtl. u. nach schweiz. Recht) 1907.

I. Über den Begriff des Abwesenden s. StPO. 318. Von den beiden Maßregeln, auf die Gestellung des Abwesenden einzuwirken (sicheres Geleit und Vermögensbeschlagnahme), ist in Lehrb. §§ 68, 69 die Rede gewesen.

II. Eine Hauptverhandlung kann nur stattfinden, wenn lediglich Geldstrafe (oder Einziehung) in Frage kommt[1], StPO. 319. Dann muß sie aber auch stattfinden[2]. Der Angekl. wird entweder durch Auslandszustellung oder aushilfsweise[3] durch öffentliche Zustellung nach den speziellen Vorschriften der §§ 320, 321 (Anheftung an die Gerichtstafel[4], Einrückung in das amtliche Blatt und nach Ermessen auch dreimal in ein anderes, ein Monat Zwischenfrist) geladen[5]. Verteidiger und Angehörige können auftreten und zwar als Vertreter[6], und haben RM., StPO. 322, 324. Die Zustellung des Urteils erfolgt merkwürdigerweise stets, nicht bloß aushilfsweise, nach StPO. 40 II, 323, 467.[7] — Eine besondere Vollstreckungssicherung,

[1] StGB. 145, 145a, 276, 285 — die einzigen Vergehen dieser Art im StGB. Ferner StGB. 364, 365 Abs. 1. Gewerbe-Odg. 146—150. Zahlreiche Steuergesetze.

[2] Keine Ausnahme vom Legalitätsprinzip, so Stenglein, Löwe-Hellweg, Ullmann, Birkmeyer, Beling und die hM. Das Gericht muß auch eröffnen.

[3] RG. **32**, 306. Lb. S. 147.

[4] Dies ist die eigentliche Ladung. Die Einrückung ist nur Bekanntgabe der Ladung und erfolgt nur „im Auszug". Eine Bekanntgabe durch Einrückung, ehe die Anheftung wirklich erfolgt ist, muß daher für nichtig erachtet werden. Oder m. a. W., die Anheftung muß spätestens gleichzeitig mit der ersten Einrückung erfolgen. So Dalcke, Stenglein u. a., dagegen Löwe-Hellweg.

[5] Das Verhältnis zu StPO. 231 ist zweifelhaft, vgl. § 80 II 2. StPO. 231 gestattet das Absenzverfahren für einen größeren Kreis von Delikten, verlangt aber wirkliche Ladung.

[6] Lehrb. § 45 V, § 38 III N. 12; z. T. abweichend B.-B. 676, Löwe-H., § 322 N. 1, 4.

[7] Die Billigkeit spricht dafür, dem Angekl. hier ebenso wie im Falle der

vgl. Lehrb. § 59 V, sieht StPO. 325, 326 vor; zur Deckung der eventuellen höchsten Geldstrafe und der Kosten kann während der VU. oder des HVerf. eine Beschlagnahme einzelner Gegenstände, subsidiär auch des inländischen Vermögens stattfinden[8].

III. Ist HVerh. unstatthaft, so findet ein Beweissicherungsverfahren statt, StPO. 327, oben S. 181,[9] Erhebung öffentlicher Klage wird unbedingt, Obschweben der VU. als Regel vorausgesetzt, vgl. StPO. 336, 331. Ein Verteidiger kann vom Angeschuldigten oder seinen Angehörigen gewählt werden. Es steht im Ermessen des Gerichts, sich mit dem Beschuldigten in Verbindung zu setzen, StPO. 329, 330.[10]

§ 104.

Das Verfahren wegen Verletzung der Wehrpflicht.

Kries § 79 IV. Birkm. § 112 V. B.-B. § 151, I 7. Ullm. § 125.

Ein Sonderfall[1] der in § 103 besprochenen Prozeßart ist das Verfahren gegen flüchtige oder ausgewanderte Wehrpflichtige, vor dem SchG. (StGB. 360 Z. 3) und der StK. (StGB. 140)[2]. Hier gelten nach StPO. 470–476 außer den allgemeinen folgende besondere Sätze: 1. Das Gericht des letzten Wohnsitzes oder gewöhnlichen Aufenthaltsortes ist zuständig. 2. Ungetrennte Verhandlung und Entscheidung gegen mehrere Personen ist zulässig, wofern nicht in einer Sache Beweisaufnahme nötig wird, StPO. 475 II. 3. Anklage und Eröffnungsbeschluß erfolgen ohne sachliche Prüfung auf Grund einer durch StPO. 472 vorgeschriebenen Erklärung der militärischen Kontrollbehörde. 4. Ladung erfolgt nach StPO. 473. 5. Außer der Verlesung der Erklärung zu 3 findet in der Regel keine Beweisaufnahme statt. Ergeben sich (was von Amts wegen zu prüfen ist) keine Umstände, welche dieser Erklärung entgegenstehen, so erfolgt ohne weiteres Verurteilung[3], StPO. 475 I, vgl. S. 59.

StPO. 234 die Wiedereinsetzung zu geben, oben § 94. So die meisten. StPO. schweigt.

[8] Das gleiche gilt für den Fall des § 140 III StGB., s. StPO. 480. — Die subsidiäre Maßnahme erfordert Gerichtsbeschluß, der UR. ist also inkompetent.

[9] MilStGO. 356–362 kennt nur dieses, keine HVerh. gegen Abwesende.

[10] Ist sein ausländischer Aufenthalt bekannt, durch formlose Benachrichtigung. Ist sein Aufenthalt unbekannt, durch Zeitungsinserat.

[1] Daher finden §§ 322, 324 StPO. auch hier Anwendung, RG. **36**, 82, 242.

[2] In dem Fall des § 140 StGB. soll nach E. 69, 452 kein Urt. mehr ergehen, sondern ein Beschl., der den Abwesenden für dienstflüchtig erklärt; MilStO. 356 f.

[3] Also in dubio contra reum! Es ist unzulässig, bloße Behauptungen des

§ 105.

Das Strafbefehlsverfahren.

Kries § 82. Birkm. § 107. B.-B. § 147. Ullm. §§ 132, 133. Bind. § 112 bes. III A. Friedländer Ztsch. 18, 495 ff., 667 ff.

I. Bei den SchGDelikten des GVG. 27 Z. 1 und 2 (S. 69)[1] gestattet StPO. 447 ff., den Versuch einer Erledigung ohne HVerh. zu machen. Dieses Verfahren wird mit dem Strafverfügungs- und dem Strafbescheidsverfahren oft als strafprozessuales Mandats- oder Mahnverfahren, auch summarisches Strafverfahren zusammengefaßt und ist in MilStGO. 349—355 ebenfalls aufgenommen (Strafverfügung des Gerichtsherrn unter Gegenzeichnung eines Gerichtsoffiziers oder eines Kriegsgerichtsrates). Der AR. kann durch einen schriftlichen Strafbefehl Geldstrafen bis zu 150 Mk. oder Freiheitsstrafen bis zu 6 Wochen, sowie Einziehung festsetzen[2], auch gegen Jugendliche[3].

II. Voraussetzung ist ein schriftlicher Antrag des Amtsanwaltes auf eine bestimmte Strafe, StPO. 448 I S. 1. Hierdurch wird die öffentliche Klage erhoben. Der AR. erläßt darauf entweder den Strafbefehl[4], oder er eröffnet das HVerf. und setzt Termin an[5], oder er erläßt einen Nicht-Eröffnungsbeschluß[6]. Die Mußerfordernisse des Strafbefehls gibt StPO. 449 an.

Verteidigers als „unwiderlegt" zu bezeichnen und auf sie eine Freisprechung zu basieren, RG. 36, 242. Erst recht nicht kann die bloße Erwägung anderer Möglichkeiten durchschlagen, z. B. daß guter Glaube des Ausgewanderten nicht ausgeschlossen sei, RG. 20, 200.

[1] Durch E. 09, 421 beträchtlich erweitert. Geldstrafe in der Höhe unbeschränkt.

[2] Nicht Geld- und Freiheitsstrafe kumulativ, wie die andere Fassung („allein oder in Verbindung miteinander") von GVG. 27 Z. 2, 73 Z. 2, 75 Z. 14, StPO. 231, 232 usw. beweist, a. M. Löwe-Hellweg, Stenglein, Friedländer. Auch bei Realkonkurrenz nicht höhere Strafe, a. M. Stenglein, Beling. Überweisung an die Landespolizeibehörde unstatthaft, StPO. 447 III. Anordnung öffentlicher Bekanntmachung ist statthaft nach § 16 NahrungsmittelG. und einigen anderen Gesetzen. Haftung Dritter durch StrBef. auszusprechen, halte ich mit Pötsch für unstatthaft, a. M. Beling v. St.-Fl II 320. Da hier ein Versuch gemacht wird, die HVerh. durch ein schriftliches Vorgehen zu ersetzen, so muß an sich die HVerh. zulässig sein. Gegen „Abwesende" kann deshalb nur im Falle StPO. 319 ein Strafbefehl ergehen. Die Meinungen gehen stark durcheinander, vgl. L.-H. N. 4.

[3] Haltlos sind die u. a. von Ullmann und Birkmeyer geäußerten Zweifel. Das gibt jetzt auch Löwe-Hellweg zu.

[4] Wenn er keine besondere Bedenken hat, muß er dies tun, StPO. 448 II.

[5] Wenn das Bedenken in der Strafhöhe besteht, ist vorerst Verständigung mit dem Amtsanw. zu versuchen, StPO. 448 II S. 2.

[6] Vorher ist auch ein Beschluß nach StPO. 200 möglich; a. M. L.-H., Stengl.

III. Der einzige Behelf[7] gegen den Strafbefehl ist der Einspruch. Er wird eingelegt schriftlich oder protokollarisch, bei dem AG., binnen 1 Woche seit Zustellung; Verzicht vor Fristablauf, Zurücknahme bis zum Beginn der HVerh. ist zulässig, § 451 I a. E. Ein RM. ist der Einspruch nicht[8].

IV. Wird nicht rechtzeitig Einspruch erhoben und ist Wiedereinsetzung ausgeschlossen, so erlangt der Strafbefehl die Wirkung eines rechtskräftigen Urteils, StPO. 450; Lb. § 87 S. 246 N. 15.

V. Bei rechtzeitigem Einspruch wird zur Hauptverhandlung geschritten. Doch kann auch der AAnw. die Klage fallen lassen, § 451 I. Der Angeklagte braucht nicht selbst zu erscheinen, sondern kann einen Verteidiger schicken, doch gilt StPO. 235 auch hier. Bleibt er unentschuldigt und unvertreten aus, so ergeht ohne Beweisaufnahme ein echtes Kontumazurteil: der Einspruch wird verworfen, § 452 I. Im übrigen ist das Gericht an den Strafbefehl nicht gebunden, § 451 III, und darf auch in pejus reformieren.

VI. Gegen das Urteil hat der Angeklagte die gewöhnliche Berufung und gegen das Kontumazurteil außerdem die Wiedereinsetzung, bis auf den Fall des § 452 II, oben § 94 S. 274.[9]

§ 106.

Das Strafverfügungsverfahren.

Kries § 83. Birkm. § 108. B.-B. § 148. Ullm. §§ 134, 135. Bind. § 112, III B Levis Ztsch. **19**, 319.

I. Eine zweite Art des Mandatsverfahrens[1] im Strafprozeß ist die Ausübung richterlicher Funktionen durch Polizeibehörden (Lehrb.

---

[7] Stenglein und Friedländer (a. O. 696) folgern mit Recht aus StPO. 450 außerdem die Zulässigkeit einer Wiederaufnahme. A. M. RG. **4**, 243. RMilG. **13**, 73. L. H.

[8] oben § 88 I N. 1 e. Daher sind auf ihn weder § 338, noch § 340, noch § 341 anwendbar, vgl. L.-H. § 449 N. 3, § 451 N. 3; B.-B. 660 N. 26; ersterer z. T. abweichend, aber nur aus Billigkeitsgründen und wiederum inkonsequent durch willkürliche Einschränkungen.

[9] Im Falle 452 II gibt es also nur die Berufung, u. zw. in ganz gewöhnlicher Art, so mit Recht B.-B. 662 N. 36. Daß die Berufung nur auf die Behauptung gestützt werden dürfe, daß der Einspruch zu Unrecht verworfen sei, daß also der Fall der Versäumung nicht vorgelegen habe, steht wohl für ganz andere Fälle in ZPO. 513 II, aber nicht mit einer Silbe in der StPO. Es widerspricht auch dem Geist des Strafverfahrens. L.-H. N. 3 meint allerdings, es sei „unerfindlich", warum der Gesetzgeber die Erörterung der Sache selbst in der I. Inst. ausschließen, in der II. zulassen sollte. Aber es scheint mir auf der Hand zu liegen, daß eben den doppelt „Morosen" der Nachteil treffen soll, eine Instanz zu verlieren, — und dann natürlich die I. Instanz.

[1] StrVfg. und StrBescheid werden in E. 09 als „Straffestsetzung" gemeinsam behandelt.

§ 40 III). Soweit das Landesrecht dies zuläßt[2], erstrecken sich solche Funktionen auf die Verhängung von Haftstrafe bis zu 14 Tagen, Geldstrafe, subsidiärer Haftstrafe bis zum gesetzlichen Höchstmaß und Einziehung, wegen Übertretungen, StPO. 453, mit Ausnahme der durch die Presse begangenen, PreßG. § 29. Haftung Dritter ist demnach ausgeschlossen (a. M. Beling), Mußerfordernisse der Strafverfügung: 453 III.

II. Der Strafverfügung kommt in einer Beziehung gleiche Wirkung zu, wie einer richterlichen Handlung: sie unterbricht die Verjährung, § 453 IV. Im übrigen begründet sie weder Rechtshängigkeit, noch (wenn sie in Vollstreckbarkeit oder formelle Rechtskraft erwachsen ist) materielle Rechtskraft. Wird ein Widerspruch nicht ergriffen, so ist die Verfügung frei zurücknehmbar[3].

III. Das administrative Einschreiten stellt nur einen Vorprozeß dar (Lehrb. § 11 I, II C). Als Behelf gegen die Strafverfügung läßt das Reichsrecht, in diesem Punkte die Landesgesetze bindend, den Antrag auf gerichtliche Entscheidung, vulgo: Widerspruch zu. Er wird eingelegt schriftlich oder mündlich bei der Polizeibehörde, schriftlich oder zu Protokoll beim AG., binnen einer Woche seit Bekanntmachung, und ist zurücknehmbar bis zum Beginn der HVerh, StPO. 454 I, 456 II. Gegen Versäumung der Widerspruchsfrist ist Wiedereinsetzung durch den AR. möglich, StPO. 455, S. 273, II. Auch der Widerspruch ist kein RM[4]. — Das Landesrecht kann neben dem Widerspruch auch eine Beschwerde an die höhere Polizeibehörde zulassen (in Preußen nicht geschehen)[5].

IV. Bei rechtzeitigem Widerspruch ist zunächst die Polizei nochmals vor die Frage gestellt, ob sie die Verfügung zurücknehmen will, StPO. 454 II. Sie gibt dies Rücknahmerecht endgültig aus der Hand[6], indem

---

[2] EG. StPO. 6 Z. 3, Preuß. G. v. 23. 4. 1883 und 26. 7. 96 (Rheinschiffahrts- u. Elbzolls, Lb. 39 N. 4). Danach in Preußen beschränkt auf höchstens 3 Tage Haft oder 30 M. Geldstrafe, auch subsidiär nur 3 Tage Haft. — § 11 II ist aufgehoben, G. v. 22. Juni 1907.

[3] a. M. Kormann (Lit. zu § 93) 342 N. 39.

[4] Ungültig daher § 3 II preuß. G. vom 23. April 1883, wonach für einen Jugendlichen zwischen 12 und 18 Jahren auch dessen gesetzlicher Vertreter den Widerspruch ergreifen kann.

[5] Über die Bindung der Selbstverwaltungskörper, die die Polizei im „übertragenen Wirkungskreis" ausüben, an Weisungen der vorgesetzten Staatsbehörden s. Fleiner Institutionen 103 N. 6. O. Gerland Arch. ÖffR. 1902, 237, 249 f., 265 f. Für das StrVfgRecht zu verneinen.

[6] So mit Recht die hM., dagegen Levis.

sie die Akten dem Amtsanwalt übersendet, der, lediglich als Zwischenstation, sie dem AR. vorlegt. Ohne Anklageschrift[7] und Eröffnungsbeschluß[8] kommt es dann zur gewöhnlichen schöffengerichtlichen Hauptverhandlung, §§ 456 I, 457 I. Der Angeklagte kann sich durch einen Verteidiger vertreten lassen, S. 127. Bleibt er unentschuldigt aus, so wird er nicht (wie nach StPO. 452) kontumaziert, sondern es gelten die gewöhnlichen Regeln, vgl. S. 221, II 2.

V. Das Urteil kann die Strafe abändern, auch erhöhen; es kann auch die Tat als eine andere Übertretung qualifizieren; es kann aber in keiner Weise über sie aburteilen, wenn es sich herausstellt, daß die Polizei bei der Strafverfügung ihre Kompetenz überschritten hat, StPO. 457, 458. Die Kraft der Quasi-Klagerhebung durch die Verfügung reicht dann nicht mehr aus, das Verfahren zu tragen. Es ergeht Urteil dahin, die Strafverfügung werde aufgehoben[9].

VI. Eine reichsrechtliche Abart dieses Verfahrens ist das Verfahren vor dem Seemannsamt, Seem.Odg. vom 2. 6. 02 §§ 122 ff., § 5 II. Zu seinen Besonderheiten gehört: Zulässigkeit auch bei mehreren Vergehen, öffentliche Verhandlung, Erteilung eines „Bescheides" mit Gründen, hinsichtlich Geldstrafe vorläufige Vollstreckbarkeit, 10 Tage Frist für den „Einspruch".

§ 107.

Das Strafbescheidsverfahren.

Kries § 84. Birkm. § 109. B.-B. § 149. Ullm. § 137. Bind. 112, III C. Bonnenberg StrVerf. in Zoll- und Steuersachen, 2. Aufl. 1899. Löbe, Zollstrafrecht, 4. Aufl. 1912. Havenstein, Zollgesetzgebung des Reiches, 2. Aufl. 1906.

I. Bei einer dritten Art Mandatprozeß wird von einer Verwaltungsbehörde wegen eines Gefällsdeliktes ein Strafbescheid erlassen, Lb. § 43 II. Der Bescheid kann nur Geldstrafe oder Einziehung[1] festsetzen, StPO. 459 I. Wird eine subsidiäre Freiheitsstrafe

---

[7] deren Surrogat ist die Strafverfügung.

[8] denn das Gericht wird auf Anrufen des Beschuldigten und nicht der StAnw. tätig. Richtig L.-H., § 456 N. 3.

[9] RG. **5**, 243, **19**, 166, **22**, 423, **23**, 307, **32**, 423. L.-H., § 458 N. 2. B.-B. 607.

[1] demnach keine subsidiäre Haftung eines dritten Vertretungspflichtigen, S. 102 f. Dagegen die hM. Ungültig § 2 III a. E. des preuß. G. vom 26. Juli 1897. — Die Gegenmeinung ergibt für den Fall einer Spaltung in den RM. (Widerspruch und Verwaltungsbeschwerde) sehr merkwürdige Rechtslagen, Beling v. St.-Fl. II 321, 3.

nötig, so tritt nachträglich der Richter (AR. oder StK.) in Tätigkeit, StPO. 463.[2]

II. Mußerfordernisse des Bescheides, StPO. 459 II; Wirkungen wie bei der Strafverfügung[3].

III. Auch hier ist der Behelf ein Antrag auf gerichtliche Entsch., vulgo: Widerspruch, der formlos entweder bei der den Bescheid erlassenden oder bei der ihn bekannt machenden[4] Behörde (also nicht beim AG.) binnen einer Woche eingelegt wird. Auch eine Beschwerde an die höhere Verwaltungsbehörde ist vom Reichsrecht zugelassen (Preußen s. S. 120 N. 3).

IV. Der weitere Gang entspricht genau dem des Strafverfügungsverfahrens, StPO. 460—462.[5] Namentlich kann auch hier die Behörde ihren Bescheid zurücknehmen. Doch gilt kein Analogon zu StPO. 458: das Gericht kann also den Strafanspruch nach allen Richtungen sachlich würdigen. Die Verwaltungsbehörde kann sich der Verfolgung anschließen und hat dann vor allem RMRecht, StPO. 467 f.

§ 108.

Das objektive Verfahren.

Kries § 85. Birkm. § 113. B.-B. § 152. Ullm. § 139. Bind. § 113. Schötensack Konfiskationsprozeß, 1905. Kronecker Einziehung, in v. St.-Fl. I 651. H. Mayer Das obj. Verf. auf Privatklage, Tübing. Dissert., 1910.

I. Unter objektivem Verfahren versteht man dasjenige, in welchem ohne Verfolgung einer bestimmten Person über Einziehung, Vernichtung oder Unbrauchbarmachung von Gegenständen erkannt wird, StPO. 477—479. Inwieweit hier Strafprozeß vorliegt, sowie über Geltung des Legalitätsprinzips Lb. S. 33, 55, RG. **44**, 279 (m. E. unrichtig). Ob objektives Verfahren zulässig ist, bestimmt das materielle Strafgesetz durch seine Fassung, vgl. StGB. 42, 295. Ver-

[2] Hierbei keine Überprüfung des Strafbescheids, die VerwBehörde wird gar nicht herangezogen, wohl aber StAnw. und Beschuldigter, Abs. 1 a. E. Die Verw.-Behörde hat also auch nicht die sofortige Beschw. des Abs. 3.

[3] Lehrb. § 106 II. RG. **37**, 427 erachtet landesgesetzliche RKraftwirkungen für möglich. — In einem Verf., das seiner Natur nach nicht Strafsache ist (Steuerhinterziehungsstrafen-Nachforderung gegen den Erben in Reuß ä. L.), kann auch kein Strafbescheid erlassen werden. RG. **45**, 52 (62) stellte durch Urteil des StrVerf. als unzulässig ein.

[4] vgl. preuß. G. v. 26. Juli 1897, § 37.

[5] Nur daß hier nicht immer das SchG., sondern wenn die angedrohte Strafe 600 M. übersteigt, auch die StK. in Betracht kommt.

fahrensvoraussetzung[1] ist bald, daß die Verfolgung oder Verurteilung einer bestimmten Person nicht ausführbar ist (StGB. 42, Nahr.-MittelG. § 15)[2], bald, daß sie nicht stattfindet (StGB. 152)[3 4].

II. Die Zuständigkeit ist so zu beurteilen, wie wenn eine bestimmte Person verfolgt würde, StPO. 477. Doch tritt an Stelle des SchwG. die StK[5].

III. Eingeleitet wird das Verfahren durch einen Antrag der StAnwschaft oder des Privatklägers[6] oder des Gerichtsherrn, der den wesentlichen Erfordernissen einer Anklage genügen muß. Ein Eröffnungsbeschluß findet nicht statt[7], sondern der Vorsitzende beraumt einen Termin an, der völlig als HVerhTermin behandelt wird[8], nur daß es an einem Angeklagten fehlt, StPO. 478. Dafür stehen aber die Einziehungsbetroffenen vice rei, StPO. 478 II, III, 479, Lehrb. § 46.[9]

§ 109.

Die Privatklage.

Kries § 80. Birkm. § 110. B.-B. §§ 141—144. Ullm. §§ 127—130. Kade Die Privatklage in den StPO. der Jetztzeit, 1900. Gerland Systemat. Stellung des PrivKlVerf. im StP., GerS. **60**, 157.

Unserm § 41[1] ist hier folgendes hinzuzufügen:

I. Die Zulässigkeit der Privatklage hängt, wenn es sich um Be-

---

[1] also vom Ger. zu prüfen; a. M. RG. 8, 238, **16**, 114. Ullm. 576 N. 3. Richtig RG. **38**, 100. Frank Komm. zu StGB. 42, II 1.

[2] Die Hemmnisse können materieller oder prozessualer Art sein. Demnach gehört Verjährung unter allen Umständen hierher. So Frank Komm. zu StGB. 42, I und die hM. A. M. RG. **14**, 382.

[3] Würde die Person unter den Militärgerichtsstand fallen, so greift ebenfalls das hier geschilderte Verf. vor dem zivilen StrGer. Platz. Den Antrag stellt der Gerichtsherr, EG. MilStGO. § 16. Den weiteren Betrieb hat aber die StAnw.

[4] Dagegen dient das objektive Verf. nicht der Durchsetzung eines rechtskräftig festgestellten staatlichen Anspruchs auf Einziehung gegen einen an der früheren Tat unbeteiligten Dritten, RG. **42**, 123. Über sonstige RKraft RG. **14**, 161, **44**, 135.

[5] Die Schöffen sind auch im objekten Verfahren tätig.

[6] Zwei sehr eigentümliche Fälle, wo nur objektives, aber kein subjektives Privatklageverf. und auch kein objektives Staatsklageverf. statthaft ist, in Urhebergef. 1901 § 47 II und Kunstschutzgef. 1907 § 43 II. Dazu H. Mayer S. 6, 20.

[7] RG. **37**, 270 (272); a. M. RG. **19**, 427. Literatur bei Lang [s. zu § 73] S. 92.

[8] RG. **37**, 270 leugnet entsprechende Anwendbarkeit des § 264 StPO.

[9] Für die UrtBegründung gilt StPO. 266 IV, RG. **41**, 20.

[1] Fälle S. 113, Stellung des PrivKläg. und seines Anw. S. 114 f., obj.

leidigungen privater Natur (nicht Amtsbeleidigung, StGB. 196) handelt, und wenn Beleidigter und Privatklageberechtigter in demselben Gemeindebezirk wohnen, von einem erfolglosen Sühneversuch[2] ab, StPO. 420. Vgl. N. 9 a. E.

II. Erklärungen der Parteien, Zwischenverfahren. Die Anklageschrift[3] hat dem § 198 I StPO. zu entsprechen. Mit ihr sind (wenn sie nicht zu Protokoll erklärt wird) zwei Abschriften einzureichen, StPO. 421, sowie die Bescheinigung über erfolglosen Sühneversuch, StPO. 420 I S. 2; ferner ist in die Staatskasse ein Kostenvorschuß zu zahlen, GKG. 83 f., und vom ausländischen Privatkläger nach StPO. 449, ZPO. 110 Sicherheit zu leisten, oder Bewilligung des Armenrechts zu erlangen. Die Klage wird dem Beschuldigten zur Gegenerklärung unter Fristsetzung mitgeteilt, StPO. 422. Das Gericht entscheidet sodann wie im gewöhnlichen Zwischenverfahren, StPO. 423: es könnten sowohl einzelne Beweiserhebungen zur besseren Aufklärung angeordnet (StPO. 200)[4], wie auch vorläufige Einstellung beschlossen werden (StPO. 203). Der Nicht-Eröffnungs-Beschluß lautet dahin: die Privatklage wird zurückgewiesen[5].

III. Das weitere Verfahren richtet sich nach den gewöhnlichen Regeln (Lb. §§ 79—87), StPO. 424, wobei der Privatkläger die Rolle des StAnw. einnimmt, StPO. 425 I. Beide Teile können sich durch Anwälte (oder substituierte Referendare) unterstützen oder vertreten lassen, StPO. 418, 427.[6] Doch kann das Gericht stets persönliches Erscheinen anordnen, StPO 427 III. Der Angekl. kann auch

---

Verf., Buße S. 116. Ferner Verh. zur öff. Klage S. 53, 55, Zuständ. S. 69 f., Zusammenh. S. 75, Parteirolle S. 104 f. — E. 09 dehnt die PrivKlage weiter aus, Lb. 70 N. 3, und setzt für die Erhebung eine Frist von 3 Mon. seit Kenntnis der Tat oder seit Ablehnung durch die StAnw.

[2] Vor einer von der Landesjustizverwaltung bezeichneten Vergleichsbehörde; in Preußen ist dies der Schiedsmann (G. vom 29. März 1879). Für Privatklagen gegen Studierende ist Vergleichsbehörde der Rektor, in seiner Vertretung der Universitätsrichter (Verf. des JustMin. vom 22. August 1879, JMBl. S. 251).

[3] Kann auch zu Protokoll erklärt werden. Ein vorbereitendes Verf. findet nicht statt, nur rein private Ermittelungen, vgl. Rosenfeld, Nebenkl. S. 85 f. BU. ist ausgeschlossen, weil eine SchGSache vorliegt.

[4] Vgl. dazu L.-H., § 423 N. 2a, 4, B.-B. 634a 5. Birkm. 737 N. 8, K. 9.

[5] Hiergegen hat der Privatkläger sofortige Beschw., StPO. 209. Hinsichtlich des Beschuldigten Lehrb. § 78 V.

[6] Wegen Akteneinsicht StPO. 425 IV. Zustellungen an den Privatkläger (nicht an den Beschuldigten) können mit rechtlicher Wirkung an seinen Anwalt erfolgen, 418 S. 2.

vorgeführt werden. Der Vorsitzende bestimmt das zu ladende Beweispersonal, StPO. 426 I;[7] das Ger. bestimmt in der HVerh. den Umfang der Beweisaufnahme, StPO. 244 II. Dies gilt auch in der Berufungsinstanz. — Eine Ladungsfrist von einer Woche ist auch dem Privatkläger zugestanden, StPO. 425 III.[8]

IV. Die Staatsanwaltschaft erhält Mitteilung von der Klage und vom HVerhTermin, StPO. 422, 417 I. Sie wird dadurch in den Stand gesetzt, zu prüfen, ob die Überleitung in das öffentliche Verfahren opportun ist, StPO. 416. Bis zur Beendigung des Prozesses kann sie jederzeit durch ausdrückliche Erklärung (RMEinlegung gilt als solche) die Verfolgung übernehmen, StPO. 417 II.[9] [10] Auch wenn das nicht geschieht, ist sie zur Mitwirkung im Verfahren berechtigt, wenn auch nicht verpflichtet, StPO. 417 I (als Nebenpartei[11]).

---

[7] Ausführung durch den GerSchr., 425 II. Beide Teile haben das Recht privater unmittelbarer Ladung, StPO. 426 II, 38, 219.

[8] Zu StPO. 216 Lehrb. § 79 I. Über die Bedeutung der Frist für den Privatkläger Rosenfeld Nebenkl. 132.

[9] Das Verf. bleibt in der Lage, in der es ist. Weder der Eröffn.-Beschl. noch gar ein erlassenes Urteil werden hinfällig. Auch jetzt ist das SchG. erste und die 3-Männer-StK. zweite Inst. So von je die fast einstimmige hM., besond. aber seit dem Moltke-Harden-Prozeß 1907/08; v. Kujawa Arch. **49**, 10, Dittmann Arch. **52**, 298, Ötker GerS. **71**, 299, Kahl, Hamm DJurZtg. **12**, 1224, 1230; namentlich in glänzender Ausführung Binding GerS. **72**, 1. Dagegen außer Voitus Kontrov. II 121, 130, einigen älteren (Mewes, Thilo) und z. T. unseren früh. Aufl. RG. **36**, 5, **29**, 422, **10**, 237, Arch. **48**, 438 (2., 3. u. 4. Sen.). Nunmehr aber für die hM., wie Bayr. Oberst. LG. SeuffBlRAnwend. **73**, 189 und preuß. KG. vom 14. Juli 1908, Blätt. f. RPflege **19**, 89, so auch RG. **41**, 278 (2. Sen., wenigstens im Prinzip). Hieran anknüpfend Ötker Wirksamkeit der Entscheidungen, Präklusion von Beschwerden, Einstellungsbeschluß und Rechtshängigkeit, 1910. — Auch das Verbot der reformatio in pejus gilt, wenn nach einem vom Angekl. eingelegten RM. der StAnw. die Verfolgung übernimmt, RG. **42**, 423. — Eine eigentümliche Rechtslage in **45**, 223 (5. Sen.). Der StAnw. hatte nach erhobener PrivKl., aber vor dem EBeschl., erklärt, die Sache zu „übernehmen". In Wirklichkeit leitete aber der StAnw. ein eigenes Ermittelungsverf. ein und erhob dann öffentliche Klage durch Einreichung der Anklageschrift bei der StK. Das AG. hatte inzwischen das PrivKlVerf. durch Beschl. eingestellt. Jedenfalls war der mit der Rev. gerügte Mangel eines Sühneversuches hier unbeachtlich, selbst wenn korrekt nach § 417 II verfahren worden wäre.

[10] Der solchergestalt depossedierte Privatkl. kann sich dann als Neben-Ankläger anschließen, StPO. 417 III. Nicht aber geht er ipso jure in diese Stellung über, wie die hM. lehrt; vgl. Rosenfeld Nebenkl. 94 f.

[11] Lb. § 38 III. Daraus folgt, daß die RMFristen der Hauptpartei ohne weiteres auch für den StAnw. gelten. Ihm laufen keine besonderen Fristen. So richtig Beling gegen Löwe-H.

Im übrigen besorgt sie zwar nicht die Ladungen und Zustellungen, wohl aber die Aktenübermittelung in die höhere Instanz, StPO. 425 II, 430 III.

V. Mit der Zurücknahme der Privatklage[12] erlischt das Klagerecht des Zurücknehmenden (nicht aber sonstige Klagerechte), StPO. 431 f. Das Verfahren ist, unter Entscheidung des Kostenpunktes nach 503 II, einzustellen[13]. Unwirksam ist die Zurücknahme in zweiter Instanz, wenn die Berufung[14] als unzulässig verworfen werden muß; denn alsdann ist das erste Urteil schon in latente Rechtskraft erwachsen. Inkonsequent ist es freilich, daß der Wortlaut die Zurücknahme während laufender RMFrist ausschließt. Mit der Zurücknahme des Strafantrags ist die der Privatklage nicht zu verwechseln (Verschiedenheit in Zeit und Zulässigkeit, StGB. 64 I, 232 II), und daher in dieser auch jene nicht notwendig inbegriffen[15]. Die Zurücknahme der Privatklage wird fingiert, wenn der Privatkläger in I. Instanz a) in der HVerh. überhaupt unvertreten ausbleibt; b) in irgend einem Termin trotz Anordnung persönlichen Erscheinens unentschuldigt ausbleibt; c) irgendwelche ihm nach richterlichem Ermessen unter Androhung der Einstellung des Verfahrens gesetzte Frist nicht einhält, StPO. 431 II. Es ergeht dann Einstellungsbeschluß, gegen welchen BE. statthaft ist. Gleiche Rechtsfolge knüpft sich an das gleiche Verhalten in II. Instanz, falls der Angeklagte Appellant ist, Abs. 2 a. A.[16]

VI. Das Urteil zeigt in zwei Fällen Besonderheiten: 1. Stellt sich heraus, daß kein Privatklagedelikt vorliegt, so darf kein Sachurteil ergehen, sondern das Verfahren ist einzustellen, und zwar durch Urteil, StPO. 429.[17] 2. Läuft eine der zur fingierten Zurücknahme führenden Versäumungen dem Privatkläger in II. Instanz unter, während er

---

[12] dem Beschuldigten bekannt zu geben, StPO. 434

[13] In der HVerh. natürlich durch Urteil, StPO. 259, Lb. § 85 I. Die Praxis nimmt vielfach Beschluß als genügend an und läßt sogar Urteile I. Instanz durch Beschlüsse II. Instanz ohne ausdrückliche Aufhebung hinfällig werden! Richtig Fränkl Bayer. Ztsch. f. RPfl. 6, 34. Dagegen L.-H. N. 7, Petersen Arch. **52**, 444, Textausg. Hellweg-Kohlrausch, OLG. Celle Arch. **59**, 369.

[14] gleichviel wer sie eingelegt hat.

[15] Bestritten, L.-H. § 341 N. 1b, Kries 730, B.-B. 637 N. 3, 638 N. 9, Birkm. 328, RG. **8**, 207, **19**, 284.

[16] Vorzeitige Entfernung fällt nicht darunter OLG. Celle Arch. **59**, 368.

[17] Wird anstatt dessen in die sachliche Behandlung eingetreten — durch Urteil oder durch Beschluß nach StPO. 270 —, so ist solcher Beschluß nach RG **23**, 417 nichtig und ohne jede rechtliche Wirksamkeit. Gleiches muß dann in voller Konsequenz auch für ein etwaiges Urteil gelten; vgl. Lb. § 93. Hierzu Beling Seuff. BlRAnwend. **74**, 647, 679.

selbst Appellant ist, so wird seine Berufung ohne weiteres verworfen. Doch kann auch die angefochtene Entscheidung zu Gunsten des Angeklagten abgeändert oder aufgehoben werden, StPO. 431 III, 343. Gegen jedes derartige BerUrt. steht dem Privatkläger die WE. offen.

VII. Für die Widerklage ist der letzte Zeitpunkt die Beendigung der Schlußvorträge in I. Instanz, StPO. 428 I. Mündliche Erhebung genügt. Als Abart der Privatklage unterliegt sie im übrigen deren Regeln; doch bedarf es keines Sühneversuches und bei Erhebung während der HVerh. keines Eröffnungsbeschlusses. Über die beiden unter entgegengesetzten Parteirollen verbundenen Sachen ist im allgemeinen gleichzeitig zu erkennen[18]; nur die Zurücknahme der Hauptklage läßt Trennung eintreten, so daß dann die Widerklage allein anhängig bleibt, 428 II, III.

VIII. Mehrere Privatklageberechtigte, mögen sie Privatkläger erster oder zweiter Ordnung sein, sind voneinander unabhängig, solange noch keiner Privatklage erhoben hat, StPO. 415 I. Hat jedoch einer bereits Klage erhoben, so können die anderen nur dem eingeleiteten Verfahren „beitreten", Abs. 2. In Wahrheit ist auch dies Ausübung der Klagebefugnis: nimmt der Erstkläger seine Klage zurück, so bleibt das Verfahren doch anhängig; die mehreren stehen gleichberechtigt nebeneinander (S. 105 N. 17), nur muß der spätere das Verfahren so hinnehmen, wie es sich bisher gestaltet hat. Das Urteil macht, da Partei der Staat ist, Rechtskraft auch gegenüber unbeteiligten Privatklageberechtigten; so folgerichtig 415 III.

IX. Stirbt der Privatkläger, StPO. 433 f., so wird das Verfahren eingestellt. Binnen 2 Monaten ist jedoch Fortsetzung der Privatklage möglich (Lehrb. S. 114). Tod und Fortsetzung sind dem Beschuldigten bekannt zu machen.

X. Ein Vergleich als Ausgang des Verfahrens ist zwar in StPO. nicht ausdrücklich erwähnt, muß aber für zulässig erachtet werden, da StPO. 420 dem Landesrecht die Einrichtung von „Vergleichsbehörden" auferlegt und einen Sühneversuch z. T. bindend vorschreibt[19].

[18] Bestritten, Breith Widerkl. 63. — Unrichtig KG., das im Fall der Freisprechung des Erstangeklagten einstellen will; dagegen Löwenstein DJurZtg **15**, 874.

[19] Ist Privatklage noch nicht erhoben, so muß folglich nach dem Grundgedanken des Gesetzes bindender Verzicht auf das Klagrecht möglich sein. So u. a. v. Kries, Bennecke, Beling, von den Kommentaren Keller, Stenglein-Löwe-Hellweg, Mamroth. Letzterer will aber die Körperverletzung zu Unrecht ausnehmen. Auf dem hier vertretenen Standpunkt bewegen sich auch die Bestimmungen der preuß. SchiedsmOrd. §§ 33, 34, 25, 29, 32 und Entw. 383

Eine Prozeßbeendigung liegt in dem Vergleich nach Klagerhebung nur, wenn in ihm eine Klagzurücknahme oder eine (nötigenfalls beiderseitige) RMZurücknahme oder ein (nötigenfalls beiderseitiger) RMVerzicht peremtorisch und unumwunden ausgesprochen wird. Diese Erklärung kann Zug um Zug gegen eine Leistung des Angeklagten erfolgen[20], die in einem Widerruf, einer Ehrenerklärung, Abbitte, einer Zahlung an den Privatkläger, die Armenkasse oder einen sonstigen Dritten oder in der Übernahme einer solchen Zahlungspflicht oder auch einer andersartigen Verpflichtung bestehen mag. Die Leistung des Angeklagten dient dabei dem Ausgleich eines durch die Straftat dem Privatkläger zugefügten materiellen oder immateriellen Schadens; sie liegt folglich auf zivilistischem Gebiet, wo Freiheit für das Paktieren der Parteien besteht. Gleiche Freiheit besteht im Kostenpunkt, weil er ebenfalls zivilistischer Natur ist. Somit steht der materiellen Rechtswirksamkeit des Vergleiches nichts im Wege[21].

III. — Im einzelnen s. noch B.-B. § 78, III, IV, § 108, III, 3, S. 462 N. 20, § 143 V. L.-H. § 420 N. 5a, 5b, § 431 N. 1d, § 503 N. 6b. Wenig brauchbar Möllenhoff Zuläss. u. Wirks. des Vergl. 1893.

[20] Also etwa dahin: „Der Angeklagte bedauert die Beleidigung und nimmt sie zurück. Er verpflichtet sich zur Tragung aller Kosten des Verfahrens und willigt in die Veröffentlichung dieses Vergleiches. Der Privatkläger zieht die Klage zurück." Damit ist der Prozeß beendigt. Es ist ein Zopf der Praxis, wenn vielfach noch eine Entscheidung über die Kosten ohne jede Rücksicht auf den Vergleich nach StPO. 503 II gefällt wird. Damit wird GKG. 86 verkannt. Richtig E. 02 490 II. — Über das Verhältnis von StPO. 496 I zu GKG. 86 Winkler Arch. **56**, 53.

[21] Eine andere Frage ist, ob der Vergleich ein genügender Titel für die Zwangsvollstreckung im Sinne der ZPO. ist. Das wird im allgemeinen verneint. Aber man muß unterscheiden: a) Jeder Vergleich vor dem Schiedsmann ist nach seinem vollen Inhalt in Preußen landesrechtlicher Vollstreckungstitel, ZPO. 801. SchiedsmOdg. 34, 42. b) Nach der Klagerhebung gilt folgendes: Bez. der Leistungen, die der Angeklagte zum Ausgleich des materiellen und immateriellen Schadens übernimmt, ist der Vergleich, falls Antrag auf Buße gestellt war, Vollstreckungstitel nach ZPO. 794 Z. 1; denn er ist nach Erhebung der Bußklage zur Beilegung des Bußprozesses, dieses dem Strafverfahren adhärierenden Zivilprozesses, vor einem deutschen Gericht abgeschlossen; c) falls die Schadensleistung, wie meist, auf Zahlung einer bestimmten Geldsumme geht, ist auch ohne Bußprozeß ein Titel gemäß ZPO. 794 Z. 5 vorhanden, sofern der Angeklagte sich der sofortigen Zwangsvollstreckung unterwirft; d) im übrigen würde es bez. der Schadensleistung an einem Vollstreckungstitel fehlen und würde solcher erst im Wege des Zivilprozesses erlangt werden müssen; e) hinsichtlich der Kostenpflichtigkeit gegenüber der Gerichtskasse gilt GKG. 86, 88, der Vergleich ist mithin exequierbar; f) aber auch im übrigen ist der Kostenpunkt stets eine zivilrechtliche Frage, hier zwischen zwei Privaten, und im Strafprozeß als der vom Gesetz dazu bestimmten Art von

XI. Die Verwaltungsbehörde kann in der Rolle eines Privatklägers auftreten, StPO. 464, 466; hierüber § 38 III. Die Staatsanwaltschaft ist minder passiv an diesem Verfahren beteiligt, StPO. 465, und für die Verwaltungsbehörde gelten wegen Zustellung und Fristenlauf die Spezialnormen der §§ 468, 469.

§ 110.

Die Neben-Anklage.

Kries § 81 I. Birkm. § 111. B.-B. § 145. Ullm. § 131.

Den Ausführungen unseres § 37 ist hier noch nachzutragen:

I. Der Anschluß eines Neben-Anklägers setzt voraus, daß eine öffentliche Klage rechtshängig sei, StPO. 435. In welchem Stadium sich der Prozeß befindet, ist gleichgültig, auch während der VU. ist der Anschluß statthaft; nur darf noch kein rechtskräftiges Urteil ergangen sein. Die Anschlußerklärung hat schriftlich zu erfolgen[1], 436 I; Erklärung in unterschriebenem Protokoll ist schriftlich.

II. Es ergeht nach Anhörung der Staatsanwaltschaft ein Zulassungsbeschluß des Gerichts, StPO. 436 II. Ob auch der Angeschuldigte gehört wird, richtet sich nach StPO. 33. Der Beschluß muß mit Gründen versehen sein, er ist nach StPO. 346, 347 anfechtbar. Wird der Anschluß zurückgewiesen, so hat der Erklärende einfache Beschwerde, StPO. 346 II, 348 II gilt auch hier.

III. Der Neben-Ankläger ist eine entbehrliche Figur, deren der Prozeß entraten kann (RG. 31, 37). Wie es bis zu seinem Eintritt ohne ihn ging, so hängt auch der Fortgang nicht von seiner Mitwirkung ab. Insbesondere hat die StAnwschaft unter allen Umständen zu erscheinen und den Betrieb in ihrer Hand zu behalten. Nur ein Beispiel davon gibt StPO. 441 II. Der Neben-Ankläger kann daher auch keinerlei Aufschub oder Verzögerung des Strafprozesses seinethalb verlangen, StPO. 438 f. Es ist genug, wenn er mit seinen Ausführungen und Anträgen gehört wird (RG. Arch. 58, 440) und RM. einlegen kann. Noch zwei Sätze hebt StPO. 437 II, 440 hervor: 1. An den Erklärungen über Annahme oder Ablehnung der Geschworenen nimmt er nicht teil. 2. Ist bei der Urteilsverkündung weder der Neben-Ankläger, noch sein Anwalt anwesend, so wird das Urteil dem ersteren selbst zugestellt.

Rechtsstreit zu erledigen — somit greift wieder ZPO. 794 Z. 1 Platz. Durchgreifend E. 09, 398 III.

[1] Auch bei Verbindung mit RMEinlegung, a. M. Glaser II 212 ff. Desgl. durch den depossedierten Privatkläger, StPO. 417 III, dagegen die hM., oben S. 301 N. 10.

IV. Der **Anschluß** wird beendigt durch den Tod des Neben-Anklägers und durch Widerruf, der auch in der Revisionsinstanz erfolgen kann, StPO. 442. Neuanschluß ist statthaft, RG. **8**, 384; a. M. OLG. Breslau Arch. **59**, 173.

V. Über die Verwaltungsbehörde in der Rolle eines Neben-Ankl. Lehrb. § 38 IV, § 109 XI, StPO. 467 ff., RG. **16**, 130, **38**, 404, **43**, 58, Preuß. JustMinBl. 1892, S. 66 (§ 469 ist stärker als § 439 II).

Dritter Abschnitt. **Nicht-Straffachen im Strafprozeß.**

§ 111.

Der Kostenpunkt.

Kries § 87. Birkm. S. 25. B.-B. § 108. Ullm. § 152. Bind. § 115. Friedenreich Lehre von den Kosten 1901. A. Friedländer Kostenfestsetzungsverfahren in StrSachen. Ztsch. **20**, 175 ff.

I. Integrierender Teil jedes Strafprozesses ist der Kostenpunkt, StPO. 496, wiewohl es sich hier um einen im Grunde zivilrechtlichen Punkt handelt. Soweit der Staat beteiligt ist, spielen aber auch publizistische Gesichtspunkte hinein[1]. Jedenfalls sind die Bestimmungen über Tragung und Verteilung der Kostenlast materiellrechtlicher[2] Natur. Die Kosten sind teils sog. allgemeine Kriminalkosten, Aufwendungen für Errichtung und Unterhaltung des Gerichtsorganismus usw., teils Kosten des Einzelfalles. Nur letztere sind Gegenstand der Kostenent-

---

[1] Zivilrechtliche Natur nehmen an Bennecke (1. Aufl., S. 805 N. 11), Ullmann 649 f., wohl auch Birkmeyer S. 122 f, S. 128 K 19. Für justizverwaltungsrechtliche Natur Beling B.-B. 458, da der Staat im Strafprozeß als Hoheitssubjekt auftrete. Das ist richtig, aber nur insoweit als der Staat überhaupt an der Kostenfrage beteiligt ist: a) auf der aktiven Seite, als Kostenperzipient — die Entscheidung bezeichnet hier wohl den ersten Zahler, aber es ist noch nicht gesagt, auf wem endgültig die Kostentragung hängen bleibt; b) auf der passiven Seite — hier dient allerdings die StPO. dazu, die Verpflichtung des Staates zur Tragung der Kosten, die seine Organe durch pflichtmäßiges Handeln in Ausübung staatlicher Hoheitsrechte veranlaßt haben, zu begrenzen. Hier kann dann also keine subsidiäre Ausgleichung im Zivilprozeß und nach zivilrechtlichen Gesichtspunkten zu Lasten des Staates stattfinden.

[2] Daher greift StPO. 380 nicht ein: Die Kostenentscheidung der Berufungs-StK. ist mit Rev. anfechtbar. Es ist mangels Verbotes (wie ZPO. 99) zulässig, den Kostenpunkt allein anzufechten, und der hier besonders anomal wirkende § 338 II gilt ebenfalls. L.-H. § 496 N. 7, § 338 N. 9. RG. **6**, 237, **7**, 409 z. T. a. M. B.-B. 462.

scheidung. GKG. teilt sie in Gebühren (GKG. 59—78) und Auslagen (GKG. 79—80b), handelt selbst aber unter Auslagen nur von denen des Gerichts. Von den Gebühren sind Reich und Einzelstaaten befreit (GKG. 98). Die außergerichtlichen Auslagen, etwa die des Angekl., des Privat-, des Nebenklägers, sind vom Kostenpflichtigen nur zu tragen, soweit sie „notwendig" waren. Damit meint das Gesetz die sachgemäßen Aufwendungen[3]; das Gericht ist nicht gehindert, gewisse Kategorien von Aufwendungen ausdrücklich als darunter fallend zu bezeichnen (RG. **10**, 33).

II. Für die Frage, wer die Kostenlast trägt, gilt in erster Linie das Veranlassungsprinzip: kostenpflichtig ist, wer die Handlungen des Strafprozesses ohne einen für ihn günstigen Erfolg veranlaßt hat. Daraus ergibt sich: 1. Wird der Angekl. zu Strafe verurteilt,[4]/[5] so trägt er im Staatsklageverfahren wie im Privatklageverfahren die gesamten Kosten, StPO. 497, 503 I. 2. Wird der Angekl. freigesprochen, außer Verfolgung gesetzt oder das Verfahren eingestellt, so trägt die gesamten Kosten bei Staatsklage die Staats- oder Reichskasse (StPO. 506), bei erzwungener Staatsklage (StPO. 173) jedoch der Antragsteller (504, 503 II)[6], bei Privatklage der Privatkläger (503 II). 3. Führt ein RM. oder WAAntrag nicht zum Erfolg[7], so trägt die Kosten derjenige, der es eingelegt hat, StPO. 505, RG. **41**, 349, **42**, 178 (die Staatskasse, wenn die Verwaltungsbehörde als Nebenklägerin mit ihrem RM unterliegt, oben S. 121).

---

[3] also insbesondere nicht bloß die „notwendige" Verteidigung im technischen Sinn, RG. **6**, 429, **10**, 33. B.-B. 458 Nr. 3. L.-H. § 490 N. 4d. Birkm. 124 N. K. 2.

[4] Er muß die RKraft des Urt. erleben! StPO. 497 II. Bei Straffreierklärung (Absehen von Strafe) nach StGB. 199, 233 paßt die Regel 1 an sich nicht, StPO. 497 I. Aber nach § 500 **können** die Kosten dem Angekl. (oder den beiden Angekl.) auferlegt werden, ganz oder **teilweise** (was auch bei **einem** Angekl. möglich sein muß).

[5] Wer vice rei steht, ist in der Kostenlast nicht gleichzustellen, Lb. 129 N. 4. — Erstreckung der „Haftung Dritter" (Lb. 102) auf die Prozeßkosten? **Pötsch** [Lit zu § 33] 102, **Beling** v. St.-Fl. II 311. Sofern die Erstreckung gesetzlich gültig ist, wird der Dritte letzten Grundes zum unfreiwilligen Interzedenten für eine materiell ihm fremde Schuld. Daher ist Ausgleichsmöglichkeit im Zivilprozeß nach N. 1 sub a anzunehmen.

[6] Möglichkeit der Entbindung 504 I Satz 2, Anhörung 504 II.

[7] An sich würden die Sätze 1 und 2 ausreichen. Der Satz 3 löst die RM.-Kosten von den Gesamtkosten ab für den Fall des erfolglosen RM. Wie steht es aber mit den Kosten des erfolgreichen RM.? Zwei Meinungen sind möglich. **Entweder**: auch für sie gilt separate Behandlung, sie werden vom Gegner des Beschwerdeführers getragen — in Analogie von Satz 3. So Kries 778 f.; nur ist der Freigesprochene unbedingt kostenfrei. **Oder**: sie fallen unter die Gesamtprozeßkosten und werden vom endgültig Unterliegenden nach Satz 1 oder 2 getragen. So die hM. und RG. **18**, 347, **30**, 128. Streitig ist vor allem folgende Situation: A., von der StK. verurteilt, legt Rev. ein; das RG. kassiert das Urt. und verweist zurück, die StK. verurteilt von neuem. Waren hier die Kosten der Revisionsinstanz schon in dem kassierenden Urt. des RG. der Staatskasse, oder sind sie erst jetzt in dem neuen StKUrt. dem A. aufzuerlegen? In letzterem Sinn die

Das Veranlassungsprinzip hat aus fiskalischen Erwägungen keine strenge Durchführung erfahren hinsichtlich der notwendigen Auslagen des Beschuldigten. In den Fällen der Regeln 2 und 3 können sie nach fakultativem Ermessen der Staatskasse auferlegt werden, 499 II, 505 I S. 2. Anders im Privatklageverfahren: hier trägt sie in gleicher Situation obligatorisch der Privatkläger, wie im Gegenfalle obligatorisch der Angekl., 503 I, II, V.[8] Ebenso steht der Antragsteller, der nach StPO. 170, 173 die Staatsklage erzwungen hat, wenn der Fall der Regel 2 eintritt, hinsichtlich der notwendigen Auslagen des Beschuldigten (504, Möglichkeit der Entbindung 504 I Satz 2).

III. Abweichungen zu gunsten des Verschuldungsprinzips finden sich 1. im Verhältnis zwischen den Trägern der Parteirollen in 499 I, 500, 505 III; 2. im Verhältnis zu andern Personen in 501, 502, 504, Lb. 104 N. 14. 3. Sonstige Ausgleichung nach dem Maßstabe der Verschuldung bleibt dem Zivilprozeß überlassen[9].

IV. Teilung der Kosten tritt ein nach StPO. 498 I (bei Realkonkurrenz, nicht bei Idealkonkurrenz[10]); 500 (Retorsion), 503 III (teilweiser Erfolg der Privat- oder Nebenklage), 505 I S. 3 (teilweiser Erfolg des RM.), 505 II (teilweiser Erfolg der WA.), 505 III (WE. mit unbegründetem Widerspruch des Gegners).

V. Gesamtschuldner sind Mitangekl. oder mehrere Privatkläger oder mehrere Antragsteller, die die Staatsklage erzwungen hatten, nach StPO. 498 II, (nur Auslagen) 503 IV, 504.

VI. Streitigkeiten über Umfang und Höhe der Kosten entscheidet das betreffende Instanzgericht durch besonderen Beschluß, StPO. 496 II.

§ 112.

Die Buße.

Kries § 81, II. B.-B. § 146. Ullm. § 131 IV. Graf zu Dohna Stellung der Buße 1902. Vergleich. Darst., Allg. T. I 225 (1908). Ötker Bußprozeß GerS. **66**, 321 (1905).

I. Die Buße ist nach der richtigen hM. eine rein zivilistische Entschädigung.[1] Um sie im Strafprozeß mit durchzusetzen, muß man 1. entweder als Privatkläger

---

hM. und die ständige Praxis des RG., und zwar mit Recht; denn sonst würde sich für die Berufungskosten der Regel nach ein anderes Prinzip ergeben, als für die Revisionskosten. Anders E. 09, 492 I S. 2. — Legt dagegen die StAnw. zugunsten des Angekl. oder legt dieser unter Beschränkung auf bestimmte Punkte eine völlig siegreiche Rev. ein, so haben deren Kosten der Staatskasse zur Last zu fallen, RG. **31**, 21, **45**, 268.

[8] Bei Straffreierklärung trägt der Angekl. nicht ohne Weiteres die notwendigen Auslagen des Privat- oder Nebenklägers, sondern es bedarf eines Ausspruches, s. N. 4, RG. **44**, 334.

[9] RG. **1**, 334. So wird auch die von v. Kries S. 775 erörterte „schreiende Ungerechtigkeit" ausgeglichen.

[10] So B.-B. 459 N. 8. L.-H. N. 1. RG. **12**, 87, **15** 105, **29**, 106; a. M. nur Bind. Über den Begriff „derselben Tat" Kries 773, B.-B. 459 N. 10, 11. L.-H. N. 5. Lb. 208, 213. Formulierung des Gerichtsausspruches RG. **24**, 384, **33**, 83.

[1] RG. **1**, 328, **6**, 378, 398, **9**, 223, **12**, 223, **15**, 352, **17**, 190, **24**, 398,

oder als Nebenankläger auftreten, StPO. 446, 443 II. Lb. §§ 36 VII, 37 I, IV; und 2) eine besondere Klagbitte stellen.

II. Für die Verbindung des Bußprozesses mit dem Strafverfahren gibt das Gesetz nur die dürftigen Normen der §§ 444, 445. Es muß an das Gericht ein Antrag auf Zuerkennung der Buße mit ziffermäßig bestimmtem Petitum gerichtet werden, und zwar in erster Instanz. Dies ist ein höchstpersönliches Recht des Verletzten: seinen Erben ist die Erhebung oder Fortsetzung der Bußklage versagt. Ein EröffnBeschl. ergeht nicht. Die Höhe der Klagebitte bindet den Richter, vgl. ZPO. 308. Die Bußklage ist zurücknehmbar, doch nur in erster Instanz (bestritten). Die Zurücknahme ist unwiderruflich. Nur wenn Strafe ausgesprochen wird, ist auf die Bußforderung einzugehen. Wenn der Bußprozeß das Strafverfahren aufhalten würde, so kann der Bußkläger auf den Zivilrechtsweg verwiesen werden.

III. Es besteht Verfügungsfreiheit der Parteien in den Fragen nach Existenz und Umfang eines Schadens und der Ersatzverpflichtung. Der Bußkläger muß den Bußprozeß betreiben: bei seinem Ausbleiben kann es zu keiner Entscheidung über die Buße kommen.[2] Verzicht, Anerkenntnis, Vergleich binden den Richter. Zuerkennung der Entschädigung im Bußprozeß macht Rechtskraft für den Zivilprozeß und umgekehrt. Abweisung im Zivilprozeß steht dem Bußprozeß entgegen, aber nicht umgekehrt. Teilurteil oder Vorabentscheidung über den Schadensgrund ist unmöglich. Die Entscheidung über die Buße kann niemals für sich allein in relative Rechtskraft erwachsen.[3]

IV. Die MilStGO. hat die Nebenklage nicht aufgenommen und auch keine andere prozessuale Form zur Durchsetzung der Buße geschaffen. Somit ist deren Zuerkennung im militärgerichtlichen Verfahren ausgeschlossen[4] — mit gutem Grunde: die zivilistischen Fragen passen nicht in eine so ausgeprägte Sonder- und Standesjudikatur hinein.

31, 334, **44**, 294; ausführliche Begründung bei Rosenfeld, Nebenklage § 17. Dagegen, (Wach Vergl.Darst., Allg. T. VI 16[3]).

[2] Ebenso Kries 256, a. M. RG. **7**, 376, **9**, 223.

[3] Näheres in meiner Nebenklage § 18.

[4] a. M. RMilG. z. B. **1**, 14, **2**, 181. Dagegen auch Beling Zisch. **24**, 258.

Anhang.

Die Strafvollstreckung.

Kries § 86. Birkm. §§ 103—105. B.-B. §§ 139, 140. Ullm. §§ 150, 151. Bind. § 127. Weichert, Grundzüge der StVollstr. nach ReichsR., 1902. Klein, Vorschriften über Verw. und StVollzug in den peuß. Justizgefängnissen, 2. Aufl. 1910.

I. Die Vollstreckung des Strafurteils setzt RKraft und Erteilung einer vollstreckbaren Abschrift der Urteilsformel durch den GerSchr. voraus, StPO. 481, 483 I. Soweit der Angekl. nach der für ihn eingetretenen RKraft UH. erlitten hat, wird diese ohne weiteres auf die erkannte Freiheitsstr. angerechnet, 482. Vollstreckungsorgan ist der StAnw, in SchGSachen nach Landesrecht der AR., so in Preußen, 483; nie der Amtsanwalt.

II. Nachträgliche gerichtliche Entscheidungen können nötig werden: a) über die Auslegung des Urt., die Strafberechnung, die Zulässigkeit der Vollstreckung (ob. S. 272), den Aufschub einer Freiheitsstr. bei Geisteskrankheit, lebensgefährlicher Krankheit und vollstreckungsunfähig machenden körperlichen Zuständen, StPO. 490; Spezialfall 493; b) über die Einsetzung einer subsidiären Freiheitsstr., 491; c) über Bildung einer Gesamtstrafe, 492, 494 III. Das Ger. I. Inst. ist zuständig, mündliche Verhandlung findet nicht statt, sofortige Beschw. ist zugelassen, 494 I, II, IV.

III. Die einzelnen Strafarten 1. Die Todesstrafe wird als Intramuranhinrichtung vollzogen, StPO. 486. Sie setzt die Feststellung voraus, daß vom Begnadigungsrecht kein Gebrauch gemacht wird, 484, 485. Keine Vollziehung an Schwangeren und Geisteskranken. 2. Die Freiheitsstrafen werden nach den allgemeinen Direktiven in StGB. 15—18, 22—26, 57 II, 362 I vollzogen Zur Vollstreckungssicherung sind Vorführungs-, Haftbefehle und Steckbriefe möglich, StPO. 489. Zwei Gruppen von Strafaufschubsgründen unterscheidet StPO. 487 f.: a) mit Rücksicht auf den leiblichen Zustand des Verurteilten; b) mit Rücksicht auf sonstige Schädigung des Verurteilten oder seiner Familie, — doch müssen die Nachteile erheblich sein, außerhalb des Strafzweckes liegen und nur der sofortigen Vollstr., nicht der Vollstr. überhaupt anhaften. Im Falle b darf der Aufschub 4 Monate nicht übersteigen und kann an eine Kautionsleistung oder andere Bedingungen geknüpft werden. 3. Geldstrafen, andere Vermögensstrafen (und Bußen) werden nach zivilprozessualen Grundsätzen vollstreckt, StPO. 495. 4. Über die Vollstreckung des Verweises und sonstiger Strafarten schweigt die Reichsgesetzgebung.

Sachregister.

(Die größeren Zahlen bedeuten die Seiten, die kleineren, höher gestellten die Anmerkungen.)

A.

B.

C.

D.

E.

N.

O.

P.

S.

T.

U.

V.

W.

Z.

Paragraphenregister.

Die **fetten** Ziffern bezeichnen die Paragraphen des Gesetzes, die anderen die Seiten und Anmerkungen, wo des Paragraphen Erwähnung geschieht. Dabei sind die wichtigeren Seitenzahlen vorangestellt.

StPO.

EG. StPO.

GVG.

EG. GVG.

MilStGO.

EG. MilStGO.

J. Guttentag, Verlagsbuchhandlung, G. m. b. H., **Berlin W 35**

Vorentwurf zu einem

Deutschen Strafgesetzbuch

nebst Begründung.

Bearbeitet von der hierzu bestellten Sachverständigen-Kommission.
Veröffentlicht auf Anordnung des Reichs-Justizamts.

Lex.-8°. IV. 66 S. XIII. 869 S. Preis 6 M., gebunden 9 M.
Im Einzelverkauf: Vorentwurf 1 M., gebunden 2 M. 50 Pf.
Begründung 5 M., gebunden 6 M. 50 Pf.

Gegenentwurf

zum

Vorentwurf eines deutschen Strafgesetzbuchs

nebst Begründung.

Aufgestellt von

D. Dr. W. Kahl, Professor an der Universität Berlin,
Dr. K. v. Lilienthal, Professor an der Universität Heidelberg,
Dr. F. v. Liszt, Professor an der Universität Berlin,
Dr. J. Goldschmidt, a. o. Professor an der Universität Berlin,

mit einer Denkschrift, betr. die Einarbeitung der Nebengesetze
von Professor **Dr. N. H. Kriegsmann,** Kiel.

1912. Gr.-8°. Kplt. 10 M. Einzeln: Gegenentwurf 3 M., Begründung 7 M.

Die Reform des

Reichsstrafgesetzbuchs.

Kritische Besprechung des Vorentwurfs zu einem Strafgesetzbuch für das Deutsche Reich unter vergleichender Berücksichtigung des österreichischen und schweizerischen Vorentwurfs.

Herausgegeben von

Dr. P. F. Aschrott, Landgerichtsdirektor a. D.
und
Dr. Franz v. Liszt, Professor der Rechte.

1910. 2 Bände. Preis 15 M., gebunden 18 M.

J. Guttentag, Verlagsbuchhandlung, G. m. b. H., Berlin W 35

Lehrbuch des Deutschen Strafrechts.

Von

Dr. Franz v. Liszt,

ordentl. Professor an der Universität Berlin

Neunzehnte Auflage.

Gr.-8°. Preis 10 M., gebunden in Halbfr. 12 M.

Strafgesetzbuch für das Deutsche Reich.

Textausgabe mit Anmerkungen und Sachregister

begründet von Dr. Hans Rüdorff.

Dreiundzwanzigste Auflage

bearbeitet von

Dr. Franz v. Liszt, Professor und Dr. Ernst Delaquis, Privatdozent an der Universität Berlin.

Mit Nachtrag, enth. Gesetz, betr. Änderung des Strafgesetzbuchs vom 19. Juni 1912.

1910. Taschenformat. Gebunden in ganz Leinen 1 M. 80 Pf.

Strafprozeßordnung u. Gerichtsverfassungsgesetz

nebst den Gesetzen, betr. die Entschädigung der im Wiederaufnahmeverfahren freigesprochenen Personen und die Entschädigung für unschuldig erlittene Untersuchungshaft.

Textausgabe mit Einleitung, Anmerkungen und Sachregister

von Reichsgerichtsrat Dr A. Hellweg.

Sechzehnte Auflage

bearbeitet von

Professor Dr. Eduard Kohlrausch, Königsberg.

1912. Taschenformat. Gebunden in ganz Leinen 3 M.

Sammlung kleinerer strafrechtlicher Reichsgesetze

Textausgabe mit Anmerkungen und Sachregister

von

Dr. R. Hermann Kriegsmann,

Privatdozent an der Universität Kiel.

Dritte Auflage.

1910. Taschenformat. Geb. in ganz Leinen 4 M.

FSC
www.fsc.org
MIX
Papier | Fördert
gute Waldnutzung
FSC® C083411

Kolibri 360 GmbH
Ferdinand-Jühlke-Straße 7
99095 Erfurt, Deutschland
produktsicherheit@kolibri360.de